ECONOMIA DO CRESCIMENTO

JOÃO FERREIRA DO AMARAL
ANTÓNIO DE ALMEIDA SERRA
JOÃO ESTÊVÃO

ECONOMIA DO CRESCIMENTO

ALMEDINA

ECONOMIA DO CRESCIMENTO

AUTORES
João Ferreira do Amaral
António de Almeida Serra
João Estêvão
1ª Edição: Setembro, 2008

EDITOR
EDIÇÕES ALMEDINA, S.A.
Rua Fernandes Tomás, nºs 76, 78 e 79
3000-167 Coimbra
Tel.: 239 851 904 · Fax: 239 851 901
www.almedina.net · editora@almedina.net

DESIGN DE CAPA
FBA.

PRÉ-IMPRESSÃO
EDIÇÕES ALMEDINA, S.A.

IMPRESSÃO E ACABAMENTO

Fevereiro, 2016
DEPÓSITO LEGAL
405266/16

Apesar do cuidado e rigor colocados na elaboração da presente obra, devem os diplomas legais dela constantes ser sempre objeto de confirmação com as publicações oficiais.
Toda a reprodução desta obra, por fotocópia ou outro qualquer processo, sem prévia autorização escrita do Editor, é ilícita e passível de procedimento judicial contra o infrator.

 GRUPOALMEDINA

BIBLIOTECA NACIONAL DE PORTUGAL – CATALOGAÇÃO NA PUBLICAÇÃO
AMARAL, João Ferreira do, 1948-   e outros
Economia do crescimento / João Ferreira do
Amaral, António de Almeida Serra, João
Estevão. – 2ª ed. - (Fundação económicas)
ISBN 978-972-40-6440-6
I – SERRA, António de Almeida
II – ESTEVÃO, João
CDU   330

Prefácio à 1ª Edição

O livro que agora publicamos destina-se a servir de manual às disciplinas que abordam o Crescimento Económico, seja nos cursos de Economia, seja nos de outras ciências sociais. Mas destina-se também a proporcionar ao público em geral uma visão actualizada do crescimento económico nas suas diversas vertentes.

O livro não segue o padrão do comum dos manuais de crescimento económico. É certo que, no que respeita à teoria e aos modelos explicativos, as diferenças não são tão determinantes em relação à generalidade dos manuais introdutórios, embora tenha havido uma preocupação superior à habitual no que diz respeito ao rigor da definição e da avaliação crítica dos conceitos que são utilizados.

Mas já em relação aos limites ao crescimento – matéria da mais alta importância na actualidade – o desenvolvimento de que o tema beneficia no livro, principalmente no que respeita ao aquecimento da atmosfera e às alternativas energéticas, constitui uma originalidade que, esperamos, corresponda à necessidade de conhecimentos dos estudantes e do público em geral.

Também o extenso capítulo sobre o crescimento económico português e a discussão sobre as alternativas da política económica de crescimento representam, da nossa parte, um esforço intencional para enquadrar, de forma mais segura que a habitual, estas importantes questões na problemática geral do crescimento.

Um último aspecto do livro será de assinalar: embora Crescimento Económico e Desenvolvimento Económico sejam dois conceitos distintos, eles não são inteiramente separáveis. Desta forma, ainda que o livro incida sobre as questões do crescimento económico, na explanação de muitos dos temas não dispensamos a abordagem das ligações entre crescimento e desenvolvimento.

Agradecemos à colega Professora Elsa Fontaínha os úteis comentários feitos a uma versão inicial deste livro e todo o apoio que nos prestou na sua elaboração.

Aos colegas Professores Carlos Barros e Carlos Farinha Rodrigues, o nosso muito obrigado pela ajuda que nos prestaram, permitindo, nomeadamente a utilização da elementos informativos da sua autoria que muito enriqueceram a abordagem de alguns temas, em particular do Capítulo 4.

Os Autores

Índice

INTRODUÇÃO	11
1. Crescimento e desenvolvimento	11
2. De que trata a Economia do Crescimento?	16
3. As ferramentas metodológicas	17
4. A política de crescimento	17
5. Organização do livro	18

CAPÍTULO 1

O FENÓMENO DO CRESCIMENTO	19
1.1 Factos e descrições do crescimento económico moderno	19
A) *O crescimento económico moderno*	19
B) *Os principais factos do crescimento*	26
C) *Globalização*	28
D) *Ciclos económicos e dinâmicas complexas*	41
E) *As crises*	44
F) *As fases de crescimento económico segundo Rostow*	46
1.2 Os "outros", excluídos do crescimento? Os países em desenvolvimento e a luta contra a pobreza	49
Anexo	67

CAPÍTULO 2

A TEORIA DO CRESCIMENTO ECONÓMICO	75
2.1 Os factores do crescimento	75
2.2 A medição dos factores de crescimento	77
2.3 O capital físico	78
2.4 Capital humano	83

8 | Economia do Crescimento

2.4.1 Força de trabalho 84
2.4.2 Desemprego e crescimento 85
2.4.3 PIB per capita e produtividade do trabalho 86
2.4.4 Capital humano 88
2.5 Progresso Técnico 91
2.6 Função de produção 94
    2.61 Definição 94
    2.6.2 Propriedades 96
    2.6.3 A questão da substituibilidade ou complementaridade de factores 98
    2.6.4 Exemplos de funções de produção 100
    2.6.5 Razões da substituibilidade dinâmica 103
2.7 Acumulação de capital físico 105
2.8 Acumulação do capital humano 108
2.9 A medição do progresso técnico. Produtividade global de factores. Inovação 109
2.10 O modelo de Harrod-Domar 113
2.11 O modelo de Solow 125
2.12 O crescimento endógeno. O modelo AK 134
2.13 O crescimento e a procura de bens e serviços 138
2.14 Crescimento em economias abertas 141
2.15 O recurso à poupança externa 148
2.16 Bens transaccionáveis e não-transaccionáveis e crescimento ... 155

Apêndice Matemático 157

CAPÍTULO 3
O DESENVOLVIMENTO, O AMBIENTE E OS RECURSOS NATURAIS 173

3.1 Introdução 173
3.2 Limites ao crescimento e estado estacionário 173
3.3 A emissão de gases com efeito de estufa e o impacto das alterações climáticas 183
3.4 Recursos hídricos 201
3.5 Energia 201
    3.5.1 As diversas fontes de energia e sua importância relativa .. 203
    3.5.2 O petróleo no mundo moderno 212
        3.5.2.1 O petróleo na economia mundial como fonte de energia 212

Índice | 9

3.5.2.2 A evolução dos preços 214
3.5.2.3 Um futuro sem petróleo? 225
3.5.3 Gás natural 228
3.5.4 O carvão 230
3.5.5 Energias renováveis 231
3.5.5.1 Energia eólica 232
3.5.5.2 Energia hídrica.. 235
3.5.5.3 Energia solar 236
3.5.5.4 Energia nuclear 237
3.5.6 A energia em Portugal 240
3.6 Desenvolvimento sustentável 249

Anexo 253

CAPÍTULO 4
A DISTRIBUIÇÃO DO RENDIMENTO:
TEORIA E REALIDADE 255

4.1 A teoria: igualdade, desigualdade e crescimento 255
4.1.1 Distribuição do quê, entre quem e no seio de que uni-
dades?... 256
4.1.2 Igualdade/desigualdade entre países; a questão da con-
vergência 265
4.2 Distribuição funcional do rendimento 269
4.3 A distribuição pessoal do rendimento 273
4.3.1 A medição da distribuição do rendimento 273
4.3.2 Pobres e medidas de pobreza 277
4.3.3 A distribuição nos países e no mundo 279
4.4 A distribuição do rendimento e o envelhecimento da popu-
lação: a questão da segurança social 282

Anexo.. 292

CAPÍTULO 5
O CRESCIMENTO ECONÓMICO PORTUGUÊS DESDE 1950....... 307

5.1 A dinâmica de crescimento da economia portuguesa 308
5.1.1 A fase de 1950-1973: época de crescimento estável 309
5.1.2 A fase de 1974-2004: época de crescimento instável e
cíclico 320

10 | Economia do Crescimento

5.2 Crescimento e convergência. Os factores do crescimento económico 333
    5.2.1 A convergência da economia portuguesa: 1950-2004 333
    5.2.2 O crescimento económico visto do lado da oferta 337
    5.2.3 O crescimento económico visto do lado da procura 342
5.3 Crescimento e mudanças estruturais na economia portuguesa ... 348
    5.3.1 Transformações no processo de acumulação 350
    5.3.2 Transformações na utilização dos recursos 353
    5.3.3 Transformações socioeconómicas 361
5.4 Crescimento económico em tempos de crise (2004-2014) 365

CAPÍTULO 6
POLÍTICAS DE CRESCIMENTO 373

6.1 Estado, mercado e instituições 374
    6.1.1 O Estado e a promoção do crescimento 374
    6.1.2 O ressurgimento do mercado e do tema da eficiência económica 378
    6.1.3 Mercado e instituições... 382
6.2 Políticas intervencionistas versus políticas de mercado 387
    6.2.1 Intervencionismo e planeamento económico 388
    6.2.2 Políticas estruturais de mercado 391
    6.2.3 Caminhando para uma combinação de políticas 397
6.3 Instrumentos da política de crescimento 401
    6.3.1 Investimento e poupança. A importância do sistema financeiro 402
    6.3.2 Mudança tecnológica e capital humano 405

Introdução

1. Crescimento e desenvolvimento

As questões do crescimento económico – ou seja, do aumento ao longo do tempo do volume da produção nacional – preocuparam os economistas desde o início da ciência económica.

Adam Smith, considerado por muitos como o "pai fundador" desta, mas principalmente David Ricardo, Malthus e Marx desde os finais do século XVIII até ao terceiro quartel do século XIX elaboraram análises profundas sobre o crescimento das economias do seu tempo. Poderá mesmo dizer-se que, no seu início, a ciência económica foi, em boa parte, a análise do crescimento, ao longo do tempo, das economias dos países então economicamente mais evoluídos do que a maioria dos outros.

No entanto, nos finais do século XIX as questões do crescimento foram praticamente esquecidas pela ciência económica e só foram retomadas, em novos moldes, nos anos trinta do século XX.

Uma nova versão da teoria do crescimento económico foi desenvolvida por economistas da então União Soviética com base

Os pais fundadores
da ciência económica

Adam Smith; 1723-1790

David Ricardo; 1772-1823

nos ensinamentos de Karl Marx na sua célebre obra *O capital*. No ocidente, são os trabalhos do economista inglês Roy Harrod dos finais daquela década (em particular o seu *An Essay in Dynamic Theory*, publicado em 1939) que se consideram geralmente como iniciadores da nova teoria do crescimento económico.

O caminho iniciado por Harrod teve um largo futuro (a teoria do crescimento actual, embora muito diferente, é ainda uma sua descendente), tendo-se desenvolvido muito intensamente a partir da década de cinquenta do século passado, à medida que as questões do crescimento e do desenvolvimento se tornaram centrais na agenda política mundial devido, nomeadamente, à proclamação da independência política de muitos dos países que tinham sido, até então, colónias de países europeus.

Esta sua situação tornava-as, enquanto colónias, dependentes da política de *mise en valeur* pela potência colonial respectiva, não podendo esta ser considerada verdadeiramente como uma política de desenvolvimento já que, no essencial, tinha apenas como preocupação central desenvolver o "pacto colonial": as colónias produziam matérias primas para abastecer as indústrias das potências coloniais e estas utilizavam as suas colónias como um – por vezes o principal – escoadouro para as suas produções, estando as colónias proibidas, durante muito tempo, de desenvolver indústrias próprias[1].

Uma questão muito debatida foi justamente a da relação entre os conceitos de "crescimento [económico]" e "desenvolvimento" mencionados acima.

Expandido na década de 60 do século passado no contexto de uma certa contestação à forma como as sociedades mais industrializadas vinham evoluindo e em resposta às necessidades de construção das economias nacionais dos novos países independentes – por exemplo, a grande maioria dos países da África Subsariana

---

[1] Refiram-se os exemplos da proibição de produção de tecidos de algodão na Índia pela Inglaterra e nas colónias portuguesas de Angola e Moçambique, fornecedoras de algodão à "mãe-pátria".

tornou-se independente nos curto espaço de cerca de 4 anos entre 1957 e 1961 –, o conceito de "desenvolvimento" é mais geral, mais amplo, do que o de "crescimento económico". De facto, enquanto este enfatiza principalmente os aspectos de bem estar material – cuja evolução pode ser aproximadamente representada pelo crescimento da produção e, com ele, do rendimento quer nacional quer por habitante[2] –, o "desenvolvimento" abarca também questões de cultura, de atitudes dos indivíduos, de qualidade de vida, de bem estar social, de autonomia pessoal que só muito lateralmente surgem nos estudos de "crescimento (meramente) económico".

O "desenvolvimento" é, assim, um fenómeno ainda mais complexo que o "crescimento económico" e tem de ser estudado numa óptica multidisciplinar, com a contribuição de muitas áreas científicas, tanto das ciências da natureza como das ciências sociais.

A contribuição dos economistas para o estudo do desenvolvimento é constituída fundamentalmente pelos estudos que fazem sobre o crescimento económico dos vários países e grupos de países, cientes de que existem múltiplas relações entre os dois conceitos.

Se no passado se enfatizou principalmente o crescimento económico enquanto condição *necessária* de desenvolvimento (e um exagero comum entre os economistas levou muitas vezes a considerá-lo também condição *suficiente*) hoje, sem se ignorar que o crescimento é efectivamente uma condição necessária do desenvolvimento, dá-se muito mais importância do que no passado ao impacto de certos aspectos do desenvolvimento no próprio crescimento económico – além do impacto de vários aspectos socio-culturais sobre o desenvolvimento e, por arrastamento, sobre o crescimento económico.

---

[2] E mesmo assim de forma só aproximada. Por exemplo, as agressões ambientais que, muitas vezes, têm a ver com o bem estar material não têm sido suficientemente reflectidas dos indicadores de crescimento económico.

14 | Economia do Crescimento

O gráfico seguinte ilustra o crescimento verificado nos principais grupos de países do Mundo durante o período de 40 anos que decorreu entre 1965 e 2004. Os dados que o permitiram construir permitem concluir que o rendimento *per capita* dos países de mais elevado rendimento (OCDE)[3] subiu à taxa média anual de 2,3% no período em análise, enquanto que a África Subsariana viu o seu rendimento *per capita* diminuir à taxa de -0,2% no mesmo período. A rendimento médio mundial *per capita* terá crescido à taxa de cerca de 1,5%/ano enquanto que o da América Latina cresceu cerca de 1,2%/ano.

Naturalmente estes comportamentos não são uniformes ao longo do período e é possível identificar períodos de maior crescimento do que outros. A América Latina, por exemplo, viu o seu rendimento per capita atingir os 3568 USD (constantes de 2000) em 1980 mas a partir daí e até 1994, quando atingiu 3600 USD, o rendimento foi sempre inferior. Foi esta evolução que justificou o aparecimento da expressão "década perdida do desenvolvimento" para designar a década iniciada em 1980.

A evolução verificada na África Subsariana confirma a designação acima já que, depois de ter atingido um máximo de rendimento na segunda metade dos anos 70 do século passado – a que não é estranho o elevado preço do petróleo e outras matérias primas de que alguns países africanos beneficiaram enquanto produtores – o rendimento deste grupo de países tem-se mantido sempre abaixo dos valores alcançados à cerca de 30 anos; por exemplo, o

---

[3] O crescimento mede-se normalmente pela evolução ao longo do tempo do PIB ou do PIB per capita (ou, o que é o mesmo, dada a equivalência entre PIB e Rendimento Interno de uma economia – ver Amaral *et.al.* 2007 – do rendimento per capita). Para comparar níveis de vida entre países utiliza-se normalmente o PIB per capita medido em *paridades de poder de compra,* ou seja, na sua forma mais simplificada, calculando para cada pais, o valor do cabaz médio de bens de consumo desse país e calculando, depois, quantos desse cabaz tipo o Rendimento per capita do país permite adquirir. O cálculo do PIB em paridades de poder de compra pode ser feito de forma mais sofisticada considerando outos tipos de despesa e não apenas cabazes de bens de consumo.

rendimento médio dos últimos 3 anos (2002-04) foi, respectivamente, de 515, 523 e 537 USD (constantes de 2000).

Os países que, em média, viram melhorar mais o seu bem estar material por habitante foram, ao longo do período de 40 anos em análise, os da Ásia-Pacífico: o seu rendimento per capita foi multiplicado por 8 entre 1965 e 2004. Depois deste grupo foram os da Ásia do Sul[4] e da OCDE que mais melhoraram a sua situação entre o início e o fim do período, com os respectivos rendimento por habitante a serem multiplicados por 2,5.

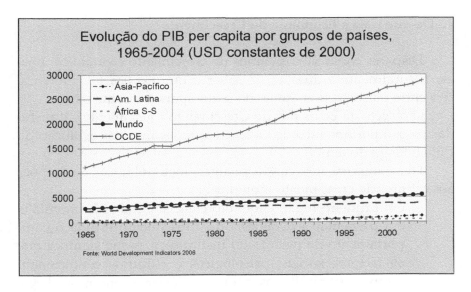

No período posterior a 1980 a China, que nos 20 anos anteriores tinha conhecido um crescimento de 2%, viu o rendimento *per capita* aumentar 8% ao ano – que deu origem a uma quase triplicação do seu valor! Trata-se de uma evolução provavelmente única na História e que marcou decididamente o final do século passado.

---

[4] Grupo em que a dimensão populacional da Índia (actualmente com mais de 1,1 mil milhões de habitantes) influencia sobremaneira qualquer média calculada. Outros países de grande dimensão populacional da região são o Bangladesh e o Paquistão.

Ela ficou a dever-se principalmente às reformas económicas introduzidas pelas autoridades chinesas depois da morte de Mao Tse Tung, mais concretamente a partir de 1979 e sob a liderança de Deng Xiao Ping (vd "anexo próprio sobre a China).

Também outras economias da Ásia Oriental conheceram um ritmo muito apreciável de crescimento do seu rendimento *per capita* (4,4% anuais no período de 40 anos que medeia entre 1960 e 2000).

2. De que trata a Economia do Crescimento?

Díspares como são os ritmos de crescimento económico, põe-se naturalmente a questão de saber o que explica tal diferença, seja entre países, seja ao longo do tempo para o mesmo país.

O objecto da Economia do Crescimento é justamente o de estudar os comportamentos dos agentes que levam a tal evolução do PIB ao longo do tempo.

Duas importantes condicionantes metodológicas se impões aos estudos do crescimento económico:

- em primeiro lugar, enquanto ciência social, a Economia e, em particular a Economia do Crescimento estuda o comportamento de pessoas ou instituições, o que significa que os factores sociais, psicológicos e culturais condicionam sempre os resultados a que a ciência económica chega. Por isso a Economia do Crescimento é sempre uma análise parcial – ainda que indispensável – de tudo o que está envolvido no comportamento dos agentes económicos;
- em segundo lugar, o crescimento económico é um fenómeno de longo prazo, o que significa que a Economia do Crescimento, nas análises que desenvolve, abstrai dos factores de curto prazo que afectam a evolução da economia.

3. As ferramentas metodológicas

Quais as ferramentas metodológicas de que dispomos para analisar um fenómeno tão complexo como o crescimento?

Em primeiro lugar, e dado tratar-se de um fenómeno de longo prazo, dispomos dos estudos de História Económica que nos permitem descrever adequadamente as evoluções das economias e, eventualmente detectar padrões e fases mais ou menos comuns às diversas experiências de crescimento (um exemplo é a descrição proporcionada pelo economista americano Rostow, que abordaremos mais adiante). A Econometria e a Teoria Matemática dos Sistemas Dinâmicos auxiliam nesta descrição

Em segundo lugar, dispomos de modelos matemáticos que, apoiados em estudos empíricos, tentam descrever de forma agregada os principais comportamentos relevantes para a explicação do crescimento. Serão amplamente utilizados no capítulo 2. Porém, a complexidade do fenómeno do crescimento é tal que um modelo agregado é sempre uma simplificação muito grande da realidade, o que significa que os modelos excluem muita informação útil para a compreensão do crescimento. Por isso, na interpretação dos resultados a que chegam os modelos os economistas usam o método da abstracção qualificada, a que nos referiremos também no capítulo 2.

4. A política de crescimento

Para além da compreensão do fenómeno, a Economia do Crescimento fornece uma base de conhecimento para fundamentar actuações de política económica que se destinam a criar condições para que a economia cresça de uma forma rápida e sustentada. As questões de política do crescimento são também abordada de forma sintética no presente livro.

5. Organização do livro

A organização do presente manual é a seguinte:

Começaremos, no capítulo 1 por descrever os principais factos do crescimento, chamando a atenção para a seriação de fases do crescimento e para as características actuais do crescimento económico.

O capítulo 2 destina-se a explicar o fenómeno do crescimento recorrendo a modelos matemáticos do crescimento, nomeadamente aos modelos de Harrod-Domar, de Solow e AK do crescimento endógeno.

No capítulo 3 estudaremos os principais factores que podem limitar o ritmo de crescimento económico.

O capítulo 4 destina-se a estudar as principais questões de distribuição de rendimentos que se põem num processo de crescimento e no capítulo 5 daremos uma visão do processo de crescimento económico português.

Finalmente o capítulo 6 será dedicado às questões de política de crescimento.

Capítulo 1

O fenómeno do crescimento

1.1 Factos e descrições do crescimento económico moderno

A) O crescimento económico moderno

O crescimento económico moderno iniciou-se no final do século XVIII em Inglaterra, com a chamada "Revolução Industrial". Esta traduziu-se no desenvolvimento do sector das indústrias transformadoras com base na mecanização, ou seja, na introdução da utilização de máquinas mecânicas na produção de certos tipos de produtos (em particular os têxteis).

Mas esta "revolução" não se traduziu apenas em alteração do "como produzir tecnicamente". Ela foi também uma "revolução" na forma social de produzir já que agora, ao contrário do que se passava até então, o trabalho era desenvolvido em espaços apropriados onde se instalava um número variável de máquinas e trabalhadores. Anteriormente estes estavam organizados familiarmente ou em pequenos grupos e exerciam a sua actividade de uma forma essencialmente artesanal, com meios técnicos elementares e com relativo isolamento face aos outros produtores.

Estava-se, portanto, não só perante uma modificação tecnológica importante[5] como também, por força das características desta,

---

[5] em particular a aplicação da máquina a vapor – 1775 – e a introdução generalizada das máquinas de fiar – 1790 – e de tecer – 1820.

20 | Economia do Crescimento

de uma importante alteração da forma de organização social da produção, com uma alteração profunda das relações de trabalho e levando ao aparecimento de um novo tipo de empresa que, embora com modificações substanciais, pode ser considerada a origem de uma parte das empresas tal como as conhecemos hoje em dia.

Este desenvolvimento da indústria mecanizada, com a correspondente necessidade de matérias primas, de energia (em particular, naquela época, carvão) e de máquinas arrastou consigo o crescimento de outros sectores industriais. A necessidade do escoamento da produção, agora em maior escala, impulsionou o sector dos transportes – em que a máquina a vapor começou a ser utilizada com êxito – e o próprio comércio. Assim surgiram os transportes ferroviários (invenção em 1801, utilização em carris de ferro em 1825, aplicação comercial a partir de 1830) e a navegação a vapor (a partir de 1807).

A indústria começou a concentrar-se muito cedo em termos espaciais, assim beneficiando dos ganhos de aglomeração, em particular de concentração de mão-de-obra barata[6]. Assim se foram criando cidades industriais e se verificou uma migração muito grande dos campos para a cidade. É o fenómeno da urbanização, que não deixou de se acentuar em todo o lado ao longo dos séculos XIX e XX e que continua a verificar-se ainda hoje.

Da Inglaterra, a revolução industrial foi-se estendendo, ao longo do século XIX, pela Europa, EUA e no Japão do tempo do Império Meiji (1852-1912), que iniciou a modernização do país. No século XX a industrialização tornou-se um fenómeno quase universal, deixando de fora, no entanto, vastas "bolsas" de regiões/países mais pobres por não terem conseguido iniciar um

---

[6] Dada a fraca rentabilidade quer do trabalho agrícola – largamente maioritário na época – quer do trabalho artesanal, os níveis de rendimento por eles proporcionados eram muito baixos, permitindo às empresas industriais nascentes dispor de um autêntico "exército industrial de reserva" – segundo a conhecida expressão de Karl Marx – constituído quer por trabalhadores agrícolas que por artesãos e que estava, disponíveis para, por um rendimento algo superior ao que recebiam até então, se dedicarem ao trabalho industrial.

processo sustentado de industrialização/modernização e consequente crescimento mais rápido da produção.

Este evoluir da industrialização não se fez baseada apenas nos sectores (particularmente o têxtil e o mineiro) que a tinham desencadeado no final do século XVIII. O progresso técnico passou a ser permanente e por vezes concentravam-se inovações em tanta quantidade que se registava uma nova aceleração do crescimento.

Foi assim que, a partir de meados do século XIX, uma série de inovações com base num processo inventado por Henry Bessemer permitiu a produção de aço barato com a sua correspondente utilização em larga escala e é também assim que podemos falar de uma *"segunda* revolução industrial" no último quartel do século XIX, induzida pelo uso da electricidade e do petróleo, pelo motor de explosão e pela indústria química.

O aumento da prosperidade económica desde o desencadear do crescimento económico moderno não tem precedentes na história da Humanidade. O quadro abaixo, constante de uma obra do historiador económico Angus Maddison, ilustra o que acabámos de dizer: as taxas de crescimento médio anual do produto no período iniciado em 1820 são significativamente superiores às anteriores.

De realçar é também o facto de que em 1820 o grupo de países mais importante no contexto mundial era o da Ásia (excluindo o Japão mas incluindo a China e a Índia) e não, como poderia afirmar alguma mentalidade mais eurocentrista, a Europa Ocidental. No final do séc. XX a situação tinha-se alterado completamente e a Europa e os países mais industrializados colonizados por europeus (EUA, Canadá e Austrália) dominavam completamente a cena económica mundial, quadro que, no entanto, está actualmente a modificar-se rapidamente.

22 | Economia do Crescimento

Nível e taxa de crescimento do PIB: Mundo e principais regiões, 0-1998

	0	1000	1820	1998	0-1000	1000-1820	1820-1998
	Mil milhões de dólares internacionais de 1990				Taxa média anual de crescimento[7]		
Europa Ocidental	11,1	10,2	163,7	6961	-0,01	0,34	2,13
"Extensões" da Europa	0,5	0,8	13,5	8456	0,05	0,35	3,68
Japão	1,2	3,2	20,7	2582	0,10	0,23	2,75
Total deste grupo	12,8	14,1	198,0	17998	0,01	0,32	2,57
América Latina	2,2	4,6	14,1	2942	0,07	0,14	3,05
Europa Oriental e ex-URSS	3,5	5,4	60,9	1793	0,05	0,29	1,92
Ásia (excluindo o Japão)	77,0	78,9	390,5	9953	0,00	0,20	1,84
África	7,0	13,7	31,0	1039	0,07	0,10	1,99
Total deste grupo	89,7	102,7	496,5	15727	0,01	0,19	1,96
MUNDO	102,5	116,8	694,4	33726	0,01	0,22	2,21

Fonte: MADDISON, Angus *The World economy: a millenial perspective*, OECD, Paris, 2001

De realçar é também o facto de que, em 1820, o grupo de países mais importantes no contexto mundial era o da Ásia (excluindo o Japão mas incluindo a China e a Índia) e não a Europa Ocidental. No final do séc. XX a situação tinha-se alterado completamente e a Europa e os países mais industrializados colonizados por europeus (as "erupções" ocidentais: EUA, Canadá e Austrália) dominavam completamente a cena económica mundial.

No período de 1830 a 1914 (data de início da I Grande Guerra mundial) o PIB *per capita* da Europa terá crescido cerca de 1% ao ano, ritmo que, combinado com o crescimento da população, significa uma quase triplicação num período de cem anos.

Do final da primeira guerra mundial até ao eclodir da segunda o PIB *per capita* europeu terá crescido um pouco mais rapidamente. Esses ritmos de crescimento aceleraram-se ainda mais a partir do final da II Grande Guerra (1939-1945), para cerca de 3%

---

[7] Sobre o método de cálculo da taxa média anual de crescimento veja-se o Apêndice Matemático.

ao ano[8]. Porém, na última do século XX sofreram uma desaceleração significativa.

De uma forma aproximada, podemos dizer que os Europeus são hoje dez ou onze vezes mais ricos do que eram em 1830. Isto apesar de a população europeia ter quase triplicado.

Depois do final da II Guerra Mundial e quando começou a recuperação económica depois da destruição que a caracterizou, um observador que olhasse para a economia mundial encontraria fundamentalmente dois tipos de sociedades.

De um lado as sociedades industriais, repartidas por dois tipos de organização da sociedade antagónicos mas com características comuns – as chamadas "sociedades ocidentais" (mas que incluíam o Japão), em que predominavam as "forças de mercado", e as "sociedades de tipo soviético", em que a economia estava sujeita à direcção central pelos aparelhos político e de planeamento económico e os mecanismos de mercado eram pouco mais que simples vestígios.

De outro lado as economias pré-industriais, ditas "em desenvolvimento" ou "em vias de desenvolvimento", muitas das quais acediam agora à independência depois de terem estado durante décadas ou séculos sujeitas a dominação colonial por parte de potências europeias ou asiáticas (caso do Japão e da sua relação colonial com Taiwan e a Coreia). Muitos destes países, uma vez obtida a independência, tentavam seguir políticas de industrialização rápida[9].

---

[8] Como referido anteriormente, esse ritmo terá sido de 2,3%/ano nos últimos 40 anos.

[9] Um dos primeiros países a aceder à independência no rescaldo da II Grande Guerra foi a Índia, em 1947. Esta tentou iniciar um processo de crescimento económico rápido inspirado, em boa parte, no chamado "modelo soviético" de crescimento. Este, por sua vez, baseava-se numa aposta forte no crescimento das "indústrias pesadas" (siderurgia, produção de máquinas para desenvolver o sector industrial, etc.) mas que incluía também uma forte aposta na exploração mineira (carvão, ferro) para abastecer aquelas indústrias com as necessárias matérias primas.

Assim, os trintas anos seguintes à II Guerra Mundial – os "anos de ouro" ou "golden years" – foram de crescimento económico mundial muito rápido quer devido ao bom desempenho das economias já industrializadas quer devido à industrialização de parte dos países até aí arredados do processo de crescimento, particularmente os da Ásia-Pacífico (da Coreia do Sul até ao Sudeste Asiático).

A partir de meados dos anos setenta do século passado, no entanto, a evolução económica mundial alterou-se profundamente.

No seguimento do "primeiro choque petrolífero", de 1973-74[10] (ver mais adiante, capítulo 3) e até hoje o ritmo de crescimento económico mundial reduziu-se significativamente apesar de estar em curso uma nova revolução tecnológica assente na electrónica e tecnologias de informação, biotecnologia e novos materiais. É também nessa época que as sociedades mais ricas se tornam verdadeiramente sociedades de serviços e não propriamente sociedades industriais, resultado de uma evolução que se acentuou desde o final da II Guerra Mundial.

Esta época corresponde também ao acentuar da globalização – isto é, um aumento muito significativo do comércio mundial de mercadorias e serviços, o aumento significativo do papel e do peso das empresas multinacionais e a generalização e intensificação sem precedentes dos movimentos de capitais e de pessoas (em turismo e negócios).

O grande paradoxo da economia mundial actual é que estas grandes inovações tecnológicas, aliadas aos alargamentos dos mercados em consequência da globalização, não têm dado origem a uma aceleração do ritmo de crescimento de *todos* os países, como a teoria do crescimento permitiria prever.

---

[10] Em poucos meses o preço do petróleo, na sequência da guerra israelo-árabe de finais de 1973, triplicou, passando dos cerca de 3,5 USD/barril para os cerca de 10 USD/barril. Isto constituiu uma forte alteração da estrutura de custos de produção até aí existente, com a energia agora a ser muito mais cara e pressionando, por isso, os preços, em geral, para cima (inflação).

Taxas médias de crescimento por regiões e períodos (%)			
	1976-85	1986-95	1996-2004
Ásia-Pacífico	7,2	9,0	7,2
América Latina	2,9	2,6	2,6
África Subsariana	2,1	1,9	3,6
Ásia do Sul	4,5	5,5	5,6
OCDE	3,1	2,8	2,6
Mundo	*3,2*	*3,0*	*3,0*

Bem pelo contrário: a evolução económica global tem vindo a desacelerar apesar do ritmo de crescimento muito rápido de alguns países, como a China, facto para o qual a teoria do crescimento ainda não tem uma explicação cabal.

RODRIK, Dani

GROWTH STRATEGIES

(in http://ksghome.harvard.edu/~drodrik/GrowthStrategies.pdf, Ago/2004)

O rendimento real per-capita no mundo em desenvolvimento cresceu a uma taxa média de 2,3% ao ano durante as quatro décadas entre 1960 e 2000. Esta é uma taxa de crescimento alta seja qual for o ponto de vista. A este ritmo, o rendimento duplica a cada 30 anos, permitindo a cada geração desfrutar de um nível de vida que é o dobro do da geração anterior. Para dar uma perspectiva histórica sobre o que isto significa diga-se que o PIB per capita da Inglaterra cresceu a uns meros 1,3%/ano durante o seu período de supremacia económica a meio do séc. XIX (1820-1870) e que os Estados Unidos cresceram apenas a 1,8% durante o meio século anterior à I Grande Guerra, quanto tomou da Inglaterra a liderança da economia mundial (Maddison 2001, quadro B-22, 265).

Além disso, com poucas excepções, o crescimento económico nas últimas, poucas, décadas foi acompanhado de melhorias significativas em indicadores sociais como a alfabetização, a mortalidade infantil, a expectativa de vida e outros. Assim e em resumo, o recente registo do crescimento tem sido impressionante.

Porém, dado que os países ricos cresceram ao ritmo 2,7%/ano durante o período 1960-2000, poucos países em desenvolvimento conseguiram fechar consistentemente o diferencial económico entre eles e as nações mais avançadas.

(...)

Temos, pois, que o quadro de conjunto esconde uma enorme variedade no desempenho quanto ao crescimento quer geograficamente quer no tempo (...).

B) Os principais factos do crescimento

Foi já há cinquenta anos, em 1966, que Simon Kuznets[11] (1901-1985; foto ao lado), com base numa análise estatística muito completa, sumariou da seguinte forma os principais **factos** (empíricos caracterizadores) **do crescimento** desde o início da revolução industrial (fim do séc. XVIII):

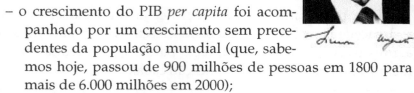

- o crescimento do PIB *per capita* foi acompanhado por um crescimento sem precedentes da população mundial (que, sabemos hoje, passou de 900 milhões de pessoas em 1800 para mais de 6.000 milhões em 2000);
- o crescimento económico resultou mais do progresso tecnológico que do aumento quantitativo dos factores produtivos;
- houve uma redução do tempo de trabalho *per capita*;
- aumentou o peso relativo das mulheres na população activa;
- diminuiu o peso relativo da agricultura no PIB e aumentou o peso da produção de bens industriais duradouros bem como o peso de certos serviços (às empresas) em contrapartida da queda de outros (os serviços domésticos);
- diminuiu fortemente o peso da população empregada na agricultura no total da população activa, aumentando o da empregada na indústria e, principalmente, nos serviços;
- aumentou o comércio internacional;
- aumentou a mobilidade da força de trabalho quer entre sectores quer entre profissões.

Hoje, passados 50 anos, podemos dizer que se têm verificado algumas alterações e qualificações significativas dos "factos de crescimento" de Kuznets. Assim:

---

[11] Prémio Nobel da Economia em 1971; vd autobiografia em http://www.nobel.se/economics/laureates/1971/kuznets-autobio.html.

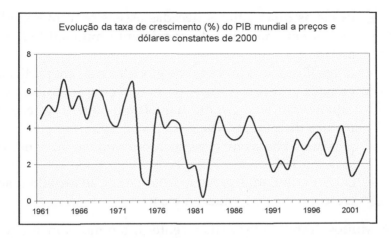

- tem-se constatado, particularmente nas sociedades industrializadas há mais tempo, uma tendência rápida de *envelhecimento da população*, sendo que as sociedades de maior crescimento da população não são as de maior ritmo de crescimento económico mas sim as de menor nível de vida[12], em particular de menor nível de instrução feminina (note-se que as consequências da SIDA podem pôr em causa o futuro do crescimento populacional em muitos dos países menos desenvolvidos);
- as sociedades mais desenvolvidas tornaram-se, em geral, sociedades de serviços, que, nessas sociedades, se tornou o sector claramente maioritário quer em população empregue quer em peso no PIB;
- a redução do tempo de trabalho *per capita* e o aumento da participação das mulheres na vida activa acentuaram-se;

---

[12] Segundo o Relatório do Desenvolvimento Humano de 2006 editado, como de costume, pelo PNUD, a taxa de crescimento médio anual da população da África Subsariana foi de 2,8% em 1975-2004 e estima-se que baixe para 2,3% em 2004-2015. Os números correspondentes para os países da OCDE de rendimento elevado são, respectivamente, 0,6% e 0,4%.

As questões do envelhecimento da população são abordadas no capítulo 4.

28 | Economia do Crescimento

- desde as duas últimas décadas assiste-se a uma tendência decrescente no ritmo de crescimento mundial (vd. gráfico ao lado);
- intensificou-se o processo de globalização, em particular da globalização financeira – os movimento internacionais de capitais são hoje em dia muitíssimo superiores aos movimentos de mercadorias;
- persistem ritmos de crescimento muito variados nas diversas economias;
- existem fundadas preocupações com a sustentabilidade do crescimento em termos ambientais.

Muitos destes factos mais recentes estão intimamente relacionados com o acentuar do processo habitualmente designado como "globalização".

C) Globalização

Fernand Braudel, um historiador económico francês que viveu entre 1902 e 1985[13], considerava que até ao final da Idade Média, imediatamente antes do início dos descobrimentos portugueses e, principalmente, das viagens de Vasco da Gama (1498) e de Pedro Álvares Cabral (1500), era possível identificar o que ele designava de cinco "economias-mundo", bastante autónomas – embora em graus diferentes – umas em relação às outras, mantendo algumas trocas comerciais entre si. Essas "economias-mundo" eram:

1. a Europa – com dois pólos: um no Sul (centrado principalmente nas cidades-estado italianas de Génova, Veneza, etc.) e outro no Norte da Europa (com a sua Liga Hanseática chefiada essencialmente por Hamburgo e Lubeck, no norte da Alemanha);
2. a China e regiões próximas (Coreia, Indochina);

---

[13] Vd mais em http://pt.wikipedia.org/wiki/Fernand_Braudel.

3. a Índia, com fortes ligações aos mundo árabe do Médio Oriente e do Egipto mas também com algumas ligações para oriente (Indochina);
4. a África, com a maior parte, a África ao sul do Saara quase completamente marginalizada apesar do (limitado) comércio transariano e na costa oriental do continente (com os árabes); e
5. as Américas, à época totalmente desconhecidas do resto do Mundo de então apesar das civilizações Inca, Azteca e Maia que se desenvolveram no Peru, no México e na península de Yuacatan.

Das ligações existentes entre estas "economias-mundo" salientem-se as três que nos permitem falar de como que uma "pré-história" da globalização:
(1) as estabelecidas entre várias regiões da Europa e desta com o Médio Oriente e, mais longe, a China através da chamada "Rota da seda" – que eram, na verdade várias rotas que atravessavam o continente asiático e chegavam ao Médio Oriente e às repúblicas italianas (Veneza, p.ex.);
(2) as ligações entre a China e a Índia e os países árabes; e
(3) as ligações do sub-continente indiano e o Médio Oriente com a costa oriental (norte) da África.

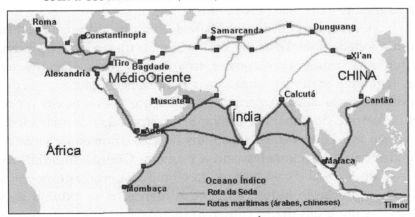

Rotas de comércio entre a Ásia e a Europa
antes dos Descobrimentos portugueses

A primeira globalização: o comércio após a era dos descobrimentos

Foram os descobrimentos portugueses (caminho marítimo para a Índia e Brasil) e espanhóis (Amércia Central) que abriram caminho à primeira grande verdadeira globalização: a que decorre do início do séc. XVI até à Revolução Industrial e que se caracteriza essencialmente pela intensificação do comércio entre os quatro continentes (Europa, Ásia, África e Américas) habitados.

Esta intensificação do comércio incluiu a movimentação não só de mercadorias como também de pessoas através quer do comércio de escravos quer da constituição das primeiras colónias europeias na África, na Ásia e nas Américas, para onde se deslocaram alguns milhares de europeus.

A segunda globalização: a industrialização

A segunda grande onda de globalização começa com o início da era industrial na Europa (cerca de 1850) e a necessidade de os países em transformação garantirem quer fontes de matérias primas baratas quer mercados que absorvessem as quantidades, agora muito maiores, de bens produzidos.

É o tempo das concepções liberais e do capitalismo, da instituição do poder colonial directo – e não apenas traduzido na presença de feitorias comerciais – como forma de assegurar quer o acesso privilegiado a matérias primas quer mercados e é também a época do fim do esclavagismo, tornado "ineficiente" pelos novos processos industriais de trabalho e limitante da expansão dos mercados.

Esta fase conheceu os seus altos e baixos, nomeadamente três grandes crises relacionadas com a primeira Guerra mundial, com a Crise de 1929-33 e com a segunda Grande Guerra. Foram épocas em que a produção industrial para os mercados se reduziu significativamente e em que o comércio internacional de mercadorias, sua característica fundamental, se reduziu concomitantemente.

Esta fase acabou por ser substituída pela terceira grande fase de globalização, a actual, que se tem vindo a intensificar – e a mudar de perfil – desde o final da II Guerra Mundial.

A fase actual de globalização: a era da "partição" internacional da produção, da informática e dos fluxos de capitais

A actual fase de globalização, essencialmente económico-financeira, assenta na revolução dos meios de comunicação, tanto ou mais do que na dos transportes que, com a invenção da máquina a vapor e sua aplicação aos transportes rodoviários, ferroviários e marítimos, tinham caracterizado a fase anterior mas que vão agora conhecer também um aumento exponencial graças à capacidade de enviar "mais" produtos "mais longe". É a época, por exemplo, dos grandes navios porta-contentores e dos aviões cargueiros.

Esta fase vai ainda beneficiar do fim dos dois grandes blocos políticos e económicos que tinham surgido durante a fase anterior: os usualmente designados "ocidental" e "soviético".

Nesta fase de globalização o processo produtivo deixa de ser quase exclusivamente nacional – sendo objecto do comércio internacional um leque variado de matérias primas ou de produtos acabados – para passar a ser verdadeiramente global, mundial ou, pelo menos, regional internacional – em que o objecto de comércio internacional são, para além dos produtos acabados e das matérias primas que já caracterizavam a globalização anterior, um leque crescente de bens intermédios (partes e componentes) que são integrados em produtos finais algures em terceiros países.

Muito desse comércio internacional dá-se no seio de empresas multinacionais com unidades produtivas espalhadas por vários países que comerciam entre si ou que são pólos principais de um esquema de subcontratação da produção a unidades mais pequenas, tornando-as muitas vezes quase totalmente dependentes delas.

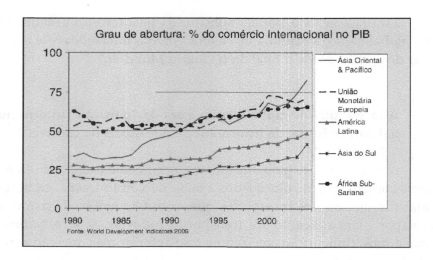

"O processo produtivo mundial é formado por um conjunto de umas 400-450 grandes 'corporações' [grandes empresas multinacionais] (a maioria delas produtora de automóveis e ligada ao petróleo e às comunicações) que têm os seus investimentos espalhados pelos 5 continentes. A nacionalidade delas é maioritariamente americana, japonesa, alemã, inglesa, francesa, suíça, italiana e holandesa. Portanto, pode-se afirmar sem erro que os países que assumiram o controle da primeira fase da globalização (a de 1450-1850), apesar da descolonização e dos desgastes das duas guerras mundiais, ainda continuam obtendo os frutos do que conquistaram no passado. A causa disso é o facto de deterem o monopólio da tecnologia e os seus orçamentos, estatais e privados, dedicarem imensas verbas para a ciência pura e aplicada."

In SHILLING, Voltaire http://educaterra.terra.com.br/voltaire/atualidade/globalizacao.htm

A revolução informática e nas telecomunicações que caracterizam a década de '90 do século XX vai ser condição essencial para o aparecimento desta fase. Um exemplo da sua importância está patente no seguinte facto:

"A notícia do assassinato do presidente norte-americano Abraham Lincoln, em 1865, levou 13 dias para cruzar o Atlântico e

Capítulo 1. O fenómeno do crescimento | 33

chegar à Europa. A queda da Bolsa de Valores de Hong Kong (Outu-bro-Novembro/1997), levou 13 segundos para cair como um raio sobre São Paulo e Tóquio, Nova York e Tel Aviv, Buenos Aires e Frankfurt. Eis ao vivo, directo e a cores, a globalização"

(Clóvis Rossi – do Concelho Editorial – Folha de São Paulo)

Note-se que apesar de hoje todos falarem dela não há uma definição aceite por todos. No fundo, todos falam mais ou menos no mesmo mas, por vezes, com diferentes ênfases. Mas parece evidente que da globalização fazem parte fundamentalmente quatro aspectos (AMARAL, 1998):

1. o aumento do comércio internacional
2. o rápido aumento da circulação de capitais a nível mundial
3. o papel crescente das empresas multinacionais na economia mundial
4. o aumento da circulação das pessoas em viagens de negócios e/ou de turismo

Publicação recente da OCDE – Organização de Cooperação e Desenvolvimento Económico [14]diz que

"O termo 'globalização' tem sido utilizado intensamente para descrever a crescente internacionalização dos mercados financeiros [bolsas de valores, etc.] e dos mercados de bens e serviços. A globalização refere-se, acima de tudo, a um processo dinâmico e multidimensional de integração económica em que os recursos nacionais têm uma mobilidade internacional cada vez maior e em que as economias nacionais se tornam cada vez mais interdependentes.

Numa economia globalizada as distâncias e as fronteiras nacionais diminuíram substancialmente à medida que a maioria dos obstáculos de acesso ao mercado foram eliminados. Neste mercado globalizado as empresas multinacionais são consideradas como sendo o vector principal através do qual se deu e continua a dar a globalização. Graças às tecnologias de informação e de comuni-

---

[14] Vd o seu "sítio" na internet em www.oecd.org.

cações, as empresas continuam a organizar-se em redes internacionais como resposta à crescente concorrência internacional e consequente necessidade de inter-relações estratégicas.

Apesar de a dimensão económica ser um aspecto dominante do processo de globalização a verdade é que há outras dimensões muito importantes, incluindo a social, a cultural, a política e a institucional."[15]

Como referido mais acima, uma das principais características da actual globalização é a globalização financeira, resultante da liberalização da circulação de capitais adoptada pelos países mais industrializados a partir dos anos 80 do século passado. Essa globalização *cum* liberalização dos circuitos financeiros tem um instrumento fundamental: a operação das principais bolsas de valores 24h por dia.

Poder-se-á dizer que os capitais financeiros podem dar a volta ao mundo ao longo do dia acompanhando o caminho do sol de oriente para ocidente. A sua

vida do dia a dia começa quando abre a bolsa de Tóquio e prolonga-se logo de seguida para as bolsas de Hong Kong e de Singapura (e, cada vez mais, de Xangai, na China), seguindo-se-lhes Mumbai (Índia), Frankfurt, Paris e Londres e depois New York, de onde passa para a de San Francisco e, renovando o ciclo diário, a de Tóquio e/ou Sidney.

---

[15] In OECD *Handbook on Economic Globalisation Indicators*, Paris, 2005, pg. 11.

Outra característica essencial desta globalização é a da própria produção, facilitada pelos baixos custos relativos do transporte dos bens. A figura abaixo é uma ilustração da forma "globalizada" de produção e comercialização utilizada pelas grandes empresas multinacionais:

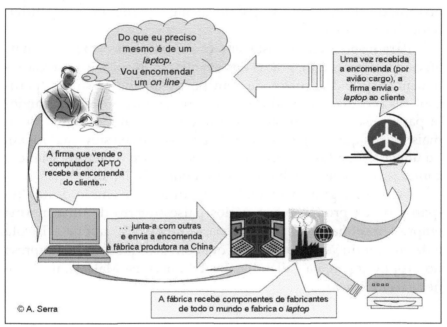

Esta produção "fragmentada" – talvez a verdadeira grande inovação ao permitir repartir pelo mundo a produção de uma quase infinidade de peças e componentes de produtos intermédios e de bens finais que, no caso dos primeiros, se "juntam" num local/país para produzir o produto final – recorre, muitas vezes, ao *"outsourcing"* ou à compra de componentes no mercado internacional mas utiliza frequentemente produção feita no quadro da própria empresa multinacional que deslocaliza partes da sua produção para as regiões (países) em que os custos de produção são menores. O espaço de acção destas empresas passa a ser o Mundo e não apenas o seu país de origem. Daí o dizer-se que elas "não têm pátria".

36 | Economia do Crescimento

Por exemplo, quando, na sequência dos chamados "acordos do [Hotel] Plaza"[16] (Nova York, Outubro de 1985) entre os países mais industrializados da época o iene japonês foi valorizado em relação ao USD para cerca do dobro em 3 anos[17], muitas produções *made in Japan* vendidas no mercado internacional – principalmente nos Estados Unidos, o seu grande cliente – perderam competitividade internacional.

Para responderem a esta situação as empresas japonesas mais afectadas começaram, graças aos avanços da técnica e aos crescentemente reduzidos custos de transporte, um processo de "partição" do processo de produção dos seus produtos deslocalizando--a para países dos Sudeste Asiático, onde os salários eram muito mais baixos que no Japão. Foi este processo que esteve na origem de uma das "ondas" de crescimento económico de países asiáticos com ligação ao desenvolvimento económico do Japão[18].

Veja-se no gráfico seguinte e a título de exemplo desta "re--partição" da produção por vários países dentro de uma mesma empresa multinacional, o que se passa no caso da japonesa Toyota e da sua produção automóvel, a qual envolve fábricas da empresa no próprio Japão, na Tailândia, nas Filipinas, na Malásia, na Indonésia e em Taiwan.

---

[16] Bem conhecido por ter sido (também) palco do filme (1992) *Sozinho em casa 2*, em que Kevin se instala depois de, por engano, ter apanhado o voo para Nova York enquanto o resto da família voava, para férias, para a Florida.

[17] Taxas de câmbio do iene em relação ao USD (iene por USD; Janeiro dos anos; média mensal; valor arredondado para a unidade mais próxima): 1985: 255; 1986: 200; 1987: 155; 1988: 128; 1989: 127.

[18] A primeira "onda" envolveu a Coreia do Sul e Taiwan, que começaram os seus processos de crescimento económico mais rápido no início-meados dos anos 60 do séc, XX. Uma segunda "onda" teve origem na valorização do iene acima referida e que ocorreu em fins de 1985.

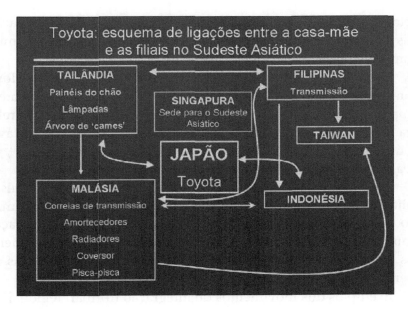

Nos Estados Unidos, para dar o exemplo da maior economia mundial actual, o comércio intra-firmas (grandes multinacionais) representaram 47% do volume total das importações americanas em 2001 e 32% das exportações totais (equivalentes a 526 e 223 mil milhões de USD, respectivamente).

Como referido acima, a globalização, ainda que tenha uma fortíssima componente económico-financeira, não deve ser vista apenas nesta dimensão. Pelo contrário, ela deve ser vista, pelo menos, também numa dimensão social e cultural.

Com base em várias dimensões, diferentes autores têm construído índices de globalização dos vários países.

A revista americana *Foreign Policy*[19] publica um índice da globalização. Este índice inclui quatro componentes principais: envolvimento político do país na cena internacional (medido nomeadamente pelo número de organizações internacionais a que o país pertence), tecnologia (medido pelo número de utilizadores da internet entre outros indicadores relacionados com a mesma), con-

---

[19] Vd http://www.foreignpolicy.com

38 | Economia do Crescimento

tactos (pessoais) internacionais (medidos pelas viagens internacionais e tráfego telefónico internacional, p.ex.) e integração económica (comércio internacional, investimento directo estrangeiro, etc.).

Em 2007[20] a ordem dos três primeiros era Singapura, Hong Kong e Holanda. Portugal estava em 31º lugar, com a Espanha e o Panamá antes e a Eslováquia e o Gana depois de si. A posição relativa de Portugal devia-se principalmente à sua posição confortável na área "política" (9º lugar); nas área económica estava em 54º, na área tecnológica em 27º e na área pessoal em 24º.

Mas a globalização tem também sido acelerada por impulsos políticos que se somam e, em parte, condicionam e direccionam, o processo. Referimo-nos em particular aos processos de integração económica regional apoiados, senão mesmo da iniciativa e liderados, pelos Estados nacionais através, por exemplo, de políticas de liberdade de circulação de bens, serviços e capitais.

Exemplos dos movimentos de integração (formal) regional intensificadora do processo de globalização são a União Europeia – aquela que levou mais longe a integração de economias nacionais e que tem sido principalmente fruto de decisões da superestrutura política e não dos cidadãos[21] –, a AFTA (ASEAN Free Trade Association, que reúne os países do Sudeste Asiático), a NAFTA (North America Free Trade Association que reúne os Estados Unidos, o Canadá e o México) e o Mercosul (Mercado Comum da América do Sul, instituído em 1991 e que reúne Brasil, Argentina, Uruguai e Paraguai, num total de mais de 200 milhões de pessoas).

---

[20] http://www.foreignpolicy.com/story/cms.php?story_id=4030

[21] O debate que se realizou em torno da realização ou não de referendos nacionais para ratificar o chamado "Tratado de Lisboa" deve ser visto à luz desta realidade.

Comparação de algumas associações económicas regionais

	Membros (países)	População (milhões)	PIB nominal (mil milhões USD)	PIB per capita (USD)	Importações e exportações (mil milhões)
União Europeia	25	454	10.970	24.169	5.090
NAFTA	3	425	12.342	29.043	2.699
AFTA (ASEAN)	10	537	686	1.278	759
Mercosul	4	224	639	2.853	150

A economia mundial em 2015

Países	PIB em 2005		Taxa de crescimento do PIB 2006-2015 (%)	PIB em 2015	
	Mil milhões USD	Lugar		Mil milhões USD	Lugar
Estados Unidos	12.332	1	3,2	16.950	2
China	8.092	2	8,0	17.550	1
Japão	4.009	3	1,5	4.650	4
Índia	3.603	4	6,0	7.015	3
Alemanha	2.499	5	1,5	2.897	5
Reino Unido	1.826	6	2,1	2.250	7 =BR
França	1.812	7	2,1	2.239	9
Itália	1.695	8	1,6	1-978	10
Rússia	1.586	9	5,0	2.585	6
Brasil	1.553	10	3,8	2.252	7 =RU

Ligado com este processo de integração (formal) económica regional está a política de captação de investimento directo estrangeiro (IDE). Este é cada vez mais visto como essencial ao processo de crescimento da produção industrial e de circulação dos produtos à escala mundial (nomeadamente pelas mãos das empresas multinacionais), ao de aquisição de novas tecnologias e de processos de organização da produção, todos eles essenciais para a desejada "modernização" das economias nacionais e da melhoria do bem estar das populações.

40 | Economia do Crescimento

BEAUGRAND, Philippe

And Schumpeter Said, "This Is How Thou Shalt Grow": The Further Quest for Economic Growth in Poor Countries

[E Schumpeter disse: "Esta é a forma como vocês hão-de crescer!": a procura do crescimento económico em países pobres]

IMF Working Paper WP 04/40, March 2004

Este *paper* argumenta que a promoção do crescimento económico é simples: *"É uma questão de empreendorismo, estúpido!"*. De acordo com a bem conhecida teoria do desenvolvimento económico de Schumpeter, a inovação é a principal força motora por detrás do crescimento económico e o empresário é o "Tipo Ideal" de inovador económico. Para crescer os países pobres precisam de fazer as coisas de forma diferente e desenvolver novas actividades, o que significa deixar os empresários inovarem de modo a introduzirem alterações estruturais na economia. Tal como as soluções simples para problemas complexos é óbvio que este tipo de *approach* levanta mais questões que aquelas a que responde e as questões levantadas são apenas pouco mais que afloradas neste documento.

No seu livro *The elusive quest for growth* (2001), [William] Easterly explora várias tentativas dos últimos cinquenta anos para melhorar o nível de vida nos países pobres. Estas tentativas incluem a prestação de ajuda externa, investimentos em maquinaria, esforços para melhorar a educação, medidas para controlar o crescimento populacional e iniciativas para fazer empréstimos – e se necessário perdoá-los – com a condição de serem efectuadas reformas institucionais. Easterly conclui que estas tentativas falharam em grande parte e que "o problema de fazer os países pobres mais ricos é muito mais difícil do que pensávamos".

Por fim mas não por último, registe-se a importância fundamental do IDE como complemento da poupança nacional para o financiamento do desenvolvimento sem ter de recorrer (pelo menos tão intensamente) à obtenção de empréstimos que aumentariam a dívida externa.

Um dos aspectos mais significativos da globalização actual a nível de países individualmente considerados é o do rápido aumento da inserção da China e também da Índia no comércio mundial. O impacto desta inserção está a revolucionar as correntes do comércio mundial com efeitos que ainda não são completamente previsíveis.

Uma abordagem deste assunto é feita quando, a propósito da evolução do PIB mundial, falamos dos BRICs e no anexo sobre o "milagre" chinês.

Cinco factos estilizados sobre o crescimento (adaptado de Easterly e Levine, 2001)	
1. Não se trata de acumulação de factores [produtivos] mas sim do factor "A"	1. Não é a acumulação de factores que é a responsável pela maior parte da diferença de rendimentos per capita; há algo mais – a Produtividade Total de Factores (PTF) – que é responsável por uma parte importante dessa diferença
2. *Divergência, e não convergência, é a grande questão*	2. *Há grandes e crescentes diferenças no PIB per capita: não há nem convergência nem convergência condicional. No entanto, a "divergência" encontrada não permite apoiar inequivocamente nenhuma concepção em particular sobre o que melhor explica o "algo mais" que produz estes factos estilizados*
3. O crescimento não dura eternamente	3. Os percursos de crescimento são muito diferentes entre os vários países; a acumulação de factores é persistente e menos errática. Alguns países "take off" [arrancam], outros estão sujeitos a altos e baixos, uns quantos crescem de uma forma mais ou menos estável e outros nunca chegaram a crescer. Em contraste, a acumulação de capital é muito mais persistente que o crescimento em geral
4. *Quando chove, chove mesmo*	4. *Todos os factores de produção afluem aos mesmos lugares, sugerindo importantes externalidades. A consequência é que a actividade económica [a nível mundial] tende a estar altamente concentrada [num número relativamente reduzido de países]*
5. As políticas influenciam mesmo	5. As políticas nacionais influenciam o crescimento de longo prazo. Isto é consistente com as teorias que enfatizam o crescimento da produtividade e as externalidades tecnológicas e torna-nos cada vez mais desconfiados das teorias que enfatizam excessivamente a acumulação de factores

D) Ciclos económicos e dinâmicas complexas

O crescimento económico não se faz de forma regular ao longo do tempo. Embora seja útil calcular taxas médias de crescimento anual num período longo – ou seja tendências de longo prazo –, a verdade é que a evolução real de uma economia é muito irregular, assumindo por vezes comportamentos dinâmicos altamente complexos.

Esta circunstância deriva da evolução registada ser a resultante de flutuações da actividade, simultâneas, mas de carácter diferente.

42 | Economia do Crescimento

Assim, estão em jogo normalmente e de forma simultânea, *flutuações sazonais, flutuações cíclicas* e *choques estruturais*.

As *flutuações sazonais* estão relacionadas com a alternância das estações do ano ou de determinados períodos/épocas ao longo do ano, o que pode influenciar a produção de um determinado bem, serviço ou de toda a economia.

Por exemplo, a produção de gelados tem um ciclo anual de produção que atinge um pico nos meses de Verão; nas análises da evolução da produção da economia chinesa, o período correspondente ao Ano Novo chinês (que se verifica em data móvel, normalmente entre o fim de Janeiro e o fim de Fevereiro) é necessário tomar em consideração o facto de esse período ser o principal – muitas das vezes único – para o gozo de férias da população da China. Neste período o país "pára" cerca de uma semana a dez dias devido a estes festejos e a produção ressente-se, naturalmente, deste facto.

O mesmo acontece nas sociedades ocidentais aquando da comemoração do Natal e do Ano Novo.

As *flutuações cíclicas* caracterizam-se por ondas periódicas de expansão e contracção da produção. Estas ondas podem ser de duração muito variada. Alguns autores distinguem os chamados ciclos de Kondratiev [22] de grande duração (cerca de 50 anos), os ciclos de Juglar[23] (cerca de 8 anos) e os ciclos de curta duração (mais ou menos 4 anos).

A combinação de todas estas dinâmicas resulta, como se disse, em comportamentos muito complexos, por vezes de carácter caótico[24]. Em particular as diversas flutuações cíclicas, quando se verifica uma certa coincidência/sobreposição das suas fases (ascen-

---

[22] Economista russo, viveu entre 1892 e 1938.

[23] Médico e economista francês, Clément Juglar viveu entre 1819 e 1905.

[24] O adjectivo 'caótico' tem, neste contexto, um significado preciso, diferente do significado corrente mas cuja explicação cabal vai para além do âmbito do presente manual. Basta dizer que uma evolução caótica ao longo do tempo, embora

dentes ou descendentes do ciclo) podem levar a épocas de grande expansão (no primeiro caso) ou pelo contrário a épocas de depressão (no segundo caso).

Muitas teorias têm sido sugeridas para explicar a existência de flutuações cíclicas de curto prazo. Salientam-se as teorias *monetárias*, a teoria do *multiplicador-acelerador* e a *teoria dos ciclos reais*.

As *teorias monetárias* do ciclo assentam na verificação de que muitas vezes um ciclo de expansão e depois contracção resulta de um excessivo crescimento do crédito, a que se segue uma contracção resultante do excessivo endividamento dos agentes económicos, movimentos muita vezes ampliados pela especulação bolsista e consequentes subidas e descidas de cotações. É inegável que nas economias actuais estes efeitos cíclicos são patentes

A interacção *multiplicador-acelerador* é uma teoria que supõe que o investimento depende da variação de consumo no período anterior e que este, por sua vez, depende do rendimento do período anterior. Estas duas suposições dão origem a uma dinâmica que pode causar flutuações cíclicas.

Mais recentemente uma escola da teoria económica considera os ciclos como o resultado de uma adaptação racional dos agentes económicos face a choques exógenos (isto é, originados forra do sistema). É a chamada *teoria dos ciclos reais* que, no entanto, não tem aceitação geral, embora seja inegável que os choques exógenos, principalmente quando levam a alterações estruturais de comportamentos, contribuem fortemente para o carácter irregular do crescimento. Dentro destas alterações estruturais destacam-se as mudanças tecnológicas, as alterações legislativas que regulamentam a actividade económica a abertura de novos mercados, etc..

A teoria do crescimento económico, na sua forma mais simples, como se disse na Introdução, abstrai da existência de flutuações de

---

criada por um processo determinista, se assemelha a uma evolução gerada por um processo aleatório.

curto prazo na actividade económica e preocupa-se mais com tendências de longo prazo.

No entanto, se este pode ser um processo útil de abordagem, não devemos esquecer-nos que se trata de uma abstracção que, se não houver cuidado, pode levar a conclusões erradas. Em particular é de evitar o erro de supor que a evolução registada nas economias resulta de tendências regulares a que se juntam flutuações de curto prazo.

Na realidade não é assim que sucede. Flutuações de curto prazo e tendências de longo prazo não são separáveis senão no pensamento. A realidade da evolução económica é uma amálgama de dinâmicas, de que a teoria do crescimento abstrai tendências que tenta calcular, mas sem esquecer que se trata de uma abstracção.

As diferenças de ritmo ao longo do processo de crescimento de um dado país que são resultado de transformações estruturais que ocorrem nesse mesmo processo têm sido enfatizadas por alguns autores que têm tentado encontrar um padrão temporal nas fases do processo de crescimento. Um exemplo dessas tentativas é a de Rostow, que abordaremos mais adiante.

E) As crises

Não são apenas os ciclos económicos que tornam o caminho do crescimento irregular.

É próprio das economias capitalistas modernas mergulharem de tempos a tempos em situações de estagnação ou mesmo retrocesso económico, caracterizadas também por altos níveis de desemprego e de pobreza. Situações que podem permanecer por vários anos. São as temidas *crises*, que, quando se prolongam no tempo podem dar origem a verdadeiras *depressões* da actividade económica, muitas vezes acompanhadas por deflações, ou seja por uma queda dos preços.

Até à crise de 2007, a depressão mais geral e mais profunda foi a chamada Grande Depressão de 1929-32, que, na realidade se estendeu, embora com menos gravidade para além desse período até à II Guerra Mundial (1939-45).

Muitos temem, porém que a crise iniciada em 2007 evolua para uma depressão em várias regiões do Globo, porventura mais duradoura do que a Grande Depressão.

As crises, como a que atravessamos, originam-se muitas vezes no sistema bancário em virtude de demasiado crédito concedido pelo sistema a entidades (pessoas ou empresas) que, por excessivamente endividados se tornam insolventes, não pagando o capital e/ou os juros dos empréstimos que contraíram.

Essas insolvências originam perdas pesadas para os bancos que ser podem tornar eles próprios insolventes, como sucedeu ao grande banco Lehman Brothers em 2008. Quando a *crise de crédito* se estende através de um efeito dominó, entramos numa *crise financeira*: as insolvências levam a quedas das cotações bolsistas que, por sua vez constituem perdas de riqueza que podem causar a insolvência de mais empresas e pessoas.

Por outro lado, a hipertrofia dos mercados financeiros, que se vem registando desde os anos oitenta do século passado, em particular através do crescimento sem controlo do capital especulativo investido nos mercados de derivados financeiros e de mercadorias, amplifica enormemente a crise financeira, através do aumento em flecha dos incumprimentos naqueles mercados.

Uma crise financeira assim ampliada transforma-se rapidamente numa *crise económica*: as insolvências e perdas de riqueza individuais levam a uma redução do consumo privado. Por outro lado, as falências de empresas e as dificuldades de concessão crédito por parte do sistema bancário, decorrentes da crise financeira e de crédito, que os afecta profundamente, bem como a perda de confiança geral dos empresários no futuro da economia levam à queda, geralmente muito pronunciada do investimento.

Queda do consumo e do investimento significa queda da actividade económica e aumento da pobreza e do desemprego. A crise económica tem, além disso um efeito de retroacção sobre a crise financeira: maiores dificuldades económicas levam a mais insol-

46 | Economia do Crescimento

vências de devedores dos bancos e a maiores quedas cotações bolsistas e assim sucessivamente.

As crises podem ser combatidas por políticas económicas adequadas. Este, no entanto, é um tema que não trataremos neste livro. Referiremos apenas que a globalização torna as crises globais e dificulta o combate às crises, uma vez que exige concertação de políticas entre estados, o que está longe de ser um processo simples.

Algumas visões do crescimento económico consideram que as crises, apesar do sofrimento que causam são condições necessárias para que haja progresso.

Karl Marx (1818-1883) considerava que as crises eram soluções violentas e momentâneas das contradições do sistema económico e social capitalista e que este representava uma permanente contradição entre o desenvolvimento das forças produtivas e as relações de produção que lhe correspondem. Pensava que a superação do capitalismo era uma exigência do progresso social e que tal superação viria do aprofundamento das contradições e portanto das crises do sistema.

Já Schumpeter (1883-1850) considerava que o facto essencial do capitalismo era a Destruição Criadora, ou seja um permanente processo de inovação que destrói o que se torna obsoleto, incessantemente criando algo de novo. Num processo assim, e evidente que as crises surgem, mas elas são uma consequência do progresso.

F) As fases de crescimento económico segundo Rostow

Em 1960, num livro intitulado *The Stages of Economic Growth – A Non-Communist Manifesto*, (com reedições posteriores) o economista americano Walt Whitman Rostow (1917-2003) tentou encontrar um padrão explicativo do crescimento económico aplicável a todas as economias.

Assim, admitiu que o crescimento surge quando um país consegue romper com os bloqueios e resistências próprios das sociedades tradicionais. A esta fase de arranque chamou a fase de *take-off* (termo aeronáutico significando "descolagem"; traduzível também por "arranque").

Com base neste conceito, o crescimento económico de um país atravessaria cinco fases em sequência: a sociedade tradicional, a fase das pré-condições para o take-off, a fase de take-off (arranque), a fase de caminho para a maturidade e a fase de grande consumo de massa.

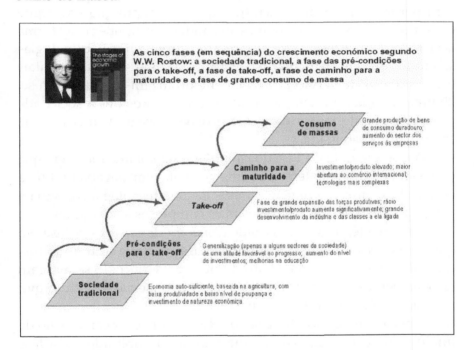

As cinco fases (em sequência) do crescimento económico segundo W.W. Rostow: a sociedade tradicional, a fase das pré-condições para o take-off, a fase de take-off, a fase de caminho para a maturidade e a fase de grande consumo de massa

Sendo aplicável a todas as economias, este esquema também significa que num dado momento, olhando para os diversos países do mundo se encontrariam economias em cada uma destas fases.

As *sociedades tradicionais*, baseadas na agricultura, não aplicando à produção ciência e tecnologia moderna, onde impera o fatalismo.

A fase das *pré-condições para o take-off*, em que se generaliza uma atitude favorável ao progresso, melhora o acesso à educação,

48 | Economia do Crescimento

incrementa-se o sistema financeiro e surgem empresas industriais modernas com novos métodos de gestão. No entanto, estes elementos de progresso mantêm-se limitados a alguns sectores da sociedade.

A fase de *take-off/arranque* é a fase da grande expansão das forças de progresso. O crescimento económico começa ser um facto normal. A taxa de investimento em proporção do PIB aumenta fortemente, novos sectores industriais expandem-se rapidamente, com perda de peso da agricultura quer na população empregue quer no PIB. As zonas urbanas expandem-se também de forma acelerada. Uma nova classe empresarial surge e novas tecnologias são utilizadas em particular na agricultura. As instituições estatais e a prestação de serviços públicos modernizam-se e alargam-se. "Numa década ou duas", segundo o próprio Rostow, a sociedade transforma-se de tal forma que é possível assegura uma taxa de crescimento sustentada.

A fase seguinte é a fase do *caminho para a maturidade* em que o investimento se mantém com uma percentagem elevada do PIB, a economia se insere comércio internacional, a tecnologia continua a progredir e avança por processos mais complexos e avançados.

Finalmente, a fase de *grande consumo de massa* é a fase em que os sectores motores da economia passam ser os sectores industriais de bens de consumo duradouro e os serviços e se alargam enormemente os recursos gastos no bem-estar social (Estado providência). É a fase da soberania do consumidor.

Uma análise crítica das teses de Rostow deve ter como pano de fundo o contexto histórico em que o livro foi publicado: uma fase aguda da "guerra fria" entre o "ocidente" e o "bloco de Leste", em que muitos novos países estavam a obter a sua independência, procurando um caminho para o seu crescimento económico[25].

Nesse sentido, o subtítulo do livro de Rostow ("Um manifesto anti-comunista") é particularmente elucidativo do objectivo que

---

[25] Vd Lakshman Yapa, da Pennsylvania State University (EUA) (http://www.geog.psu.edu/courses/geog103/Rostow.htm).

se propunha o autor: apresentar uma alternativa às aspirações de muitos dirigentes dos novos países da Ásia e da África influenciados pelas ideias comunistas e pelo relativo sucesso económico que a União Soviética demonstrara ao longo da sua vida desde a Revolução Bolchevique de 1917.

Mas há outras críticas que se podem fazer às teses de Rostow. Uma delas é o facto de subentender que existe um caminho único para o desenvolvimento e que esse é representado pelo que as sociedades "ocidentais" tinham e estavam a percorrer. Os países que estão no princípio do "caminho", tornado único, não têm mais que olhar para os que estão à sua frente e fazer como eles.

Que relevância tem ainda hoje a análise de Rostow? Muitos dos seus aspectos encontram-se manifestamente desactualizados. Por exemplo, a não consideração do impacto da globalização e das novas tecnologias sobre o crescimento – quer para o incentivar quer para o condicionar/limitar – das diversas economias nacionais. No entanto o conceito de *take-off* continua a ser um conceito operacional útil para analisar certas fases do crescimento económico. A evolução actual da sociedade portuguesa não pode ser compreendida se não se conhecer o *take-off* que conseguiu durante a década de cinquenta do século XX (ver capítulo 5). Assim como o que se está a passar actualmente na China pode ser melhor compreendido fazendo apelo ao conceito de *take-off*.(ver anexo a este capítulo).

1.2 Os "outros", excluídos do crescimento? Os países em desenvolvimento e a luta contra a pobreza

Muitos dos aspectos do crescimento abordados neste livro são, por vezes, considerados como "coisas de países desenvolvidos", com os seus problemas próprios algo diferentes dos dos países designados como "em desenvolvimento".

Este facto e um evidente individualismo caracterizador das sociedades dos países economicamente mais avançados facilitam

50 | Economia do Crescimento

a adopção de uma lógica de "nós" e "os outros" por muitos cidadãos destes países. É conhecido também que os sistemas de ensino tendem a, por acção ou por omissão, reformar esta ideia e, no caso da Europa, um "eurocentrismo" que não se justifica. Outros países noutros continentes, talvez devido às suas dimensões "continentais", tendem também a desconhecer muito do que se passa com "os outros", o que reforça a ideia de estarem numa posição privilegiada face a estes que culturalmente não se justifica.

A crescente globalização do mundo nas suas mais diversas formas e as questões ambientais têm ajudado a consolidar cada vez mais a ideia de que, de facto, este é um mundo comum a todos. As páginas que se seguem destinam-se a dar uma ideia desses "outros" fora dos países mais avançados economicamente.

Procuraremos também dar algumas informações sobre "os outros" dentro das nossas próprias fronteiras, aqueles que por diversas razões foram afastados do processo de crescimento e de desenvolvimento e que constituem uma massa – maior ou menos, consoante as sociedades – de "deserdados da terra" que vivem quase à margem das sociedades em que vivem.

Uma forma de primeiro olhar para esses "outros" países em desenvolvimento é comparar a sua posição no contexto mundial quanto à população e quanto à sua participação na produção mundial.

Note-se, nos gráficos a seguir, a taxa de participação dos países de alto rendimento da OCDE na produção mundial. Apesar da redução de 6 pontos percentuais num terço de século, eles representam ainda actualmente três quartos da produção mundial quando a sua população não vai além dos 14%.

Por sua vez, a Ásia Oriental (que inclui a China mas não a Índia) representa hoje, apesar do forte crescimento económico que conheceu desde os anos '60 do século XX, apenas 7% da produção mundial contra 29% da população do Globo.

A África Subsariana, nitidamente a zona do globo com mais dificuldades em "arrancar" na senda do desenvolvimento, não representa hoje mais de 1,1% do PIB mundial de 2004 medido em

USD constantes de 2000 apesar de ter cerca de 11,4% da população mundial. A América Latina, por sua vez, representa 8,6% da população e 6,1% do PIB e a Ásia do Sul, que inclui, entre outros países, esse "gigante" que é a Índia produz 2,1% da produção mundial apesar de ter mais de 1/5 da população mundial (22,7%).

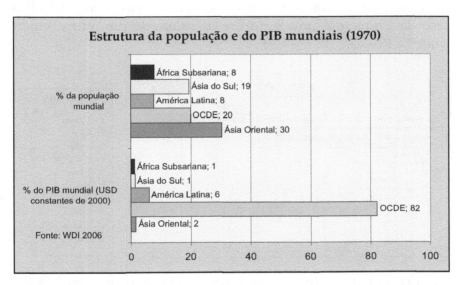

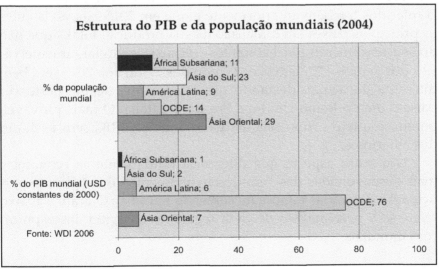

Aquela preponderância económica dos países mais avançados da OCDE traduz-se também na sua pertença ao restrito "clube" dos sete países mais industrializados do mundo, o "Grupo dos 7": Estados Unidos, Japão, Alemanha, Reino Unido, França, Itália e Canadá. Note-se, porém, que actualmente entre estes já se "intrometeram" países considerados como "em desenvolvimento". É o caso da China, da Índia e do Brasil – além de um outro "emergente" a Rússia.

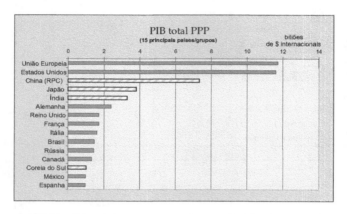 

Estes quatro últimos países constituem o grupo dos "BRIC" já referidos também anteriormente e que em 2015 estarão já entre os principais países em dimensão da sua produção total – que não do seu rendimento por habitante – ultrapassando largamente vários dos actuais "7". Isto é: o "Grupo dos 7" do ano 2015 será bem diferente do actual, deixando, provavelmente, de lhe pertencer países como o Reino Unido, a França e a Itália. O mais provável, porém, é que o grupo seja alargado àqueles BRIC sem exclusão dos anteriores.

Um outro aspecto que diferencia nitidamente as economias mais desenvolvidas das "em desenvolvimento" é a diferente participação das várias regiões no comércio mundial. O gráfico abaixo refere-se à percentagem de cada região no conjunto das exportações mundiais.

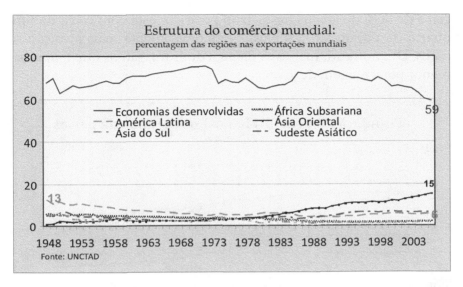

Como se pode verificar, as economias desenvolvidas são responsáveis por cerca de 60% das exportações mundiais, repartindo-se os restantes 40% pelas outras regiões, as "em desenvolvimento" – com destaque para os actuais 15% das economias "em desenvolvimento" da Ásia Oriental (lideradas pela China, que viu a sua participação decuplicar entre o inícios da reformas económicas no país em 1979 e 2006).

Note-se que desde o final da Segunda Guerra Mundial a América Latina viu reduzir a sua participação até ao primeiro choque petrolífero (início dos anos 70), tendo estabilizado desde aí em cerca de metade da posição inicial. A África Sub-Saariana, por sua vez, tem hoje uma participação que é apenas 1/3 do que era há cerca de 60 anos.

Uma das características essenciais dos países em desenvolvimento é a dimensão, muito significativa, da sua população jovem.

O gráfico a seguir dá-nos a informação sobre a evolução da população com 0-14 anos e vários grupos de países. Por ele é fácil verificar-se que a África Subsariana é hoje a região do mundo com maior percentagens de jovens no total da sua população seguida da América Latina e da Ásia Oriental, aquela actualmente com cerca de 30% de jovens neste grupo etário e esta com cerca de um quarto da população. Os países economicamente mais avançados da OCDE, nomeadamente os da área do Euro, são os que têm uma menor percentagem de jovens.

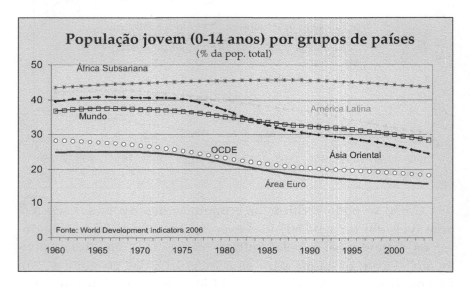

Segundo previsões do *Relatório do Desenvolvimento Humano 2006*, em 2015 a percentagem de jovens com menos de 15 anos ainda será de 28% no conjunto dos países em desenvolvimento (com 42% na África Subsariana e 29,3% na Ásia do Sul), contra os 17,8% previstos para o conjunto dos países da OCDE.

A percentagem de população jovem no total da população é importante porque este grupo inclui o das crianças em idade escolar (ensino primário e boa parte do secundário) e porque representam população que não participa (ou não deve participar...) na produção. Uma percentagem grande de jovens significa que o país tem de dedicar à educação uma parte muito significativa dos seus recursos – normalmente escassos por definição na maior parte dos países em desenvolvimento.

Uma outra características da maioria destes países é terem uma percentagem elevada da sua população total vivendo nas zonas rurais e da agricultura (vd gráfico seguinte).

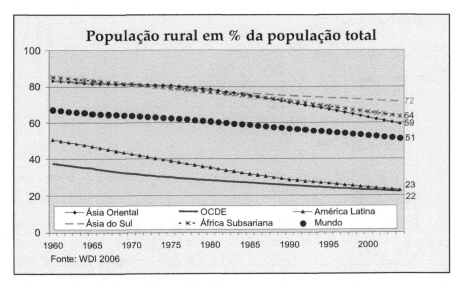

Em média, cerca de 60-70% da população dos países em desenvolvimento (com excepção da América Latina) vive nas zonas rurais, onde é mais difícil fazer chegar os bens (nomeadamente públicos como a educação, saúde, etc.) que contribuem para a melhoria das condições de vida. A América Latina tem-se caracterizado por um significativo ritmo de concentração das populações nas zonas urbanas, colocando a população urbana deste continente quase ao mesmo nível da dos países da OCDE de alto rendimento.

Em 2015 e segundo a fonte indicada acima a população rural será ainda de 52% no conjunto dos países em desenvolvimento, com cerca de 60% na África Subsariana e 66% na Ásia do Sul.

Os rendimentos desta população rural – de que o Valor Acrescentado Bruto por trabalhador agrícola é uma boa aproximação – tendem a ser baixos neste tipo de países. É isso que está ilustrado no gráfico a seguir.

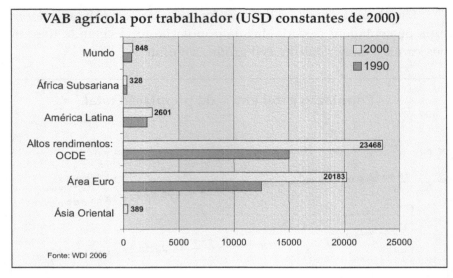

É esta população rural que constitui o principal grupo dos pobres.

A luta contra a pobreza no mundo converteu-se mesmo, nos últimos anos e principalmente desde a última década do século passado, a principal prioridade na luta pelo desenvolvimento dos países menos desenvolvidos. De tal modo que o lema do Banco Mundial, a agência especializada do sistema das Nações Unidas que se dedica particularmente ao apoio ao desenvolvimento daqueles países, é hoje "Por um Mundo livre de pobreza"[26].

Esta ênfase na pobreza e na luta contra ela começou a ganhar maior importância no quadro da continuada revisão do conceito de desenvolvimento a que tem vindo a assistir ao longo do tempo. De particular importância neste processo foi a introdução, mais evidente a partir do Relatório do Desenvolvimento Humano publicado pela primeira vez em 1990 pelo Programa das Nações Unidas para o Desenvolvimento (PNUD), do conceito de "desenvolvimento humano".

---

[26] Ver mais informações sobre pobreza, nomeadamente ao nível conceptual, no capítulo em que se aborda a problemática da repartição de rendimento.

> *"Devo reconhecer que no início não via muito mérito no IDH em si, embora tivesse tido o privilégio de ajudar a idealizá-lo. A princípio, demonstrei bastante cepticismo ao criador do Relatório de Desenvolvimento Humano, Mahbub ul Haq, sobre a tentativa de focalizar, em um índice bruto deste tipo – apenas um número –, a realidade complexa do desenvolvimento e da privação humanos. (...) Mas, após a primeira hesitação, Mahbub convenceu-se de que a hegemonia do PIB (índice demasiadamente utilizado e valorizado que ele queria suplantar) não seria quebrada por nenhum conjunto de tabelas. As pessoas olhariam para elas com respeito, disse ele, mas quando chegasse a hora de utilizar uma medida sucinta de desenvolvimento, recorreriam ao pouco atraente PIB, pois apesar de bruto era conveniente. (...) Devo admitir que Mahbub entendeu isso muito bem. E estou muito contente por não termos conseguido desviá-lo de sua busca por uma medida crua."*
>
> Amartya Sen, Prémio Nobel da Economia em 1998, no prefácio do Relatório do Desenvolvimento Humano de 1999
> (visto em http://www.pnud.org.br/idh , "sítio" do PNUD no Brasil)

Ele parte do pressuposto de que para aferir o avanço de uma população não se deve considerar apenas a dimensão económica – nomeadamente o rendimento *per capita* –, mas também outras características sociais, culturais e políticas que influenciam a qualidade da vida humana.

Dado corresponder a um conceito diferente, mais amplo, a sua medição tem de ser feito por um outro indicador que não o (muito restrito) PIB *per capita* e que reflicta (pelo menos em parte) a variedade das características/dimensões acima referidas. Daí a criação do Índice de Desenvolvimento Humano (IDH).

O IDH é um índice composto que representa três das principais dimensões do bem estar de vida humana:
- ✓ o económico,
- ✓ o cultural/de conhecimentos; e
- ✓ o de uma vida longa e saudável.

O primeiro é representado pelo PIB *per capita* medido pela Paridade dos Poderes de Compra; o segundo é, ele próprio, também um índice composto a partir da taxa de analfabetismo (dos maiores de 15 anos) e da taxa de matrícula em todos os níveis de ensino (do primário ao superior). Finalmente, o nível de saúde é associado à longevidade da população medida pela esperança de vida à nascença.

Fonte: PNUD *Relatório do Desenvolvimento Humano 2007/2008*, Edições Almedina, Coimbra, 2007
Disponível em http://www.pnud.org.br/arquivos/rdh/rdh20072008/hdr_20072008_pt_complete.pdf

Uma vez transformados os valores dos indicadores referidos em índices parcelares para o bem estar económico, intelectual/ /educação e sanitário, eles são agregados num único índice que é uma média simples de todos eles.

Influenciados pela evolução do conceito de desenvolvimento e, em particular, pelo de "desenvolvimento humano" realizaram--se ao longo da década de '90 do século passado, num como que balanço no seu final e de estabelecimento de objectivos para o milénio que iria começar em breve, um conjunto de grandes conferências internacionais sobre temas importantes para o desenvolvimento.

A primeira, realizada logo no ano de 1990, foi a Cimeira Mundial sobre as Crianças, realizada em Nova York. Seguiu-se no mesmo ano a Conferência Mundial sobre Educação que definiu como lema central a "Educação para todos". Em 1992 realizou-se no Rio de Janeiro uma das mais marcantes da década: a Conferência das Nações Unidas sobre Ambiente e Desenvolvimento.

Nestas e noutras conferências procuraram definir-se um conjunto de metas para vários objectivos no horizonte dos 25 anos seguintes.

Índice de Desenvolvimento Humano e seus componentes

Fonte: PNUD *Relatório do Desenvolvimento Humano 2014*, PNUD
Disponível em http://hdr.undp.org/sites/default/files/hdr2014_pt_web.pdf

Procurando consolidar as decisões das várias conferências – nomeadamente quanto ao ano em que deveriam ser atingidas determinadas metas para um conjunto de objectivos –, a Assembleia Geral da ONU aprovou em Setembro de 2000 um conjunto de "Objectivos do Milénio".

Trata-se, na verdade, de um conjunto não só de objectivos mas também de metas para eles a alcançar até ao ano 2015. A lista dos oito objectivos aprovados é a seguinte:

1. Erradicar a pobreza extrema (menos de $1/dia) e a fome
2. Assegurar a educação primária para todas as crianças com idade para a frequentar

60 | Economia do Crescimento

3. Promover a igualdade entre os sexos e o aumento do poder das mulheres a vários níveis na sociedade
4. Reduzir a mortalidade infantil
5. Melhorar a saúde materna
6. Combater a HIV/AIDS, a malária e outras doenças
7. Assegurar a sustentabilidade ambiental
8. Desenvolver uma parceria global para o desenvolvimento

Da listagem acima detenhamo-nos apenas nos três primeiros e nas metas e indicadores a alcançar e ilustrar.

Objectivos de Desenvolvimento do Milénio: os três primeiros de uma lista de oito e as respectivas metas a atingir até 2015		
Objectivo 1 *Erradicar a pobreza extrema e a fome*		
Meta 1 Reduzir para metade, entre 1990 e 2015, a percentagem da população com rendimento inferior a 1 dólar por dia	1.	Percentagem da população com menos de 1 dólar (PPC) por dia
	2.	Rácio do hiato da pobreza (incidência x dimensão da pobreza)
	3.	Parcela do quintil mais pobre em termos de consumo nacional
Meta 2 Reduzir para metade, entre 1990 e 2015, a percentagem da população atingida pela fome	4.	Prevalência de crianças menores de cinco anos com peso insuficiente
	5.	Percentagem da população abaixo do limiar mínimo de consumo de energia dietética
Objectivo 2 *Atingir o ensino primário universal*		
Meta 3 Assegurar que, até 2015, as crianças de todo o mundo, rapazes e raparigas, poderão concluir um ciclo completo de ensino primário	6.	Taxa de escolarização líquida no ensino primário
	7.	Percentagem de alunos do 1º ano que atingem o 5º ano
	8.	Taxa de alfabetização entre os 15 e os 24 anos
Objectivo 3 *Promover a igualdade de género e a capacitação das mulheres*		
Meta 4 Eliminar as disparidades de género nos ensinos primário e secundário, de preferência até 2005, e em todos os níveis de ensino até 2015	9.	Rácio entre raparigas e rapazes nos ensinos primário, secundário e superior
	10.	Rácio entre mulheres e homens alfabetizados, entre os 15 e os 24 anos
	11.	Percentagem de mulheres assalariadas no sector não agrícola
	12.	Percentagem de assentos ocupados por mulheres nos parlamentos nacionais

A capacidade de um país alcançar ou não os objectivos do milénio depende de vários factores. Os principais são:
– Taxa de crescimento do PIB;
– Taxa de crescimento da população;
– Taxa de crescimento do grau de urbanização da população
– Elasticidades das variações dos vários indicadores sociais representativos dos objectivos às alterações das variáveis referidas acima.

A capacidade que os vários países têm demonstrado para alcançar as metas fixadas para estes objectivos é muito diferente.

Genericamente, onde há maior atraso em relação a mais metas é na África Subsariana, sendo a Ásia Oriental a região dos países em desenvolvimento com maior taxa de sucesso em várias metas[27].

No caso da erradicação da pobreza, por exemplo, o panorama era o seguinte em 2004 comparativamente com 1990 (ano tomado como base) e 1999:

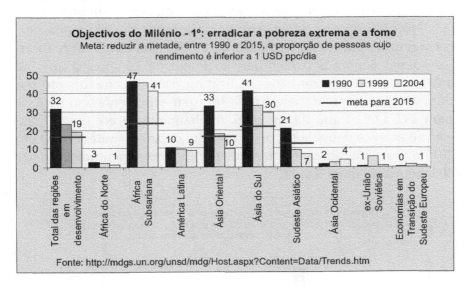

Como se pode verificar, passado mais de metade do período de 25 anos para que foram fixadas as metas, a fixada para o que parece ser o principal Objectivo do Milénio – erradicar a pobreza extrema e a fome – está, em média, prestes a ser alcançada no conjunto dos países em desenvolvimento.

Esta realidade, porém,, esconde uma outra: a de que a situação das várias regiões é muito diferente e que o "Total" beneficia significativamente do sucesso alcançado neste domínio na Ásia

---

[27] Para informação estatística sobre a evolução das realizações alcançadas na prossecução de várias metas definidas para os OdM veja-se http://mdgs.un.org/unsd/mdg/Resources/Static/Data/2007%20Stat%20Annex%20current%20indicators.pdf

Oriental – em 14 anos reduziu a pobreza para cerca de um terço do valor inicial –, particularmente na China[28]. Sucesso aproximado teve o Sudeste Asiático, particularmente a Indonésia[29]. A Ásia do Sul (em que, pela sua população se destacam a Índia (principalmente) e o Bangladesh, reduziu cerca de 25% o nível de pobreza absoluta da sua população, deixando antever que, com algum esforço suplementar será possível alcançar a meta na data prevista.

No polo oposto está a África Subsariana, que viu a sua percentagem de pobres (com menos de 1 USD/dia em PPC) reduzir-se apenas 6 pontos percentuais ao longo de 14 anos, o que faz antever que só uma mudança radical no ritmo de crescimento poderá assegurar que a meta fixada (reduzir a percentagem de 47% para 23,5%) é alcançada em 2015. Infelizmente parece que tal não está ao alcance daquela parte do mundo, deixando antever que em 2015 a percentagem de (extremamente) pobres será ainda cerca de 50% acima da meta fixada.

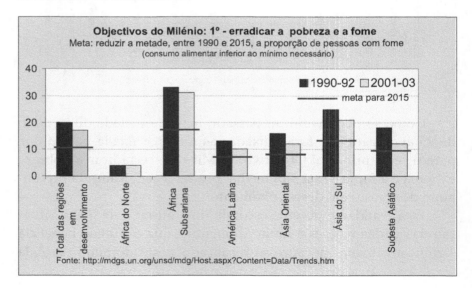

---

[28] Esta, graças ao sucesso das políticas económicas adoptadas desde o início dos anos 80 do século passado, conseguiu reduzir a sua taxa de 33% para 9,9% entre 1990 e 2004.

[29] A percentagem neste país baixou de 17,4 para 7,5 entre 1993 e 2002.

A segunda meta a alcançar em 2015 no quadro da luta contra a pobreza e a fome é reduzir para metade a proporção de pessoas com fome medida aqui pelo *intake* efectivo de calorias comparado com o que é considerado como o mínimo necessário para a sobrevivência humana com saúde.

Do quadro atrás parece resultar que as melhorias a verificarem-se na luta contra a fome são, em geral, mais difíceis de alcançar do que a luta contra a pobreza. Como no caso desta a pior situação verifica-se ma África África Subsariana, sendo a Ásia do Sul (principalmente a Índia) outra região em que as melhorias verificadas até agora são menores que o desejado. Em ambos os casos a percentagem actual de população que passa fome é ainda muito significativa.

Na impossibilidade de abordar aqui todos os objectivos e suas metas, terminemos com outro dos que nos parece mais importante em relação ao futuro e ao ritmo de crescimento dos países em desenvolvimento: o de se alcançar a escolaridade primária universal, i.e., se alcançar a "educação para todos" – ou, melhor, assegurar a toda e qualquer criança, independentemente do seu sexo ou outra condição, pelo menos o ciclo inicial (ensino primário) de escolaridade formal.

O principal indicador deste objectivo é a taxa de matrícula (%) nos ensinos primário e secundário por cada 100 crianças com idade de matrícula na instrução primária.

A consulta dos elementos estatísticos disponíveis permite concluir que durante o período 1991-2005 houve, em média, um aumento significativo de tal taxa de matrícula nos países em desenvolvimento. Os maiores progressos observam-se nas regiões que partiram de uma posição pior e que procuraram, com algum sucesso, reduzir o *gap* em relação à meta de 100% das crianças em idade escolar (primária) frequentando efectivamente a escola.

Note-se, porém, que se observam em muitos países (pelo menos) dois tipos de fenómenos que devem ser mencionados para se ter uma ideia mais correcta da realidade do ensino nesses países – que deve ser vista quer na perspectiva da sua quantidade mas também no da sua qualidade.

Um deles é o da qualidade do próprio ensino, muitas vezes bem abaixo do desejável pelas mais diversas razões (deficiência de formação dos professores, falta de equipamentos condignos – quantas e quantas vezes a escola não é mais que a sombra de uma árvore... – e falta de material de estudo).

O outro problema é o da baixa taxa de assistência efectiva às aulas, também aqui por razões muito diversas e que podem ir, por exemplo, desde os efeitos da época das chuvas na qualidade dos caminhos que levam à escola até à utilização da mão-de-obra infantil em muitas actividades da economia familiar.

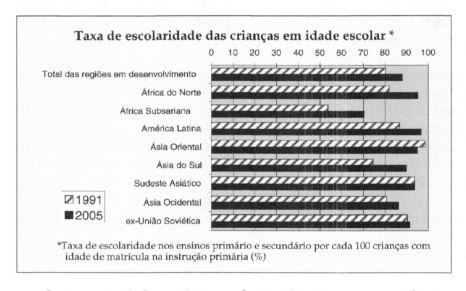

Importante é determinar qual a tendência que se verifica na evolução dos vários objectivos nos vários grupos de países (ou, mesmo, ao nível de cada país).

O quadro abaixo[30] dá uma ideia do que se espera vir a acontecer até 2015 em relação a dois dos objectivos e três dos seus indicadores.

---

[30] Fonte: Divisão de Estatística da ONU *MDG Progress Chart 2007* (in http://mdgs.un.org/unsd/mdg/Resources/Static/Products/Progress2007/MDG_Report_2007_Progress_Chart_en.pdf); visto em 29 de Janeiro de 2008

África		Ásia				América Latina
Norte	Subsariana	Oriental	Sudeste	Sul	Ocidental	
Objectivo 1: erradicar a extrema pobreza e a fome						
Reduzir para metade a pobreza extrema (< 1USD/dia)	baixa pobreza	pobreza muito alta	pobreza moderada	pobreza moderada	pobreza muito alta	baixa pobreza	pobreza moderada
Reduzir para metade o número de pessoas com fome	fome muito baixa	fome muito alta	fome moderada	fome moderada	fome alta	fome moderada	fome moderada
Objectivo 2: educação primária para todos						
Escolaridade primária universal	taxa de escolaridade alta	taxa de escolaridade baixa	taxa de escolaridade alta	taxa de escolaridade alta	taxa de escolaridade alta	Taxa de escolaridade moderada	taxa de escolaridade alta

Legenda:

espera-se que a meta seja alcançada em 2015 se prevalecerem as condições actuais

meta já alcançada ou muito perto de o ser

Não se registará progresso ou verificar-se-á deterioração

Não se espera que a meta venha a ser alcançada em 2015

Das regiões identificadas, é evidente que, como já referido acima, a situação da África Subsariana é a que suscita maiores preocupações pois as metas para dois dos principais Objectivos do Milénio não serão, aparentemente, atingidas. A Ásia Ocidental/ /Médio Oriente defrontará também dificuldades para alcançar as suas metas. A instabilidade política da região e as guerras que a têm afectado (Iraque, Líbano, Afeganistão) são algumas das razões para que tal aconteça. Também a América Latina continuará a sentir dificuldades relativamente à luta contra a pobreza. Neste continente, recordamos, a grande desigualdade da repartição dos rendimentos e a dificuldade em criar empregos produtivos em número suficiente para os habitantes das grandes metrópoles (México, São Paulo, Rio de Janeiro, etc.) são algumas das causas deste relativo insucesso da luta contra a pobreza na região.

Nesta secção verificámos como a luta contar a pobreza se encontrar no centro das preocupações mundiais. Para o combate á pobreza o crescimento rápido e sustentado da economia é uma condição necessária mas não suficiente, pois, mesmo em países que crescem rapidamente o número de excluídos pode também crescer. No capítulo 4 abordaremos de novo a questão da pobreza relacionada com a repartição dos rendimentos.

Não sendo suficiente, um crescimento rápido é contudo necessário para a erradicação da pobreza. No capítulo que se segue desenvolvemos os conceitos e os modelos que nos permitem compreender melhor as condições para um crescimento rápido.

Anexo 1

OBJECTIVOS SUSTENTÁVEIS DE DESENVOLVIMENTO

Ao longo dos anos de implementação dos Objectivos de Desenvolvimento do Milénio, terminado em 2015, foram muitas as avaliações da sua implementação e algumas as críticas que lhes foram feitas. Umas e outras – nomeadamente o facto de algumas metas para os principais objectivos não terem sido alcançadas –e o aproximar do final do período a que se reportavam levaram a que se começasse a debater a necessidade de definir os "novos objectivos" do desenvolvimento, mais ambiciosos e classificados como "sustentáveis".

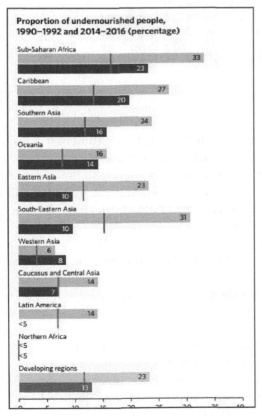

Os (17) **Objectivos para o Desenvolvimento Sustentável** começaram a ser definidos há alguns anos e foram aprovados na cimeira da ONU de 25-27 de Setembro de 2015 para orientarem os esforços de desenvolvimento até 2030.

Listam-se abaixo os 5 primeiros; eles não são necessariamente os mais importantes já que eles não estão referidos por ordem de importância:

Objectivo 1 – **Erradicação da pobreza**: "Acabar com a pobreza sob todas as suas formas e em toda a parte.

1.1 – Até 2030 erradicar a pobreza extrema para todas as pessoas, medida pelo nível de despesa de menos de 1,25 USD/dia;

1.2 – Até 2030 reduzir pelo menos em metade o proporção de homens, mulheres e crianças de todas as idades vivendo em pobreza em todas as suas dimensões de acordo com as suas definições nacionais.

Objectivo 2 – **Acabar com a fome, alcançr a segurança alimentar e melhor nutrição e promovar uma agricultura sustentável.**

2.1 – Até 2030 acabar com a fome e assegurar o acesso por todas as pessoas, em particular os pobres e as que se encontram em situações vulneráveis, incluindo crianças, a um nível de alimentação segura, alimentícia e suficiente ao longo de todo o ano.

Objectivo 3 – **Assegurar uma vida saudável e promover o bem estar para todas as idades**

3.1 – Até 2030 reduzir a taxa de mortalidade materna a menos e 70 por 100 mil nascimentos.

Objectivo 4 – **Assegurar uma educação inclusiva e equitativa e promover oportunidades de aprendizagem ao longo de toda a vida**

2 – Até 2030 assegurar que todas as raparigas e rapazes completam a educação primária e secundária gratuita, igualitária e de qualidade que conduzam à aprendizagem eficaz de temas relevantes.

Objectivo 5 – Alcançar a igualdade entre os géneros e dar poder a todas as mulheres e raparigas

1 – Acabar com todas as formas de discriminação contra as mulheres e as raparigas em toda a parte.

Anexo 2

O caso chinês[31]

Com a morte de Mao Tse Tung em Setembro de 1976 e a posterior prisão dos seus principais apoiantes, deu-se um volte-face no destino dos dirigentes chineses que, de uma forma ou de outra, tinham sido atingidos pela turbulência da Revolução Cultural (1966-76) desencadeada por Mao na sua luta para se manter no poder. Um dos mais proeminentes foi Deng Xiaoping (1904-1997), que assumiu a liderança[32] do processo de reformas económicas que transformaram a face da China desde 1979 e que se repercutiram na evolução da região da Ásia Oriental e, mesmo, do mundo.

A orientação geral adoptada foi a da "construção e modernização socialista" através, nomeadamente, da adopção do "programa das quatro modernizações": agricultura, indústria, defesa nacional e ciência e técnica.

A ênfase inicial foi colocada na agricultura e, consequentemente, nas zonas rurais. Foi assim que foram dissolvidas as comunas agrícolas e se iniciou um amplo processo de entrega de terras aos camponeses ("posse económica" mas não posse *de jure*) com consequente processo de liberalização da economia rural e que incluiu o aumento significativo dos preços dos produtos agrícolas.

---

[31] Para um aprofundamento dos conhecimentos sobre os primeiros anos das reformas económica na China veja-se, nomeadamente SERRA, A.M. Almeida "China: as reformas económicas da era pós-Mao" in *Administração-Revista da Administração Pública de Macau*, nº 36, Julho/1997, pgs 449-495 (em português).

[32] Dadas as características do sistema político da RPChina, ele conseguiu esta liderança sem nunca ter sido nem Presidente da República nem Primeiro-Ministro mas "apenas" Secretário-Geral do PCC e Presidente da Comissão Militar Central deste, a verdadeira sede do poder na RPC.

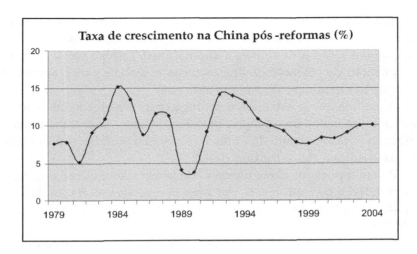

Outra reforma iniciada foi a da indústria, a qual poderá ser vista como incluindo uma componente fundamental necessária à modernização (tecnológica e comercial) desta: o início do processo de abertura da economia chinesa ao comércio internacional através, nestes primeiros tempos, da criação (1980) de cinco zonas económicas especiais (ZEE) destinadas a atrair investimento directo estrangeiro, particularmente dos chamados "chineses do ultramar" (*overseas chinese*). Por isso uma dessas zonas foi criada na fronteira com a então colónia britânica de Hong Kong, outra frente a Macau e outras duas frente a Taiwan. A quinta, criada um pouco mais tarde, foi a ilha de Hainão.

Estas ZEE caracterizavam-se por serem regiões onde vigoravam leis bastante diferentes das do resto do país e que, no essencial, replicavam as leis (liberais) existentes em países de economia de mercado ("um país, dois sistemas" [33]). Era o caso das leis do trabalho, da legislação fiscal (nomeadamente quanto à baixa tributação dos lucros e à isenção de pagamento de impostos sobre os bens importados a incluir nas futuras exportações) e outras, tornadas essenciais para atrair os investidores estrangeiros.

Destes esperava-se que transformassem essas regiões em plataformas de produção para exportação utilizando empresas tecnicamente

---

[33] Expressão também utilizada para a que caracterizaria a China após o regresso de Macau e Hong Kong à administração chinesa.

72 | Economia do Crescimento

modernas. Essas zonas convertiam-se, assim, em verdadeiras escolas de aprendizagem (para os chineses) quer das novas tecnologias de produção, quer das técnicas de comércio internacional. *Last not least* eram fontes fundamentais de obtenção de divisas fortes essenciais para o aprofundamento da modernização da economia do país.

À medida que se expandia a produção para o mercado internacional – e depois também para o próprio mercado interno – ia-se transformando também o posicionamento da China na economia mundial e, pela própria dimensão do país, das estruturas desta.

Passo importante neste processo de integração da China na economia mundial e de, com ela, se dar uma progressiva alteração desta é a entrada do país na Organização Mundial do Comércio, em Dezembro de 2001.

A China é hoje parte integrante da rede mundial de produção tornada possível pela revolução tecnológica e dos transportes (principalmente marítimos) que permitem a circulação, entre vários países, de partes e componentes de vários produtos bem como, claro, de produtos finais.

Duas facetas importantes desta integração são a deslocalização para a China, por parte de muitas empresas transnacionais, de parte da produção destas (principalmente das fases mais mão-de-obra intensivas) e a crescente prática de *outsourcing*, por estas empresas ou outras de países mais industrializados, utilizando empresas chinesas como produtoras. Uma das maiores alterações estruturais verificadas na China foi o grande desenvolvimento do sector privado (quer nacional quer estrangeiro) e a fortíssima redução da importância relativa do sector público empresarial. O primeiro é hoje responsável por cerca de 70% do PIB do país e o segundo é dominado por cerca de 200 grandes empresas, principalmente da indústria pesada e do sector mineiro, além da prestação de serviços públicos (*utilities*). Esta alteração deve ser vista a par de outra: a da crescente substituição dos mecanismos de direcção central da economia que caracterizaram o período que vai de 1949 – criação da RPC – até meados dos anos 80.

Com uma taxa anual média de crescimento de cerca de 9% nos últimos cerca de 25 anos, a China é também um dos principais motores do crescimento económico mundial bem como do comércio mundial graças a uma estratégia muito orientada para a exportação mas que tem também um forte crescimento das importações.

Destas realcem-se particularmente as matérias primas, as partes e componentes – que, em parte, serão posteriormente exportados depois de se lhe acrescentar mais valor – e os bens de consumo final para satisfazerem a crescente procura destes produtos permitida pelo aumento dos rendimentos. Beneficiários principais deste aumento do comércio externo da China são os seus vizinhos asiáticos (Japão, Coreia e países do Sudeste Asiático).

Como resultado desta dinâmica do seu comércio externo, a participação da China no comércio mundial passou, nas duas últimas décadas (1985-2005), de cerca de 2% para cerca de 7%, tornando-se o país, em 2004, o terceiro maior exportador mundial. No início da próxima década será, muito provavelmente, o principal exportador (OCDE, 2005).

Note-se que as filiais de empresas estrangeiras instaladas no país são responsáveis por mais de metade do comércio externo do país.

Uma característica do crescimento económico da China é o de que ele tem aumentado a desigualdade da repartição do rendimento quer pessoal quer regional, com as províncias costeiras a serem as principais beneficiárias. O governo está, no entanto, desenvolvendo actualmente políticas que visam disseminar os benefícios do crescimento pelas regiões mais interiores.

Quanto à repartição pessoal, refira-se que o coeficiente de Gini é de 0,41 (a máxima igualdade é "0" e a máxima desigualdade é "1"; Portugal tem um coeficiente de 0,38 e o Brasil 0,58).

Capítulo 2

A teoria do crescimento económico

2.1 Os factores do crescimento

A teoria do crescimento tem tentado identificar factores de crescimento ou seja, certas grandezas cuja existência ou acumulação ao longo do tempo permite à economia fazer crescer mais rapidamente a sua capacidade produtiva e portanto o seu nível de vida.

Inicialmente, quando a teoria do crescimento deu os seus primeiros passos, os recursos naturais, em particular a terra foram considerados como um dos principais factores do crescimento. Era essa no essencial a concepção dos fisiocratas, ou seja, os defensores da *fisiocracia* cujo significado etimológico é o de "governo da Natureza", entendida fundamentalmente como tudo o que respeita ao mundo agrícola e ao seu papel central na organização das sociedades humanas.

Exemplo destacado de um pensador desta escola é Quesnay[34] que afirma que "a nação [i.e., um país e sua economia] reduz-se a três classes de cidadãos: a classe produtiva, a classe dos proprietários e a classe estéril. A classe produtiva é a que faz renascer as riquezas anuais da nação através do cultivo do território, a que faz

---

[34] Médico francês, que também se dedicou aos estudos económicos e que viveu entre 1694 e 1774.

adiantamento para os gastos dos trabalhos agrícolas e a que paga anualmente os rendimentos dos proprietários das terras".

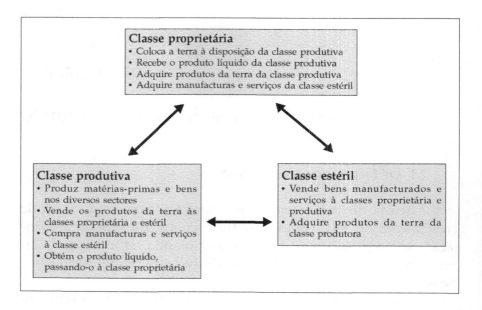

Para além da terra susceptível de utilização agrícola, outros recursos naturais que ao longo do tempo a teoria económica considerou como impulsionadores do crescimento foram os recursos minerais, os combustíveis fósseis (carvão, petróleo, gás natural), os biológicos marinhos e, mais recentemente, os turísticos.

No entanto, passados cerca de 250 anos desde o desenvolvimento das teorias fisiocráticas é necessário constatar que os recursos naturais só por si não são nem condição necessária nem suficiente de crescimento económico. Por um lado, há países que conseguiram elevados ritmos de crescimento sem recursos naturais de monta e, inversamente outros, com dotações importantes de recursos naturais, não têm conseguido crescer significativamente. É certo que o petróleo tem conseguido levar alguns países produtores a atingir níveis de rendimento per capita dos mais elevados a nível mundial. Mas também se tem de considerar que em

Capítulo 2. A teoria do crescimento económico | 77

muitos destes casos não foi conseguido um verdadeiro desenvolvimento das sociedades que beneficiaram desse recurso.

Por esta razão, os recursos naturais não vão ser considerados neste manual como factores de crescimento. Não quer isto dizer que eles não possam ter algum papel nesse mesmo crescimento. Mas não será um papel crucial.

No entanto, se a existência de recursos naturais não é só por si condição do crescimento, o esgotamento de certos recursos pode pôr algumas condicionantes ou mesmo limitar o crescimento. Por isso embora não surjam como *factores* de crescimento, alguns dos recursos surgirão mais adiante, de forma muito desenvolvida neste manual (Capítulo 3) como aspectos em ter em conta no que respeita aos *limites* ao crescimento.

Ainda antes de analisarmos os factores que iremos efectivamente abordar é necessário esclarecer um problema importante que se põe à teoria do crescimento e que infelizmente é muitas vezes deficientemente analisado e, quando assim sucede, é fonte de inúmeras confusões. Trata-se da medição dos factores do crescimento.

2.2 A medição dos factores de crescimento

A Economia, enquanto ciência, tem necessariamente de quantificar algumas das variáveis que utiliza nas suas análises. Doutra forma, a manter-se apenas em apreciações qualitativas dificilmente poderia avançar na obtenção de resultados operacionais, isto é, que permitam fundamentar actuações racionais das autoridades ou dos agentes económicos.

Dentro deste entendimento, a questão da medição das variáveis assume grande importância, já que uma das dificuldades de medição dos factores de crescimento é que a qualidade deles vai variando muito rapidamente ao longo do tempo. Suponhamos, um dado equipamento, por exemplo uma máquina têxtil. Como veremos a seguir, o equipamento é considerado um dos factores de crescimento. Como medir o valor dessa máquina?

78 | Economia do Crescimento

Uma das possibilidades é a de tomar para indicador deste valor o que a máquina custou ou outro critério qualquer semelhante. Mas se procedermos assim, poderá suceder, por exemplo, que o valor da máquina seja idêntico ao valor de uma máquina de há cinquenta anos atrás (descontando, naturalmente, a evolução dos preços).

Ora sabemos que, dado o progresso tecnológico, uma máquina actual tem certamente muito maior desempenho que uma máquina de há cinquenta anos atrás – e obviamente esse maior desempenho deveria reflectir-se no seu valor.

Então, na medição do valor de um equipamento deveríamos ter em conta o seu desempenho e portanto as melhorias de qualidade que se vão registando ao longo do tempo.

Mas como medir uma melhoria de qualidade? Não existe neste momento uma solução satisfatória para esta questão

O caminho que seguiremos neste manual é o seguinte: consideraremos dois factores de crescimento (capital físico e capital humano) que serão medidos pelo seu valor, seja valor de custo, seja valor de mercado. E consideraremos um terceiro factor de crescimento, que denominaremos de progresso técnico que tenta medir os efeitos das melhorias qualitativas que vão surgindo no capital físico, no capital humano e na combinação do capital físico com o humano. À medida que formos avançando de seguida na descrição dos factores de crescimento esta forma de abordagem sairá, segundo pensamos, mais clarificada. Comecemos então pelo primeiro factor de crescimento: o capital físico

2.3 O capital físico

O capital físico existente no momento T (é uma variável de stock, portanto medida num dado momento temporal) é o valor dos bens de equipamento já instalados existentes nesse momento mais o valor de existências de matérias primas e bens intermédios existentes nesse mesmo momento.

Para simplificar – e na medida em que as existências de matérias primas e produtos intermédios têm um papel negligenciável em teoria do crescimento – iremos considerar daqui em diante que o stock de capital físico é constituído apenas por bens de equipamento já instalados (ou seja, não consideraremos também os equipamentos já produzidos mas ainda não instalados para poderem produzir).

Um problema muito debatido na teoria económica desde há cinquenta anos é o de saber se é possível – e em que condições – medir o stock de capital agregado da economia, ou seja atribuir um valor único para o stock de bens de equipamento existente num dado momento.

Uma primeira questão que se põe quando se discute este problema é a seguinte: segundo a teoria neoclássica (ver mais adiante capítulo 4) a distribuição do rendimento gerado na economia entre salários e rendimentos do capital está dependente do valor do stock de capital. Então a medida do stock de capital, sob pena de círculo vicioso, não poderá depender da própria distribuição do rendimento. No entanto, como o economista de origem italiana Piero Sraffa demonstrou no seu influente livro *Production of Commodities by Means of Commodities* (1960), no seguimento de críticas já anteriormente formuladas pela economista inglesa Joan Robinson à posição neoclássica, não é possível encontrar uma medida do stock de capital que tenha significado económico e que seja independente da distribuição de rendimentos. Sendo assim, a teoria neoclássica incorre num círculo vicioso.

Neste manual considera-se que efectivamente a distribuição de rendimentos na economia, designadamente entre rendimentos salariais e não salariais não resulta da função de produção da economia e, portanto do stock de capital físico mas de factores sócio-culturais e históricos que nada têm a ver com o stock de capital. Sendo assim, surge o segundo problema. Será possível encontrar uma forma de medir o valor do stock de capital, sendo certo que essa medição será dependente da distribuição de rendimentos mas não determinará essa distribuição?

80 | Economia do Crescimento

Mesmo este problema, que apesar de tudo é menos complexo do que o anterior, não tem uma solução fácil. Existem pelo menos três modos de tentar medir o valor agregado do stock de capital.

Uma primeira forma de medir será a de utilizar como valor de cada bem de equipamento o seu preço de custo (seja em moeda seja em horas de trabalho que foram utilizadas para a sua produção). Mas como é evidente, este processo de valorização, sendo o mais simples de efectuar (pelo menos quando a valorização é feita em moeda) é muito deficiente para permitir uma utilização adequada na teoria do crescimento.

Com efeito, uma vez que os bens de equipamento podem durar muitos anos e se desgastam sempre com a sua utilização, o verdadeiro valor de um bem de equipamento num dado momento tem de ter em conta o seu grau de obsolescência face a outros bens, mais recentes, com o mesmo tipo de utilização e tem de ter também em conta o grau de desgaste que sofreu até esse momento. Por consequência, devemos descartar este processo de medição.

Não querendo recorrer ao valor de custo para medir o valor dos bens de equipamento, uma segunda possibilidade pode ser a de utilizar o valor actualizado dos lucros que esse bem de equipamento gerará no futuro. Assim se P_t for o lucro para a empresa que o bem de capital i vai originar no ano t o valor do bem de capital no ano 0 será

$$V = \sum_0^T P_t /(1+i)^t$$

em que i é a taxa de juro, T o número de anos de vida útil que o bem ainda terá em condições de produzir (e supondo que o seu valor residual é nulo) e V o valor do bem de equipamento.

Fazendo todo o sentido à partida, este sistema de valorização tem, no entanto, vários problemas associados.

Em primeiro lugar, o valor que se obtém não é um valor objectivo mas sim uma *expectativa* sobre o futuro, expectativa que depende das expectativas sobre os lucros e sobre os valores da taxa de juro. Como é evidente, os valores de ambas as variáveis são extraordinariamente difíceis de prever, e o que sucede é que a medição do valor do bem vai variando não devido a alterações objectivas do bem mas apenas ao sabor das expectativas dos agentes económicos.

Uma segunda dificuldade é que muitas vezes os lucros que o bem de equipamento pode gerar não são independentes da sua combinação com outros bens de equipamento e com trabalho humano, o que significa que avaliar assim o bem de equipamento não é avaliá-lo individualmente mas avaliar um conjunto de outros bens e de trabalho humano.

Vistos os dois processos de avaliação anteriores, resta uma terceira possibilidade que é a de avaliar o bem de equipamento pelo seu valor de mercado ou seja, pelo valor que o mercado determina para bens de equipamento idênticos e com o mesmo grau de desgaste. Este parece o processo mais aceitável. O problema está em que grande parte dos bens de equipamento, principalmente os já com alguns anos de instalação, não tem um mercado em segunda mão onde se transaccionem.

Vamos admitir, no entanto, que este processo era aplicável e que o stock de capital de uma dada economia num certo momento T é, assim, obtido como a soma de todos os valores de mercado de todos os bens de equipamento existentes nesse momento. Por convenção consideraremos como momento de medição o momento T correspondente ao início do ano t.

Põe-se agora a questão da ligação do stock de capital como o investimento realizado durante um ano na economia.

Excluindo, como temos feito e continuaremos a fazer as existências, o investimento realizado durante um ano t será o valor dos bens de equipamento novos que foram comprados e instalados para começarem a produzir nesse ano.

A variável investimento é assim uma variável de fluxo que, portanto é medida ao longo de um dado período temporal (por convenção um ano civil) e não num dado momento, como é medido o capital que é uma variável de stock. Quais as relações entre o investimento realizado num ano e o stock de capital existente?

82 | Economia do Crescimento

A ligação entre o stock de capital e o investimento realizado durante o ano t é dado pela equação

$$K_{t+1} - K_t = I_t - A_t$$

Em que K_t é o stock de capital no início do ano t, I_t o valor do investimento bruto realizado durante o ano t, ou seja o valor dos novos bens de equipamento postos à disposição da actividade produtiva durante o ano t e A_t o valor do desgaste e obsolescência dos bens de equipamento mais o valor dos bens de equipamento abatidos durante esse ano.

A variável A_t é a que mais problemas coloca na sua medição.

Em primeiro lugar porque normalmente não existe informação fiável sobre o valor dos bens de equipamento que são abatidos em cada ano. Mas mais importante que isso é que o valor de A também inclui alterações na avaliação dos bens de capital já existentes.

Com efeito, como se viu acima, o valor de K é medido pelo valor de mercado dos bens de equipamento. Logo A inclui a variação de valor que resulta da soma das variações de valores no mercado dos bens de equipamento usados, variações que têm a ver, principalmente com o desgaste e a obsolescência desses mesmos bens de equipamento. Ora muitas vezes, na ausência de mercado para muitos bens de equipamento em segunda mão, é difícil de medir A.

À variável A_t daremos o nome de *Amortizações* efectivadas no ano t embora o nome só seja parcialmente correcto, uma vez que inclui mais do que os valores de desgaste dos bens de equipamento, que são propriamente as amortizações.

Uma hipótese que faremos frequentemente ao longo deste manual é que

$$I_t = sY_t,$$

ou seja que o investimento bruto é uma percentagem constante do PIB e que

$$A_t = dK_t,$$

ou seja que as amortizações são uma percentagem constante do valor do stock de capital.

Estas hipóteses, sendo realistas, têm no entanto algumas limitações, A primeira, dadas flutuações frequentes das expectativas dos empresários, que condicionam a taxa de investimento, só é válida como média ao longo do tempo durante um prazo relativamente longo, sendo certo que anualmente flutuará bastante em relação a essa média.

No entanto, noutro sentido, o prazo não pode ser demasiado longo, uma vez que existem fases em que a taxa de investimento cresce de forma significativa (recordemos o que dissemos atrás sobre o esquema de Rostow e a fase de *take-off*).

Quanto à segunda hipótese ela é talvez ainda mais incerta. De facto, os abates ao stock de capital podem ser devidos a factores da mais diversa ordem, desde catástrofes a crises, como a atual, e a impactes da globalização que, levando à deslocalização de empresas ou ao fecho de outras que não aguentam a concorrência internacional fazem acelerar o processo de abate.

Por isso a taxa d pode variar significativamente tanto no curto como no médio prazo e ao admitirmos que ela se mantém constante não deixamos de reconhecer que se trata de uma simplificação e que em épocas como a actual de grande progresso técnico (e portanto de maior ritmo de obsolescência do equipamento) e de grande concorrência a nível mundial esta taxa pode aumentar significativamente de ano para ano.

2.4 Capital Humano

Não há produção sem trabalho humano. Por isso, desde o início, a teoria económica considerou o trabalho como factor essencial da produção e portanto do crescimento económico. Embora desde sempre as qualificações das pessoas fossem encaradas como

84 | Economia do Crescimento

importantes a verdade é que até há umas três décadas atrás a teoria do crescimento, quando considerava o trabalho humano entendia-o predominantemente nos seus aspectos quantitativos, ou seja enquanto força de trabalho.

2.4.1 *Força de trabalho*

A força de trabalho pode entender-se como a população activa de um país, ou seja o número de pessoas com idade suficiente (em Portugal de 16 ou mais anos) e que estão disponíveis para a produção de bens e serviços que entrem no circuito económico, excluindo-se portanto as demasiado jovens e as que, por demasiado idosas, por invalidez ou outras razões não têm condições para poderem trabalhar.

No entanto, esta definição não é inteiramente satisfatória. Com efeito, há pessoas que, embora tendo condições para trabalhar, por opção própria ou por pressão familiar não trabalham de forma remunerada. É o que sucedeu e ainda sucede em muitos países relativamente às mulheres que trabalham em casa e não recebem remuneração por isso. Mesmo as pessoas que têm um trabalho remunerado trabalham também de forma não remunerada em boa parte do tempo. Os sociólogos Alvin e Heidi Toffler têm chamado a atenção para a importância crescente que esse trabalho está a adquirir e criaram mesmo um neologismo, *prosumer* (combinação de *producer* e *consumer*) para o designar (por exemplo no seu livro mais recente *Revolutionary Wealth*, 2006).

Dadas estas dificuldades de delimitação restringiremos um pouco mais a definição, considerando que só fazem parte da população activa as pessoas que estejam nas condições acima indicadas e que desejem ter uma tarefa remunerada.

Com esta definição o conceito de população activa fica dependente de um factor subjectivo que é a vontade de ter um trabalho remunerado, o que não sendo muito indicado para a definição de um conceito científico é apesar de tudo um mal menor, dadas as circunstâncias.

Definida desta forma o valor da população activa só pode ser apurado através de inquéritos que permitam apurar se o indivíduo pretende ou não ter uma actividade remunerada.

Em cada momento o número de indivíduos que constituem a população activa é a soma de duas parcelas. Os indivíduos empregados e os desempregados.

O conceito rigoroso de indivíduo desempregado é dos mais difíceis de estabelecer na teoria económica. Mas não temos necessidade de proceder a uma discussão, que seria prolongada, complexa e provavelmente inconclusiva desse conceito. Com efeito não é necessário para estudar os efeitos mais importantes do desemprego e crescimento económico ter um conceito muito preciso de desemprego para além daquele que vem imediatamente à mente e que é o de considerar desempregado o indivíduo que pretende trabalhar de forma remunerada e não encontra emprego. Este é o conceito que utilizaremos e que serve para os nosso propósitos como veremos a seguir.

2.4.2 *Desemprego e crescimento*

Na chamada moderna teoria do crescimento, ou seja da que se tem desenvolvido desde o final da II Guerra Mundial o desemprego praticamente não tem qualquer papel. Admite-se em geral que o desemprego é nulo ou, quando muito, que se mantém como uma percentagem constante da população activa.

No entanto, na teoria do crescimento clássica o desemprego assumia um papel importante, em particular em Ricardo e Marx. Em especial para este autor era a existência de um exército industrial de reserva que manteria os salários sempre ao nível de subsistência. Na verdade tal não se verificou e terá sido eventualmente essa uma das razões

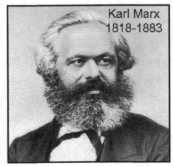
Karl Marx
1818-1883

que justificam que a moderna teoria macroeconómica do crescimento tenha afastado as questões do desemprego, relegando-a mais para a teoria económica de curto prazo ou, até, para a teoria microeconómica.

No entanto, os problemas das sociedades actuais justificam colocar de novo o desemprego num lugar importante na teoria do crescimento. Efectivamente, é hoje consensual que o desemprego existente em todo o mundo tem uma forte componente estrutural. Acresce que surgiram e têm-se alargado novas formas de trabalho como o trabalho parcial que em parte, quando não são voluntárias, são formas intermédias entre emprego e desemprego.

Todos estes temas são sem dúvida de grande importância mas a verdade é que a teoria do crescimento moderno não os tem abordado por enquanto de forma satisfatória, pelo que no presente manual faremos em geral a hipótese acima referida de que o desemprego se mantém ao longo do tempo como uma percentagem constante da população activa. Para simplificar, embora não seja uma hipótese essencial, consideraremos esta percentagem nula.

2.4.3 *PIB per capita e produtividade do trabalho*

Com base no nível de emprego (e portanto com a hipótese anterior este é igual ao valor da população activa) define-se o conceito de *produtividade do trabalho* como sendo o quociente

$$Y/L$$

em que Y é o Produto Interno Bruto (PIB) e L a população activa / nível de emprego.

Com esta definição podemos escrever o PIB per capita Y/N (em que N é a população total) como

$$Y/N = (Y/L)\,(L/N)$$

ou seja como sendo o produto da produtividade pela *taxa de actividade* L/N.

A produtividade é um conceito que tem a ver com a forma como se tira partido do esforço de trabalho para produzir mais. Sendo assim é mais significativo considerar a produtividade como sendo o quociente entre o PIB produzido no ano e o número de horas trabalhadas nesse ano e não o número de indivíduos.

Se consideramos r como sendo o horário de trabalho médio anual por pessoa empregada (normalmente toma-se a população empregada existente a meio do ano) temos

$$R = rL$$

em que R é o número total de horas trabalhadas durante o ano e portanto

$$Y/L = r(Y/R)$$

Substituindo na expressão anterior temos

$Y/N = r(Y/R)(L/N)$ e em termos de taxa de crescimento, aproximadamente (ver Apêndice Matemático)

$$Tc\,(Y/N) = Tc\,(r) + Tc(Y/R) + Tc(L/N)$$

Ou seja a taxa de crescimento do PIB per capita é igual à taxa de crescimento do horário do trabalho mais a taxa de crescimento da produtividade por hora trabalhada mais a taxa de crescimento da taxa de actividade.

Nos últimos dois séculos a taxa de crescimento do horário de trabalho foi fortemente negativa. Trabalha-se hoje, em média, muito menos horas do que no passado. A taxa de actividade tem tido aumentos e diminuições, tendo registado um aumento depois da II Guerra Mundial devido à entrada de muitas mulheres no mercado de trabalho. No entanto, a tendência das últimas décadas

88 | Economia do Crescimento

e que se deverá afirmar ainda mais no futuro é de diminuição da taxa de actividade devido ao envelhecimento da população e portanto o consequente aumento dos não activos na população total.

Sendo assim, para haver enriquecimento da sociedade, ou seja, para que haja aumento do rendimento per capita será necessário que o aumento da produtividade por hora mais que compense a diminuição do horário de trabalho (se se continuar a verificar no futuro, o que não é certo) e a provável diminuição da taxa de actividade.

Até aqui temos considerado apenas a força de trabalho nos seus aspectos quantitativos, ou seja como número de pessoas. Mas é evidente que para efeitos da produção e do crescimento as qualificações das pessoas têm um papel fundamental que a teoria actual do crescimento não ignora. E assim introduzimos o conceito de capital humano.

2.4.4 *Capital humano*

Normalmente, quando se pensa na qualificação das pessoas está-se a pensar naquilo que elas sabem fazer. Mas é importante também pensar na formação a que as pessoas tiveram acesso e que em grande parte dos casos lhes permitem saber o que sabem (embora nem todo o saber resulte da formação assim como a formação muitas vezes não se traduz em novos saberes).

Do ponto de vista da teoria do crescimento temos de considerar ambas as vertentes. Enquanto factor de crescimento, o valor do capital humano deve ser considerado fundamentalmente como o valor da formação que as pessoas adquiriram. Os saberes que com essa formação as pessoas adquiriram, ou seja, a sua componente qualitativa, tem a ver, não com a medição do capital humano, mas sim com a capacidade dessas pessoas de contribuírem para o processo produtivo.

O mesmo sucede, afinal com o capital físico. Também para este acabámos por valorizar o capital físico pelo seu valor de mercado e não pelas suas potencialidades produtivas. Quer no caso do capital físico quer no caso do capital humano as suas potencialidades produtivas serão tratadas a seguir quando falarmos do progresso técnico. Por vezes, na teoria do crescimento e principalmente em relação ao capital humano confundem-se as duas ópticas, o que, mais cedo ou mais tarde, leva a incoerências graves nas análises. Por isso tomamos um especial cuidado neste manual em não confundir as duas vertentes.

Neste entendimento, como é que avaliaremos o stock de capital humano de uma economia?

Definimos esse valor como sendo o *valor das horas de ensino e formação profissional a que a população activa teve acesso*. Ou seja, para cada indivíduo da população activa vai-se verificar qual o número de horas de ensino e formação a que teve acesso e valorizam-se essas horas pelo respectivo custo (custo para a Sociedade, naturalmente) que será evidentemente diferente consoante os graus de ensino e consoante os tipos de formação.

Este sistema não levanta problemas teóricos de monta embora possa levantar inúmeras dificuldades práticas de avaliação concreta para uma dada economia.

Avaliado assim o stock de capital humano H_t existente no início do ano t podemos representá-lo mais sugestivamente por

$$H_t = h_t\, L_t$$

em que h_t representa o valor médio das horas de ensino e formação que um membro da população activa existente no início do ano t teve acesso, Esta forma é mais sugestiva porque lembra que só existe capital humano nas pessoas pelo que a explicitação do valor L da população activa torna mais clara essa verdade.

Será possível encontrar uma equação de variação do stock de capital humano tal como se fez para o capital físico? Vamos ver.

É fácil, pelo menos do ponto de vista teórico, dar um significado ao investimento em capital humano realizado durante um ano t, que designaremos por J_t: É o valor das horas de ensino e formação profissional adquiridas, no ano t pelos indivíduos já fazendo parte da população activa no início desse ano mais a totalidade das adquiridas (nesse ano e nos anos anteriores) pelos que entraram na população activa durante o ano t.

Por outro lado todos os anos haverá uma redução de capital humano que é o valor das horas de ensino e formação a que tiveram acesso ao longo de toda a sua vida os indivíduos que deixam a população activa durante esse ano. Designaremos esse valor por B_t. Então podemos escrever

$$H_{t+1} - H_t = J_t - B_t$$

Podemos também admitir, tal como fizemos para o capital físico que J é uma percentagem constante, q do PIB e que B é uma percentagem constante f do stock de capital humano existente no início do ano, ou seja

$$H_{t+1} - H_t = qY_t - fH_t \text{ ou também}$$
$$h_{t+1}L_{t+1} - (1\text{-}f) h_t L_t = q Y_t$$

Se admitirmos que a população activa cresce a uma taxa constante n, temos $L_{t+1} = (1+n)L_t$, donde, dividindo por L_t

$$(1+n)h_{t+1} - (1\text{-}f)h_t = q (Y_t / L_t)$$

que relaciona o capital humano per capita com a produtividade média.

Note-se, no entanto, que este relacionamento não deriva do impacte das melhores qualificações sobre a produtividade, assunto que só abordaremos mais adiante.

A presente relação tem a ver apenas com a forma como a sociedade atribui recursos ao investimento em capital humano, no caso dedicando uma percentagem constante do PIB – q – a esses investimento.

A relação anterior, caso n>0, isto é, caso a população activa aumente, não pode, contudo, manter-se a muito longo prazo se

Capítulo 2. A teoria do crescimento económico | 91

quisermos, como é desejável, que a taxa de crescimento da produtividade seja sustentado ao longo do tempo. Com efeito, suponhamos que a taxa de crescimento da produtividade, m seja constante ao longo do tempo (o que implica, uma vez que admitimos que a taxa de crescimento da população é também constante e igual a n que a taxa de crescimento do PIB é aproximadamente m+n). Então tem-se

$(1+n) h_{t+1} - (1-f)h_t = q(Y_0/L_0) (1+m)^t$ em que Y_0/L_0 é o valor inicial da produtividade média.

Esta é uma equação às diferenças linear e de 1ª ordem cuja solução (vide Apêndice matemático) é da forma

$h_t = C^*((1-f)/(1+n))^t + C^{**} (1+m)^t$ em que C^* e C^{**} são constantes.

Como 1-f <1+n, a primeira parcela tende para 0 quando t aumenta e portanto a taxa de crescimento de h vai tendendo para m e nunca se anula. Ora como o número de horas de ensino e formação que uma pessoa pode receber ao longo da vida é limitado, h não pode crescer ilimitadamente (a não ser que se admitisse um crescimento também ilimitado do custo, por hora, a preços constantes, do ensino ou formação, o que não é realista). Então a equação anterior não se pode manter para sempre, pelo que a partir de certa altura a percentagem do PIB que se destina a investimento em capital humano terá necessariamente de baixar (note-se que o mesmo não tem que suceder no que respeita ao capital físico).

2.5 Progresso Técnico

Abordado o capital humano é agora a altura de tratarmos do terceiro factor de crescimento – o progresso técnico. Não se trata apenas de mais um factor.

O progresso técnico distingue-se do capital físico e do humano porque inclui aspectos qualitativos que estiveram ausentes da forma como encarámos os outros dois factores, que foi a medição do seu custo e não do seu impacte no crescimento. Isso permitiu-nos afastar os aspectos qualitativos desses outros factores, mas esses aspectos não podem ser mais ignorados.

Quando uma empresa compra hoje um novo computador e gasta o mesmo (descontada a evolução de preços) do que gastou num computador há vinte anos atrás é evidente que tem agora um computador com muito maior desempenho e portanto muito maior contribuição potencial para produção.

Se um indivíduo recebe um certo valor de horas de ensino igual (descontada de novo a evolução de preços) ao que outro indivíduo recebeu há cem anos atrás, é evidente que os conhecimentos que adquire são muito mais potentes, porque entretanto o conhecimento vai evoluindo.

Então o progresso tecnológico e o progresso do conhecimento vão levando a um aumento da produção mesmo que o stock de capital físico e o stock de capital humano se mantenham constantes. Podemos representar esse efeito de desempenho através de duas variáveis a_t e b_t que indicam a evolução do desempenho respectivamente do capital físico e do capital humano, pelo que as variáveis

$$a_t K_t \text{ e } b_t H_t$$

representam respectivamente a contribuição do capital físico e do capital humano para a actividade produtiva.

No entanto algumas limitações têm que ser referidas a esta formalização.

Em primeiro lugar as variáveis a e b são significativas apenas na sua evolução. Um valor de um dado ano sem comparação com os de outros anos não tem qualquer significado.

Em segundo lugar, se em relação ao capital físico não parece impossível encontrar indicadores de desempenho (vide o exemplo dos computadores acima em que indicadores de capacidade de memória ou de rapidez são facilmente utilizáveis) já em relação ao capital humano a quantificação de um variável b_t parece teoricamente impossível. De facto como quantificar algo que é intrinsecamente qualitativo como a evolução do conhecimento? Quanto vale a teoria da relatividade relativamente à de Newton, ou teoria da evolução relativamente à classificação aristotélica dos seres vivos? É evidente que não é possível essa quantificação.

Assim, há duas hipóteses de avançar: ou não se considera a variável b_t ou então considera-se, mas com um estatuto algo impreciso em termos científicos: uma variável numérica que supostamente mede um fenómeno que não sabemos medir sequer em princípio. Qualquer destas possibilidades, está bem de ver, é pouco atractiva. Há no entanto como veremos mais adiante uma caso particular que permite considerar b_t misturada com outros efeitos sem que se tenha portanto de conhecer a sua evolução quantificada.

Temos, pois, como primeira componente do factor de crescimento que chamamos progresso técnico o aumento de desempenho[35] do capital fisco e do capital humano correspondente, respectivamente, ao progresso tecnológico e ao progresso do conhecimento.

No entanto esta não é a única componente. Também as melhorias de organização e gestão empresarial, a divisão de trabalho ou as melhorias de organização da sociedade no seu conjunto (melhoria da acção do Estado, desburocratização, leis da concorrência, etc.) permitem tirar maior partido dos stocks de capital físico e capital humano existentes e por isso pode considerar-se progresso técnico (embora não progresso tecnológico). Chamaremos a esta componente o progresso *organizacional*. É um progresso técnico que não está relacionado apenas com o capital humano ou com o capital físico e por isso diz-se *progresso técnico desincorporado*.

Também se designa muitas vezes como *produtividade global dos factores*.

---

[35] Distinguimos assim progresso técnico de progresso tecnológico. O primeiro tem a ver, em geral, com a contribuição do capital físico e do capital humano e da combinação entre eles para o crescimento. O segundo refere-se à melhoria de desempenho do capital fisico apenas.

94 | Economia do Crescimento

É evidente que também este progresso técnico organizacional tem grandes dificuldades em ser quantificado. No entanto algumas das suas componentes (por exemplo o impacte de melhorias de gestão empresarial) poderão em alguns casos ser medidas directamente. A nível do conjunto da economia existem formas de medir indirectamente a contribuição do progresso técnico para o crescimento tal como veremos um pouco mais adiante.

Em resumo, no nosso conceito o progresso técnico inclui o *progresso tecnológico* (melhorias de performance do capital físico), o *progresso do conhecimento* (melhorias de performance do capital humano) e o *progresso organizacional*.

Vistos os factores de crescimento de forma individualizada convém agora descrever a forma como poderemos representar o impacte da acumulação dos factores na produção. Isso é feito através do conceito de função de produção

2.6 Função de produção

2.6.1 Definição

A função de produção tenta explicar o valor da actividade produtiva em função dos valores dos factores de crescimento, ou seja

$Y = F(X_1, X_2, \dots X_n)$ em que os X_i são os factores de crescimento considerados.

Naturalmente que tentar explicar de uma forma tão simples toda a actividade produtiva de uma economia é uma abstracção bastante pronunciada, o que significa que as conclusões que tirarmos da sua utilização serão sempre muito aproximadas e de forma alguma poderão ter o rigor que os cálculos matemáticos poderiam indiciar.

O primeiro aspecto a esclarecer é o que se relaciona com a mediação utilizada para actividade produtiva. Está fora de hipótese,

Capítulo 2. A teoria do crescimento económico | 95

para a totalidade da economia, considerar um valor que resultasse da soma de todas as produções de todas as empresas dessa economia, uma vez que tal daria origem a duplicações das produções de empresas que vendem a sua produção para ser utilizada na produção de outras empresas. Por isso, tomaremos como indicador da actividade produtiva o PIB realizado nessa economia. O PIB, como se sabe, não mede a produção (ver Amaral et. al. 2007) mas a sua evolução ao longo do tempo constitui um indicador geralmente aceite da evolução da actividade produtiva.

No entanto, dizer que se trata do PIB não chega. É necessário esclarecer de que PIB é que se trata: o PIB efectivamente realizado ou aquele que poderia ter sido realizado se a capacidade produtiva tivesse sido totalmente utilizada?

É evidente que não pode ser o PIB efectivamente realizado uma vez que sabemos que na maior parte dos anos a capacidade produtiva não é totalmente utilizada, pelo que para uma dada dotação de factores de crescimento poderíamos ter uma infinidade de valores do PIB que poderíamos ver realizados. Ou seja, não teríamos uma função no sentido matemático do termo que exige que a cada valor das variáveis independentes corresponda um se um só valor da variável dependente, isto é a cada conjunto dos factores de crescimento corresponda um só valor do PIB.

Portanto, o nosso PIB será o *PIB máximo* susceptível de ser gerado nessa economia com a dotação de factores existente.

Mas mesmo a adopção do conceito de capacidade máxima de produção ainda levanta uma questão adicional. Com efeito, como vimos quando tratámos do progresso técnico desincorporado, os mesmos factores podem ser combinados de forma mais ou menos eficiente consoante os conhecimentos de organização e de gestão a nível das empresas e da sociedade no seu conjunto que sejam aplicados na combinação desse factores. Sendo assim, põe-se a questão de saber se se deverá considerar a capacidade máxima dada a dotação de factores e os conhecimentos existentes na economia ou dado o melhor conhecimento existente no mundo?

Vamos adoptar a primeira possibilidade, pelo que a função de produção dá-nos, em última análise, o valor do PIB máximo susceptível de ser produzido com a dotação de factores e com os conhecimentos existentes nessa economia. Veremos mais tarde que para um certo tipo de funções de produção teremos de juntar uma hipótese adicional – a do não-desperdício.

2.6.2 *Propriedades*

Que propriedades atribuímos a uma função de produção?

Considerando os factores de crescimento que adoptámos nos pontos anteriores anterior podemos escrever a função de produção para cada ano t

1) $Y_t = c_t\, F(a_t K_t,\, b_t h_t L_t)$

Em que Y é o PIB máximo, c, a e b são respectivamente o progresso técnico desincorporado, incorporado no capital físico e no capital humano, K o stock de capital físico existente no início do ano t, h o capital humano médio no início do ano t e L_t a população activa existente no ano t.

Interessa agora ver quais as propriedades da função F.

Em primeiro lugar, em cada ano t tem-se que Y é não decrescente com K, com h e com L. É óbvio este comportamento, mas mais adiante voltaremos a falar dele, uma vez que não é claro para já porque é não decrescente e não, simplesmente, crescente.

Uma segunda propriedade pode-se deduzir da seguinte experiência de pensamento.

Suponhamos que, numa dada economia, havendo espaço disponível, se instalava equipamento no mesmo valor do já instalado e se contratava pessoal na mesma quantidade e com as mesmas qualificações do já existente. Então, aplicando os conhecimentos existentes nessa economia, é plausível admitir que o valor do PIB duplicasse. Ou seja multiplicando K por qualquer número positivo

$\lambda > 0$ e multiplicando L pelo mesmo valor λ obtemos um valor de Y também multiplicado por λ. Assim, para cada momento período t

$$c_t F(a_t \lambda K_t, b_t h_t \lambda L_t) = \lambda Y_t$$

Ou seja, F considerada como função de K e L é uma função homogénea de grau 1 (ver Apêndice matemático). Diz-se, então, que tem *rendimentos constantes à escala*.

Admitimos ainda que as segundas derivadas em relação a K e L sejam negativas, o que significa que as produtividades marginais dos factores, ou seja $\partial F/\partial K$ e $\partial F/\partial L$ são consideradas decrescentes, propriedade que tem a sua importância como veremos mais adiante.

Estas são as propriedades mais importantes que atribuímos a uma função de produção. Delas podemos deduzir uma relação interessante relativamente à produtividade do trabalho.

Dividindo ambos os membros de 1) por L_t obtemos, dado o carácter homogéneo de grau 1 da função F e fazendo $\lambda = 1/L_t$

$$Y_t /L_t = c_t F (a_t K_t /L_t, b_t h_t)$$

O que nos diz que a produtividade por trabalhador depende, para um certo nível de conhecimentos, do stock de capital físico por trabalhador e do número médio de horas de ensino e formação profissional por trabalhador.

Esta conclusão está de acordo com o que se sabe também a nível empresarial, em que efectivamente a produtividade depende do equipamento de que os trabalhadores dispõem e da sua qualificação, O nível de organização e gestão empresarial corresponde aqui ao valor de c_t.

2.6.3 *A questão da substituibilidade ou complementaridade de factores*

A questão da complementaridade ou substituibilidade[36] de factores duma função de produção não é fácil e é normalmente fonte de inúmeros erros e confusões.

Consideremos para simplificar uma função de produção só de dois factores relativamente a um dado ano t.

$$Y_t = F(X_{1t}, X_{2t})$$

Haverá substituibilidade entre os factores 1 e 2 se o mesmo valor Y_t (que, como se viu é único por ser um máximo) puder ser produzido com diferentes combinações de 1 e 2. Claro que, uma vez que F é crescente com X_1 e X_2, se houver duas combinações (X_{1t}^*, X_{2t}^*), $(X_{1t}^{**}, X_{2t}^{**})$ que permitam produzir Y_t tem-se ou $X_{1t}^* \geq X_{1t}^{**}$ e $X_{2t}^* \leq X_{2t}^{**}$ ou, segunda possibilidade, $X_{1t}^* \leq X_{1t}^{**}$ e $X_{2t}^* \geq X_{2t}^{**}$.

No entanto estas possibilidades são meramente virtuais. De facto, uma dada economia tem uma certa dotação de factor 1 e uma certa dotação de factor 2, o que lhe permite com os conhecimentos existentes gerar um certo nível de PIB máximo. Não há hipóteses alternativas, uma vez que não há um stock alternativo de factor 1 ou factor 2.

Ou seja, este conceito de substituibilidade referente apenas a um ano, a que chamamos *substituibilidade estática* nenhum interesse tem para explicar o que se passa na evolução da produção de um país. Quando muito poderá ter interesse para estudar possibilidades alternativas para um certo ano no futuro (e um futuro razoavelmente longínquo para possibilitar diferentes caminhos de acumulação do factor 1 e do factor 2) de combinação de factores produtivos para gerar uma certo PIB máximo.

---

[36] Usamos este termo, que não é vulgar em português comum, como forma cómoda de expressar a possibilidade de um factor poder ser substituído por outro no processo produtivo.

Capítulo 2. A teoria do crescimento económico | 99

Mais interesse tem o conceito de *substituibilidade dinâmica*.

Haverá substituibilidade dinâmica entre 1 e 2 se o rácio X_{1t}/X_{2t} puder variar ao longo do tempo, isto é, se puder variar com t.

É este conceito de substituibilidade que nos permite tirar algumas conclusões interessantes, dado o facto da função de produção ter rendimentos constantes à escala.

Para isso, consideremos a função de produção anterior com progresso técnico incorporado no capital físico e no capital humano[37].

$$Y_t = F (a^*_t K_t, b^*_t H_t)$$

Donde, como $H_t = h_t L_t$

$$Y_t/L_t = F (a^*_t K_t/L_t, b^*_t h_t) = F(a^*_t h_t K_t/H_t, b^*_t h_t) = h_t F(a^*_t K_t/H_t, b^*_t)$$

Consideremos agora três casos.

– Caso 1: *plena substituibilidade dinâmica*. Neste caso o rácio K/H pode assumir qualquer valor superior a 0. Isto significa que a produtividade pode aumentar ao longo do tempo por qualquer destas três razões (ou por combinação das três, claro): ou aumenta a qualificação média dos trabalhadores, ou existe progresso técnico ou aumenta a intensidade de capital físico por unidade de capital humano. Note-se entretanto, como se disse acima, o aumento de h é sempre limitado pelo que verdadeiramente as duas únicas possibilidades de um aumento ilimitado da produtividade resultam quer do progresso técnico quer do aumento do rácio K/H, ou seja da maior utilização de equipamento por unidade de capital humano.

---

[37] Repare-se que como a função é homogénea de grau 1 quando existe progresso incorporado no capital humano e no capital físico é redundante na formalização considerar o progresso técnico desincorporado, uma vez que, de

$Y_t = c_t F(a_t K_t, b_t H_t)$ se pode imediatamente deduzir pela homogeneidade de grau 1 que

$Y_t = F (c_t a_t K_t, c_t b_t H_t) = F (a^*_t K_t, b^*_t H_t)$. Utilizaremos para simplificar esta última formulação, embora do ponto de vista de interpretação económica a primeira formulação seja mais esclarecedora.

100 | Economia do Crescimento

Um caso semelhante a este, que não autonomizaremos, dado que as conclusões são as mesmas é o que chamaríamos de quase-susbtituibilidade plena, em que K/H pode assumir qualquer valor superior a um certo número positivo A.

– Caso 2: *substituibilidade dinâmica limitada*. Neste caso o rácio K/H pode variar mas estará sempre limitado, ou seja $K_t/H_t < B$ para qualquer valor de t. Neste caso, um crescimento ilimitado da produtividade só pode vir do progresso técnico, embora possa haver crescimento (limitado) pelo aumento da qualificação média e pelo aumento do rácio K/H.

– Caso 3: *substituibilidade nula ou complementaridade de factores*. Neste caso K/H não varia, é uma constante k_H. Então tal como no caso anterior o crescimento ilimitado só pode vir do progresso técnico e pode haver crescimento limitado devido ao aumento da qualificação da mão de obra e não (como no caso anterior) também do aumento, ainda que limitado, do rácio K/H.

Verificamos assim que um crescimento ilimitado puramente extensivo (isto é, sem recorrer ao progresso técnico, só por acumulação de equipamento) só é possível em plena substituibilidade dinâmica.

2.6.4 *Exemplos de funções de produção*

Estes três casos podem ser exemplificados por uma certa família interessante de funções de produção.

Consideremos o conjunto F das função homogéneas de grau 1 crescentes nos argumentos K e H e com derivadas parciais continuas. Então consideremos a família de funções F de F que verificam $\partial F/\partial H = m (K/H)^\alpha$ com $m \geq 0$ e $\alpha \geq 0$ constantes.

Sejam os três casos.

1° caso $\alpha = 0$

Neste caso tem-se $\partial F/\partial H = m$ e portanto $F(K, H) = mH + G(K)$ em que G é uma função arbitrária de K. Mas como F é homogénea de grau 1 terá de ser G(K) = pK com p uma constante não negativa, ou seja Y = mH + pK. No entanto, como é fácil de ver esta função, se m > 0, não tem sentido económico, pois levaria a poder existir PIB positivo mesmo quando H = 0, isto é não houvesse trabalho humano ou quando K = 0, isto é sem equipamento, o que não faz sentido.

Mas pode encontrar-se uma formulação próxima que já tem sentido económico, que é a função, chamada de *Leontief* [38], mas em que m = 0, ou seja $\partial F/\partial H = 0$.

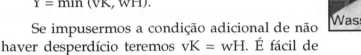

A função é

Y = min (vK, wH).

Se impusermos a condição adicional de não haver desperdício teremos vK = wH. É fácil de ver que efectivamente esta condição significa não haver desperdício de equipamento ou de capital humano. Com efeito, se vK > wH isto significaria que Y também poderia ser produzido com um stock de capital físico K* tal que vK* = wH. Claro que K* < K portanto a diferença K-K* corresponderia a valor não utilizado de equipamento. Se vK < wH é fácil, por um raciocínio semelhante verificar que haveria um desperdício H-H* de capital humano. Portanto, se admitirmos como condição adicional que nunca há desperdício na utilização de factores, tem-se que nesta economia a função de produção será

Y = vK = wH e claro partindo desta situação de não desperdício $\partial F/\partial H = 0$ [39]

Repare-se que neste caso a substituibilidade é nula pois o rácio K/H nunca varia e é igual a w/v.

---

[38] Wassily Leontief (1906-1999) nasceu na Rússia mas emigrou em 1931 para os Estados Unidos. Foi Prémio Nobel da Economia por ter criado o método dos "quadros de input-output" e o ter utilizado na Economia.

[39] Aqui está um exemplo do que se referiu acima de uma função não decrescente com os factores.

102 | Economia do Crescimento

2° caso: $0 < \alpha < 1$.

Neste caso, tem-se

$$Y = m^* K^{\alpha} H^{1-\alpha} + pK \text{ com } m^* = m/(1-\alpha)$$

Para fazer sentido económico terá de ser $p = 0$, doutra maneira seria possível obter um PIB positivo mesmo com $H = 0$.

A função

$Y = m^* K^{\alpha} H^{1-\alpha}$ é a chamada função Cobb-Douglas introduzida na literatura económica em 1928 por Charles Cobb e Paul Douglas[40].

Com é evidente esta função permite uma perfeita substituibilidade de factores.

3° caso[41]: $\alpha = 1$

A condição escreve-se agora

$$\partial F / \partial H = m(K/H), m > 0$$

Depois de integrada a função vem

$Y = K \, (m\log(H/K) + m^*)$ em que m^* é uma constante.

Para a função fazer sentido económico terá de ser $\partial Y / \partial K > 0$ (e, claro também a produtividade marginal de $H > 0$, mas essa condição é sempre assegurada), Ou seja

$$m\log(K/H) + m^* > m$$

---

[40] Cobb e Douglas consideraram como factores produtivos a força de trabalho e o capital fisco e tomaram para valor de α, $\alpha = 1/4$. Ver *"A theory of production"* American Economic Review vol 18 nº 1 Março de 1928.

[41] Introduzida por um de nós em Amaral (1984).

Capítulo 2. A teoria do crescimento económico | 103

isto é

$\log(H/K) > (m-m^*)/m$, donde

$H/K > e^{(m-m^*)/m}$ e portanto

$K/H < e^{(m^*-m)/m}$

O que configura uma situação de substituibilidade limitada.

Para além destes três exemplos de função de produção uma outra que tem sido muito utilizada na literatura é a chamada função CES (*constant-elasticity-of- substitution*) introduzida em 1961 por Arrow, Chenery, Minhas e Solow.

A função tem a forma

$$Y = (\beta K^{-\rho} + \alpha H^{-\rho})^{-1/\rho} \text{ com } \rho > -1^{[42]}$$

Esta função verifica a condição

$$\partial F/\partial H = \alpha(\beta(K/H)^{-\rho} + \alpha)^{-(1+\rho)/\rho}$$

Como se vê um pouco mais complicada do que a família de funções dos três casos anteriores[43].

2.6.5 *Razões da substituibilidade dinâmica*

Existem diversas razões que justificam a existência de substituibilidade dinâmica. Em primeiro lugar, grande parte do progresso técnico tem sido, desde a revolução industrial, substituição de força de trabalho por equipamento, sejam máquinas não inteligentes sejam robôs. Claro que isso não implica imediatamente substituição de capital humano por equipamento, uma vez que também é verdade que se são necessárias menos pessoas para

---

[42] Os autores consideram como factor produtivo a força de trabalho e não o capital humano.

[43] Prova-se que quando ρ é muito grande a função aproxima-se da função de Leontief.

trabalhar em muitos processos produtivos, exige-se por outro lado pessoas mais qualificadas e portanto o montante H pode não variar. Porém, a experiência histórica tem demonstrado que me muitos casos, mesmo tendo em conta este efeito de aumento de qualificação da mão de obra, existe de facto um aumento ao longo do tempo do rácio de K/H.

Existe uma outra razão para fazer variar o rácio e portanto para haver substituibilidade.

É que o PIB, o stock de capital físico e o stock de capital humano globais resultam da soma das mesmas variáveis existentes nos diversos sectores de actividade. Ora os sectores de actividade (agricultura, indústria, construção, energia serviços) têm rácios K/H muito diferenciados. Há sectores mais intensivos em capital físico (normalmente chamados sectores capital intensivos) em que o rácio K/H é relativamente elevado. E outros em que o rácio é baixo por serem mais intensivos em capital humano (sectores trabalho intensivos). Então, se ao longo do tempo forem crescendo mais que a média os sectores capital intensivos o rácio agregado K/H aumentará. Sucederá o inverso se os sectores trabalho intensivos crescerem mais do que os capital intensivos.

Tendo em conta estas razões, é de admitir que as funções de produção das economias reais sejam de factores dinamicamente substituíveis. Esta substituibilidade é certamente limitada, mas como terá, provavelmente ,uma grande latitude de variação, como a experiência parece demonstrar, não existirá grande erro se assumirmos que são funções de factores inteiramente substituíveis. Por isso, uma grande parte da teoria do crescimento considera funções de factores perfeitamente substituíveis.

Visto o conceito de função de produção é agora a altura de avançarmos para uma explicação mais elaborada do crescimento económico. Para isso começaremos por abordar o comportamento da acumulação de factores, tanto de capital físico como de capital humano e o progresso técnico.

2.7 Acumulação de capital físico

Vimos acima que uma das formas que se utiliza para representar a acumulação de capital físico considera o investimento bruto como uma percentagem constante do PIB e uma taxa constante também para as depreciações do capital São hipóteses que representam de forma aproximada a realidade, embora como também se afirmou não podem ser consideradas como se verificando de forma inteiramente rigorosa.

Em AMARAL (1977) investigámos o evoluir de ritmos de crescimento de uma economia em que a proporção do investimento bruto no PIB vai sempre crescendo ao longo do tempo, ao mesmo tempo que também cresce a produtividade do trabalho (o que correspondia aos factos do crescimento nos anos sessenta e setenta). O modelo investigado (em termos de taxas de crescimento instantâneo) foi o seguinte:

$$tc\ Y(t) = \sigma tcI(t) + (1-\sigma)n$$

em que n é a taxa de crescimento, suposta constante, da força de trabalho e $0 < \sigma < 1$. Neste caso, para a economia poder evoluir de forma sustentada a taxa de crescimento de Y e a taxa de crescimento de I têm de convergir para n.

Para simplificar a análise, contudo. continuaremos a admitir no que se segue que a proporção s do investimento no PIB se mantém constante ao longo do tempo.

Vamos ver o que á fórmula implica do ponto de vista da evolução a longo prazo.

Temos

$$K_{t+1} - K_t = sY_t - dK_t$$

Dividindo ambos os membros por K_t

$$Tc\ K_t = sY_t/K_t - d$$

Suponhamos que existe um limite, M, para o quociente Y/K quando t tende para infinito.

Existem três possibilidades

$M = 0$

$M > 0$ finito

$M = +\infty$

Se $M = 0$, então a partir de certo período t* a economia entra em regressão com o capital (e o PIB) a decrescer.

Se M é infinito isso significa que o crescimento da economia torna-se explosivo e, portanto, não sustentável.

Se M é finito então isso significa que Y_t e K_t terão taxas de crescimento que se vão aproximando e portanto podemos dizer a partir de certa altura crescerão aproximadamente à mesma taxa.

Ou seja numa situação de comportamentos regulares para Y e K (isto é, de haver um limite para Y/K) a única situação sustentável de crescimento corresponde a um limite finito e positivo para Y/K (e dos positivos nem todos mas não é necessário preocuparmo-nos com a determinação de quais os limites finitos possíveis).

Considerando agora a função de produção

$$Y_t = c_t \, F(a_t K_t, \, b_t H_t)$$

Dividindo ambos os membros por K_t e atendendo à homogeneidade de grau 1 de F

$$Y_t/K_t = c_t \, F(a_t, \, b_t H_t/K_t)$$

Como Y/K tende, como se viu, para uma constante M finita e c, a e b são crescentes com o tempo e ilimitados (o progresso técnico é ilimitado), necessariamente H/K a partir de certa altura é decrescente e tanto mais rapidamente quanto mais rápidos forem os crescimentos dos diversos tipos de progresso técnico.

Ou seja, K/H é sempre crescente a partir de certa altura. Como $K/H = (K/Y)/(Y/H)$ e K/Y tende para uma constante, isso significa que o quociente Y/H também é crescente. Por outro lado, como H= hL, se h for não decrescente, Y/L é necessariamente crescente.

Portanto podemos concluir que, havendo progresso técnico, e um capital humano per capita não decrescente, a equação de acumulação implica necessariamente um crescimento da produtividade média, pelo menos a partir de um certo período.

Mas também é verdade que se não houver progresso técnico, isto é se a, b e c forem constantes então a equação de acumulação leva a que H/K tenda para uma constante.

Mas como $Y/L = (Y/K)(K/H)h$ e como Y/K e K/H tendem para constantes e como h, como se viu acima é sempre limitada isso significaria que o crescimento da produtividade e portanto do rendimento per capita tenderá para 0, ou seja, para a estagnação.

Ou seja, com hipóteses razoáveis podemos concluir que só é possível um crescimento permanente da produtividade e portanto do PIB per capita se houver progresso técnico.

O mesmo é dizer que, num certo sentido, o progresso das sociedades está mais dependente do progresso técnico do que da acumulação de capital físico.

Uma outra questão muito importante em economia pelas consequências que tem sobre a distribuição do rendimento e sobre o poder económico é o de saber quem acumula o stock de capital físico.

Para grande parte das economias antigas do Próximo Oriente o stock de capital era acumulado pelos respectivos reis e principalmente pelos templos.

A acumulação privada do capital físico, associada à propriedade privada dos meios de produção, começou a desenvolver-se, no Ocidente, durante o período romano e depois durante a Idade Média, acelerou-se na Idade Moderna e atingiu o seu apogeu com o capitalismo industrial do século XIX. No entanto, a partir do final da I Guerra Mundial e até ao último quartel do século

108 | Economia do Crescimento

XX a acumulação de capital físico a cargo do Estado aumentou na generalidade dos países e, em certas economias, como as do tipo soviético, atingiu a quase totalidade da acumulação de capital físico.

A partir das duas últimas décadas do século XX tem-se assistido a um movimento de privatizações, sendo de novo a acumulação privada a que hoje impera.

Os intermediários financeiros (bancos, bolsas, fundos de investimento, fundos de pensões) têm um papel cada vez maior na acumulação de capital físico, embora por outro lado, tornem, na actualidade, este último muito mais dependente de exigências de rendibilidade financeira a curto prazo, o que muitas vezes joga contar a utilização eficiente dos factores produtivos.

Outros agentes económicos que têm adquirido uma participação crescente na acumulação de capital físico são as empresas multinacionais, cujo desenvolvimento, como se referiu no Capítulo 1, é uma das características do actual processo de globalização.

2.8 Acumulação do capital humano

A equação de acumulação de capital humano pode não ser compatível com um crescimento permanente da produtividade média, como se viu anteriormente.

Visto de outra forma, como h é limitado, se admitirmos que h tende para um dado valor h* este será necessariamente finito.

Então da equação da página vê-se que necessariamente Y/L tende para (n+f)h*/q ou seja um valor limitado e portanto, se se mantiver a equação de acumulação ao longo do tempo, não haverá possibilidade da produtividade média crescer de forma ilimitada.

A acumulação do capital humano, ao contrário do capital físico e desde a abolição da escravatura é propriedade apenas de quem o detém. Por isso, a acumulação de capital humano contribui para a democratização do poder económico.

O papel determinante do progresso técnico para permitir um progresso ilimitado das sociedades justifica, que avancemos um pouco no estudo da forma de medição e do processo que concretiza o progresso técnico.

2.9 A medição do progresso técnico. Produtividade Global de Factores. Inovação

O progresso técnico, conforme se referiu, não se pode medir directamente, pelo menos no que respeita ao progresso técnico desincorporado e ao incorporado no capital humano.

Mas podemos encontrar um método indirecto no que respeita ao progresso técnico desincorporado, quando dispomos de uma função de produção apenas com progresso desincorporado. Para facilitar os cálculos matemáticos consideraremos o tempo contínuo.

Temos, em termos contínuos

$$Y(t) = c\,(t)F(K(t), H(t))$$

Derivando em relação ao tempo, vem

$$Y'(t) = c'(t)(Y(t)/c(t)) + (\partial Y/K)K'(t) + (\partial Y/\partial H)H'(t)$$

Dividindo ambos os membros por $Y(t)$

$$tcY(t) = tcc(t) + e_{YK}\,tcK(t) + e_{YH}\,tcH(t)$$

em que e_{YK} é a elasticidade de Y em relação a K, $(\partial Y/\partial K)(K/Y)$ e e_{YH} é a elasticidade de Y em relação a H, $(\partial Y/\partial H)(H/Y)$.

Claro que por F ser homogénea de grau 1 tem-se (ver Apêndice matemático).

$$e_{YK} + e_{YH} = 1$$

Então da igualdade anterior podemos escrever

$$tcc(t) = tcY(t) - e_{YK}tcK(t) - (1- e_{YK})tcH(t)$$

Portanto, se conhecermos o que foi a evolução do PIB, do capital físico e do capital humano para um certo número de anos passados, podemos calcular o que foi a evolução do progresso técnico desincorporado, desde que conheçamos a função de produção.

O economista americano Dennison calculou nos anos sessenta do século passado, para um certo número de economias, qual tinha sido a evolução do progresso técnico usando funções de produção do tipo Cobb-Douglas (repare-se que para este tipo de funções todo o tipo de progresso técnico pode ser posto na forma desincorporada; com efeito, $c_t (a_t K_t)^\alpha (b_t H_t)^{1-\alpha} = c_t a_t^\alpha b_t^{1-\alpha} K_t^\alpha H_t^{1-\alpha} = c_t^* K_t^\alpha H_t^{1-\alpha}$).

A conclusão a que Dennison chegou foi que o progresso técnico foi o principal factor a explicar o crescimento das economias que analisou.

Estudos feitos sobre a matéria posteriormente têm confirmado esta importância do progresso técnico, o que está de acordo com o que dissemos acima quando falámos da acumulação do capital físico e do capital humano.

Esta taxa de crescimento do progresso técnico é normalmente designada por taxa de crescimento da produtividade global de factores, embora esta designação, em rigor, devesse ser reservada apenas à taxa de crescimento do progresso técnico desincorporado, porque este é o que tem a ver com as melhorias da combinação dos factores. Como em muitos casos (nomeadamente em estudos usando a função Cobb-Douglas) não é possível separar as taxas de crescimento dos diversos tipos de progresso técnico a designação deixa de ser 100% rigorosa, mas não parece muito prejudicial que continue a chamar-se de evolução da produtividade global de factores, embora com algum sacrifício de rigor.

O progresso técnico desincorporado (como aliás boa parte do incorporado) vai crescendo através da introdução de inovações.

A *inovação*, segundo o economista de origem austríaca Schumpeter (1883-1950) pode consistir na produção de um novo produto, na introdução de um novo processo produtivo, na adopção de novos processos de gestão e de organização empresarial, na abertura de um novo mercado de venda ou a conquista de uma nova fonte de aprovisionamento de matérias primas ou produtos intermédios. No que respeita à produtividade global de factores, na situação actual de comércio mundial livre, são principalmente a inovação de processos e de organização e gestão que são mais relevantes.

O papel do empresário na introdução de inovações é fundamental, como bem salientou Schumpeter.

As motivações para introduzir a inovação podem ser a de garantir pelo menos temporariamente um sobrelucro através do alcançar de uma situação temporária de monopólio (caso da produção de um novo produto, que permite uma situação temporária de monopólio, uma vez que, sendo novo, por definição o produto não é produzido por mais ninguém). Ou então obter um aumento de lucros através de melhores processos de produção e organização ou ainda obter uma vantagem na situação de competitividade em relação às outras empresas concorrentes. Um dos casos mais frequentes desta última motivação é a obtenção de melhorias na qualidade dos produtos e processos através do cumprimento de normas internacionais da organização internacional ISO (International Organization for Standartization, fundada em 1947).

Note-se que uma inovação, uma vez que é um salto maior ou menor no desconhecido, traz sempre consigo um acréscimo de risco. Por isso, para convencer o empresário a inovar é necessário que haja uma probabilidade suficientemente grande que a inovação de resultado e dê por consequência em caso de sucesso um lucro acrescido.

Por isso *inovação* e *risco* estão associados e um tecido empresarial é tanto mais inovador quando melhor saiba lidar com o risco, nomeadamente através de instituições que saibam partilhá-lo (veremos exemplos mais adiante).

No mundo actual, à medida que os processos produtivos, do ponto de vista da actividade humana, se tornam mais criativos e

112 | Economia do Crescimento

menos estereotipados assume uma grande importância a inovação organizacional a nível das empresas.

Um exemplo decorre da globalização. De facto, a globalização, como se viu no Capítulo 1 tem fragmentado o processo produtivo e levado muitas empresas a deslocalizar para países de mão de obra mais barata algumas das suas actividades, em particular as que são realizadas por mão de obra menos qualificada. Ao mesmo tempo, mantêm e desenvolvem no país de origem as actividades (concepção de produtos, design, marketing, etc.) que necessitam mão de obra mais qualificada. Estas actividades são em geral mais criativas e exigem uma organização muito diferente das actividades de menor qualificação. Daí que a deslocalização esteja a ser um factor importante na inovação organizacional.

Por outro lado, as actividades não deslocalizadas são normalmente aquelas onde se geram as invenções e inovações das empresas.

Convém distinguir *inovação* de *invenção*. Uma invenção permite descobrir um novo produto ou novo processo e desenvolver protótipos ou realizar ensaios laboratoriais. Uma inovação existe quando existe aplicação da invenção ao processo produtivo.

A actividade investigação e desenvolvimento experimental (I&D) realiza invenções. A actividade empresarial (e de outras organizações) aplica-as e, desta forma, realiza inovações.

Uma dos factores mais importantes para explicar a aceleração do crescimento que se verificou no século XX em relação ao século XIX foi o desenvolvimento da actividade de investigação nas próprias empresas através da instalação de laboratórios empresariais, prática que se foi generalizando principalmente a partir das empresas alemãs das indústrias química e eléctrica no final do século XIX.

No entanto a maior parte das inovações introduzidas nas empresas não exige uma invenção prévia realizada na empresa. As invenções espalham-se através da cópia de produtos (legal ou ilegal, esta quando existe um exclusivo, por exemplo, um direito de propriedade intelectual atribuído a quem inventou e o copiador não paga a respectiva licença), através da normalização de marcas e processos (por exemplo através do *franchising*), através da imposição por parte das grandes empresas de normas de qualidade aos seus fornecedores, etc..

Abordados, com algum detalhe, os factores produtivos e a função de produção é a altura de tentarmos compreender melhor o crescimento económico utilizando modelos que recorrem aos conceitos acima discutidos.

2.10 O modelo de Harrod-Domar

O modelo é assim chamado porque foi desenvolvido primeiramente pelo economista Harrod em 1939 e depois de forma independente pelo americano Domar. Consideraremos aqui a versão de Harrod segundo o seu artigo de 1939.

Sir Roy Harrod 1900-1978   Evsey Domar 1914-1997

Para além da sua importância substantiva o artigo de Harrod tem também um relevante estatuto em termos de teoria do crescimento, uma vez que se pode considerar o início da moderna teoria de crescimento. Vamos descrever o modelo tal como Harrod o desenvolveu em 1939.

Consideremos me economia fechada em relação ao exterior (neste capítulo só consideraremos economias fechadas deixando as questões de comércio internacional para o final do capítulo).

Nesta economia o investimento evolui segundo a equação acima indicada, ou seja,

1) $\Delta K_t = sY_t - dK_t$

Por outro lado, Harrod admite que a função de produção é tal que para se obter um acréscimo de PIB de 1 unidade se necessita o acréscimo de k unidades no stock de capital. Ou seja, é uma função que só depende do capital físico e k é considerado um parâmetro, não variando portanto com o tempo.

Então

$$\Delta K_t = k\Delta Y_t$$

Donde

$$K_t = kY_t + C^*$$

Em que C^* é uma constante.

É fácil de ver que deverá ser $C^* = 0$, pois não faria sentido admitir a existência de um stock de capital físico significativo para um PIB próximo de zero. Ou seja quando $Y = 0$, será $K = 0$ e portanto $C^* = 0$.

Ao parâmetro k dá-se o nome de coeficiente capital produto. Pode interpretar-se como o valor de stock de capital físico necessário para se produzir uma unidade monetária de PIB. Note-se que as unidades em que k é medido são unidades de tempo[44] (por exemplo o ano civil se os períodos t forem anos, como é o nosso caso).

Então k é o número de anos de montante de PIB que é necessário acumular como capital físico para produzir esse montante anual de PIB.

Então

$$K_t = kY_t$$

---

[44] Com efeito k = K/Y. Como K é medido em unidades monetárias (u.m) e Y em unidades monetárias por ano (u.m/t), tem-se, em termos de unidades, que as unidades de k serão u.m/(u.m/t) = t. São portanto unidades de tempo(anos no nosso caso).

Repare-se que Y_t, como referimos quando tratámos da função de produção, é o PIB máximo susceptível de ser produzido com o stock de capital K_t.

Está implícita do modelo a hipótese de que o PIB efectivamente realizado é igual ao PIB máximo pelo usamos o mesmo símbolo Y para a equação 1) onde sY é a proporção do PIB efectivamente realizado dedicada a investimento e na equação 2 onde aí o PIB é o PIB máximo susceptível de ser produzido.

Conjugando 1) e 2) e dividindo ambos os membros de 1) por K_t obtemos

$$\Delta K_t / K_t = s/k - d$$

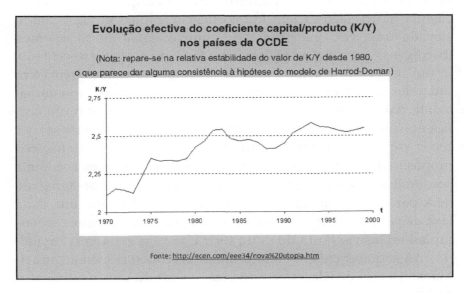

Como K = kY, com k constante, a taxa de crescimento de Y será igual à taxa de crescimento de K pelo que podemos escrever

$$G_w \equiv \Delta Y_t / Y_t = s/k - d$$

Ou seja, a taxa de crescimento máxima da economia se se verificarem as hipóteses do modelo é constante ao longo do tempo e igual a s/k-d. A esta taxa de crescimento deu Harrod o nome de taxa garantida (*warranted*) e daí a justificação do símbolo w em G_w.

116 | Economia do Crescimento

Que é que podemos deduzir deste resultado?

Em primeiro lugar que a taxa de crescimento do PIB será tanto maior quanto maior for a proporção desse mesmo PIB dedicada a investimento, ou seja, à poupança, uma vez que em economia fechada o investimento é necessariamente igual à poupança interna (AMARAL et al). Esta conclusão tem importantes consequências de política como se verá mais adiante.

Em segundo lugar, que, para a mesma taxa de investimento a taxa de crescimento será tanto maior quanto menor for k. O parâmetro k caracteriza de certa forma a intensidade de capital (físico) da economia. O valor de k varia com efeito de forma muito pronunciada com os sectores produtivos. Por exemplo a produção de energia hidro-eléctrica tem um coeficiente capital produto muito elevado uma vez que precisa de equipamentos muito custosos (barragens) para produzir uma unidade de valor acrescentado. Já um sector de serviços como por exemplo um cabeleireiro tem um valor de k baixo, uma vez que não precisa de muito equipamento para produzir o seu serviço. Os sectores que têm um coeficiente capital produto relativamente elevado designam-se por sector capital-intensivos (já encontrámos acima esta designação a propósito da substituibilidade de factores). Ora se numa economia predominam sectores capital-intensivos então o valor agregado de k para essa economia será elevado e portanto para uma dada taxa de poupança ela crescerá menos do que uma economia menos capital-intensiva. Posto de outra forma, se uma economia capital--intensiva quiser crescer tanto como uma economia menos capital--intensiva terá dedicar uma proporção maior do seus rendimentos gerados (PIB) ao investimento.

Em terceiro lugar que com estas hipóteses e mesmo sem progresso técnico nada impede a esta economia de crescer indefinidamente a uma taxa constante.

Parece pois que esta descrição da economia permite explicar por um lado a sustentabilidade do crescimento económico desde há dois séculos, crescimento que não parece ter termo (mas encontraremos a questão dos limites ao crescimento mais adiante no capítulo 3) e por outro lado dá conta também de um dos factos já apontados por Rostow no seu *Stages of Economic Growth,* ou seja o facto de quando se dá um *take-off* tal vir acompanhado por um aumento da taxa de investimento em proporção do PIB.

No entanto estas conclusões não explicam por que razão o crescimento efectivamente verificado nunca é regular. A taxa constante é quando muito uma média temporal. Ano a ano as taxas de crescimento tendem a variar e de forma bastante pronunciada.

O próprio Harrod no artigo citado aborda a questão e fá-lo de forma bastante detalhada.

Recordemos em primeiro lugar que a dedução da taxa de crescimento é feita no pressuposto que toda a capacidade produtiva Y é efectivamente utilizada todos os anos[45]. Esta condição pode interpretar-se como dizendo que se está numa situação de equilíbrio no que respeita à utilização da capacidade produtiva e que essa situação de equilíbrio se mantém ao longo do tempo. Com efeito, em qualquer ramo científico deduz-se que existe um equilíbrio para uma determinado sistema quando certas características desse sistema não se alteram ao longo do tempo, embora se pudessem alterar.

Se houver alteração num certo momento dessas características o sistema deixa de estar em equilíbrio. No nosso caso, se num certo ano não for utilizada toda a capacidade produtiva então a economia deixa de estar em equilíbrio.

É muito importante no estudo de um modelo que representa a evolução de um sistema, qualquer que ele seja, ao longo do tempo, entender o que sucederá a esse sistema se num dado momento houver uma perturbação e o sistema sair do equilíbrio. Se eu estiver num prédio e houver um tremor de terra o equilíbrio desse prédio é rompido e interessa-me muito saber o que sucede a seguir.

Existem dois conceitos úteis para este efeito.

---

[45] Ou mais geralmente que existe uma proporção fixa da capacidade produtiva que é utilizada e esta proporção portanto não varia ao longo do tempo. Para simplificar consideramos essa proporção igual a 100%.

O conceito de equilíbrio estável e o de equilíbrio instável.

Uma dada situação corresponde a um *equilíbrio estável* se após uma perturbação desse equilíbrio – perturbação que não seja demasiado forte – o sistema tende a voltar de novo ao estado de equilíbrio.

O equilíbrio será *instável* se sofrendo uma perturbação, ainda que pequena, o sistema tende a afastar-se cada vez mais do equilíbrio.

Claro que na prática os equilíbrios são mais ou menos estáveis, ou seja relativamente estáveis ou instáveis. Não há nenhum sistema que seja tão estável que não seja possível pensar numa perturbação tão forte que o desorganize e impeça um retorno ao equilíbrio. E não há sistema tão instável que não seja possível pensar numa perturbação tão pequena que não impeça o sistema de voltar ao equilíbrio.

Um equilíbrio instável pode ser exemplificado por uma esfera em repouso no cimo agudo de uma elevação e o estável por uma esfera em repouso no fundo de uma cavidade).

Ora, no que respeita ao nosso modelo, Harrod chamou a atenção para que o crescimento equilibrado descrito pelo modelo ser altamente instável.

Antes de descrevermos os raciocínios que ele desenvolveu para chegar a esta conclusão impõe-se uma pequena digressão metodológica.

O sistema económico é muito complexo. Para ajudar a estudar um sistema deste grau de complexidade a Macroeconomia utiliza modelos como o modelo de Harrod (e também alguns mais complicados) que tentam traduzir num número relativamente limitado de equações matemáticas as relações essenciais do funcionamento de economia. No entanto e devido justamente à complexidade do sistema económico o macroeconomista sabe que ficam sempre de fora das equações do modelo comportamentos por vezes até muito relevantes. Ou seja, o modelo é uma abstracção que, dada a especial complexidade do sistema económico deixa sempre de fora muita coisa relevante.

Capítulo 2. A teoria do crescimento económico | 119

Para tentar ultrapassar na medida do possível (e claro sempre de forma necessariamente imperfeita) esta limitação o que o macroeconomista muitas vezes faz é usar o método que denominamos de *abstracção qualificada*. Ou seja, retira as conclusões do modelo através dos cálculos matemáticos apropriados e tenta interpretá-las e qualificá-las fazendo apelo ao conhecimento de comportamentos que ele sabe existirem no sistema económico, que são relevantes, mas que ele não considerou por razões de simplificação quando estabeleceu o modelo matemático[46]. Terminada esta digressão metodológica, vamos ver que é isso exactamente que Harrod faz.

Com efeito, suponhamos que o equilíbrio acima referido se rompe, Por exemplo, os empresários decidem produzir menos do que aquilo que poderiam produzir com o stock de capital existente. Então a relação K/Y, que designaremos por k_p e em que Y é a produção efectivamente realizada, inferior à máxima possível, torna-se maior que k.

A taxa de crescimento efectivamente realizada G (a *taxa natural* na nomenclatura de Harrod) será assim dada por

$$G = s/k_p - d < s/k - d = G_w$$

O equilíbrio rompeu-se; a taxa de crescimento que efectivamente se realiza é inferior à possível (garantida).

O que sucede a seguir? Haverá tendência para voltar ao equilíbrio? O modelo não nos pode dizer nada. Entra então aqui a abstracção qualificada. Segundo Harrod o equilíbrio não é estável, ou

---

[46] Naturalmente que esta metodologia introduz necessariamente algum subjectivismo na análise, uma vez que os resultados dependem da forma como subjectivamente o macroeconomista pondera os comportamentos não explicitados no modelo. Esta situação cria por vezes alguns mal-entendidos com cientistas de outros áreas científicas que, não abordando sistemas tão complexos e dispondo de possibilidades de experimentação laboratorial (que não existe em Macroeconomia) têm alguma dificuldade em compreender a necessidade deste método da abstracção qualificada em estudos de Macroeconomia.

seja a tendência é para que a taxa de crescimento torne a descer nos anos seguintes afastando-se cada vez mais da taxa natural.

Com efeito, não se produzindo tanto como se podia, haverá bens de equipamento, (ou seja, parte do stock de capital físico) que não são plenamente utilizados.

Então, os produtores de bens de equipamento produzirão menos, pois não há necessidade de tantos novos bens de equipamento como antes, o que levará a produzir-se também menos matérias primas e produtos intermédios para abastecer as indústrias produtoras de bens de equipamento. Crescendo menos o PIB e portanto os rendimentos, crescerá menos o consumo e portanto a produção de bens de consumo. O resultado será que ainda haverá menos capital físico utilizado, o que desincentiva mais ainda a produção de bens de equipamento e assim se desacelera e pode mesmo reduzir a produção de forma cumulativa. Ou seja, se não houver uma intervenção exterior ao sistema este tenderá para se afastar cada vez mais do equilíbrio.

Repare-se que nenhum destes comportamentos dos empresários sejam produtores de bens de equipamento sejam de bens de consumo ou intermédios é explicitado no modelo. Mas são considerados por Harrod como existindo efectivamente no sistema económico. É a abstracção qualificada.

A situação inversa (ao contrário da anterior esta só pode ser avaliar em termos de intenções de produção e não de produção efectivamente realizada). Suponhamos que os empresários decidem produzir mais do que o stock de capital possibilita. Então o k_p desejado será inferior a k. E portanto teríamos uma taxa de crescimento superior a G_w. Como isso não é possível o que sucederá é que haverá crescimento de preços (nova abstracção qualificada: os preços não são explicitados no modelo) uma vez que a capacidade produtiva não vai ser suficiente para corresponder às encomendas. O rompimento do equilíbrio tem aqui a ver não com a taxa de crescimento mas com o surgir da inflação. Esta situação tende a perpetuar-se. Aumentando os preços e produzindo-se o máximo possível e cria-se um clima de optimismo e até de euforia nos

Capítulo 2. A teoria do crescimento económico | 121

empresários que tendem a investir mais assim fazendo aumentar a pressão sobre a capacidade produtiva das indústrias produtoras de bens de equipamento e assim sucessivamente.

Ou seja, a conclusão de Harrod é que o equilíbrio é altamente instável, podendo um perturbação negativa levar a um afastamento cada vez maior, para baixo, da taxa natural em relação à garantida e uma perturbação positiva levar a uma inflação crescente.

Aqui acabamos a descrição do modelo de Harrod-Domar na formulação do primeiro.

Para além das conclusões do ponto de vista da compreensão da evolução temporal do sistema económico que fomos retirando ao longo dessa descrição duas questões ficaram apor abordar:

– qual a importância do modelo para guiar as actuações das autoridades que tentam estimular o crescimento, ou seja, para a política de crescimento?

– quais os limites da análise de Harrod?

> ### Perguntas e respostas
>
> Considerando uma economia que é bem descrita através de um modelo do tipo Harrod-Domar, então,
>
> a) Um aumento da taxa de depreciação do capital físico faz *aumentar* o ritmo de crescimento económico, se nada mais variar;
>
> b) Um aumento da taxa de depreciação do capital físico faz *diminuir* o ritmo de crescimento económico, se nada mais variar;
>
> c) Um aumento da taxa de depreciação do capital físico faz *aumentar* o crescimento económico, mas só e exclusivamente no caso do coeficiente capital produto diminuir, tudo o resto se mantendo constante;
>
> d) Um aumento da taxa de depreciação do capital físico faz *diminuir* o crescimento económico, mas só e exclusivamente no caso em que o coeficiente capital produto diminuir, tudo o resto se mantendo constante.
>
> Resposta correcta: alínea b). Note-se que nas alíneas (a) e (c) a relação é a inversa. Nas alíneas (c) e (d) admite-se uma variação do coeficiente K/Y, o que não é previsto no modelo de Harrod-Domar.

Do pondo de vista da política de crescimento e por razões óbvias, o modelo de Harrod dá-nos receitas simples: se um país quiser crescer mais deve investir uma maior proporção dos seu PIB, o mesmo é dizer que deverá poupar mais dos seus rendimentos[47] e investir de preferência em sectores menos capital intensivos.

Note-se que o aumento da taxa de investimento, na medida em que exige correspondentemente um aumento da taxa de poupança, esconde opções políticas muito profundas, por vezes mesmo dolorosas. Aumentar a poupança é sempre um sacrifício, que se pode tornar insuportável para países de rendimentos muito baixos, em que a maior parte da população nada poupa porque tem de gastar tudo o que recebe em consumos essenciais. Forçar a poupança nestas condições para acelerar o crescimento significa sacrificar as gerações actuais às futuras, que serão mais ricas em virtude do sacrifício das actuais. A distribuição de sacrifícios entre gerações actuais e futuras, em certas experiências históricas, pode tornar-se muito desequilibrada e penalizadora para as gerações que têm de financiar através da sua poupança o acréscimo de investimento, como foi o caso da extinta União Soviética nos anos trinta do século XX .

Em economias abertas ao exterior, conforme se verá mais adiante neste capítulo, esta distribuição de sacrifícios entre gerações pode tornar-se mais equitativa dada a possibilidade de recurso ao endividamento externo.

Estas receitas de política do modelo de Harrod-Domar foram muito populares nas décadas de cinquenta e sessenta do século passado (por exemplo as previsões macroeconómicas para o III Plano de Fomento em Portugal, que vigorou entre 1968 e 1973, foram feitas com base num modelo de tipo Harrod-Domar).

Mas há um segundo tipo de conclusões de política que são importantes. É que como o sistema é inerentemente instável é necessária uma política permanente de estabilização da economia através da utilização dos instrumentos de política macroeconómica

---

[47] Uma vez que a poupança é contabilisticamente igual ao investimento. Note-se, no entanto que esta simplicidade só existe em economia fechada. Como veremos mais adiante, no capítulo, quando considerarmos economias abertas ao exterior, a igualdade entre poupança e investimento torna-se um pouco mais complexa, assim como as opções de política correspondentes.

de curto prazo de forma a manter o crescimento da economia próximo da taxa garantida. Esta conclusão casa-se muito bem com as ideias de John Maynard Keynes para a política macroeconómica de curto prazo, cuja exposição mais completa, no livro *Teoria Geral, do Emprego, do Juro e do Dinheiro* antecedeu de apenas três anos o trabalho de Harrod.

Todas estas conclusões são muito importantes, mas a verdade é que o seu real interesse tem de ser avaliado face às limitações do modelo de Harrod-Domar.

A primeira limitação é a não consideração do trabalho humano como factor produtivo. Considerando-o, para simplificar como sendo apenas a força de trabalho a sua introdução no modelo levaria a um novo problema para a instabilidade. Suponhamos que a força de trabalho cresce a uma taxa constante n. Este crescimento tem a ver com factores culturais, históricos, médicos, etc. e que só muito parcialmente estão ligados com factores económicos.

Para a economia criar postos de trabalho ao mesmo ritmo n, o que seria necessário para evitar situações de desemprego crescente ou, inversamente, de falta de mão de obra, a produtividade do trabalho tem, obviamente de crescer à taxa $s/k - d - n$.

Se a produtividade do trabalho crescer a um ritmo superior a este valor, os postos de trabalho crescem a uma taxa menor que n e haverá desemprego crescente. Se crescer a um ritmo inferior, os postos de trabalho necessários crescerão a um ritmo superior a n e, a prazo, faltará mão de obra.

Ora não há garantia nenhuma que a produtividade do trabalho, que depende de muitos factores económicos e não económicos, vá crescer justamente a esta taxa $s/k-d-n$. A probabilidade de tal suceder é mínima. Por isso um sistema económico que funcione segundo com um modelo do tipo Harrod-Domar pode perfeitamente gerar desemprego crescente ou inversamente ver o crescimento ser interrompido por falta de mão de obra.

Por outro lado o modelo também não considera o progresso técnico, o que parece bastante limitativo dado o papel que este tem no crescimento. Esta ausência leva, nomeadamente, a que se introduzisse o trabalho na função de produção do modelo, a economia, em equilíbrio, teria necessariamente um crescimento nulo da produtividade, ou seja s/k –d = n, resultado que em termos mais gerais já tínhamos referido na discussão da página[48].

Por outro lado o modelo também não considera o progresso técnico, o que parece bastante limitativo dado o papel que este tem no crescimento. Esta ausência leva, nomeadamente, a que se introduzisse o trabalho na função de produção do modelo, a economia, em equilíbrio, teria necessariamente um crescimento nulo da produtividade, ou seja s/k –d = n, resultado que em termos mais gerais já tínhamos referido na discussão da página.

Uma outra limitação, mais subtil é a da constância da taxa d. Como vimos acima, esta taxa pode aumentar em virtude da rapidez do progresso técnico e do processo de globalização em resultado do fecho de empresas que não aguentam essa concorrência, levando a abates do stock de capital. Claro que este último caso só sucede em economias abertas ao exterior, que não abordamos ainda. No entanto é uma limitação que convém desde já assinalar, até porque é comum a todos os modelos que utilizamos neste capítulo.

Uma das principais limitações é, como vimos a não consideração do factor trabalho na função de produção, ou o que é equivalente para este efeito, a utilização de uma função de produção do tipo Leontief. Será que essa inclusão do factor trabalho, desde o início, levaria a conclusões diferentes? Para investigarmos esta questão vamos agora descrever um modelo posterior, o modelo de Solow, desenvolvido a partir de 1956.

---

[48] Repare-se que, dada uma função de produção de rendimentos constantes $Y = F(K,L)$ sem progresso técnico, então por ser homogénea tem-se $Y/K = f(L/K)$. Sendo Y/K constante, como assume o modelo de Harrod-Domar, então também L/K e L/Y serão constantes, o que significa que L e Y crescem à mesma taxa e portanto a taxa de crescimento da produtividade do trabalho é nula. Corresponde ao caso da utilização de uma função de produção do tipo Leontief sem progresso técnico.

2.11 O modelo de Solow

A principal crítica que Solow fez ao modelo de Harrod-Domar vem do facto de segundo este último modelo como se viu, só por um extraordinário acaso é que as economias poderiam crescer de forma sustentada. A instabilidade inerente ao modelo e os problemas do emprego impediriam esse crescimento sustentado. Ora isto é desmentido pela evolução da humanidade nos dois últimos séculos, que tem conseguido um crescimento relativamente sustentado, ainda que com flutuações de curto, de médio e até de longo prazo.

Robert Solow
(1924-)
Prémio Nobel
de Economia em 1987

http://www.nobel.se/
economics/laureates/
1987/solow-autobio.html

Portanto, segundo Solow, s, k, e n não podem ser parâmetros independentes. Pelo menos um destes três elementos tem de ser variável e assumir valores que de alguma forma se ajustem aos dos outros.

Antes de dizermos qual é, segundo Solow o valor que se adapta, convém acentuar que a metodologia de Solow é impecável do ponto de vista científico.

Harrod e Domar, com base em certos factos empíricos que consideraram relevantes enunciaram uma teoria da qual deduziram alguns comportamentos que certas variáveis macroeconómicas deveriam apresentar caso a teoria fosse verdadeira. Solow constatou que esses comportamentos não se verificavam. Daí concluiu que a teoria estava errada ou pelo menos que só era aplicável a situações muito especiais que não eram as que verdadeiramente ocorriam nas economias.

O único critério para manter como (provisoriamente) verdadeira uma teoria científica é o desta não ser posta em causa pelos factos. Por isso, as teorias são só provisoriamente verdadeiras. São verdadeiras até prova em contrário e quando não correspondem aos factos são certamente falsas ou pelo menos (o que na verdade é quase o mesmo) não aplicáveis naquele contexto.

126 | Economia do Crescimento

A nova teoria de Solow baseia-se no abandono da hipótese do coeficiente capital produto k ser necessariamente constante ao longo do tempo. Por outro lado, se o coeficiente capital produto deixa de ser constante a função de produção deixa de ser de factores complementares tipo Leontief como Harrod e Domar consideraram. Então Solow utilizará uma função de produção de factores inteiramente substituíveis. Por outro lado mantém a hipótese de que a taxa de investimento é constante ao longo do tempo. Como vimos acima na página, isso significa que haverá um limite constante para o coeficiente capital produto, embora ele possa ser variável ao longo do tempo. Finalmente, a taxa de depreciação d é também considerada constante.

Com base nestas hipóteses desenvolvamos as conclusões de Solow (usaremos a formulação contínua para simplificar os cálculos).

Solow considerou como factores produtivos o capital físico e a força de trabalho.

Temos então, esquecendo o t para simplificar a notação,

$$Y = F(K, L)$$

Multiplicando ambos os membros por $1 = 1/L$ e designando por y e k respectivamente os quocientes Y/L e K/L, ou seja os respectivos valores por unidade de trabalho, temos, dado que F é de rendimentos constantes,

$Y = F(k,1)$.
$y = f(k)$

Por outro lado, como se viu atrás, tem-se $K'(t) = sY(t) - dK(t)$, em que, como se disse, adoptamos a formulação contínua para facilidade dos cálculos.

Dividindo ambos os membros desta equação por $L(t)$, tem-se

a) $\dfrac{K'(t)}{L(t)} = sy(t) - dk(t)$

Por outro lado, pela fórmula da derivada de um quociente, e como, por hipótese, se tem-se $L'(t)/L(t) = n$ vem

$$k't = \left(\frac{K(t)}{L(t)}\right) = \frac{K'(t)}{L(t)} - n\frac{K(t)}{L(t)}.$$

Então substituindo o valor de $K'(t)/L(t)$ que vem dado por a) temos

$$k'(t) = sy(t) - (n+d)k(t)$$

Isto permite reescrever a equação a) acima sob a forma

b) $k'(t) = s\,f(k(t)) - (n+d)k(t)$

Procuremos um ponto onde $k(t)$ é *estacionário*, ou seja em que a sua variação no tempo é nula. Esse ponto é dado por $k'(t) = 0$, ou seja, será k^* tal que

$$s\,f(k^*) = (n+d)k^*$$

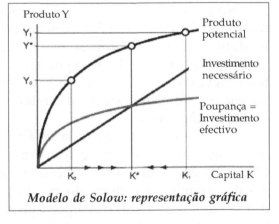

Modelo de Solow: representação gráfica

Ora, prova-se matematicamente que, nas condições das hipóteses, $f(k)$ é uma função côncava (Ver Apêndice Matemático), donde terá uma representação gráfica do tipo que se encontra no diagrama ao lado.

Por outro lado, $(n+d)k$ é uma recta que passa na origem.

Logo a solução k^* pode ser obtida graficamente como se encontra no diagrama.

Uma questão muito importante que decorre das hipóteses do modelo tem a ver com a *estabilidade* da solução k^*. Ou seja: suponhamos que num certo momento, k é diferente de k^*. Haverá ou

128 | Economia do Crescimento

não razões para supor que, nos momentos seguintes, k tende a aproximar-se de k*? A resposta é afirmativa.

Vamos considerar, por exemplo, o caso k > k* (i.e, o caso em que k está à direita de k*; economicamente isso significa que cada trabalhador disporá, neste caso, de um volume de capital superior ao do ponto k*; o caso k < k* trata-se da mesma forma). Então, vê--se da figura que se k > k* se tem sf(k) < nk.

Então, pela equação a) isto significa que $k'(t) < 0$ e portanto k vai decrescendo e aproximando-se de k*. Ou seja, de facto a solução é estável, um valor de k diferente de k* num dado momento leva a que a evolução da economia a partir daí siga uma evolução tal que k se aproxima da constante k*.

Mas o que significa um valor constante ao longo do tempo para k, ou seja, k = k* para sempre?

Notemos que um valor para k constante ao longo do tempo k = k* significa que também é constante f(k*) ou seja Y/L. Ora, um rendimento per capita constante ao longo do tempo significa que o PIB cresce à mesma taxa da população activa L. Também k constante significa, por definição de k, que K/L se mantém constante, ou seja que também o stock de capital físico cresce à mesma taxa n da população activa.

Isto é, a evolução da economia tal como descreve o modelo de Solow é no sentido de se aproximar de um caminho em que o PIB e o stock de capital físico crescem à mesma taxa da população. A este caminho, caracterizado por um rendimento por trabalhador (Y/L) e um capital físico por trabalhador (K/L) constantes ao longo do tempo, chamamos estado estacionário de Solow (referenciamos como sendo segundo o conceito de Solow porque mais adiante, quando tratarmos dos limites ao crescimento, consideraremos um outro conceito de estado estacionário, caso particular deste, em que n = 0, ou seja, em que a população e, portanto o PIB e o capital físico, se mantêm constantes).

Este resultado de Solow é de certa forma surpreendente e levanta pelo menos duas questões:

    a) como é que se compatibiliza este resultado com os *factos do crescimento* que, nomeadamente, *apontam* para um *cres-*

cimento do PIB per capita e do capital físico per capita ao longo do tempo e não a sua estagnação?
b) porque é que, se há uma tendência para o estado estacionário, existem países ricos e países mais pobres?

Em relação à primeira questão, convém em primeiro lugar salientar que o que o modelo de Solow diz é que a economia tende a *aproximar-se* do estado estacionário mas não que entra necessariamente nele. É assim possível, por exemplo, manter sempre uma taxa de crescimento positiva para o PIB *per capita*, embora essa taxa vá sendo cada vez mais diminuta e tenda para 0 (zero).

Mas, mais importante que esta explicação, é a seguinte: é que não considerámos neste modelo nem o crescimento do capital humano per capita h (ou seja o número médio de horas de ensino e formação), nem o progresso técnico.

Ora os factos do crescimento parecem apontar que é o progresso técnico e também o aumento de h que estão na raíz do crescimento do PIB per capita, o que está de acordo com a conclusão de Solow.

Quanto à alínea b) a questão só se põe se se fizer confusão com os conceitos da dinâmica. O que o modelo de Solow diz é que todas as economias que são descritas pelo seu modelo tendem a aproximar-se do estado estacionário. Porém, esse *estado estacionário é diferente consoante as economias,*

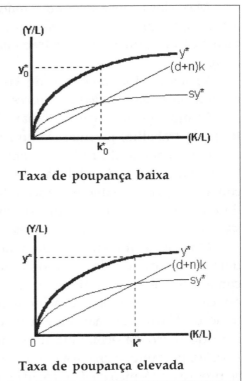

Taxa de poupança baixa

Taxa de poupança elevada

130 | Economia do Crescimento

tudo dependendo dos parâmetros que caracterizam a economia, nomeadamente s e d.

É fácil de ver que o valor de k* e, portanto de f(k*), ou seja de Y/L (rendimento *per capita*) correspondente ao estado estacionário, será maior se a taxa de poupança s for maior e menor se a taxa de depreciação *d* for maior (geometricamente, se a recta (d+n)k for mais inclinada; economicamente, se uma maior parte do investimento bruto for destinada a repor o stock de capital que deixa de produzir, reduzindo o investimento líquido, o que aumenta efectivamente o stock de capital em operação).

Portanto, aqui está um exemplo de como pode haver, mesmo sem progresso técnico, diferenças de nível de vida entre países, mesmo que todos tendessem para o (respectivo...) estado estacionário.

Mas, claro, que a maior diferença de percurso entre países tem a ver com a forma como desenvolvem e aplicam o progresso técnico e como formam os seus trabalhadores, aspectos, aliás, ligados entre si.

Vistos os dois modelos, de Harrod-Domar e de Solow interessa *compará-los nas suas conclusões*.

O modelo de Harrod-Domar, desde que não se considere a força de trabalho, permite, como se viu, um crescimento permanente e constante do PIB *per capita*, ainda que altamente instável, o que é diferente da conclusão de Solow. No entanto se entramos com a força de trabalho na função de produção de Leontief, a taxa de crescimento do PIB, como se viu, terá de obedecer à relação $s/k = n$, o que significa que *estaríamos no estado estacionário*.

Ou seja, a diferença fundamental entre os resultados do modelo de Solow e o de Harrod-Domar quando neste se entra em conta com a força de trabalho *L não é* a convergência para o estado estacionário, pois ambos concluem que a economia tende para este (e no de Harrod-Domar até é mais que convergência, é a entrada logo de início da economia no estado estacionário); *em ambos os modelos*, portanto, o *crescimento sustentado do nível de vida só pode vir do* progresso técnico *ou da* formação da mão-de-obra.

Capítulo 2. A teoria do crescimento económico | 131

A diferença entre os modelos está, antes, em que a solução de Harrod-Domar é instável e a solução de Solow é estável. Isso fica a dever-se ao facto de, no modelo de Harrod-Domar não poder haver substituição de factores e portanto, para uma dada economia, sem progresso técnico, Y/K e Y/L são sempre constantes ao longo do tempo, enquanto no modelo de Solow, pode haver substituição de factores, pelo que Y/K e Y/L podem variar ao longo do tempo, embora tendendo ambos estes rácios para valores constantes.

Essa substituição de factores é essencial ao ajustamento para o equilíbrio. Sem substituibilidade técnica (possibilidade técnica de combinar os factores) e sem substituibilidade económica (variação dos preços relativos dos factores) não há ajustamento. Por exemplo, se a taxa de crescimento da população diminui significa que a mão de obra fica comparativamente mais escassa que o capital, como no modelo de Solow os preços reflectem a escassez ou abundância relativa dos factores, nesse caso, o preço do trabalho aumenta, adoptando as empresas em consequência técnicas mais intensivas em capital, ou seja valores de k mais baixos. Este ajustamento não é possível com uma função do tipo Leontief, ou seja a usada no modelo de Harrod-Domar, pois nela a combinação permanece constante.

Portanto, a conclusão que tirarmos destes modelos estará dependente do que admitirmos mais válido para a economia que estivermos a estudar. Se admitirmos que é uma economia em que existe uma grande possibilidade de substituição de factores ("à Solow"), poderemos admitir uma maior estabilidade do crescimento. Em caso contrário ("à Harrod-Domar"), teremos de admitir uma maior instabilidade, sendo certo que, em ambos os casos, a sustentação do crescimento do nível de vida estará dependente do progresso técnico e do crescimento do nível de formação da mão-de-obra.

Em relação ao progresso técnico, não é difícil introduzir o progresso desincorporado no modelo de Solow.

Considerando o progresso técnico desincorporado com um a função exponencial do tempo $e^{\lambda t}$ a equação vem

$$k'(t) = se^{\lambda t}f(k(t)) - (n+d)\, k(t)$$

132 | Economia do Crescimento

Verifica-se facilmente que não pode existir nenhum ponto de estacionariedade, pois com $k(t) = k^*$

Viria

$$0 = se^{\lambda t} f(k^*) - (n+d)k^*$$

O que não é possível acontecer para todos os momentos t.

É possível, contudo, k crescer de forma exponencial a uma taxa μ se

$$f(e^{\mu t}) = c^* e^{(\mu - \lambda)t}$$

e portanto

$$f(k(t)) = c^{**} k(t)^{\alpha}$$

Com

$$\alpha = (\mu - \lambda)/\mu$$

A função de produção seria uma função Cobb-Douglas.

O próprio Solow não considerou o progresso técnico desincorporado mas apenas o progresso técnico incorporado no trabalho e dependente da passagem do tempo (Solow, 1970 pag 35). Neste caso a solução é mais fácil. Qualquer que seja a função de produção de factores inteiramente substituíveis e de rendimentos à escala (e não apenas Cobb-Douglas) a taxa de crescimento g será igual a $g = n+\lambda$.

Outras soluções relativas a progresso desincorporado são possíveis, claro. Trata-se aqui apenas de um exemplo para ilustrar que, com a introdução de progresso técnico desincorporado o crescimento do PIB per capita e do capital per capita pode ser sustentado e ilimitado.

Também não seria difícil introduzir o capital humano no modelo de Solow. Não o fazemos aqui e deixamos como exercício para o leitor.

O modelo de Solow com os acrescentos relativos ao progresso técnico ajusta-se bem aos dados empíricos: por um lado admite condições de crescimento ilimitado sem corresponder a situações tão excepcionais como as de Harrod-Domar. Por outro lado confere também, com os resultados de Dennison e da contabilidade de crescimento.

> **"Para alterarmos a taxa de crescimento do produto real *per capita* teremos de mudar a taxa do progresso técnico"**
>
> *Robert Solow*

Mas a teoria tem uma limitação fundamental.

O progresso técnico é encarado como evoluindo no tempo, mas isso é apenas uma descrição não uma explicação. A passagem do tempo nada explica. Por isso, dizer que é o progresso técnico é o factor que permite o crescimento ilimitado apenas nos diz que existe algo que explica o crescimento que não sabemos explicar, que evolui com o tempo, mas que no fundo é apenas um resíduo que corresponde á parte do crescimento que não é explicada nem pelo capital físico nem pelo trabalho humano.

Em todo o caso, as indicações do modelo de Solow para a política económica são importantes. Ao contrário do modelo de Harrod-Domar (quando neste não se introduz o trabalho na função de produção) diz-nos que o ritmo crescimento per capita, não considerando o progresso técnico, ou seja, na parte que é dependente da acumulação do capital físico e do trabalho tenderá sempre para zero, isto é, para a estagnação per capita. Isto independentemente da taxa de poupança, embora quanto maior esta for tanto maior será o nível de estagnação para que tende o PIB per capita. Logo para a política de crescimento torna-se de extrema importância apostar mais no incentivo ao progresso técnico do que na acumulação do capital físico e do trabalho. Esta, no que respeita ao capital físico é uma indicação claramente contrária à de Harrod-Domar.

Não admira, pois que a partir do final dos anos sessenta do século passado, depois do modelo de Solow e dos estudos de Dennison, a política de crescimento passasse a focar as suas atenções no chamado progresso técnico e deixasse de encarar o crescimento como simples acumulação de equipamentos.

Mas para se ver mais claro neste domínio era necessário ultrapassar a limitação atrás apontada do modelo de Solow de encarar o progresso técnico como algo que é dado de fora do sistema económico.

É isso que tentam fazer as teorias do crescimento endógeno que a seguir referiremos.

2.12 O crescimento endógeno. O modelo AK

A ideia básica das teorias do crescimento endógeno, que se foi desenvolvendo a partir dos anos oitenta do século passado, em particular com os trabalhos de Paul Romer[49], é que o progresso técnico não é algo exógeno ao sistema económico e que depende de variáveis económicas (Romer, 1994).

Um exemplo consensual desta dependência é a que se estabelece entre progresso técnico e acumulação de capital humano. De facto com mais pessoas e mais instruídas é natural admitir que surjam mais ideias aplicáveis à produção e que permitam tirar melhor partido dos equipamentos e do capital humano existente.

Consideremos um caso simples em que a função de produção é do tipo Cobb-Douglas no capital físico e no capital humano e em que o progresso técnico resulta da acumulação do capital humano através da relação

$$a(t) = A^* H(t)^\rho$$

---

[49] Paul Romer é um economista americano nascido em 1955. Professor na Universidade de Stanford (vd http://wagner.nyu.edu/romer), prémio Nobel da Economia (2012).

Tem-se assim

$$Y(t) = A^*H(t)^\rho K(t)^\alpha H(t)^{1-\alpha} = A^* K(t)^\alpha H(t)^{1-\alpha+\rho}$$

Tem-se assim uma função de produção de rendimentos crescentes à escala que, ao contrário do modelo de Solow permite evitar o caminho para estagnação per capita mesmo sem progresso técnico exógeno à economia.

Outro exemplo de crescimento endógeno é o que considera que o progresso técnico, nomeadamente o incorporado no capital humano, é uma resultante da própria actividade produtiva, em particular resultante da intensidade de equipamentos com que a economia trabalha. Esta é a hipótese, já enunciada em 1962 pelo economista e prémio Nobel Kenneth Arrow, que se designa usualmente por hipótese do *learning by doing*.

Um caso muito simples é o que se refere a seguir o chamado modelo AK que desenvolveremos de forma algo diferente que o seu proponente em 1991 (Rebelo 1991).

Uma das formas possíveis de introduzir o progresso técnico é, como se viu, admitir que ele se traduz em novos conhecimentos, o que permite que o capital humano se torne mais produtivo, ou seja para cada período t

$$Y_t = F (K_t, b_t h_t L_t)$$

em que c_t representa o nível de conhecimentos por unidade de capital humano.

Admitamos agora, como no modelo de Solow, que F é uma função de produção de factores substituíveis e de rendimentos constantes à escala, e admitamos também que temos um efeito de *learning by doing*, ou seja, que o *nível de conhecimentos* tem a ver com o próprio *nível de desenvolvimento da economia* medido, neste exemplo, pelo *stock de capital físico da economia por unidade de trabalho humano*.

Isto é,

$b_t = C(K_t/h_t L_l)$ em que C é uma constante, isto é, o nível de conhecimentos usados na produção é uma proporção constante do capital físico por unidade de capital humano.

Neste caso, podemos escrever

$$Y_t = F(K_t, CK_t) = g(K_t).$$

Como F é por hipótese de rendimentos constantes à escala, então g é necessariamente uma função linear que passa pela origem[50] e, deste modo,

$$Y_t = AK_t \text{ em que A é uma constante.}$$

O modelo que assim obtemos juntando a equação do investimento

$$\Delta K_t = sY_t - dK_t$$

donde $\dfrac{\Delta Y}{Y} = sA - d$

Ora, o modelo que obtemos assim é formalmente igual ao modelo de Harrod-Domar quando é considerado apenas o stock de capital físico, modelo que estudámos acima. E por isso são válidos matematicamente os resultados que então obtivemos, nomeadamente a taxa de crescimento constante ao longo do tempo e a instabilidade da solução do modelo.

No entanto, os modelos só são idênticos matematicamente. Em termos de interpretação económica, há diferenças. Assim $1/A$ já não se pode interpretar como o coeficiente capital produto k (o qual tem a ver só com o capital físico) uma vez que é um coeficiente que resulta quer do capital físico quer dos conhecimentos. Em segundo lugar, a função de produção de partida é de factores substituíveis (ao contrário da do modelo de Harrod) e foi a introdução de um determinado tipo de progresso técnico que nos fez obter uma função de produção formalmente idêntica à do modelo Harrod-Domar simplificado.

---

[50] Com efeito se g é de rendimentos constantes tem-se, com qualquer m, $mY = g(mK)$ e fazendo $m = 1/K$ vem imediatamente que g é linear e passa pela origem.

Finalmente, quando no modelo de Harrod-Domar se inclui a força de trabalho L como factor produtivo vimos que isso era uma fonte adicional de instabilidade. No modelo de que agora tratamos tal já não acontece, uma vez que um crescimento a uma taxa constante para o PIB e para o stock de capital físico já não implica a necessidade de um crescimento idêntico para a força de trabalho (e daí, aliás, a não convergência para um estado estacionário). Esta diferença resulta do ponto de partida ser a função de produção de Solow (factores substituíveis) e não a de Leontief (factores complementares) como era no modelo de Harrod-Domar.

Em todo o caso, persistem neste modelo razões para instabilidade nomeadamente a que também vimos para o modelo de Harrod-Domar e que tem a ver com a possível não utilização plena da capacidade produtiva.

A limitação geral de todas as teorias do crescimento endógeno é a impossibilidade já anteriormente discutida de se quantificar verdadeiramente o conhecimento. E a partir daqui todos estes modelos entram em terreno resvaladiço, perdendo conteúdo científico, na medida em que se torna muito difícil testar as teorias dada esta dificuldade de quantificação.

No entanto algumas das conclusões da teoria do crescimento endógeno para a política de crescimento são, apesar destas limitações, de bastante utilidade.

Assim, para acelerar o crescimento, a política deve aumentar a produção de novas ideias investindo no capital humano e na investigação e desenvolvimento e no aproveitamento do conhecimento que resulta do exercício da própria actividade económica. Deve, por outro lado criar condições para que esse conhecimento se aplique à actividade produtiva, facilitando e estimulando as inovações tecnológicas ou organizacionais tanto a nível microeconómico como a nível da sociedade no seu conjunto. Numa palavra, deve investir no conhecimento, porque este gerará endogenamente um crescimento per capita ilimitado sem que a economia tenha de esperar que o progresso técnico caia do céu como um maná divino.

2.13 O crescimento e a procura de bens e serviços

Até aqui analisámos o crescimento económico fundamentalmente do lado da produção. Mas muitas correntes do pensamento económico consideram que a evolução da procura de e bens e serviços é pelo menos tão essencial como a existência da capacidade produtiva para possibilitar a sustentação do crescimento económico.

Das correntes de pensamento que acentuam o papel da procura de bens e serviços para o funcionamento da economia é a Keynesiana que mais teve e continua a ter impacte, quer a nível académico quer da política económica.

O próprio Keynes não desenvolveu análises de longo prazo, embora o seu célebre aforismo "a longo prazo estamos todos mortos" tenha um sentido diferente do que normalmente lhe é dado, pois não se destina a desvalorizar as questões de longo prazo, mas apenas a criticar a concepção neoclássica que o sistema económico, sem necessidade de intervenção estatal, após uma perturbação, tende a prazo para um equilíbrio nos diversos mercados – o que serve de pouca consolação para as gerações actuais que sofrem com o desequilíbrio, em particular com o desemprego.

Se Keynes não desenvolveu uma teoria do crescimento, a verdade é que algumas dessas teorias têm uma inspiração keynesiana.

Essa inspiração keynesiana, encontra-se basicamente em dois aspectos:

- em primeiro lugar, devemos deixar a hipótese de que a capacidade produtiva é sempre plenamente utilizada;
- em segundo lugar, o crescimento económico está dependente da evolução da procura efectiva e não é o aumento da capacidade produtiva só por si que criará essa dinâmica da procura efectiva.

Vamos abordar sucessivamente as consequências destas duas afirmações.

Para Keynes e tradição Keynesiana o investimento é determinado por factores em grande parte exógenos ao sistema económico e que têm a ver com as expectativas que os empresários formam sobre o futuro da economia e com o nível da taxa de juro. Sendo assim, o PIB efectivamente gerado na economia num dado ano não determina o investimento nesse ano, mas, ao contrário, é pelo efeito multiplicador que o valor do investimento realizado determina o nível do PIB efectivamente realizado. Ou seja

$$Y_t = f(I_t)$$

em que f é normalmente considerada, para simplificar, como um função linear

$$Y_t = [1/(1-\alpha)]I_t$$

sendo α propensão marginal ao consumo e $1/1-\alpha$ o multiplicador, que também se representa por $1/s$ em que $s = 1-\alpha$ é propensão marginal a poupar.

Ora o que até agora fizemos nos modelos que utilizámos foi considerar que $I_t = sY_t$ em que Y_t é a capacidade máxima de produção suposta igual ao PIB efectivamente gerado. O mesmo é dizer que se admite que em cada ano o investimento é uma percentagem constante do PIB máximo susceptível de ser realizado.

Para um Keynesiano tal não faz sentido. O investimento é determinado pelas expectativas dos empresários e por aspectos monetários (taxa de juro) e não pela capacidade máxima de produção existente. Claro que em cada ano, e por definição o PIB efectivamente gerado não pode ser superior à capacidade máxima existente, mas pode ser inferior. Então em cada ano t o PIB efectivamente gerado será dado pela função (supondo o caso do progresso técnico ser todo desincorporado)

$$Y_t = \min(c_t F(K_t, H_t), (1/s)I_t)$$

O caso em que existe sempre plena utilização da capacidade corresponde, obviamente a verificar-se em todos os anos a igualdade

$$c_t F(K_t, H_t) = (1/s)I_t = (K_{t+1} - K_t)/s + (d/s)K_t$$

que corresponde à situação estudada pelos modelos que utilizámos até agora.

No entanto, esta última situação, para um Keynesiano, nunca se verificará permanentemente, pelo menos na ausência de uma actuação da política económica destinada a garantir que se verifique essa igualdade. Este aspecto é crucial na diferença entre as teorias de inspiração keynesiana e outras escolas de pensamento como a teoria neoclássica ou a sua mais recente descendente, a nova economia clássica.

Com efeito, para estas últimas concepções, desde que os mercados funcionem eficientemente, a flexibilidade de preços em todos os mercados incluindo o de trabalho (neste caso o preço é o salário) permite garantir que a oferta se ajusta sempre à procura através do ajustamento de preços. Para Keynes e todas as escolas de inspiração keynesiana isto não é válido porque pelo menos o insuficiente ajustamento de salários nunca possibilitaria só por si o equilíbrio entre procura e oferta. Então será necessária uma intervenção das autoridades para garantir esse equilíbrio.

Mas agora põe-se a questão: se o PIB efectivamente realizado resulta do nível de investimento como é que será possível assegurar a utilização máxima da capacidade, uma vez que o nível de investimento depende da vontade dos empresários e não das autoridades?

Há duas respostas a esta questão.

Em primeiro lugar o investimento depende das expectativas dos empresários e da taxa de juro. Portanto, como as autoridades directa ou indirectamente controlam a taxa de juro têm possibilidade de influenciar o investimento. No entanto, esta capacidade é limitada como os keynesianos, aliás, reconhecem. Há uma segunda resposta. É que na verdade parte da procura de bens e serviços e do próprio investimento é controlada directamente pelas autoridades e não depende nem das expectativas dos empresários (como depende o investimento) nem do nível de rendimento (como depende o consumo privado). É o caso do investimento público e do consumo colectivo.

Então em vez de

$$Y_t = (1/s)I_t$$

Tem-se na realidade

$$Y_t = (1/s) (I_t+G_t)$$

Em que G é parte da procura efectiva de bens e serviços controlada directamente pelas autoridades. E repare-se que continuamos a tratar aqui de uma economia fechada. Quando mais adiante tratarmos de economias abertas ao exterior verificaremos que existe mais uma componente da procura efectiva: as exportações.

Então, a principal consequência política que se retira de um modelo de inspiração keynesiana é que não basta assegurar condições para que a capacidade produtiva cresça. É necessário também assegurar que haja procura efectiva suficiente para a utilização dessa capacidade e tal pode ser garantido quer por instrumentos da política monetária (taxa de juro) quer por instrumentos da política orçamental (despesa pública e também impostos em versões um pouco mais complexas do que aquelas que aqui descrevemos). Recorde-se que necessidade de uma política de gestão da procura também tinha sido advogada por Harrod (ele próprio um keynesiano) a propósito da instabilidade do seu modelo.

2.14 Crescimento em economias abertas

Temos já um conjunto importante de conclusões analíticas susceptíveis de fundamentar políticas para acelerar ou sustentar o crescimento. No entanto, até agora só abordámos economias fechadas. Esta simplificação foi útil para melhor compreendermos alguns mecanismos em acção na explicação do crescimento, mas evidentemente que é uma hipótese não realista. Todas as economias (com excepção da economia mundial) são em maior ou menor grau abertas e esse grau de abertura vai aumentando cada vez mais.

142 | Economia do Crescimento

Vamos, pois, deixar de fora esta simplificação e estudemos as questões adicionais de crescimento que se põem a uma economia aberta ao exterior.

A evolução do comércio mundial, desde a II Guerra Mundial, tem sido mais rápida que a evolução da produção mundial, o que indicia que o comércio mundial tem sido um impulsionador do crescimento geral.

A evolução rápida do comércio mundial acelerou mais nas duas últimas décadas e é fruto de factores diversos.

– Em primeiro lugar, da liberalização do comércio, ou seja do abatimento de barreiras ao comércio que os países tradicionalmente impunham: direitos à importação, quotas de importação, isto é quantidades máximas que se poderiam importar de determinados produtos, etc.. Entre a I e a II Guerras Mundiais estas barreiras ao comércio tinham aumentado um pouco por todo o lado. A seguir à II Guerra, porém muitos países decidiram começar um processo gradual de liberalização do comércio, o que deu origem a um primeiro acordo em 1947, o GATT (General Agreement on Tariffs and Trade) que, de acordo, se transformou em instituição com a missão de acompanhar esse processo de liberalização. Com avanços e recuos, a liberalização do comércio mundial foi avançando até que em 1994 se chegou a um acordo para liberalizar totalmente o comércio de mercadorias não agrícolas até 2005. Nesse último acordo no âmbito do GATT decidiu-se também substituir o GATT por uma nova instituição com funções de fiscalização do cumprimento de acordos, a Organização Mundial de Comércio, que foi estabelecida em 1995. O processo de liberalização efectivou-se e pode dizer-se que hoje a liberalização do comércio mundial de mercadorias não agrícolas é, em grande parte, uma realidade, com exclusão do que se passa em alguns países ainda não pertencentes à Organização Mundial do Comércio.

Note-se, entretanto, que o conceito de liberalização do comércio é um pouco mais lato que o simples abatimento de barreiras, alfandegárias ou outras. Por exemplo, inclui a proibição de subsídios à exportação e outras práticas do mesmo tipo.

Capítulo 2. A teoria do crescimento económico | 143

– Um segundo factor, para além da liberalização, foram os movimentos de integração regional particularmente na Europa com a fundação da CEE em 1958 e, em 1960, da EFTA (European Free Trade Association, de que Portugal, conjuntamente com outros seis países não membros da CEE, foi fundador). Estas organizações, representam uma aceleração em relação à liberalização de comércio

> **Perguntas e respostas**
>
> A evolução rápida do comércio internacional desde a II Guerra Mundial ficou a dever-se principalmente:
>
> 1. à liberalização do comércio mundial, ao aumento do peso dos bens agrícolas na produção total dos países mais ricos e ao progresso técnico em geral;
> 2. à liberalização do comércio mundial, os movimentos de integração económica regional e ao progresso técnico, nomeadamente no sector dos transportes;
> 3. à liberalização total dos movimentos de capitais, a liberalização do comércio mundial e ao aumento da produção dos países em vias de desenvolvimento;
> 4. à liberalização do comércio mundial, aos movimentos de capitais e ao progresso técnico em geral
>
> Resposta certa: alínea 2). Diga porquê (veja o texto principal)

no âmbito do GATT. A CEE (actual União Europeia que entretanto absorveu grande parte dos países da EFTA, incluindo Portugal) foi de início ainda mais longe porque para além de ser uma zona de comércio livre foi desde o início uma união aduaneira (ou seja todos os países membros tinham a mesma pauta aduaneira face a países de fora da CEE) e garantia também a não discriminação, em cada país das empresas desse país face às dos outros estados membros. Não foi só na Europa que se criaram instituições regionais para impulsionar o comércio, O mesmo sucedeu embora mais tarde nos outros continentes.

– Um terceiro factor, foi também fruto de decisões políticas de alguns países que estiveram durante bastante tempo quase arredados do comércio mundial e que resolveram apostar na abertura das suas economias. É o caso, nomeadamente dos dois maiores países do mundo: a China a partir das reformas de 1979 e a Índia, mais recentemente. Também grande parte dos países

144 | Economia do Crescimento

da antiga União Soviética (Rússia e outros países de menor dimensão) que tinham formado uma zona de intensificação do comércio entre si mas bastante fechada em relação aos outros países do mundo, depois do fim da União Soviética (1991) abriram-se ao comércio mundial, tendo alguns deles aderido à União Europeia em 2004 e 2007.

– Finalmente, mas não em último lugar, o progresso tecnológico no que respeita aos transportes e à organização e logística das actividades comerciais também ajudou ao desenvolvimento do comércio mundial (um exemplo é a invenção do contentor, a partir dos anos cinquenta do século XX).

Quando se fala de comércio mundial tem-se muito a tendência de referir só as mercadorias. Mas a verdade é que tem crescido mais a importância da circulação de serviços a nível mundial, em particular o turismo (em Portugal a maior exportação neste momento é de serviços de turismo), os transportes e os serviços financeiros. Em toda esta evolução dos serviços o progresso técnico foi decisivo. Em particular, no que respeita ao turismo, a melhoria do transporte aéreo a partir dos finais dos anos cinquenta e no que respeita a todos os serviços mas com particular ênfase nos financeiros a evolução das telecomunicações e informática.

No que respeita ao turismo, para além das melhorias de transportes, o enriquecimento progressivo das populações e a generalização de férias pagas forma também causas do crescimento muito rápido do turismo a nível mundial.

Parece pois que o comércio mundial é um impulsionador do crescimento. Mas será assim? Em que medida?

Para investigarmos como é que o comércio pode ser um impulsionador do crescimento vamos considerar um modelo muito simples baseado numa função de produção tipo Harrod--Domar.

Consideremos uma economia aberta ao exterior em que:

a) as importações crescem a uma taxa superior à do PIB e evolucionam na seguinte forma $M(t) = M(0) \, Y(t)^{\beta}$ com $\beta > 1$

Capítulo 2. A teoria do crescimento económico | 145

b) Existe algum equilíbrio do comércio externo nessa economia, que se traduz numa taxa de cobertura das importações pelas
exportações constante, ou seja,

E(t)/M(t) = c com c constante

c) A função de produção é do tipo Y(t) = K(t)/k e além disso,
com d, taxa de depreciação, constante e α, proporção do consumo
no total do Rendimento, também constante, isto é C(t)/Y(t) = α
(condição que já não implica como no modelo de Harrod-Domar
I(t) = (1-α)Y(t) = sY(t), ver mais adiante).

Observações:
a) utilizamos uma formulação contínua para facilitar os cálculos

b) como sabemos do cálculo sobre taxas de crescimento
tcM(t) = β tcY(t) e como β > 1, tc M(t) > tc Y(t).

Esta é, pois, uma forma simples de traduzir matematicamente
(mas, claro de forma aproximada) o facto de o comércio externo
crescer a uma taxa superior ao do PIB, que se tem verificado nas
últimas décadas

c) a taxa de cobertura constante significa que o país tem as
exportações a evoluir ao mesmo ritmo das importações. Também,
evidentemente, o saldo E-M cresce à mesma taxa. Se não se partir
de um saldo negativo muito desequilibrado, isto é se houver um
saldo positivo ou mesmo que se houver um défice, mas não muito
grande, no momento 0, o facto de a taxa de cobertura se manter
constante significará um relativo equilíbrio das contas com o exterior (claro que o equilíbrio total só sucederá se E(t) = M(t))[51].

Feitas estas observações, vamos então ver qual é a evolução
desta economia.

---

[51] As questões relacionadas com o desequilíbrio das contas com o exterior
serão abordadas mais adiante.

146 | Economia do Crescimento

Sabemos da contabilidade nacional que, em economia aberta, se tem sempre a igualdade contabilística

1) $Y(t) = C(t) + I(t) + E(t) - M(t)$

Como por hipótese

$I(t) = K'(t) + dK(t)$
$C(t) = \alpha Y(t)$
$M(t) = M^*Y(t)^\beta$
$E(t) = c M(t) = c M^*Y(t)^\beta$
$K(t) = kY(t)$

podemos substituir estas variáveis na equação 1) e obtemos depois de arrumados os termos

$$(1-\alpha -dk)Y(t) - kY'(t) + (1-c)M^*Y(t)^\beta = 0$$

Esta é uma equação diferencial de Bernoulli cuja solução (ver Apêndice matemático) dá o seguinte resultado:

$Y(t) = \{[(Y(0)^{(1-\beta)} + (1-c)M^*)/(1-\alpha-dk)]e^{[(1-\beta)(1-\alpha-dk)/k]t} - [(1-c)M^*/(1-\alpha-dk)]\}^{1/(1-\beta)}$

É fácil de ver que, se $(1 - \alpha - dk) > 0$ (ou seja, se o investimento líquido for maior que o défice externo, que será a situação mais normal) se tem:

a) Se $c < 1$, isto é, se existe um défice à partida, então, como $\beta > 1$, o crescimento torna-se explosivo (e portanto impossível), pois, para certo momento t*, vem $Y(t^*) = \infty$

b) se $c = 1$ o crescimento é obviamente o do modelo de Harrod-Domar com

$$tc\ Y = (1-\alpha)/k-d$$

c) se $c > 1$ o PIB tende para a estagnação

Note-se por curiosidade, que no caso $c = 1$ a tc $Y(t)$ é de $(1-\alpha)/k-d$, valor que não depende de β e que é o mesmo do que o de Harrod-Domar em economia fechada.

Ou seja ao contrário do que se poderia esperar à partida, o facto do comércio externo crescer a uma taxa superior à do PIB não arrasta a taxa de crescimento deste para taxas superiores de crescimento sustentável. De acordo com a situação de partida, ou gera um crescimento explosivo e portanto impossível ou é um contributo para a estagnação do PIB. Face a este resultado poderemos ter duas posições.

a) ou considerar que não é o PIB que é arrastado pelo comércio externo, mas ao contrário que é este é arrastado pela evolução do PIB, o que continuaria a ser compatível com o que tem sido a evolução do comércio mundial.

b) ou considerar que o aumento do comércio mundial leva a uma melhoria de eficiência, por cada país poder produzir mais do que sabe produzir melhor e que isso leva a uma alteração de parâmetros do modelo.

Vamos explorar esta segunda via.

Consideremos em primeiro lugar k e vejamos o seguinte exemplo. Suponhamos um país relativamente pequeno e que tem um siderurgia, com uma dimensão inferior à que seria a óptima e que não consegue aumentar a sua produção de aço porque os potenciais importadores têm barreiras alfandegárias tais que não deixam entrar aço estrangeiro. Então o país está a utilizar mais equipamento por unidade de aço produzida do que seria o caso se fosse possível aumentar a produção e beneficiar de economias de escala. Se as barreiras ao comércio forem abatidas então o país poderá eventualmente exportar, construir uma siderurgia de maior dimensão, mais eficiente e que necessite assim de menos capital por unidade produzida. Então o parâmetro k diminuirá devido à liberdade de comércio.

Mas podendo ser importante este efeito não será muito significativo até porque como se disse acima, em sentido contrário joga o aumento de d devido às deslocalizações de empresas, em grande parte elas próprias induzidas pelo aumento do comércio mundial.

No entanto, há um outro efeito mais importante do comércio mundial que até aqui não foi considerado.

É que este comércio é uma das formas mais importantes de espalhar o progresso técnico que, como vimos acima, é verdadeiramente o factor produtivo que permite às economias escapar à estagnação a prazo.

Por isso – e em resumo – o comércio externo poderá ser impulsionador do crescimento desde que induza e espalhe progresso técnico e, em menor grau, desde que permita melhorar a eficiência da utilização de recursos da economia. Apenas a dinâmica em si própria sem estes efeitos, pelo contrário, travaria o crescimento económico.

Um outro aspecto muito importante da consideração do comércio externo na teoria do crescimento relaciona-se com o que foi dito mais acima de que numa economia aberta o facto de o consumo ser uma proporção constante do PIB deixa de implicar, ao contrário do que sucede numa economia fechada, que o investimento bruto seja também uma percentagem constante do PIB. Vamos, de seguida, investigar um pouco mais este aspecto.

2.15 O recurso à poupança externa

Numa economia aberta, a igualdade entre poupança e investimento põe-se de forma diferente do que numa economia fechada. Nesta tem-se

$$Y = C+I$$

Donde, se definirmos a poupança (S) como a parte do rendimento (Y) que não é consumida se tem

$$S = Y-C$$

Pelo que, combinando as duas igualdades anteriores

$$S = I$$

ou seja, a poupança realizada durante um ano é sempre igual ao investimento realizado nesse ano.

Em economia fechada o recurso à poupança é diferente do que se passa numa economia fechada. De facto, nesta por definição só podemos recorrer à poupança formada pelos agentes económicos dessa economia. Em economia aberta podemos recorrer também a poupança realizada noutros países e, inversamente podemos formar poupança internamente e aplicá-la noutro pais.

No entanto tal não afecta a igualdade entre poupança e investimento.

Com efeito abrindo a economia ao exterior tem-se

$$Y = C + I + E - M$$

Se a poupança formada pelos agentes que funcionam na economia desse país, a chamada poupança interna (que designaremos por S^{int}) for, como acima, definida como a diferença entre o rendimento e o consumo, tem-se

$$S^{int} = Y\text{-}C$$

donde

$$S^{int} - (E\text{-}M) = I$$

Olhemos agora para o saldo E-M.

Se este saldo for positivo significa que o país recebeu mais dinheiro do exterior através dos produtos que vendeu ao estrangeiro (exportações) do que aquele que pagou ao exterior pela compra dos produtos importados. Ou seja o país financiou o exterior, o exterior recorreu à poupança do país. Então podemos dizer que quando E-M é positivo o recurso do país à poupança externa é negativo: o país financia o exterior[52].

---

[52] Em rigor devíamos considerar outros fluxos de entrada e saída de dinheiro que não apenas as importações e exportações, ou seja o total da chamada balança corrente com o exterior. Para simplificar consideramos apenas as exportações e importações, sendo certo que as conclusões principais se mantêm idênticas nesta versão simplificada.

Quando E-M for negativo o país tem um défice em relação ao exterior o que quer dizer que o exterior o financia. Ou seja o país recorre à poupança formada no exterior, recurso que lhe permite comprar mais do que vende ao exterior.

Então o recurso á poupança externa, que representaremos por S^{ext} é definido por

$S^{ext} = - (E-M)$ e será positivo ou negativo quando respectivamente $E < M$ ou $E > M$.

Então substituindo na igualdade anterior vem

$$S^{int} + S^{ext} = I$$

E como se disse acima mantém-se a igualdade entre o recurso à poupança (mas agora incluindo o recurso à poupança externa) e o investimento.

Claro que interessa, para um país crescer o investimento em capital físico que realiza. E quer a economia funcione de acordo com as hipóteses de Harrod-Domar, Solow ou do capital endógeno o investimento em capital físico é sempre importante para o crescimento, embora, como se viu atrás, com grau de importância diferenciada consoante cada um desse casos.

Então, uma economia pode acelerar o crescimento utilizando mais poupança. Mas internamente a capacidade de poupar tem limites. Uma poupança é sempre o sacrifício de um consumo actual para obter mais rendimento no futuro. Ora não se pode sacrificar o consumo indefinidamente. Há um limite para o sacrifício do consumo e portanto da satisfação das necessidades de uma dada sociedade. Mas (aparentemente) podemos aumentar a utilização de poupança sem sacrificar o consumo: basta recorrer à poupança externa.

Para exemplificar isso usaremos o modelo de Harrod-Domar aberto ao exterior.

Tem-se

$$Y = C + I + E - M$$

Se admitirmos que o consumo privado é uma proporção α constante do rendimento, que o saldo da exportações menos importações uma proporção m constante do rendimento e que o investimento é dado também por uma proporção s em relação ao rendimento, tem-se

C = αY, E-M = mY e I = sY, pelo que dividindo ambos os membros de por Y se obtém

1) 1= α+s+m

Por outro lado a taxa de crescimento segundo o modelo de Harrod-Domar é dada por

$$\Delta Y/Y = s/k - d$$

Então, para acelerar o crescimento podemos aumentar s. Mas dada a igualdade 1) esse aumento de s pode ser realizado sem diminuir α, ou seja, sem sacrificar o consumo. Basta, em vez disso, diminuir m. Diminuir m se m for inicialmente negativo significa torná-lo mais negativo e portanto, como vimos há pouco, recorrer mais à poupança externa, Se m for inicialmente positivo diminuir m significa financiar menos o exterior e possivelmente até de positivo torná-lo negativo deixando de financiar o exterior e passando a recorrer à poupança formada no exterior .

Posta a questão nestes termos, pode perguntar-se:

Então se é sempre possível recorrer à poupança externa, por que razão é que os países não aceleram o seu crescimento através de maior acumulação de capital físico recorrendo a essa poupança do exterior?

Antes de responder a esta questão convém salientar que não é obviamente possível todos os países do mundo recorrerem simultaneamente à poupança externa, uma vez que a nível mundial os saldos E-M, quando somados se anulam, o que significa que num dado período temporal haverá alguns países que serão fornecedores de poupança a outros que serão utilizadores.

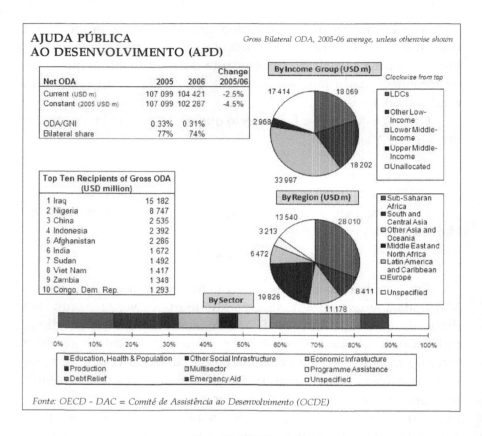

Fonte: OECD - DAC = Comité de Assistência ao Desenvolvimento (OCDE)

Mas a nível de um país individualmente considerado a resposta à questão desdobra-se em duas:

Em primeiro lugar, não basta haver poupança para haver investimento. Mais do que poupança aos países de menor recursos o que falta é capacidade empresarial e portanto se o investimento que os empresários sabem realizar for deficiente a utilização adicional de poupança para pouco servirá

Em segundo lugar o recurso à poupança externa não é em geral gratuita. Pode sê-lo em parte quando existem donativos de uns países a outros, a chamada ajuda internacional.

Mas na maior parte dos casos o recurso à poupança externa faz-se através do recebimento de investimento estrangeiro (que

Capítulo 2. A teoria do crescimento económico | 153

aumenta simultaneamente o investimento e o recurso à poupança externa) ou através de crédito externo que permite financiar investimentos decididos internamente. Ora, quer num caso quer noutro, este recurso à poupança externa paga-se. No que respeita ao investimento estrangeiro pagar-se-á no futuro quando esse investimento gerar lucros e eles forem transferidos para o exterior. No que respeita ao crédito externo, a que se recorre, tem de se reembolsar o capital e entretanto pagar os juros correspondentes.

Há no entanto uma diferença entre estas duas formas de recurso à poupança externa em termos de risco para o país. Recorrer ao investimento estrangeiro não ocasiona por si um risco financeiro, embora possa, em certos casos, levar a uma excessiva dependência do país face ao exterior, tornando-se além disso muito vulnerável face às deslocalizações. Mas, repete-se, não há um risco financeiro.

Já que no que respeita ao endividamento externo o país tem de dispor no futuro de recursos suficientes para pagar capital e juros, Ora isso por vezes não sucede e então o país tem de pedir uma moratória e se não o conseguir entra em insolvência face ao exterior. Países que atravessaram essas situações sofreram enormemente com elas. Por isso, o recurso ao endividamento externo comporta um risco.

Só se deve recorrer a este endividamento quando existe inteira segurança de que os investimentos a realizar com recurso a esse crédito são de boa qualidade e, de preferência, irão gerar no futuro rendimentos que permitam pagar os juros e reembolsar o capital[53].

---

[53] O que aqui fica dito é válido principalmente para os investimentos de carácter produtivo a realizar pelo sector privado. Note-se, porém, que esta orientação é menos relevante para os investimentos a fazer pelo sector público em infraestruturas e equivalentes (portos, estradas, hospitais, etc.), quantas vezes financiados com recurso a créditos externos contraídos junto de organizações financeiras internacionais (ex: Banco Mundial, bancos regionais de desenvolvimento, etc.) em condições financeiras de taxa de juro e de prazos de amortização usualmente apropriados ao financiamento de obras que na maior parte dos casos não geram em si mesmas receitas em divisas e que têm um período de vida muito longo.

154 | Economia do Crescimento

A crise da dívida de 1982: alguns elementos

O agravamento da dívida externa surgiu na sequência dos graves desequilíbrios das contas externas de vários países em desenvolvimento da América Latina e da África Subsariana do final dos anos 70 e, principalmente, no início dos anos 80. Estes desequilíbrios externos resultaram da conjugação de vários factores.

Alguns destes, talvez os mais importantes, foram o segundo choque petrolífero (em 1979-80, quando os preços do petróleo bruto passaram de cerca de 15 USD/barril para cerca de 40 USD/barril em cerca de um ano) e a queda dos termos de troca dos países em desenvolvimento: nos 34 países mais pobres de África caíram persistentemente durante os anos 80, atingindo nos finais dessa década apenas cerca de 60% do seu nível no período 1970-73.

Esta degradação e a queda da procura das matérias-primas no mercado internacional devido à crise económica que afectou os países industrializados, na sequência daquele choque petrolífero, foi a responsável por uma quebra das receitas de exportação que se situou em 40% no período 1980-1983. Esta descida foi também a responsável por uma quebra das importações de 40% entre 1981 e 1985.

O resultado combinado desta duas evoluções foi o de que entre 1980 e 1986 o saldo negativo da balança de transacções correntes de África foi de cerca de 9% do seu PIB, o dobro da percentagem equivalente para o conjunto dos países em desenvolvimento e muito mais do que em qualquer outra parte do mundo.

Face a uma tal situação, os países importadores de petróleo tiveram de decidir como proceder: ou reduzir as suas importações de energia – o que implicaria a redução da produção e a crise económica por o petróleo ser uma componente essencial do processo produtivo; ou fazer um esforço para transformar a estrutura das suas exportações aumentando o seu o valor intrínseco – o que não estava ao seu alcance, nomeadamente no curto-médio prazo; ou... não fazer nada para reduzir significativamente a sua dependência do petróleo e pedir dinheiro emprestado para financiar a sua importação (e de outros bens) aos níveis anteriores a fim de evitar ou, pelo menos, minorar, o impacto negativo da sua redução (a crise económica).

As circunstâncias da época acabaram por ditar a resposta: reduzir o mínimo possível as importações e assegurar o seu pagamento através da contracção de empréstimos no mercado internacional de capitais, já que as condições deste eram extremamente favoráveis (grande liquidez – nomeadamente dos chamados "petrodólares" resultantes das elevadas receitas dos países exportadores de petróleo – e taxas de juro reais baixas). Esta situação, conjuntamente com outros factores, levou à acumulação de dívida externa por um número significativo de países importadores de petróleo, nomeadamente da América Latina e da África Subsariana.

De facto, para ela contribuíram quer o comportamento dos países industrializados face à crise, quer o da banca internacional – preocupada em encontrar aplicação para a grande quantidade de recursos à sua disposição – quer, ainda e como vimos, o dos próprios países em desenvolvimento, nomeadamente os da África e da América Latina.

Quanto a estes e no essencial, poder-se-á dizer que foi errada – ou pelo menos pouco sensata... – a sua opção pela superação da crise não por autocontrolo da despesa interna mas sim por crescente endividamento externo. Uma combinação de ambas teria sido a opção mais aconselhável.

Capítulo 2. A teoria do crescimento económico | 155

Se não for assim, se o país gastar o crédito em investimentos pouco rentáveis, então pode ver-se no futuro numa má situação, em que não conseguiu acelerar o crescimento porque os investimentos não contribuíram para essa aceleração e tem agora de pagar todos aos anos ao exterior os encargos do endividamento reduzindo assim o nível de vida interno para permitir esse pagamento. Infelizmente muitos dos países mais pobres tem sido apanhados nesta armadilha do endividamento.

Seja como for a abertura de uma economia ao exterior permite aumentar as alternativas de financiamento do investimento através do eventual recurso à poupança externa.

2.16 Bens transaccionáveis e não-transaccionáveis e crescimento

Se abandonarmos a óptica estritamente macroeconómica e consideramos os diversos sectores de actividade duma economia, verificamos que eles se podem agrupar em dois conjuntos (agrupamento que é só aproximado pois há situações mistas): o dos sectores de bens transaccionáveis e os dos bens não-transaccionáveis. Os primeiros são aqueles que produzem produtos que são susceptíveis de troca com o exterior (por exemplo um automóvel, seja ou não vendido no mercado externo). Os não transaccionáveis, pelas suas características (por exemplo um edifício) não são susceptíveis desta troca. Claro que muitos sectores produzem produtos que são não transaccionáveis e produtos que são transaccionáveis. Mas não é errado admitir que um dado sector é preponderantemente (ainda que totalmente) transaccionável ou não transaccionável.

Esta questão é importante porque o crescimento para ser sustentável do ponto de vista do financiamento externo deve ser equilibrado em termos de sectores transaccionáveis e não transaccionáveis. Se um país tem um crescimento predominantemente baseado em bens não transaccionáveis, em que a produção destes cresce mais que os transaccionáveis então em geral gerará grandes dese-

156 | Economia do Crescimento

quilíbrios em relação ao exterior. O saldo E-M tende a tornar-se fortemente negativo com todos os inconvenientes que o recurso à poupança externa implica, como vimos acima. Isto sucede porque ao fazer crescer muito a produção de bens não transaccionáveis, o país tem de comprar muitas matérias primas ao exterior além de bens de consumo. Como cresce menos a produção de bens transaccionáveis, as receitas das exportações (que por definição só podem ser obtidas com a venda ao exterior de bens transaccionáveis) também crescem pouco e não compensam o aumento das importações induzido pela produção de bens não transaccionáveis.

Por isso, uma regra de ouro para a sustentabilidade financeira externa do crescimento é que este seja tal que o crescimento da produção de bens transaccionáveis seja pelo menos igual (e de preferência, até, superior) ao crescimento da produção de bens não transaccionáveis.

Uma forma de reequilibrar os ritmos de crescimento quando um país tem um crescimento inferior dos bens transaccionáveis é desvalorizar a sua moeda em relação às moedas dos outros países. Tal desvalorização torna os seus produtos mais baratos no estrangeiro incentivando, portanto o sector exportador que forma mais lucros, assim estimulando as empresas a orientar o seu investimento para bens transaccionáveis em vez se o dirigirem para os não transaccionáveis. Mas para isto ser possível é necessário o pais ter moeda própria. Se o país não tiver de moeda própria não dispõe de instrumentos para, de forma rápida, incentivar o crescimento da produção de bens transaccionáveis face aos não transaccionáveis.

Capítulo 2. A teoria do crescimento económico | 157

Apêndice Matemático

A – TAXAS DE CRESCIMENTO

Taxas de crescimento discretas

Seja uma variável x que só toma valores positivos e seja uma sucessão $x_0, x_1, \ldots x_t, \ldots$ de valores dessa variável nos períodos de tempo respectivos $0, 1, \ldots t, \ldots$

A *taxa de crescimento discreta* da variável x no período t relativamente ao período anterior t-1 é o valor r_t tal que

$$x_t = x_{t-1}(1+r_t)$$

ou seja,

$$r_t = x_t/x_{t-1} -1 = (x_t - x_{t-1})/x_{t-1}$$

Usamos por vezes a notação $\Delta x_t = x_t - x_{t-1}$ pelo que a taxa de crescimento no período t também se pode escrever

$$r_t = \Delta x_t / x_{t-1}$$

Como é evidente, os valores de r podem ser positivos, negativos ou nulos.

Se ao longo de uma sucessão de períodos se tem $r_t = r$, ou seja uma taxa de crescimento idêntica para todos os períodos então

$$x_t = x_{t-1}(1+r) \text{ para todos os t}$$

pelo que, como se prova facilmente por indução, para cada t tem-se

1) $x_t = x_0(1+r)^t$

Em muitas análises económicas dispõe-se de uma série de períodos de 0 a T e de uma sucessão de valores respectivos de uma variável x: $x_0, x_1, \ldots x_t, \ldots x_T$ para a qual interessa, para melhor interpretar o fenómeno medido pela variável x, calcular a taxa de crescimento ao longo do tempo, *supondo que a taxa seria constante*. Em geral a taxa não será cons-

158 | Economia do Crescimento

tante em todos os períodos mas, quando queremos interpretar o fenómeno em causa olhando para a totalidade do tempo que vai do período 0 ao período T, sem nos preocuparmos com o que se passa em cada período intermédio t pode ter interesse calcular uma taxa média para todo o intervalo de tempo de 0 a T, o que significa supor que ela foi constante em todos os períodos, A essa taxa dá-se o nome de *taxa média de crescimento anual* (se os períodos t forem anos, ou a designação correspondente se os t forem dias, meses, trimestres, etc.).

Por exemplo suponha-se que para um dado país se conhece o valor do PIB de 1990 (90 mil milhões de euros) e o do PIB de 2006 (160 mil milhões de euros). Podemos estar interessados em saber qual foi a taxa de crescimento do PIB desse país entre 1990 e 2006 sem que estejamos interessados em saber o que se passou no crescimento de 1994 para 1995 ou de 1999 para 2000 (e neste exemplo, mesmo que estivéssemos interessados nem sequer temos dados estatísticos para o saber). Então o que está indicado por a análise que nos interessa fazer é calcular a taxa média de crescimento anual entre 1990 e 2006.

Processos de cálculo da taxa média de crescimento

Um processo simples de calcular a taxa média anual de crescimento num intervalo 0 a T – e o único possível quando só se dispõe dos valores no período 0 e no período T – é o seguinte:

A partir da igualdade 1) anterior pode escrever-se

$$x_T = x_0 (1+r)^T$$

então tomando os logaritmos (podem ser de qualquer base, mas consideraremos logaritmos naturais) dos dois membros da igualdade temos

$$\log x_T = \log x_0 + T \log (1+r)$$

pelo que

$$\log (1+r) = \log (x_T/x_0) / T$$

e tomando os anti-logaritmos de ambos os membros

$$1+r = (x_T/x_0)^{1/T}$$

Donde, finalmente

$$r = (^T\sqrt{(x_T/x_0)}) - 1$$

No exemplo de há pouco tem-se

$$r = (^{16}\sqrt{160000/90000}) - 1 = 0,037$$

Note-se que nestes cálculos fez-se a correspondente mudança de escala no tempo. O ano 1990 tomou-se como ano 0, pelo que 2006 será necessariamente o ano 16.

Este processo de cálculo da taxa média de crescimento tem a vantagem de ser muito expedito – e até, como se disse é por vezes o único possível – mas pode levar, em certos casos, a conclusões distorcidas.

Por exemplo, suponhamos que se tem $x_0 = x_T$. Então o valor de r calculado para este caso dá evidentemente r = 0, ou seja não houve crescimento. Mas esta conclusão pode esconder evoluções muito diferenciadas e que deveriam ser distinguidas. Por exemplo pode haver uma situação em que x cresceu até um cero período e decresceu a partir desse período, ou a situação inversa em que a variável decresce e depois cresce. Ambos os casos dariam, com este processo de cálculo uma taxa r nula, mas evidentemente que correspondem a situações muito diferentes que deveriam ser distinguidas.

Mais adiante (página) abordaremos um outro processo de determinação da taxa média de crescimento semelhante a este.

Quando dispomos dos dados para os períodos intermédios entre 0 e T devemos usar outros processos de cálculo de r. Vamos ver dois destes processos.

1. *A média aritmética simples das taxas de crescimento dos períodos*

Ou seja toma-se

$$r = [\textstyle\sum_{t=0}^{T-1} (x_{t+1}/x_t) - 1]/T$$

Este processo tem a vantagem da sua simplicidade, responde ao problema acima levantado quanto à necessidade de ter em conta a informação relativa aos períodos intermédios, mas tem um defeito: é que não é inteiramente compatível com a fórmula 1) da página 152.

160 | Economia do Crescimento

Para vermos isto, suponhamos que do período 0 para o período 1 a taxa de crescimento foi de r_1 e do período 1 para o período 2 foi de r_2. Então teríamos

$$x_2 = x_0(1 + r_1)(1 + r_2) = x_0 (1 + r_1 + r_2 + r_1r_2) x_0 (1 + r)^2$$

donde se concluiria que

$$r^2 + 2r = r_1 + r_2 + r_1r_2$$

e

$$r = -1 + \sqrt{(1 + r_1 + r_2 + r_1r_2)}$$

(é fácil de ver que a outra solução não é possível).

Esta fórmula dá resultados diferentes da média aritmética de r_1 e r_2, embora a aproximação seja boa quando as taxas de crescimento r_1 e r_2 não são muito diferentes entre si.

Antes de descrevermos um outro processo de cálculo, convém chamar a tenção para que o processo anterior a este também é uma média, mas uma média geométrica.

Com efeito tem-se

$$r = (^T\sqrt{x_T/x_0}) - 1 = [^T\sqrt{(x_1/x_0)(x_2/x_1)...(x_T/x_{T-1})}] -1$$

Simplesmente, como se vê, ao contrário da média aritmética, é uma média que perde a informação relativa aos períodos intermédios.

2. O processo dos mínimos quadrados

Neste processo pretende-se calcular um valor para r e estimar um novo valor para x_0, que designaremos por x^*_0, tais que os valores calculados para x para os períodos intermédios com base em x^*_0 e r, ou seja os valores

$$x^*_t = x^*_0 (1+r)^t$$

estejam próximos dos valores x_t efectivamente verificados.

Note-se, antes de prosseguirmos, que este processo não calcula apenas r. Calcula também um novo valor inicial x^*_0 que é em geral diferente do que efectivamente se verificou, x_0. Isto tem subjacente a ideia de que existe uma função (desconhecida) F(t) da variável tempo t, que gerou os valores $x_0, x_1, \ldots x_t, \ldots$ e o que nós vamos fazer é encontrar uma função de t, que será

2) $f(t) = x^*_t = x^*_0 (1+r)^t$

que esteja próxima da função F(t) desconhecida.

Portanto aqui a nossa ambição é maior. Não se trata apenas de encontrar uma taxa média de crescimento mas também de encontrarmos (aproximadamente, claro) a lei ou função que, ao longo do tempo gerou os valores x_t. Mais; ao encontrarmos essa função poderemos fazer previsões de valores de x para além de T. Basta calcular os valores de 2) para t > T.

Qual o critério de proximidade para encontrarmos uma função relativamente próxima da F(t) desconhecida?

Pode haver vários critérios, mas o mais usado é o dos mínimos quadrados, que se estabelece assim:

Calculamos os valores r e x^*_0 tais que seja mínima a soma dos quadrados das diferenças $x^*_t - x_t$ ou seja que seja mínima a expressão

$$S = \sum_0^T (x^*_t - x_t)^2$$

Compreende-se que o critério tenha como objectivo minimizar as diferenças entre os x* e os x, uma vez que assim os valores estimados x* estarão mais próximos dos verdadeiros. Elevam-se ao quadrado as diferenças por um motivo óbvio: é que podendo essas diferenças ser positivas ou negativas, o valor de S poderia ser 0 apesar de haver grandes diferenças entre x* e x, bastando que em alguns períodos essa diferenças fossem positivas e noutros negativas. Elevando-as ao quadrado não há esse risco porque o respectivo valor elevado ao quadrado nunca poderá ser negativo[54].

-----

[54] Um outro processo, que não abordaremos aqui evita esse risco, não elevando ao quadrado, mas considerando os valores absolutos $|x^*t - xt|$.

162 | Economia do Crescimento

Para facilitar a obtenção dos valores vamos minimizar não as diferenças das variáveis mas sim os seus logaritmos, ou seja a quantidade a minimizar será na realidade

$$S^* = \sum_0^T (\log x^*_t - \log x_t)^2.$$

Tal distorce necessariamente em alguma medida a justificação do processo de cálculo mas a distorção não é em geral grande e é mais que compensada pela muito maior facilidade dos cálculos necessários.

Vamos então minimizar S^*

Para isso substituímos x^* pelo seu valor em 2) pelo que

$$\log x^*_t = \log x^*_0 + t \log (1+r)$$

e

$$S^* = \sum_0^T (\log x^*_0 + t \log(1+r) - \log x_t)^2$$

Como S^* é uma função convexa, os valores de $\log x^*_0$ e de $\log(1+r)$ que tornem simultaneamente nulas as derivadas

$$\partial S^* / \partial \log x^*_0 \text{ e } \partial S^* / \partial \log(1+r)$$

são os valores para os quais S^* é mínima. Vamos calcular esses valores igualando a zero as duas derivadas parciais.

Tem-se

$$\partial S^* / \partial \log x^*_0 = 2T \log x^*_0 + 2 \log (1+r) \sum_0^T t - 2 \sum \log x_t = 0$$

$$\partial S^* / \partial \log(1+r) = 2\sum t^2 \log (1+r) + 2 \log x^*_0 \sum_0^T t - 2 \sum_0^T (t \log x_t) = 0$$

Resolvendo em ordem a $\log x^*_0$ e a $1+r$ temos

$$\log(1+r) = [(T+1)\sum_0^T(t \log x_t) - (\sum_0^T \log x_t)(\sum_0^T t)] / [(T+1)(\sum_0^T t^2) - (\sum_0^T t)^2]$$

e

$$\log x^*_0 = [\sum_0^T \log x_t - \log(1+r)\sum_0^T t] / (T+1)$$

E assim podemos calcular o valor de r e fazer previsões para valores de x depois de T.

Este método dos mínimos quadrados é o mais utilizado para calcular taxas médias de crescimento.

Capítulo 2. A teoria do crescimento económico | 163

Operações sobre taxas de crescimento discretas

Do ponto de vista teórico é fácil encontrar alguns resultados sobre taxas de crescimento.

Consideremos que as variáveis x e y que se seguem têm taxas de crescimento constantes (embora possivelmente diferentes entre si) ao longo de um dado intervalo de tempo. Se designarmos por

$$Tc(x)$$

a taxa de crescimento de qualquer variável x, tem-se o seguinte conjunto de relações A)

Relações A)
$$
\begin{aligned}
Tc(k) \quad &= 0 \text{ qualquer que seja a constante } k \\
Tc(kx) \quad &= Tc(x) \\
Tc(x.y) \quad &= Tc(x) + Tc(y) + Tc(x)Tc(y) \\
Tc(1/x) \quad &= -Tc(x) / (1+Tc(x)) \\
Tc(x/y) \quad &= Tc(x) - Tc(y) / (1+Tc(y)) - Tc(x)Tc(y) / (1+Tc(y)) \\
&= (Tc(x)-Tc(y)) / (1+Tc(y)) \\
Tc(x^k) \quad &= (1+Tc(x))^k - 1
\end{aligned}
$$

Os dois primeiros casos são evidentes. Demonstremos para os seguintes.

Tem-se
$$Tc(x.y) = (x_{t+1}y_{t+1} - x_t y_t)/(x_t y_t) = (x_{t+1}y_{t+1} - x_t y_{t+1} + x_t y_{t+1} - x_t y_t)/(x_t y_t) =$$
$$= Tc(x) (y_{t+1}/y_t) + Tc(y) = Tc(x) (1+ Tc(y)) + Tc(y) =$$
$$= Tc(x) + Tc(y) + Tc(x)Tc(y), \text{ como se queria provar.}$$

Quanto ao recíproco
$$Tc(1/x) = (1/x_{t+1} - 1/x_t)/(1/x_t) = [- (x_{t+1} - x_t)/x_t] (x_t/x_{t+1}) =$$
$$= -Tc(x)/(1+Tc(x)) \text{ como se queria provar.}$$

Com estes dois resultados, prova-se o da divisão.

Finalmente, quanto à potência
$$Tc(x^k) = (x_{t+1}^k - x_t^k)/x_t^k = (x_{t+1}/x_t)^k - 1 = (1+Tc(x))^k - 1, \text{ como se queria provar.}$$

164 | Economia do Crescimento

Quando as taxas de crescimento não são muito grandes em valor absoluto usam-se as aproximações que constituem o conjunto B) de relações

Relações B)

$Tc(x.y) = Tc(x) + Tc(y)$

$Tc(1/x) = -Tc(x)$

$Tc(x/y) = Tc(x) - Tc(y)$

$Tc(x^k) = kTc(x)$ (neste caso porque com z pequeno se tem

$(1+z)^k \approx 1+kz$)

Claro que estes resultados são válidos com taxas de crescimento constantes. Quando não é esse o caso e se calculam taxas médias de crescimento as relações A) podem ou não verificar-se consoante os métodos usados para calcular as taxas médias.

É fácil de verificar, por exemplo, que as taxas médias calculadas com o método dos mínimos quadrados ou com o da média geométrica satisfazem todas as relações A), mas o mesmo já não é válido para a média aritmética, como aliás já se constatou no exemplo da página. Esta pode ser uma razão contra a utilização deste método, ainda que, como se referiu, as distorções, em geral, não sejam grandes.

Taxas de crescimento instantâneas

Até aqui temos considerado taxas de crescimento de variáveis discretas, que se referem a períodos temporais (por exemplo, um ano). Mas se tivermos um variável contínua $x(t)$ que toma valores em cada *momento* t de um intervalo [0 T] podemos também calcular taxas de crescimento, que agora se denominarão *instantâneas*, por oposição às anteriores, que serão as *discretas*.

Seja $x(t)$ uma variável, função contínua de t e derivável (com derivada contínua) em cada momento t de um intervalo [0 T] em que T pode ser finito ou $+\infty$

Então a taxa de crescimento instantânea no momento t é o quociente

$x'(t)/x(t)$ em que $x'(t)$ representa a derivada de $x(t)$ no momento t. Como é evidente, tem-se a igualdade

$x'(t)/x(t) = (\log x(t))'$

Capítulo 2. A teoria do crescimento económico | 165

As taxas instantâneas podem interpretar-se como o limite para que tende uma taxa discreta quando o período temporal a que respeita tende para 0.

Com efeito seja $x(t+t/n)$ com n inteiro positivo o valor da variável no momento $t+t/n$.

Então a taxa discreta de período t/n pode ser definida como

$$Tc = (x(t +1/n) -x(t))/(x(t)/n)$$

Pelo teorema do valor médio $x(t+1/n)-x(t) = x'(t^*)/n$ com t^* entre t e $t+1/n$.

Então

$$Tc = x'(t^*)/x(t)$$

Fazendo tender n para infinito os *períodos* de amplitude $1/n$ vão tendendo para um período uma amplitude nula, ou seja para um *momento* temporal. Além disso, t^* tende para t, donde $x'(t^*)$, que é contínua por hipótese, tende para $x'(t)$. Então, quando n tende para infinito, Tc tende para a taxa instantânea $x'(t)/x(t)$, como se tinha referido.

Quando a taxa de crescimento instantânea é constante, igual a λ em cada momento t do intervalo [0 T] tem-se

$$x'(t)/x(t) = \lambda$$

Integrando ambos os membros da igualdade
$\log x(t) = \lambda t + c^*$, donde
$x(t) = c^* e^{\lambda t}$ e para $t = 0$, $c^* = x(0)$, donde
$x(t) = x(0)e^{\lambda t}$

Fórmula semelhante à 1) da página , mas agora para taxas contínuas.

Note-se, além disso que se a taxa não for constante ao longo do tempo pode-se calcular uma taxa média instantânea no intervalo [0 T], que designaremos por tc como sendo

$$tc(x(t)) = \int_0^T x'(t)/x(t) \, dt \, /T$$

O lado direito da igualdade, como se sabe, é de facto um valor médio para $x'(t)/x(t)$ no intervalo [0 T].

Então, integrando tem-se

$$tc(x(t)) = (\log x(T) - \log x(0))/T = \log(x(T)/x(0))^{1/T}$$

166 | Economia do Crescimento

que é a fórmula que adoptaremos para a taxa média instantânea no intervalo [0 T].

São válidas as seguintes relações C) para as taxas médias instantâneas

Relações C)
$tc(k) = 0$, qualquer que seja k constante
$tc\,(kx(t)) = tc(x(t))$
$tc\,(x(t).y(t)) = tc(x(t))+tc(y(t))$
$tc\,(1/x(t)) = -tc(x(t))$
$tc(x(t)/y(t)) = tc(x(t)) - tc(y(t))$
$tc(x(t)^k) = ktc(x(t))$

Estas relações são muito fáceis de obter, através da derivação, pelo que nos dispensamos da sua demonstração.

Podemos com base nas taxas instantâneas encontrar uma outra forma de definir uma taxa média de crescimento, discreta no intervalo [0 T], quando T é um inteiro, Será

$$Tc(x_t) = \log\,(x_T/x_0)^{1/T}.$$

Esta nova forma de cálculo de uma taxa média de crescimento aproxima-se da fórmula calculada com a média geométrica, que era como se viu (página) $r = {}^T\!\sqrt{(x_t/x_0)}$ -1. Com efeito se r for a taxa calculada com a média geométrica e r* a taxa calculada a partir da taxa instantânea tem-se

$$r^* = \log(1+r)$$

Para valores relativamente pequenos de r, r e r* estão próximos.Com efeito sabe-se que qualquer que seja u > -1, log (1+u) = ξu em que ξ tende para 1 quando u tende para 0. Então se r estiver próximo de 0, log (1+r) estará próximo de r e portanto r* estará próximo de r. Ou seja para valores relativamente pequenos de r as duas taxas dão valores semelhantes.

A utilidade de usarmos esta aproximação para a taxa média de crescimento discreta é ela verificar rigorosamente as relações C) e não as relações A) da página que são apenas uma aproximação de C). O problema está em que, tal como a média geométrica, ignora os períodos entre 0 e T, além de que não verifica, a não ser de forma aproximada, a relação

$$x_t = x_0(1+r)^t$$

quando a taxa de crescimento é constante em todos os períodos.

Capítulo 2. A teoria do crescimento económico | 167

B – FUNÇÕES HOMOGÉNEAS

Funções homogéneas

Uma função $F(x_1, x_2, ...x_n)$ A $R^n \to R$ é *homogénea de grau m* se e só se qualquer que seja $\lambda > 0$

$$F(\lambda x_1, \lambda x_2, ... \lambda x_n) = \lambda^m F(x_1, x_2, ... x_n)$$

para todo o ponto $(x_1, x_2, ...x_n)$ de A

Para uma função homogénea de grau m prova-se o teorema de Euler

$$mF(x_1, x_2, ... x_n) = \Sigma_1^n (\partial F / \partial x_i) x_i$$

No caso da função ser homogénea de grau 1 (simplificando a notação do valor de F no ponto $x_1, ...x_n$), tem-se m=1 e vem

$$F = \Sigma_1^n (\partial F / \partial x_i) x_i$$

Funções de elasticidade constante

As funções do tipo

1) $Y = B x_1^{a1} x_2^{a2} ... x_n^{an}$,

de que um exemplo é a função Cobb-Douglas, têm elasticidades parciais constantes iguais aos respectivos expoentes a_i. Com efeito, tem-se a definição de elasticidade parcial para qualquer i

Elasticidade parcial $\equiv (\partial Y / \partial x_i)(x_i / Y)$

Derivando 1) em ordem a x_i tem-se

$\partial Y / \partial x_i = a_i (B x_1^{a1} x_2^{a2} ... x_i^{ai-1} ... x_n^{an}) = a_i (Y / x_i)$ e dividindo ambos os membros por Y / x_i obtém-se o resultado..

Taxas de crescimento e funções homogéneas

Suponhamos que os x_i dependem continuamente do tempo t e com derivada em relação a t.

Sabemos pela diferenciação de uma função composta que (simplificando, de novo, a notação)

$$dF/dt = \Sigma_1^n (\partial F/\partial x_i) x_i'(t)$$

em que $x_i'(t)$ é a derivada de $x_i(t)$ em relação ao tempo.

Suponhamos agora que F é uma função de elasticidade constante. Dividindo ambos os membros por F e dividindo e multiplicando cada parcela do 2° membro pelo respectivo valor $x_i(t)$ tem-se

$$tcF = \Sigma_1^n a_i \, tcx_i(t)$$

em que tc designa as taxas de crescimento contínuas das respectivas variáveis.

Esta é a igualdade que está na base dos estudos sobre contabilidade do crescimento.

Note-se também que, quando F, além de ser de elasticidade constante, é homogénea de grau 1 se tem, como é fácil de ver, $\Sigma_1^n a_i = 1$. Assim, se os a_i forem positivos, como é o caso da função Cobb-Douglas, a taxa de crescimento da função F é uma média ponderada (pelas respectivas elasticidades parciais) das taxas de crescimento das variáveis $x_i(t)$.

C – EQUAÇÕES DIFERENCIAIS

Equações lineares de 1ª ordem

Uma equação diferencial linear e de 1ª ordem é uma equação do tipo

$$x'(t) + P(t)x(t) = Q(t)$$

em que $P(t)$ e $Q(t)$ são funções da variável t. Supomos $t \geq 0$.

O que se pretende é encontrar a função $x(t)$ que verifique esta igualdade e além disso verifique a condição inicial $x(0) = x_0$ em que x_0 é um número conhecido.

Capítulo 2. A teoria do crescimento económico | 169

A solução desta equação é
$$x(t) = \exp\text{-}(\int_0^t P(s)ds) \, [\int_0^t \exp(\int_0^s P(u)du)Q(s)ds + x_0]$$

em que "exp" é o símbolo para exponencial (para confirmar que é de facto uma solução basta substituir este valor de $x(t)$ na equação e comprovar que a equação é verificada).

Exemplo
seja $P(t) = r$ e $Q(t) = m$

Tem-se
$$\exp(-\int_0^t P(s)ds) = \exp(-rt)$$

$$\int_0^t \exp(\int_0^s (P(u)du)Q(s)ds = \int_0^t \exp(rs)mds = (m/r)[\exp(rt)-1]$$

Então a solução é
$$x(t) = (m/r) + [x_0 - (m/r)]\exp(-rt)$$

No texto encontrámos também uma equação de Bernoulli.
As equações diferenciais de Bernoulli são da forma
$$x'(t) + P(t)x(t) + Q(t) x(t)^k = 0$$

A resolução deste tipo de equações pode ser feita conduzindo-as ao caso anterior, das equações lineares de 1ª ordem.

Com efeito, definindo uma nova variável $Z(t) = x(t)^{(1-k)}$, ou seja $x(t) = Z(t)^{1/(1-k)}$, tem-se $x'(t) = [1/(1-k)]Z'(t)Z(t)^{k/(1-k)}$

então a equação pode escrever-se
$$[(1/(1-k)] \, Z'(t) \, Z(t)^{k/(1-k)} + P(t)Z(t)^{1/(1-k)} + Q(t)Z(t)^{k/(1-k)} = 0$$

Dividindo ambos os membros por $[1/(1-k)]Z(t)^{k/(1-k)}$ obtemos
$$Z'(t) + P(t)(1-k) + Q(t)(1-k) = 0$$

que é uma equação linear de 1ª ordem. Resolvendo-a com a fórmula anterior obtemos a solução $Z^*(t)$ e a solução da equação inicial será assim
$$x^*(t) = Z^*(t)^{1/(1-k)}$$

170 | Economia do Crescimento

Foi este o processo utilizado para resolver a equação da página.

D – EQUAÇÕES ÀS DIFERENÇAS

Equação às diferenças de 1ª ordem, linear e de coeficiente constante é uma equação da forma

1) $x_{t+1}-ax_t = f(t)$

em que $f(t)$ e o valor inicial x_0 são conhecidos e se pretende determinar a função x_t em que t toma valores inteiros que verifica a equação e cujo valor inicial seja x_0.Esta função x_t é a *solução* da equação 1).

Para resolver esta equação definimos primeiro o conceito de solução particular da equação 1

Solução particular da equação 1) é uma função x^*_t tal que

$$x^*_{t+1}-ax^*_t = f(t) \text{ para todo o inteiro t.}$$

Repare-se que x^*_t só é solução de 1) no caso particular em que $x^*_0 = x_0$. Daí o nome de *solução particular*.

O segundo conceito é o de equação homogénea.

Uma equação homogénea linear de 1ª ordem e de coeficiente constante é a equação

$x_{t+1} -ax_t = 0$, que já encontrámos a propósito das taxas de crescimento discretas.

A solução desta equação – é fácil de ver – é

$$x_t = ya^t \text{ com y constante}$$

com efeito, basta substituir na equação anterior e verificar que assim é, qualquer que seja a constante y. Portanto, como é solução qualquer que seja y constante, dá-se o nome de *solução geral* da equação homogénea.

Temos agora os conceitos para enunciar o seguinte teorema

Teorema A solução da equação 1) é a soma da solução geral da equação homogénea correspondente mais uma solução particular de 1).

Capítulo 2. A teoria do crescimento económico | 171

Demonstração

Seja y_t a solução geral da equação homogénea $x_{t+1} - ax_t = 0$ e x^*_t uma equação particular de 1)

Vamos verificar que $y_t + x^*_t$ é solução de 1), Substituamos em 1) x_t por esta soma. Para a soma ser uma solução terá de verificar-se

$$y_{t+1} + x^*_{t+1} - ay_t - ax^*_t = f(t)$$

mas como por definição de solução geral da equação homogénea se tem

$$y_{t+1} - ay_t = 0, \text{ vem}$$

$x^*_{t+1} - ax^*_t = f(t)$, o que na realidade se verifica pois, por hipótese, x^*_t é uma solução particular da equação 1) .Mas isto não chega para provar que $y_t + x^*_t$ é solução de 1). É preciso ainda garantir que a condição inicial se verifica, ou seja, que $y_0 + x^*_0 = x_0$. Como x^*_0 é dado pela solução particular e x_0 é conhecido, basta tomar $y_0 = x_0 - x^*_0$. Isto assegura a verificação da condição inicial e pode fazer-se porque a solução geral da equação homogénea é válida, como se viu acima, para qualquer valor inicial y_0.

Vamos aplicar este teorema à solução da equação da página 12

A equação é

$(1+n)h_{t+1} - (1-f)h_t = q(Y_0/L_0) (1+m)^t$ sendo dado h_0 como valor inicial de h_t

Dividindo ambos os membros por $(1+n)$, vem

$$2) \ h_{t+1} - [(1-f)/(1+n)]h_t = [q/(1+n)] (Y_0/L_0) (1+m)^t$$

que é um equação de 1ª ordem, linear e de coeficiente constante. Na notação anterior tem-se

$$a = (1-f)/(1+n) \text{ e } f(t) = [q/(1+n)] (Y_0/L_0)(1+m)^t$$

é fácil de ver que

$$h^*_t = \{[q/(1+n)](Y_0/L_0)\}/[(1+m) - (1-f)/(1+n)] (1+m)^t = C^*_0(1+m)^t,$$

– em que, para simplificar a notação, designamos tudo o que está dentro das chavetas por C^*_0 – é solução particular da equação. Basta substituir em 2) h_t por esta função e verificar que é assim.

172 | Economia do Crescimento

Por outro lado a solução geral da solução homogénea é

$$y_t = y \, [(1-f)/(1+n)]^t$$

Esta solução é válida para qualquer constante y. Fazendo $y = h_0 - C^*_0$ obtemos finalmente, pelo teorema anterior a solução

$$h_t = (h_0 - C^*_0)[(1-f)/(1+n)]^t + C^*_0 \, (1+m)^t$$

Substituindo h_t por este valor na equação 2) é fácil de confirmar que verifica a equação. Verifica também a condição de o valor inicial de h_t ser h_0 (para ver isso basta fazer $t = 0$ na expressão anterior).

E – FUNÇÃO f(k) CÔNCAVA

Seja $Y = F(K, L)$ uma função de produção de rendimentos constantes à escala, ou seja homogénea de grau 1 e em que, por hipótese

$$\partial^2 Y / \partial K^2 < 0.$$

Então sendo $k = K/L$ tem-se

$$\partial Y / \partial K = L(df(k)/dk)(1/L) = df(k)/dk \text{ que designaremos por } f'(k)$$

Derivando de novo $\partial Y / \partial K$ em ordem a K obtemos

$$\partial^2 Y / \partial K^2 = f''(k)(1/L) < 0$$

Logo tem-se a segunda derivada $f''(k) < 0$ e $f(k)$ é côncava

Capítulo 3

O desenvolvimento, o ambiente e os recursos naturais

3.1 Introdução

O presente capítulo é sobre as ligações entre desenvolvimento e ambiente e também entre desenvolvimento e alguns recursos naturais, nomeadamente os energéticos e os hídricos.

O enfoque do capítulo será o de considerar o ambiente e aqueles recursos naturais como capazes de gerarem limitações sérias ao crescimento, que poderão, inclusivamente, levar a que as características do crescimento económico, tal como o temos conhecido, tenham que sofrer profundas transformações.

Claro que considerar as relações do ambiente e dos recursos naturais com o crescimento apenas segundo este prisma constitui uma abordagem visivelmente parcial. Mas entendemos que ela é necessária para matizar as conclusões sobre a sustentabilidade do crescimento a que chegámos no capítulo anterior.

3.2 Limites ao crescimento e estado estacionário

O desenvolvimento tem sido a preocupação fundamental das sociedades humanas, nos últimos dois a três séculos.

Prossegui-lo exige a definição de estratégias próprias e de políticas nomeadamente económicas destinadas a implementá-las.

174 | Economia do Crescimento

Seja como for, o "crescimento" (da produção) é, para nós, parte integrante do desenvolvimento e a eficácia com que a política económica consegue alcançar os objectivos definidos para o desenvolvimento[55] está dependente de vários factores.

alguns dos mais importantes são os seguintes:

a) O avanço da teoria económica (*lato sensu*) e de outras ciências sociais que a complementam na interpretação dos fenómenos económico-sociais e espaços económicos concretos;

b) O desenvolvimento das técnicas de formulação e de implementação coerentes da política económica , incluindo a formulação econométrica de modelos da economia.

Mas há ainda outro factor que influencia o grau em que os objectivos são alcançados – que no limite pode implicar a sua não consecução, pura e simples. Trata-se da existência de *restrições* à política económica. (AMARAL 1996; pg 26) diz a propósito:

"A definição e execução da política económica tem, naturalmente, de ter em conta um conjunto de condicionantes que restringem as possibilidades de escolha e, mesmo, as condições de êxito das políticas. A estas condicionantes damos o nome de *restrições* (...) [classificáveis] em dois tipos básicos de acordo com a sua origem: Assim, consideraremos restrições

---

[55] Particularmente em relação aos países em desenvolvimento é conhecido o esforço de definição de um conjunto de (oito) "Objectivos do Milénio" (vd noutro ponto deste manual) que incluem, em primeiro lugar, a luta contra a pobreza absoluta (rendimento diário inferior a USD 2,00) de modo a que, em 2015, esta tenha um nível que seja metade do que existia em 1990. As estimativas recentes vão no sentido de que a maior parte dos subcontinentes vai alcançar o objectivo – mesmo que alguns países o não alcancem; só a África Subsaariana ficará longe de reduzir a sua taxa de pobreza absoluta de 46,7% em 1990 para os 23,4% em 2015, sendo provável que nesta data se fique pelos cerca de 35%. A Ásia Oriental e Pacífico, por sua vez, serão as que obterão maior sucesso pois espera-se que a taxa respectiva passe dos 29,8% para os... 2,4%! Essencial neste percurso é o sucesso do processo de (rápido) crescimento da China iniciado em 1978 bem como a redução da pobreza na Índia.

objectivas as que resultam de factores independentes da vontade das autoridades e restrições *subjectivas* aquelas que as próprias autoridades impõem à política que definem [e que resultam] do carácter político que necessariamente informa toda a política económica."

Exemplo deste último tipo de restrições são as que influenciam as decisões de um Governo em período pré-eleitoral e que dão, muitas vezes, origem a verdadeiros ciclos económicos de origem político-económica.

Como exemplo das restrições objectivas pode-se referir a capacidade de endividamento externo. Esta tem limites que não podem ser ultrapassados sob risco de provocar fortes desequilíbrios económicos – devidos, nomeadamente, aos elevados encargos com o serviço da dívida e que exercerão uma enorme pressão sobre os recursos em divisas disponíveis e que, usualmente, não são muito abundantes.

O ambiente, entendido no sentido amplo do "meio ambiente" (incluindo o clima e a disponibilidade de recursos naturais), é um outro exemplo do que poderíamos designar como uma *restrição* objectiva . Ele impõe, de facto limites que não podem (ou não devem) ser ultrapassados sob risco de provocar fortes desequilíbrios económicos ou até sociais

Curioso é referir que nos tempos modernos o primeiro livro que de alguma forma remete para a existência de limites a este crescimento com origem não estritamente económico-social mas antes de cariz "natural" foi o chamado "Relatório Meadows" publicado em 1972 por iniciativa do Clube de Roma e elaborado sob a direcção de Donna Meadows, do Canadá.

As principais conclusões desse estudo abalaram o mundo da época já que, talvez pela primeira vez de uma forma relativamente científica – ainda que com erros, como se veio posteriormente a verificar –, se chamou a atenção para o facto de que muitos dos recursos naturais que estavam a ser utilizados na produção ou no consumo humano serem, afinal, esgotáveis.

176 | Economia do Crescimento

Mais, (e aqui é que estava a novidade preocupante) pelo menos alguns deles estavam quase em fim de vida, como o petróleo, pilar fundamental de toda a organização produtiva e da vida das sociedades modernas.

Esse Relatório, ainda que falhando muitas das suas previsões, teve, no entanto, a virtude fundamental de alertar para a existência de "limites ao crescimento" (nome do próprio livro) quando até então o crescimento – e particularmente os recursos em que ele assentava – era considerado como não tendo limites.

A existência de tais "limites", praticamente desconhecidos até então, é, pois, uma importante *restrição* às políticas económicas visando o crescimento económico e o desenvolvimento. É a existência de tal restrição que, quer se queira ou não, obriga o homem moderno a ter em consideração o ambiente na programação do desenvolvimento. Trata-se, pois, de um verdadeiro como que "casamento forçado", a que não podemos fugir.

A verdade, porém, é que muitos olham para o ambiente não tanto como uma "simples" restrição ao desenvolvimento futuro das sociedades humanas mas como uma fonte de inspiração para a própria organização da vivência do homem. Trata-se, ao contrário da anterior visão de uma visão positiva da forma como o ambiente – no sentido lato que lhe temos vindo a dar – deve ser integrado/ /articulado na organização da sociedade humana, da sua essência, desde as suas bases. Estaremos, neste caso, perante um verdadeiro "casamento por mútuo consentimento".

Estas duas visões da integração do ambiente na organização do desenvolvimento futuro não são, de forma alguma e como será fácil adivinhar, mutuamente exclusivas. Por isso a realidade é a co-habitação de ambas as formas de "casamento" entre ambiente e sociedades humanas.

O texto abaixo é uma boa ilustração de como se coloca hoje o problema da articulação entre o crescimento/desenvolvimento e o ambiente:

"Hoje o ambiente é aceite como sendo uma das principais questões da agenda política, colocado ao lado – talvez um

Capítulo 3. O desenvolvimento, o ambiente e os recursos naturais | 177

pouco abaixo... – da saúde, da educação, da segurança e da integração europeia (...) [abarcando] um sem número de questões, desde as alterações climáticas, aos riscos inerentes aos organismos geneticamente modificados, passando pela extinção das espécies e a alteração da paisagem até ao momento da escassez da água e à deterioração da qualidade do ar. O denominador comum a todos estes tópicos é que, de uma forma ou de outra, todos resultam de interacções entre a actividade humana e a natureza."[56]

A transcrição acima coloca a questão do ambiente tal como é vista hoje: como uma questão da agenda política dos nossos dias por condicionar o futuro das sociedades humanas e ser resultado da interacção destas com a natureza já que o Homem tem sido, principalmente desde o início da Revolução Industrial, o grande factor de transformações da natureza e do ambiente que, por sua vez, condicionam a vida humana. Isto é e como referimos acima, o ambiente é hoje , talvez no essencial, uma restrição importante da actividade humana e, como tal, da actividade económica:
"Surgem deste modo os problemas da possibilidade real do esgotamento dos recursos, tanto renováveis como esgotáveis, e da degradação irreversível do ambiente. As funções estritamente económicas da natureza parecem mesmo ameaçadas.
Pela primeira vez há a consciência de que as condições de crescimento económico iniciadas na revolução industrial e prosseguidas com os recentes avanços das tecnologias da informação, da biotecnologia e dos novos materiais não poderão prosseguir indefinidamente.
Para os economistas é tempo de ajustar o pensamento económico às novas realidades e que passam, prioritariamente, por uma redefinição das relações entre os sistemas económicos e a natureza."[57]

---

[56] MARTINS, Manuel Vítor *Ambiente e desenvolvimento sustentável*, Conferência proferida no 3º Encontro Nacional de Ecologia, Faro, 3-5 de Dezembro, 1998.
[57] Idem.

Talvez o primeiro economista a colocar a questão da interacção referida no centro da teoria do crescimento tenha sido Thomas Malthus (1766-1834) que, no seu *An Essay on the Principle of Population*, avançou com uma perspectiva pessimista sobre a possibilidade de a Humanidade conseguir um crescimento do seu nível de vida sustentado ao longo do tempo.

A ideia de Malthus era de que os recursos naturais, em particular a terra arável, sendo limitados, impediriam um progresso material ilimitado. Com efeito, devido a essa limitação a produção de bens alimentares tenderia, segundo

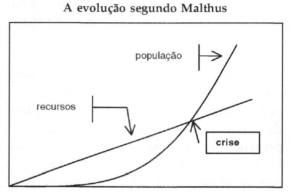

Malthus, a crescer em progressão aritmética, enquanto a população, sempre que tivesse acesso a alimentos suficientes, tenderia a crescer em progressão geométrica. Desta forma, mais cedo ou mais tarde o crescimento da população, ultrapassaria o crescimento da produção dos bens alimentares e portanto as necessidades de alimentação per capita passariam a ser pior satisfeitas até que a escassez de alimentos fosse tal que se generalizariam situações de fome, em resultado das quais a população decresceria até que de novo houvesse alimentos para todos e um novo ciclo de iniciasse. Para evitar estes ciclos e as situações recorrentes de miséria e fome Malthus advogava medidas de contenção do crescimento da população, em particular das classes mais pobres.

A influência de Malthus fez-se sentir em John Stuart Mill, filósofo e economista inglês que viveu entre 1806 e 1873. Stuart Mill, nos seus *Principles of Political Economy* (1848) defende que o futuro da Humanidade não tem que ser entendido como um estado de miséria ou, como era o entendimento de Malthus, como um ciclo infernal de aumento e diminuição da população. Para Stuart Mill o estado estacionário, para que a Humanidade desejavelmente tenderia, era entendido como a estagnação do stock de capital e da população e seria um estado desejável, uma vez que seria perfeitamente compatível com um progresso contínuo, quer espiritual quer mesmo material, através do progresso técnico, que poria a economia ao serviço da redução do fardo que constitui o trabalho penoso.

As ideias de Malthus e Stuart Mill foram quase esquecidas à medida que as revoluções industriais e o crescimento continuado dos níveis de vida foram desmentindo a tendência para um estado estacionário ou para uma miséria generalizada.

No entanto, mais de cem anos depois, no início dos anos setenta do século XX foram de novo lembradas a propósito do renascimento da questão da existência de limitações sérias ao crescimento económico que nessa altura ocorreu.

Pode dizer-se que o interesse mundial sobre este tema foi, como referimos antes, despertado em 1972 pelo livro *The limits to growth*, que publicitava um   estudo preparado por uma equipa do MIT (Massachusetts Institute of Technology), dirigida por Donnella Meadows (1941-2001) e Dennis Meadows, para o chamado Clube de Roma[58].

Neste livro consideram-se três factores limitativos do crescimento:
– a *produção de alimentos*, ideia já desenvolvida por Malthus, devida à limitação da *terra arável* e dos *recursos em água doce*;
– os *recursos não renováveis*, em particular metais e petróleo; e

---

[58] Vd www.clubofrome.org

180 | Economia do Crescimento

– a *poluição*, em particular a libertação para a atmosfera de dióxido de carbono (CO_2) – um dos *"gases de estufa"* –, o *aquecimento da atmosfera* e os *resíduos radioactivos*.

A conclusão do estudo era que estes limites seriam de tal forma restritivos no futuro que iriam pôr em causa o próprio crescimento do PIB *per capita*. Por isso consideravam que seria inevitável que a Humanidade, para evitar grandes catástrofes sociais, se dirigisse para um estado estacionário, o chamado estado de equilíbrio, caracterizado por:
- capital físico e população constantes ao longo do tempo;
- as taxas de natalidade, mortalidade, de investimento e de a depreciação mantidas ao nível mínimo;
- o stock de capital, a população e a relação entre ambos compatíveis com o sistema de valores da sociedade.

Este estado estacionário "à Meadows", não implica, na perspectiva dos autores, estagnação ou retrocesso da qualidade de vida, aqui entendida fundamentalmente na sua perspectiva qualitativa. No seguimento de alguns economistas clássicos, em particular o já mencionado John Stuart Mill propõem que a melhoria de nível de vida da Humanidade venha de um tipo de progresso tecnológico que permite tirar melhor partido em termos de qualidade de vida do stock de capital e da população *constante*.

Repare-se que este estado de equilíbrio é mais restritivo que as conclusões a que chega o modelo de Solow analisado no capítulo 2 deste livro Neste último, a conclusão é de que o capital *per capita* e o PIB *per capita* tendem para um valor constante, mas haverá crescimento do stock total de capital e do PIB total ao mesmo ritmo de crescimento da população total, que será também o ritmo de crescimento da população activa.

Para o casal Meadows e a sua equipa haveria que chegar a uma população constante; estaríamos então numa situação de modelo de Solow em que a taxa de crescimento da população – e portanto do PIB e do capital físico – seria nula. Até aqui pode dizer-

-se que o estado estacionário de Meadows é um caso particular do modelo de Solow quando a população se mantém constante.

Porém, para Solow poderá haver crescimento do capital *per capita* desde que haja progresso técnico. Para os autores dos *Limites do Crescimento* tal não é desejável porque não será sustentável e levará a grandes catástrofes. O progresso técnico deve, sim, melhorar a qualidade de vida para um volume global da população e para um stock de capital físico tidos como constantes.

Existem duas possibilidades de progresso sustentável mesmo com o stock de capital e a população constantes.

Uma delas será aquela em que o PIB também se mantém constante e em que o progresso da sociedade será resultante do progresso técnico que permita melhorar a qualidade de vida ao longo do tempo embora com um PIB, ou seja, um rendimento constante. Estaremos já no âmbito do conceito de desenvolvimento económico e não tanto do conceito mais restrito de crescimento económico.

Outra das possibilidades é conseguir que o progresso técnico faça aumentar o PIB mesmo com stock de capital e população constantes. Vamos ver um exemplo que será o do modelo de Harrod-Domar[59].

Em termos deste modelo, o estado estacionário de Meadows, significa, como é fácil de verificar, que

$$sY_t = dK_t,$$

ou seja, dividindo por K_t e recordando a definição de coeficiente capital produto $\underline{k}$,

$$s/k = d.$$

Dada uma taxa de depreciação $\underline{d}$, o estado estacionário pode ser atingido com menos sacrifício (isto é, com menor valor da taxa de poupança $\underline{s}$) desde que o coeficiente capital produto $\underline{k}$ (=K/Y) seja menor, i.e., desde que a tecnologia seja menos capital intensiva.

---

[59] O modelo de Harrod-Domar é apresentado no ponto 2.2 (cap. 2) deste livro.

182 | Economia do Crescimento

Podemos por outro lado, aumentar o PIB mantendo K e L constantes desde que saibamos introduzir tecnologias menos capital-intensivas na condição de que, os progressos do conhecimento permitam que a *mesma população produza mais* com essas *novas técnicas*, o que será também um caso de progresso técnico.

Com efeito, recordando a função de produção de Leontief do tipo $Y = min (K/k, hL/b)$ [60], com menor $\underline{k}$ e supondo a população (activa) L e K constantes (tal como se definiu o estado estacionário), $\underline{Y}$ só será maior se, entretanto, também diminuir $\underline{b}$, ou seja, se houver progresso técnico na aplicação dos conhecimentos no trabalho humano. Outra hipótese é, evidentemente, aumentar $\underline{h}$, o que tem os seus limites, pois não é ilimitado o número de horas de formação de que uma pessoa pode beneficiar.

Hoje, passadas que são várias décadas sobre a publicação dos *Limites do Crescimento* – foi publicado por alguns dos autores participantes do primeiro livro um intitulado *Limits of growth: the 30 years update* –, pode dizer-se que as preocupações veiculadas pelo livro são ainda mais actuais. No entanto há modificações substanciais na importância atribuída aos factores limitativos.

A questão alimentar perdeu parte da sua importância. De facto, os progressos das novas variedades de plantas e da biotecnologia em geral tornam o problema alimentar mais num problema de organização social (a nível nacional e mundial) do que numa restrição inelutável ao crescimento. No entanto, e quase incompreensivelmente, a fome ainda subsiste em muitas partes do Globo. Note-se no entanto que o fenómeno recente de aumento da utilização de matérias primas alimentares para produzir energia pode alterar no futuro este panorama de suficiência global da produção de alimentos.

Acresce que a desaceleração do crescimento da população – devido a políticas de controlo da natalidade e à expansão da SIDA, com particular intensidade em países pobres e populosos – levam a que o aumento da população não seja, hoje, um factor que exerça

---

[60] Apresentada no ponto 2.1 (cap.2) deste livro.

Capítulo 3. O desenvolvimento, o ambiente e os recursos naturais | 183

tanta pressão sobre a produção de alimentos como o estudo considerava há mais de 30 anos.

Mas se ao nível do Globo a questão da ruptura da capacidade de produção de alimentos não se coloca na actualidade, é bom não esquecer que em determinados países, dos mais pobres do Mundo, há ainda muita gente que morre de fome e que, por isso, está completamente dependente da ajuda alimentar que recebem (ver caixa de texto). Mas este é outro problema, distinto do colocado pelo relatório do Clube de Roma em 1972.

> **Como a FAO vê a fome no Mundo**
>
> A FAO estima que há actualmente cerca de 860 milhões de pessoas mal alimentadas no Mundo, das quais 830 milhões vivem nos chamados países em desenvolvimento, 22,5 milhões nos países "em transição" e 9,1 milhões nos países mais industrializados, basicamente os que integram a OCDE.
>
> Dos que residem em países em desenvolvimento, 300 milhões vivem na Ásia do Sul (Índia, Bangladesh, etc) e 213 na África Subsariana.
>
> Fonte: FAO
> (http://www.fao.org/es/ess/faostat/foodsecurity/Files/NumberUndernourishment_en.xls ; consultado em 29OUT07)

Por outro lado, também parece que o progresso técnico tem conseguido tornar menos limitativa a utilização de recursos não renováveis. Isso é evidente no caso do petróleo e da utilização de energias alternativas.

No entanto, dois dos factores já apontados pelos "Limites" são considerados hoje como motivo de séria preocupação relativamente ao condicionamento que exercem sobre o crescimento no futuro: a emissão de *"gases de estufa"* (e as alterações climáticas de que eles são uma das causas principais) e os recursos de *água doce*.

3.3 A emissão de gases com efeito de estufa e o impacto das alterações climáticas

A emissão dos gases de estufa (GEE)[61] – em particular o CO_2, o dióxido de carbono (72% do total), mas também, em menor

---

[61] O stock destes gases na atmosfera é actualmente de cerca de 430 partes por milhão (ppm) de CO_2, quando no início da Revolução Industrial era de 280 ppm.

184 | Economia do Crescimento

proporção, o metano e o dióxido de azoto – é responsável por se ter constituído um verdadeiro "capacete" que não deixa arrefecer mais a Terra, contribuindo para um aquecimento progressivo da atmosfera, fenómeno com consequências que podem ser graves em muitos domínios.

Os fenómenos climáticos associados a este aquecimento global – secas, cheias, etc. – poderão custar, segundo um relatório do governo inglês, 20% da economia global[62].

Observações directas da recente alteração climática

Onze dos últimos doze anos (1995-2006) estão entre os 12 anos mais quentes desde que há registos das temperaturas da superfície terrestre (desde 1850). A linha tendencial dos últimos 100 anos (1906-2005) de 0,74ºC é mais alta que a média [de séc. XX] e que era de 0,6ºC. (...)

Observações desde 1961 mostram que a temperatura média dos oceanos aumentou até profundidades de 3000 metros, causando a expansão da massa de água e contribuindo para o aumento do nível do mar.

Os glaciares de montanha e a cobertura de neve diminuíram nos dois hemisférios [...] contribuindo para a subida do nível do mar.

A subida média do nível do mar deu-se a uma taxa média de 1,8 mm por ano entre 1961 e 2003. A taxa foi mais alta entre 1993 e 2003: cerca de 3,1 mm por ano. (...)

As temperaturas médias do Ártico aumentaram a um ritmo quase duplo da temperatura média global nos últimos 100 anos (...).

Dados de satélite desde 1978 mostram que a superfícies média do gelo do ártico diminuiu uma média de 2,7% por década (...).

[Entre 1900 e 2005] observou-se um aumento significativo da precipitação nas zonas orientais da América do Norte e do Sul, norte da Europa e norte e centro da Ásia. Foi observado aumento dos períodos secos no Sahel, no Mediterrâneo, África austral e partes do sul da Ásia.

Foram observadas secas mais intensas e longas em áreas mais extensas desde os anos '70, particularmente nos trópicos e substrópicos (...)

Fonte: IPPC *A report of Working Group I of the IPPC – Summary for Policymakers*, 2007, CUP, Cambridge (UK) + New York (USA)

---

[62] Vd *Visão*,22/3/2007.

Capítulo 3. O desenvolvimento, o ambiente e os recursos naturais | 185

A questão da emissão de gases de estufa e das alterações climáticas que lhe estão associadas está ligada com o problema da energia uma vez que grande parte desta emissão é resultante da queima de combustíveis fósseis (petróleo, carvão, madeira, gás natural).

Desta forma, a necessária redução do ritmo de aquecimento da atmosfera[63] e das suas consequências sobre o aumento do nível do mar – devido, principalmente, ao

Fenómeno e sentido da tendência	Verosimilhança de se verificarem no futuro (séc. XXI) (cenários SRES)
Dias e noites mais quentes e menos frio na maior parte das áreas terrestres	Virtualmente certo
Ondas de calor: a frequência aumentará na maior parte das áreas continentais	Muito provável
Fenómenos de forte precipitação: frequência (ou proporção das fortes precipitações na precipitação total) irá aumentar na maior parte das áreas	Muito provável
Aumento da área afectada por secas vai aumentar	Provável
Aumento da actividade de ciclones tropicais fortes	Provável
Incidência crescente do aumento do nível do mar (excluindo os tsunamis)	Provável

Fonte: IPPC A report of Working Group I of the IPPC – Summary for Policymakers, 2007, CUP, Cambridge (UK) + New York (USA)

crescente degelo das calotes polares afectando as populações costeiras[64] – está crucialmente dependente da substituição de combustíveis fósseis por outros que não tenham o mesmo efeito, em particular pelas chamadas energias renováveis (hídrica, solar, eólica, etc.) ou não renováveis (energia nuclear).

---

[63] A temperatura média em Portugal Continental subiu 1,5º nos últimos 30 anos, podendo propiciar o aparecimento de doenças tropicais entre nós (caso da malária, extinta há muitos anos) (Visão, 22/3/2007).

[64] Os gelos do Ártico são hoje apenas 79% do que eram há 50 anos e em 2050 serão pouco mais de metade de 1950, tendo originado a recente abertura de uma ligação marítima entre o Atlântico Norte e o Pacífico pelo Norte do Canadá, nunca antes existente. No séc. XX o nível médio do mar na costa portuguesa aumentou 15 cm. Durante o séc. XXI poderá aumentar meio metro (Visão, 22/3/2007).

Por outro lado, o previsível esgotamento das reservas mundiais de petróleo dentro de algumas décadas pode ser um factor importante para levar os países a explorarem fontes alternativas de energia, como se verá mais adiante neste capítulo.

O aquecimento da atmosfera também está ligado com a desflorestação. De facto, um dos grandes sumidouros de CO_2 é a floresta, pelo que o corte de árvores reduz a capacidade de absorver dióxido de carbono. Daí ser necessário uma vigilância apertada sobre as grandes zonas ainda florestadas do planeta (Amazónia, Indonésia) de modo evitar que se percam estes verdadeiros "pulmões" da Terra[65].

Por outro lado, a queima da floresta, quer pela mão do homem quer em grandes incêndios naturais (Portugal, França, Grécia, Indonésia, Austrália, Brasil) cada vez mais frequentes devido à

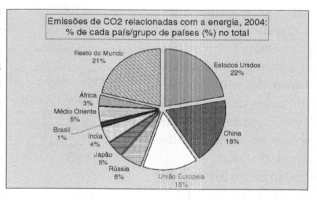

subida das temperaturas, liberta também este gás. Estima-se que a desflorestação contribua com mais de 25% para a emissão anual mundial de CO_2.

O problema é essencialmente de natureza política a nível mundial, uma vez que os países mais poluidores são os países mais desenvolvidos (ex: Estados Unidos) ou alguns menos desenvolvidos (ex: China). Ora, a maioria destes últimos pretende, naturalmente, aumentar o seu nível de vida sem que sejam pressiona-

---

[65] Repare-se que, no limite, se considerarmos estas regiões como verdadeiros bens públicos património da humanidade se pode colocar a questão de saber onde termina a soberania nacional dos países (Brasil, Indonésia) e onde começa (?) uma (eventual) soberania internacional – exercida, na prática, por quem?

Capítulo 3. O desenvolvimento, o ambiente e os recursos naturais | 187

dos pelos países mais desenvolvidos a limitarem a poluição que essa busca por melhores níveis de vida poderá provocar e que os países hoje mais avançados não tiveram de defrontar nos seus passos iniciais rumo à sua actual situação económica.

De facto e segundo aqueles países isso pode constituir, devido a limitações tecnológicas uma forte condicionante ao crescimento por causa dos custos mais elevados associados a tecnologias menos poluentes, o que tenderá a reduzir a competitividade externa dos produtos neles originados.

A verdade, porém, é que se o fizerem emitindo gases de estufa na mesma proporção em relação ao rendimento que têm os países mais desenvolvidos, o aquecimento da atmosfera tornar-se-á provavelmente insustentável, afectando todos num prazo mais curto do que se os países em desenvolvimento conseguirem moderar os níveis de poluição que geram. A solução só poderá, pois, ser global, envolvendo, de forma articulada e em estreita colaboração mútua, os países mais avançados e os menos desenvolvidos.

Parte importante da luta contra o aquecimento da atmosfera foi a aprovação do "Protocolo de Quioto" (Japão) em 1997[66] que impõe aos países desenvolvidos seus signatários a obrigação de reduzirem, entre 2008 e 2012, a quantidade que emitem de gases poluentes em, pelo menos, 5,2% (comparativamente com o nível de 1990). Como a emissão foi, entretanto aumentando na maior parte dos países, isso significa que a redução, em relação à actualidade, deverá ser muito maior. Os Estados Unidos, por exemplo, terão aumentado a emissão de gases CFC [cloro-fluor-carbono] (1990-2004) em cerca de 14% e Portugal 41%.

---

[66] Dadas as exigências em relação ao número de países que o tinham de ratificar para que entrasse efectivamente em vigor, o Protocolo de Quioto só entrou efectividade em Fevereiro de 2005, depois de a Rússia o ter assinado em Novembro de 2004. O principal país – porque também o principal poluidor – que ainda não o assinou são os Estados Unidos. A China, outra grande poluidora, apesar de o ter ratificado não está obrigada a cumprir as suas normas por ser considerada como "país em desenvolvimento", e estes, estão dispensados de cumprir muitas das principais regras do Protocolo.

Para facilitar a redução das emissões foram criados alguns mecanismos que permitem alguma flexibilidade na implementação daquelas orientações através de regras que permitirão aos países fazê-lo fora das suas fronteiras, em acordos com terceiros países.

Estes "mecanismos de flexibilização" são:
- o "comércio de direitos de emissão",
- a "implementação conjunta", e
- o "mecanismo de desenvolvimento limpo".

O "comércio de emissões" permite a um país ou empresa comprar a outro país ou empresa autorizações de emissão de "gases de estufa". De facto, cada país e empresa (principalmente de grande dimensão e em sectores de produção mais poluentes) tem autorização para produzir determinada quantidade de gases com efeito de estufa.

O "comércio de emissões" permite uma flexibilização da implementação das reduções daquelas a que os países mais industrializados e suas empresas estão obrigados pelo Protocolo de Quioto pois as empresas que têm mais dificuldade em reduzir as suas emissões ou para quem tal será mais caro podem comprar parte da quota de outras que emitem menos que a sua quota e/ou que conseguiram reduzir as suas emissões de uma forma mais rápida.

Este comércio tem aumentado significativamente ao longo dos últimos anos (78 milhões de toneladas de equivalentes de CO_2 em 2003, 110 em 2004 e 374 em 2005).

Através do mecanismo de "implementação conjunta" países industrializados que pretendem/necessitam reduzir a emissão de gases financiam projectos de redução dos mesmos noutros países industrializados como alternativa ou complementarmente à redução dos mesmos no seu próprio território. É um mecanismo utilizado principalmente por alguns países ao financiarem projectos em países da Europa de Leste, onde o custo do investimento necessário para obter a mesma redução dos gases de estufa é menor do que nos próprios países financiadores.

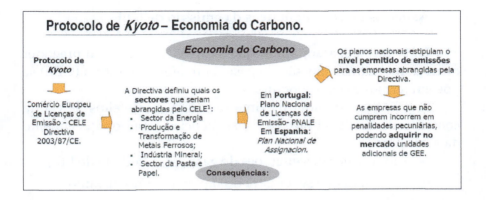

O "mecanismo de desenvolvimento limpo" é equivalente ao de "implementação conjunta" mas aplicado às relações entre países industrializados e países em desenvolvimento.

"O princípio básico do MDL [mecanismo de desenvolvimento limpo] é simples. Esse mecanismo permite que países desenvolvidos invistam nos países em desenvolvimento em oportunidades de redução de emissões com custos baixos e que recebam créditos pela redução obtida nas emissões [nesses países]. Os países desenvolvidos podem então aplicar esses créditos nas metas fixadas para 2008-2012, reduzindo assim os cortes que teriam de ser feitos nas suas próprias economias. Como muitas das oportunidades de redução de emissões são mais baratas em países em desenvolvimento, isso aumenta a eficiência económica para alcançar as metas iniciais de redução de emissões de gases de efeito de estufa. Como a contribuição das missões de GEE [gases de efeito de estufa] para as mudanças climáticas é a mesma, independentemente de onde elas ocorram, o impacto no meio ambiente global é igual."[67]

---

[67] MOTTA, Ronaldo e tal. *O mecanismo de desenvolvimento limpo e o financiamento do desenvolvimento sustentável no Brasil*, IPEA, Rio de Janeiro, 2000, pg 1.

Aspectos macroeconómicos da emissão de GEE

Uma formalização, ainda que simples, ajuda a compreender como a questão da emissão de gases com efeito de estufa (GEE) se põe em termos macroeconómicos.

Seja E o valor anual máximo de gases com efeitos de estufa considerado aceitável face às consequências sobre o aquecimento da atmosfera.

Se e_t for o valor das emissões de gases por unidade de PIB,

$e_t = E/Y_t$ tem que se ter para qualquer ano t no máximo

$e_t Y_t = E$

ou em termos de taxa de crescimento

$$tc\, e_t + tcY_t = 0$$

Como

$tcY_t = tcy_t + n$ em que y é o PIB per capita e n a taxa de crescimento da população, tem-se

1) $tcy_t = -tce_t - n$

E portanto a melhoria de nível de vida per capita será tanto maior quanto mais se consiga reduzir a emissão de gases com efeito de estufa por unidade de PIB e/ou quanto menos crescer a população.

Note-se no entanto que a questão crucial é mesmo a de reduzir o valor das emissões por unidade de PIB. Com efeito mesmo em estado estacionário no que respeita à população, isto é com n = 0 terá de ser

$$tcy_t = -tce_t$$

Daí que seja prioritário, para permitir a melhoria contínua do nível de vida da Humanidade que o progresso técnico incida sobre a produção e utilização da energia de forma a possibilitar a redução das emissões por unidade de PIB.

Capítulo 3. O desenvolvimento, o ambiente e os recursos naturais | 191

No caso de isso não suceder e se e_t se mantiver constante (tce$_t$ = 0) então da igualdade 1) resulta

$$tcy = -n$$

e o progresso do nível de vida (tcy$_t$ > 0) só pode ser conseguido com uma redução da população (n negativo), que num certo sentido se aproxima das concepções de Malthus, embora sem miséria nem redução dos bens alimentares per capita

Os vários cenários de evolução futura quanto aos efeitos das alterações climáticas relacionadas com o efeito do aumento dos GEE resultarão em diferentes resultados. Um deles respeita à perda de rendimento per capita e de capacidade de consumo:

Perdas no consumo *per capita*				
Cenário		Equivalentes de crescimento equilibrado: % de perda no consumo actual devido à mudança de clima		
Clima	Economia	Média	5º percentil	95º percentil
Cenário base	Impactos no mercado + riscos de catástrofes	5,0	0,6	12,3
	Impactos no mercado + riscos de catástrofes + impactos não-mercado	10,9	2,2	27,4
Cenário alto	Impactos no mercado + riscos de catástrofes	6,9	0,9	16,5
	Impactos no mercado + riscos de catástrofes + impactos não-mercado	14,4	2,7	32,6

Fonte: *Stern Review: The Economics of Climate Change.*
(in http://www.hm-treasury.gov.uk/independent_reviews_stern_review_economics_climate_change/stern_review_report.cfm); quadro 6.1

Os impactos das mudanças ambientais não serão iguais nos países desenvolvidos e nos países em desenvolvimento nem dentro de cada um dos países. De facto, assim como os países em desenvolvimento tenderão a sofrer mais as consequências das alterações climáticas – nomeadamente porque, entre outras razões, não dispõem dos recursos (nem financeiros nem de capital humano) para fazer face aos aspectos mais negativos dessas alterações –, também os mais desfavorecidos dentro de cada país, incluindo dos mais desenvolvidos, estão (e estarão) em piores condições para tentarem adaptar-se à nova situação.

192 | Economia do Crescimento

Quanto aos países mais desenvolvidos poder-se-á dizer que:

1 – as alterações climáticas não terão apenas impactos negativos. Nalguns casos poderá haver alguns impactos positivos para um pequeno número de países desenvolvidos se aquelas alterações se traduzirem por aumentos moderados da temperatura (+2 a 3ºC). Porém, mesmo para estes países, as mudanças climáticas terão efeitos muito negativos se as temperaturas aumentarem para além daqueles valores, tal como se espera que venha a acontecer na segunda metade deste século. Por regiões:

– Em regiões de latitudes mais altas, como o Canadá, a Rússia e a Escandinávia, a mudança climática trará benefícios líquidos desde que se mantenha dentro do limite de mais 2-3º C. Os benefícios a colher sentir-se-ão principalmente
  • no aumento das colheitas agrícolas,
  • na mais baixa mortalidade durante o inverno,
  • nas menores necessidades de aquecimento das habitações – com consequente poupança de energia – e
  • num potencial aumento significativo do turismo.

  O aquecimento referido tenderá, no entanto, a ser relativamente rápido, o que poderá ter consequências negativas na biodiversidade local e em alterações, mais rápidas do que o desejável na perspectiva de alguns, no modo de vida das populações locais;

– Os países desenvolvidos de latitudes mais baixas (ex.: Europa do Sul) serão mais vulneráveis. Regiões onde a água já é escassa sentirão grandes dificuldades e custos crescentes para assegurarem o seu abastecimento. Estudos recentes sugerem que um aumento de 2ºC na temperatura global – os mesmos que considerámos 'moderados' e com efeitos globalmente positivos para os países de latitudes mais altas – podem levar a uma redução de 20% na disponibilidade de água e nas colheitas na Europa do Sul;

– Para os EUA, um estudo prediz, de início, um misto de prejuízos e de benefícios correspondentes a ±1% do PIB;

depois haverá, mesmo nos cenários mais optimistas, reduções do PIB a partir do momento em que as temperaturas aumentem mais de 3° C.

– Os habitantes mais pobres destes países serão os mais vulneráveis aos efeitos das alterações do clima pois serão eles que viverão em piores condições de habitação, em áreas de maior risco e que terão menos condições financeiras para fazer face às consequências negativas das alterações do clima devido à sua falta de capacidade de acesso a seguros apropriados para fazerem face aos efeitos das alterações climáticas.

Relativamente aos países em desenvolvimento, os principais impactos das mudanças ambientais nos países em desenvolvimento estão sintetizados na "caixa" abaixo.

194 | Economia do Crescimento

Principais impactos das mudanças ambientais nos países em desenvolvimento

Principais mensagens

A mudança climática constitui uma ameaça real ao mundo em desenvolvimento. Se não se lhe fizer frente tornar-se-á um obstáculo importante à contínua redução da pobreza.

Os países em desenvolvimento são especialmente vulneráveis à alteração do clima devido às suas próprias condições geográficas, aos baixos rendimentos e grande dependência de sectores muito sensíveis ao clima como é a agricultura. (...)

Em conjunto, estes factores significam que os impactos são maiores mas a capacidade de adaptação menor. Muitos países em desenvolvimento estão já a lutar para fazerem face aos seus actuais problemas climáticos. No caso dos países de mais baixo rendimento, os desastres naturais que defrontam hoje já podem custar até cerca de 5% do PIB.

A saúde e os rendimentos da agricultura estarão especialmente ameaçados pelas mudanças climáticas.

Por exemplo:

- Rendimentos em baixa aumentam os níveis de pobreza e reduzem a capacidade das famílias de agricultores para investir num futuro melhor (...);
- Milhões de pessoas estarão em risco devido a calor, cheias, má nutrição e doenças relacionadas com o uso de água e outras. (...)
- O custo da mudança climática na Índia e na Ásia Oriental pode ser de 9 a 13% do PIB em 2100 comparado com o que poderia ser num mundo sem essa alteração climática. Mais 145-220 milhões de pessoas podem vir a viver com menos de 2 USD/dia (...).
- Uma significativa deterioração do clima ao nível local poderá levar, em algumas partes do mundo em desenvolvimento, a migrações em massa e a conflitos, especialmente se tivermos em conta que nas próximas décadas a população destes países poderá aumentar cerca de 2-3 mil milhões de pessoas.
- Um nível do mar mais alto, aumento das zonas desertificadas e outras alterações do clima podem levar as pessoas a migrarem para outros locais: mais de um quinto do Bangladesh pode vir a ficar debaixo de água se o nível do mar subir 1 metro – o que é uma possibilidade no fim do presente século;
- Seca e outros choques climáticos arriscam-se a desencadear conflitos e violência, com a África Ocidental e a bacia do Nilo particularmente vulneráveis dada a sua grande dependência da água.

Estes riscos aumentam ainda mais a necessidade do desenvolvimento de modo a reduzir a vulnerabilidade dos países em desenvolvimento à mudança climática.

Fonte: *Stern Review: The Economics of Climate Change.* Parte II, p. 92.

Para além da tendência global, mais ou menos linear, das alterações climáticas há que considerar ainda como fazendo parte delas o aumento da frequência com que se irão verificar aconteci-

Capítulo 3. O desenvolvimento, o ambiente e os recursos naturais | 195

mentos climáticos extremos tais como tempestades, cheias, secas e ondas de calor. Estes "picos" tenderão a aumentar de frequência quanto mais altas forem as temperaturas do ar, contrariando potencialmente alguns dos benefícios obtidos anteriormente com mudanças climáticas a mais baixas temperaturas.

Região	Tipo de fenómeno	Temperatura	Custos (% do PIB)	Notas
Global	Todos os acontecimentos climáticos extremos	2°C	0,5 – 1,0% (0.1%)	Baseado em extrapolação do aumentos actuais de cerca de 2% por ano para além das subidas da riqueza
EUA	Tufões	3°C	1,3% (0,6%)	Pressupõe que uma duplicação do dióxido de carbono provoca um aumento de 6% na velocidade do vento dos tufões
EUA	Invasão costeira	Subida de 1m no nível do mar	0,01 – 0,03%	Apenas considera os custos de perda de terras húmidas e os de protecção contra inundação permanente
Reino Unido	Cheias	3 – 4°C	0,2 – 0,4% (0.13%)	Custo dos danos nas infraestruturas pressupondo que não há alteração na forma de gerir as cheias para fazer face a riscos acrescidos destas acontecerem
Europa	Invasão costeira	Subida de 1m no nível do mar	0,01 – 0,02%	Apenas considera os custos de perda de terras húmidas e os de protecção contra inundação permanente

Fonte: *Stern Review*. Parte II, quadro 5.2, p. 139.

Os custos de tais acontecimentos "extremos" poderão atingir os 0,5-1% do PIB mundial a meio deste século e continuarão a aumentar à medida que as temperaturas continuarem, como se espera, a subir ao longo da segunda metade do séc. XXI.

Por exemplo, os custos de inundações (cada vez mais frequentes) na Europa deverão aumentar a não ser que a gestão das cheias seja reforçada através da construção de obras públicas como barragens, regularização do leito dos rios, construção de paredões/diques ao longo do curso destes, etc..

Por outro lado, ondas de calor como as que se verificaram na Europa (particularmente em França) no Verão de 2003 (que custaram a vida a 35 mil pessoas) e que provocaram perdas na agricultura de cerca de 15 mil milhões de USD poderão tornar-se cada vez mais vulgares a partir de meados deste século devido ao aumento das temperaturas que então se verificará.

Esta subida da temperatura média fará aumentar a probabilidade de as economias desenvolvidas terem de defrontar choques em larga escala. Tais fenómenos podem afectar o comércio internacional e os mercados financeiros através de rupturas nas comunicações e de custos mais incertos e voláteis dos seguros e do capital inicial a investir para preparar as instalações (edifícios, fábricas), infraestruturas (estradas, pontes) e equipamentos para a ocorrência de tais "picos".

Além disso e porque, apesar de tudo, os países desenvolvidos vão continuar a ser os que melhor vão conseguir resistir aos efeitos negativos das mudanças climáticas. Eles terão de estar preparados para fazerem face a pressões de populações afectadas de regiões mais pobres no sentido de procurarem defenderem-se das consequências das alterações climáticas tentando migrar para os países desenvolvidos. O actual fluxo de população com origem no Sahel que procuram chegar clandestinamente à Europa do Sul pode ser apenas uma pequena amostra do que poderá vir a acontecer no futuro numa escala bem maior.

Ainda quanto aos impactos das alterações climáticas, lembremos que uma coisa é o custo das medidas tendentes a reduzir os seus efeitos e outra é o custo das políticas tendentes a reduzir essas mesmas alterações através da alteração da forma como o homem lida com a natureza e os recursos desta de forma a tentar manter as alterações climáticas provocadas pela sua própria acção dentro de limites que as minimizem.

Como se refere em documento mandado preparar pela Câmara dos Lordes do Reino Unido, "reconhecemos que estimar os custos de redução (ou "mitigação") [dos efeitos da mudança climática] é muito complexo. Em primeiro lugar os custos serão menores se o mundo, em geral, adoptar as tecnologias mais baratas de redução das emissões [de gases de efeito de estufa] (...) mas não temos a certeza de que todos se comportem assim"[68].

---

[68] in HOUSE OF LORDS Select Committee on Economic Affairs 2nd Report of Session 2005-06 *The Economics of Climate Change*, Volume I: Report; ordered to be printed 21 June 2005 and published 6 July 2005, ponto 75.

IMPACTOS MACROECONÓMICOS E FISCAIS

Os impactos macroeconómicos e fiscais da mudança climática são potencialmente substanciais e podem incluir:

- Impactos negativos directos no produto e na produtividade da alteração climática de longo prazo e de acontecimentos climáticos mais intensos e/ou frequentes, particularmente na agricultura, pescas e turismo;
- Custos devidos à subida do nível do mar e da crescente gravidade das cheias;
- Deterioração das posições fiscais resultantes do enfraquecimento das bases tradicionais de tributação e/ou aumento das despesas de redução e adaptação dos efeitos
- Custos resultantes de esforços para reduzir as emissões de carbono (CO_2), incluindo níveis mais elevados dos preços da energia e aumento do investimento;
- Problemas de Balança de Pagamentos em alguns países devido à diminuição de exportação de bens e serviços ou aumento das necessidades de alimentos e outras importações essenciais. Danos nos portos e nas estradas podem dificultar o comércio internacional.
- Efeitos "não-de-mercado" associados com efeitos de perda de biodiversidade e sistemas ecológicos e os efeitos das mudanças climáticas na saúde e na qualidade de vida
- Pelo lado positivo, há um potencial de novos rendimentos a serem obtidos da instalação de esquemas de redução dos impactos ambientais – um duplo dividendo de uma redução da dependência de impostos provocadores de distorções, com benefícios para as finanças públicas bem como para o ambiente. Dependendo dos esquemas a implementar, algumas regiões de baixo rendimento podem, no futuro, beneficiar também financeiramente do comércio internacional de direitos de emissão de gases de efeito de estufa.

Fonte: JONES, Ben et al. "The economics of climate change", IMF Survey

O quadro abaixo fornece uma estimativa para os custos de se alcançar um nível de 550 partes por milhão de CO_2. Como se pode verificar isso pode custar o equivalente de 2 a 17 "triliões" (milhão de milhão) de USD em termos de valores actuais – isto é, o equivalente a gastar estas somas de dinheiro de uma só vez hoje. Convertidos em fluxos anuais estes valores equivalem a valores de 78 mil milhões a 1141 mil milhões por ano. Para termo de comparação refira-se que o PIB actual anual mundial é actualmente de cerca de 35 "triliões" de USD. Aquelas despesas equivalem, portanto, a cerca de 0,3 a 4,5% do PIB anual.

198 | Economia do Crescimento

Custo para o mundo de alcançar a meta de 550 ppm (partes por milhão) de CO2 expresso em termos anuais, a preços de 2005 (em USD)

Valor actual do custo (biliões)	Custo anual a 3%, para os primeiros 50 anos, (mil milhões)	Idem, primeiros 20 anos (mil milhões)
2	78	134
17	661	1141

Notas: Para 50 anos a 3% divida-se o valor presente por 25,7. Para 20 anos divida-se por 14,9. Os números acima são, por isso, anuidades derivadas dos valores actuais. Estes foram tomados de R. Watson et al. *Climate Change 2001: Synthesis Report.* Cambridge: Cambridge University Press. 2001. Figura 7.3

Refira-se que o actual nível de gases de efeito de estufa na atmosfera é de cerca de 430 ppm de CO2, muito acima das 280 ppm de antes da Revolução Industrial. Mesmo que o fluxo anual de emissões não aumente para além da actual, o stock de gases na atmosfera pode atingir o dobro do nível pré-Revolução Industrial (i.e., os cerca de 550 ppm referidos no quadro acima) por volta do ano 2050.

Porém, aquela taxa de expansão de gases tem vindo a aumentar e por isso o nível de 550 ppm poderá ser alcançado mais cedo, talvez cerca de 2035. A este nível há pelo menos 77% de probabilidades de se verificar um aumento global de temperatura de mais de 2ºC – o limite considerado "suportável". Os cálculos acima referem-se, pois, aos custos de manter o nível que vai ser alcançado dentro de cerca de 30-50 anos. Naturalmente, se não se fizer nada para parar este processo aquele nível de libertação de gases com efeito de estufa continuará para além dos 550 ppm referidos[69].

Aspectos microeconómicos da emissão de GEE

Referimos acima os principais efeitos macroeconómicos das alterações climáticas associadas, nomeadamente, aos GEE. Porém,

---

[69] The economics of climate change – The Stern Review (in http://www.hm-treasury.gov.uk/ndependent_reviews/stern_review_economics_climate_change/stern_review_report.cfm); Sumário Executivo.

Capítulo 3. O desenvolvimento, o ambiente e os recursos naturais | 199

assim como os países em geral também as suas emrpesas – para além dos seus cidadãos, naturalmente – sofrerão as consequências e terão de se adaptar à nova realidade.

A "caixa" de texto abaixo identifica aqueles que são os principais riscos a que as empresas estarão expostas no futuro devido àquelas alterações. Há também, no entanto, alguma margem para a ciração de novas oportunidades de negócio, nomeadamente indo ao encontro de uma diferenciação positiva na forma de encarar os riscos climáticos e que é cada vez mais valorizada pelos consumidores.

Riscos relacionados com a mudança climática a que as empresas têm de fazer face

"A análise sugere que as empresas se defrontam com quatro tipos de riscos directa ou indirectamente relacionados com as mudanças climáticas. Tais riscos dizem respeito ao impacto físico destas, à regulamentação [com elas relacionadas], à sua reputação e aos litígios em que poderão ver-se envolvidas por acontecimentos com elas relacionadas. Destes, o impacto físico é o que está mais directamente relacionado com a mudança climática. Os outros três são de natureza mais indirecta na medida em que eles se prendem principalmente com as resposta da sociedade à forma como as empresas fazem face – ou deviam fazer – às suas preocupações com as mudanças do clima".

Risco físico
"A exposição de uma empresa a estes riscos varia com o sector e o local em que ela desempenha a sua actividade. Os activos físicos situados em zonas costeiras estão mais expostos à ameaça dos tufões muito intensos. O aumento da riqueza em regiões mais expostas a condições climatéricas muito variáveis e extremas levam a perdas potenciais maiores.

As empresas podem estar também sujeitas aos riscos físicos relacionados com os efeitos de longo prazo das alterações do clima. Estes incluem alterações na disponibilidade de água, aumento ou diminuição da precipitação e aumentos do nível do mar. (...) as consequências mais óbvias destes riscos incluem os danos infligidos à propriedade provocados por fenómenos climáticos extremos, aumento dos prémios dos seguros, e perdas de activos (por exemplo, queda do valor dos activos no caso de actividades dependentes do clima como, por exemplo, estâncias de ski). Riscos menos evidentes incluem o impacto sobre a mão-de-obra (ex: doenças relacionadas com as ondas de calor), relocalização forçada das instalações e aumentos dos preços das matérias-primas devido a alterações climáticas".

Riscos relacionados com a regulação

"As mudanças climáticas são cada vez mais vistas como sendo o resultado de uma séria falha do mercado que deve ser corrigida por algum tipo de intervenção governamental. Como resultado, em todo o mundo os legisladores estão a introduzir legislação para conseguir tais correcções. (...). Um aumento significativo desta legislação está a ser preparada e implementada a diversos níveis: internacional, regional, nacional e local.

A nível internacional o maior quadro regulamentador é o Protocolo de Quioto da *United Nations Framework Convention on Climate Change (UNFCC)*, que expira em 2012. (...) Ao nível regional a Europa tem os regulamentos mais exigentes. Isto inclui [a definição] de metas obrigatórias para a redução de emissões e directivas para vários sectores".

Risco de reputação

"A reputação e a marca de uma companhia estão intrinsecamente relacionadas com o valor da mesma. (...) Por isso manter o bom nome e marca de uma empresa é crucial. (...) a mudança de clima tornar-se-á uma preocupação fundamental dos consumidores em 2010. (...) As empresas correm o risco de ver diminuída a confiança dos consumidores [nela e nos seus produtos] se eles a percepcionarem como falhando no fazer face aos riscos de mudança climática. Podem também perder reputação junto de outros interessados, como sejam o sector financeiro, os governos, os empregados e a comunicação social.

Da mesma forma, empresas podem diferenciar-se positivamente em relação a outras suas competidoras se adoptarem medidas no sentido de reduzirem a poluição que provocam".

Risco de litígios

"O aumento de legislação relacionada com a mudança climática provoca, inevitavelmente, um aumento do risco de litígios. (...) [Há] três áreas principais em que se podem verificar litígios: acções visando os grandes poluidores; desafios relacionados com os controlos estatais emergentes sobre poluição; e um crescente controlo sobre a emissão de gases de efeito de estufa".

Fonte:
KPMG *Climate changes your business*, KPMG International, 2008 (visto em http:// www.kpmg.ch/library/pdf/20080403_Climate_change_risk_report.pdf; 12/Abril/2008)

3.4 Recursos hídricos

A falta de recursos em água doce poderá tornar-se um problema mundial pela pressão que exercerá sobre certas zonas do globo, podendo criar focos de instabilidade que poderão espalhar--se por todo o mundo se determinados países decidirem utilizar o uso de meios mais agressivos para assegurar o seu acesso a este recurso essencial à vida.

De facto, apesar de a Terra ser constituída, em cerca de 70%, por água, a maior parte (98%) não é utilizável pelo Homem – pelo menos com a tecnologia actual e de uma forma relativamente económica. Da água doce, 2,5% estão em lençóis subterrâneos ou congelados nos pólos e só 0,007% a água total está disponível para consumo humano.

3.5 Energia

Uma das questões fundamentais que as sociedades modernas terão de resolver é a de encontrar formas de gestão da energia que utilizam na produção e para consumo de modo a que esta, particularmente a de origem fóssil (petróleo, carvão, etc.) não só dure mais tempo do que o previsto como também contribua menos para as alterações climáticas geradas pela actividade humana e que podem colocar esta em causa num horizonte que uns entendem ser menor – poucas décadas? – e outros consideram só se vir a verificar mais tarde – muitas décadas? Alguns séculos?

Pretende-se assim, portanto, aumentar a eficácia da utilização da energia, principalmente a que tem origem em fontes não renováveis. O gráfico ao lado dá uma ideia dos progressos que, neste domínio, têm sido obtidos desde o início dos anos 80 nos países mais desenvolvidos (OCDE) mas também em outros grupos de países – os "não-OCDE da Europa e Eurásia" incluem a chamada Europa Oriental, a Federação Russa e a China, por exemplo, reconhecidamente pouco eficazes no uso da energia.

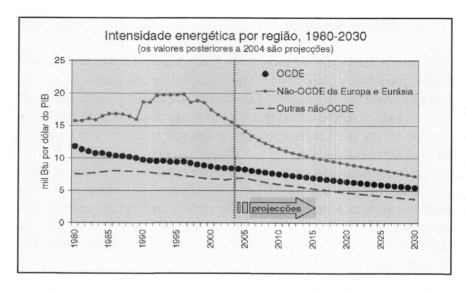

Foi nessa época que, pela voz do referido "Primeiro Relatório do Clube de Roma" (ou "Relatório Meadows"), uma equipa de investigadores veio chamar a atenção para a insustentabilidade do modo de vida "ocidental" por ser fortemente dependente de recursos naturais que não eram renováveis e, por isso, tinham a sua vida condenada a terminar em períodos de tempo diferenciados.

O petróleo, por exemplo, verdadeiro pilar do industrialismo em que assentavam os países já então economicamente mais avançados, estaria destinado a desaparecer, dizia-se na época, antes do fim do séc. XX.

Sabe-se hoje que as piores previsões não se concretizaram mas a verdade é que o alerta "não caiu em saco roto": Alguns desses recursos (incluindo o petróleo) poderiam ter uma sobrevida muito maior do que se temia mas, pela natureza das coisas (serem recursos não renováveis), estavam condenados a desaparecer mesmo. Era necessário, portanto, alterar as bases em que assentava o "modo de produção (industrial) ocidental". Na primeira "linha de fogo" estava a necessidade de alterar a componente energética da produção e do consumo das sociedades mais desenvolvidas.

Capítulo 3. O desenvolvimento, o ambiente e os recursos naturais | 203

O que se segue visa abordar a questão energética na sociedade (na economia...) actual e introduzir alguns aspectos do que se prevê vir a ser a evolução futura que se verificará quer em resultado da referida escassez e tendência ao desaparecimento de alguns recursos (energéticos) não renováveis quer em resultado da necessidade de preservação do ambiente/clima, sem o qual a sobrevivência das sociedades actuais poderá, mesmo, vir a ser posta em causa.

3.5.1 *As diversas fontes de energia e sua importância relativa*

A energia que é hoje consumida pelo Homem pode ser classificada, quanto às suas fontes, em dois tipos diferentes: a renovável e a não renovável. Exemplos das primeiras são a energia solar, a eólica, a hídrica e a das marés.

A lenha, tão importante nos países em desenvolvimento, é outro dos recursos que poderemos considerar como renovável *lato sensu* apesar de as árvores que lhe estão na origem tenderem a crescer a um ritmo menor que aquele em que têm sido abatidas para serem usadas como lenha.

Exemplos das segundas fontes de energia são o petróleo bruto (crude), o gás natural, o carvão e a energia nuclear.

Nos países em desenvolvimento a lenha é ainda hoje a principal fonte de energia.

Aqui lenha para venda à beira da estrada em Timor Leste

O gráfico seguinte diz-nos qual a estrutura actual do consumo das várias fontes de energia e prevê a evolução que se verificará até ao ano 2030. De destacar o facto de só agora energias renováveis como a solar e a eólica começarem a despontar, prevendo-se um seu aumento ao longo dos anos até 2030.

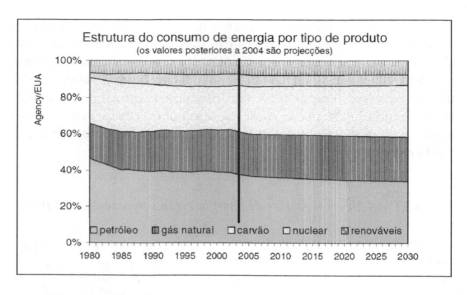

O petróleo e o gás natural surgem como as duas principais fontes de energia do mundo moderno, com o segundo a aumentar a um ritmo superior ao primeiro. Do gráfico podemos concluir que estas duas fontes de energia representam actualmente, só por si, cerca de 60% do consumo mundial de energia, com o petróleo a representar cerca de 40% e o gás natural 20%.

Procura de energia

Não há dúvida de que a procura de energia aumentou astronomicamente nos últimos anos – com a procura de energia primária a aumentar mais de 50% desde 1980. Estima-se que este crescimento vai continuar a uma taxa média anual de 1,6% entre 2004 e 2030. Mais de 70% deste crescimento virá dos países em desenvolvimento, onde as populações e as economias estão a crescer a um ritmo significativamente mais rápido que o dos países da OCDE. A China, só por si, será responsável por cerca de 30% do aumento da procura.

Os combustíveis fósseis continuarão a fornecer mais de 80% da energia procurada no futuro e, de acordo com a Agência Internacional de Energia, o carvão conhecerá o maior aumento da procura em termos absolutos de 2772 mtoe em 2004 para 4441 mtoe em 2030.

Fonte: World Energy Council, *2007 Survey of Energy Resources*, 2007.

As restantes fontes de energia (carvão, energia hidroeléctrica e energia nuclear) são as responsáveis pelos restantes 40% do consumo mundial de energia mas é nítida, no contexto destas fontes de energia, a supremacia do carvão, que tem uma importância relativa comparável com a do gás natural.

Uma das informações mais relevantes é a do tipo de uso da energia consumida e do seu ritmo de crescimento no futuro. O gráfico abaixo diz-nos que o sector com maior ritmo de crescimento é o dos transportes, seguido das utilizações no sector comercial. Ora, há quer em atenção que determinados tipos de energia são utilizados preferencialmente para determinados fins. Por exemplo, o grande crescimento do consumo do petróleo deve-se à sua utilização (quase em exclusivo) no sector dos transportes, o mais dinâmico.

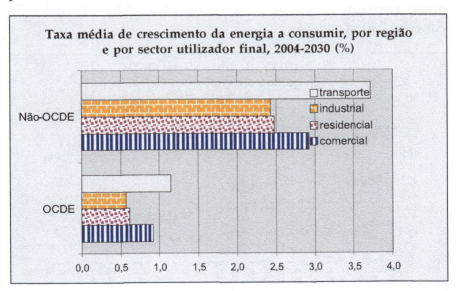

Assim sendo e face à escassez de petróleo e à aparentemente dificuldade em encontrar uma alternativa economicamente viável ao motor de explosão que tem sido regra na indústria automóvel há que (a) equacionar a necessidade de desenvolver rapidamente tecnologia que permita encontrar uma alternativa àquele tipo de

motores para o sector dos transportes; (b) encarar a possibilidade/
/necessidade/inevitabilidade de fazer uma gestão planificada,
conjunta, dos vários tipos de energia deixando, por exemplo, mais
recursos petrolíferos para o sector dos transportes e privilegiando
outros combustíveis em outros tipos de utilizações.

Os países mais industrializados associados na OCDE conheceram uma evolução importante ao longo do último meio século relativamente ao combustível utilizado para a produção de energia eléctrica utilizada nas instalações industriais e nas habitações, nomeadamente.

O gráfico seguinte dá uma imagem dessa evolução. Por ele se pode verificar que o petróleo bruto chegou a produzir cerca de ¼ da electricidade nestes países – os grandes consumidores per capita, com 5,5 toneladas de petróleo-equivalente por pessoa, muito acima dos cerca de 1-1,2 toneladas da Ásia Oriental e da América Latina actuais.

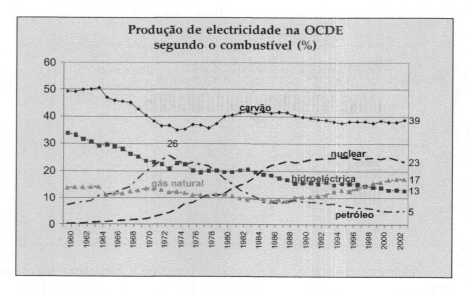

Porém, depois da forte subida dos preços do petróleo durante os choques petrolíferos dos anos 70, essa percentagem tem diminuído bastante e é hoje pouco mais que simbólica, situando-

Capítulo 3. O desenvolvimento, o ambiente e os recursos naturais | 207

-se actualmente nos cerca de 5%, pois esta fonte de energia é não só cara como também mais necessária para sectores (como o dos transportes) que não dispõem das mesmas alternativas de fonte de energia.

O próprio carvão diminuiu a sua quota-parte na produção de electricidade apesar de continuar a ser a principal fonte desta. Aumento significativo conheceu a electricidade com origem em centrais nucleares, que representam hoje quase ¼ da electricidade produzida nos países da OCDE (vd mais adiante informação sobre os principais produtores desta energia).

Neste domínio chamamos também a atenção para a evolução da electricidade com origem hidroeléctrica. Depois de ter conhecido melhores dias (cerca de 1/3 da electricidade produzida) na década de 60 do século passado, o gráfico permite compreender que houve um certo "desleixo" posterior na sua utilização em consonância com a subida de importância do petróleo. Ora, sabe-se que a capacidade de produção daquele tipo de energia está, na maior parte dos países, longe de estar esgotada e é muito provável que as crescentes preocupações com o impacto ambiental de outras fontes de energia (e de electricidade) levem a um retomar dos investimentos neste tipo de produção de energia (renovável).

Sabendo-se que a maior parte das fontes de energia mais utilizadas não são renováveis – petróleo, carvão e gás natural –, uma das questões que se pode colocar é saber qual a duração previsível de cada uma delas: 10 anos? 50 anos? 100 anos?

Deixamos este tema para mais tarde. Lembremos aqui apenas que o já referido "1º Relatório do Clube de Roma" ou, como também ficou conhecido, o "Relatório Meadows", considerando como dados a taxa de utilização do petróleo da época e as reservas deste produto que então se conheciam, calculou que o "ouro negro" se esgotaria antes do final do ano 2000.

Isto foi, na época, um enorme choque pois, devido à importância do produto na produção de energia, o seu desaparecimento punha em causa o modo de vida de todos nós e, principalmente, dos países mais industrializados.

A importância relativa de cada uma das fontes de energia referidas é, no entanto, diferente entre os diversos grupos de países e de região para região.

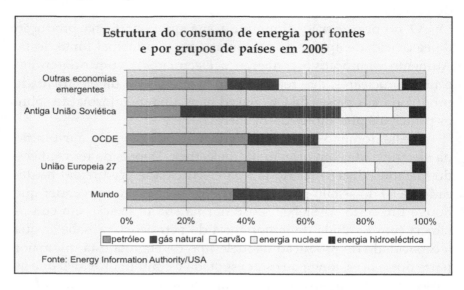

Assim, se nos países da OCDE o petróleo e o gás natural representam quase 2/3 do consumo de energia – com ligeira vantagem da Europa no consumo de gás e dos Estados Unidos no consumo de petróleo –, na antiga União Soviética a proporção destas duas fontes de energia é ainda maior, com predominância do gás natural de que a região é grande produtora.

Na Ásia-Pacífico – que inclui parte importante das chamadas "economias emergentes" – o consumo de carvão é ainda preponderante já que, só por si, representa quase tanto como o consumo de petróleo (segunda fonte de energia) e gás natural (terceira fonte). Esta situação é muito influenciada pela situação na China, grande produtora e consumidora de carvão – e também por isso grande poluidora.

Note-se que é também a Ásia-Pacífico que tem um menor consumo, em percentagem, de gás natural, cujo consumo tem conhecido um grande crescimento noutras regiões (Estados Unidos e

Capítulo 3. O desenvolvimento, o ambiente e os recursos naturais | 209

Europa) devido ao seu menor custo e à menor poluição que provoca e, no caso da Europa, à facilidade de abastecimento a partir da ex-União Soviética, reduzindo a dependência em relação ao petróleo e ao Médio Oriente.

Consumo de energia em relação ao total mundial

	% da energia consumida	% da população mundial
Estados Unidos	25,0	4,6
China	9,9	21,2
Rússia	7,0	2,5
Japão	5,8	2,1
Alemanha	3,9	1,3

Quanto ao consumo *per capita* de energia o panorama desde o início dos anos 70 do século passado está representado abaixo. Note-se a enorme discrepância entre os consumos per capita de vários grupos de países, com os habitantes da OCDE a consumirem cerca de 5,5 vezes mais que os de regiões como a América Latina e da Ásia Oriental.

Conhecendo-se a forte dinâmica de crescimento desta última (pelo menos no que toca à China e à Índia) e o que isso não deixará de representar na aceleração do consumo per capita de energia – já notado nos últimos anos representados no gráfico – é fácil de imaginar que a crescente pressão destas "economias emergentes" para aumentarem o consumo de energia dos seus habitantes irá resultar em pressões cada vez maiores sobre o mercado mundial de energia com consequente tendência para a crescente subida dos seus preços.

Assim sendo, as economias e os cidadãos dos países da OCDE terão de se habituar a pagar cada vez mais pela energia e a introduzir as alterações necessárias para limitarem significativamente o ritmo de crescimento do seu consumo individual de energia. É este um dos principais desafios que terão de defrontar a curto-médio prazo já que o "western way of life" está (demasiado) dependente de energia que até agora tem sido, apesar de tudo, relativamente barata – mas que, cada vez mais, vai deixar de o ser.

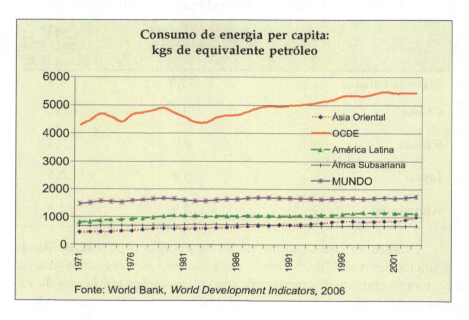

Fonte: World Bank, *World Development Indicators*, 2006

Identificada a importância relativa actual das diversas fontes de energia e os principais consumidores, vejamos agora com mais cuidado alguns aspectos essenciais relativamente a duas delas que mais nos interessam devido à sua importância relativa no contexto da economia mundial e, em particular, dos países que dependem delas como fonte primordial de energia.

O Prof. Engº António Sá da Costa apresentou numa conferência sobre energias renováveis em Set/2014 uma comunicação em que fez o ponto de situação sobre a energia no mundo (produção e consumo). É dessa apresentação que constam as seguintes informações:

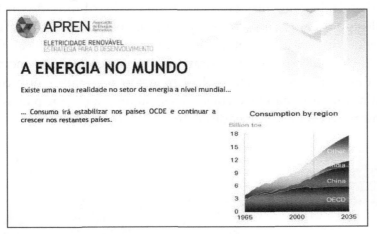

1) o consumo de energia tenderá a estabilizar no conjuntos dos países mais industrializados (os da OCDE) mas conhecerá um aumento significativo na China e em outros países em desenvolvimento;
2) Por tipo de fonte de energia, a que conhecerá maior crescimento é o gás natural seguindo-se, ainda que a uma escala muito menor, as energias renováveis;
3) Devido ao que se supõe venha a ser um forte abrandamento do crescimento económico na China, grande consumidor de carvão como fonte de energia, este tenderá a estabilizar, o mesmo acontecendo ao petróleo;
4) A energia hídrica tem a sua importância relativa estabilizada apesar do grande potencial de expansão que tem e do facto de ser uma energia renovável;
5) O principal sector consumidor de energia continuará a ser o da produção de electricidade, seguido da produção industrial e o dos transportes;
6) "O consumo de energia dissociou-se do PIB, mas o mesmo ainda não aconteceu relativamente às emissões de CO_2."

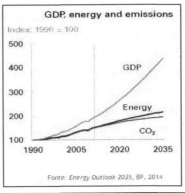

3.5.2 O petróleo no mundo moderno

3.5.2.1 O petróleo na economia mundial como fonte de energia

O petróleo encontra-se regionalmente distribuído de uma forma desigual como se pode ver pelo gráfico abaixo: a maioria das reservas conhecidas encontram-se no Médio Oriente (48%). Cerca de 3/4 destas reservas encontram-se em países que são membros da OPEC; um pouco menos de 10% estão nos países que constituem a antiga União Soviética e os restantes 20% em países não--membros da OPEP, nomeadamente países ocidentais.

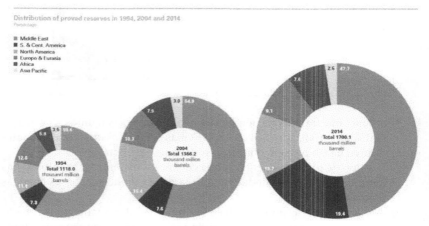

Fonte: BP Statistical Review of World Energy, Junho 2005

A *produção* mundial de petróleo encontra-se concentrada principalmente no Médio Oriente, que em 2014 produziu 32% do total[70]; seguem-se-lhe a Europa e Eurásia, com 20% (incluindo 13% na Federação Russa), a América do Norte, com 21% (12% dos Estados Unidos), a África com 9% (metade na Nigéria e em Angola), a Ásia-Pacífico, com 9% (metade na China) e a América do Sul e Central com cerca de 9% (3,3% na Venezuela e 2,9% no Brasil).

---

[70] BP Statistical Review of World Energy June 2015

Capítulo 3. O desenvolvimento, o ambiente e os recursos naturais | 213

Reservas de petróleo (mil milhões de barris)	
Grupos de Países	
OCDE	249
Não-OCDE	1452
OPEC	1217
Não-OPEC	342
União Europeia	6
Antiga União Soviética	142
Total Mundial	1700

Um quarto da produção mundial teve origem nos países da OCDE, os mais industrializados do mundo, e 41% saiu de poços em países pertencentes à OPEC; a produção nos países não filiados nesta organização ultrapassou esta, tendo sido de 43% da produção mundial. Os três principais produtores individuais foram a Arábia Saudita, com 13% da produção mundial, a Federação Russa, com 12,7% e os Estados Unidos, com 12,3%.

O panorama relativamente ao consumo é totalmente diferente. Os Estados Unidos lideram a lista dos principais consumidores (em 2014) com 20% do total mundial correspondentes 836 milhões de toneladas, enquanto o segundo consumidor, a China, consome 12,4% do total, correspondentes a 520 milhões de toneladas. O terceiro consumidor mundial é o Japão com 4,7% (200 milhões de toneladas em 2014).

Note-se que em 2014 dos 37,7 milhões de barris de petróleo bruto por dia de exportações/importações, 9 milhões são importados pela Europa, que exporta apenas 0,2 milhões. Os Estados Unidos importam 7,3 milhões e exportam 0,3 milhões. O terceiro principal importador mundial é a China, com 6,2 milhões.

O principal exportador de petróleo bruto é o Médio Oriente, com 17 milhões de barris diários (cerca de 45%). Seguem-se a antiga União Soviética e a África Ocidental.

As diferentes capacidades de produção e necessidades de consumo de petróleo dão origem a um comércio entre as diversas regiões que se tem revelado muito importante. Com apenas 4% da população mundial os Estados Unidos utilizam cerca de 26% da energia consumida no mundo; o seu consumo diário equivale a cerca de 25 litros de gasolina por dia.

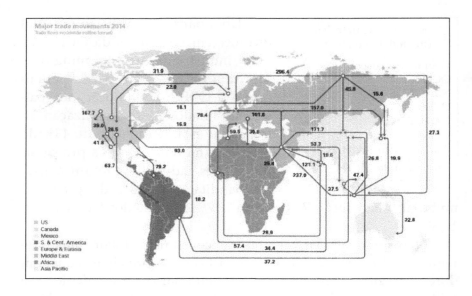

3.5.2.2 A evolução dos preços

Em 1855 um professor de química da Universidade de Yale, Benjamim Silliman descobriu que um líquido até então utilizado apenas pelos índios e pelos primeiros colonos dos Estados Unidos para produzir luz podia ser destilado, transformando-se num lubrificante e numa fonte de luz mais barata que o principal material utilizado até então, o óleo de baleia.

Da descoberta à acção foi um passo e o próprio cientista criou uma companhia para explorar a sua descoberta. Em 1859 já produzia 1000 galões por dia. A descoberta esteve na base do aparecimento de uma nova indústria e de uma nova "corrida ao ouro" (1859), agora "ouro negro", nos Estados Unidos facilitada pelo facto de os investimentos iniciais necessários serem baixos. Principal região então explorada foi a de Titusville, no nordeste da Pennsylvania, junto aos Grandes Lagos[71].

---

[71] Vd. http://www.oilhistory.com/index.html

A mudança de tecnologia de refinação ocorrida em 1875 implicou o aumento significativo dos investimentos necessários ao início da exploração e esse foi um momento determinante para o aparecimento da indústria do petróleo com as suas características actuais: exigindo vultosos investimento iniciais e, por isso, aberta apenas a grandes empresas, com forte poder financeiro, capazes de financiarem toda uma parafernália de equipamentos e actividades tornadas indispensáveis (torres de perfuração e extracção, *pipelines*, fábricas de destilação/refinação, navios petroleiros, investigação científica, permanente exploração de novos locais para exploração, etc.)[72].

A referida mudança tecnológica trouxe consigo, também, a queda significativa do preço do petróleo. Desde o final do séc. XIX até ao primeiro "choque petrolífero" verificado em 1973-74 na sequência da guerra entre Israel e países árabes, o preço do petróleo não oscilou muito em termos reais, situando-se em cerca de 15-20 USD/barril.

No gráfico seguinte identificam-se os principais momentos (e os factos que ocorreram e que os motivaram) de subida do preço do petróleo no mercado mundial desde aquela época.

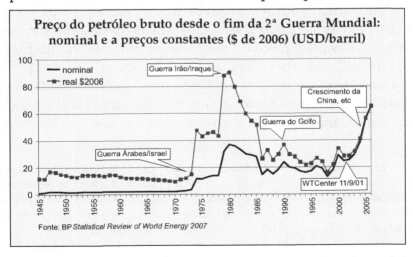

[72] vd. http://www.micheloud.com/FXM/SO/f/debuts.htm

216 | Economia do Crescimento

O preço do "crude" estava, a preços de 2006, nos cerca de 12-13 USD/barril mas em preços correntes da época manteve-se nos cerca de 3 USD/barril entre 1948 e 1973. Foi este baixo custo do petróleo que esteve na base da enorme expansão do seu consumo e na organização do mundo moderno com base nesta fonte de energia (artificialmente?) barata.

Esta expansão da procura e da produção de petróleo com quase constância do seu preço nominal significou, na prática, uma redução de cerca de 40% do poder de compra de um barril produzido durante o conjunto do período do final da II Grande Guerra até ao início dos anos 70.

Consciente disso e da sua crescente capacidade para influenciar os preços do "crude" – devido, nomeadamente, ao aumento da importância da produção no Médio Oriente para o abastecimento mundial –, a OPEC-Organização dos Países Produtores de Petróleo, então já reunindo os principais países em desenvolvimento produtores do "ouro negro" e quase todos árabes e/ou islâmicos – decidiu aproveitar o ambiente surgido em torno da chamada "Guerra do Yom Kippur", em Outubro de 1973[73], para subir os preços do petróleo que vendiam.

Como arma político-económica para "castigar" os países ocidentais pelo apoio dado a Israel, os árabes decidiram aumentar significativamente o preço do petróleo: este viu quadruplicar o seu preço (para 12 USD/barril) até ao fim de 1974[74].

Esta subida surgiu também tendo outro pano de fundo muito importante: o da publicação, do *Limits to growth*, pela equipa chefiada por Donna Meadows e que apontava para o que considera-

---

[73] Esta guerra, recorde-se, começou com um ataque da Síria e do Egipto a Israel em 5 de Outubro de 1973 e depois de uma primeira fase em que os atacantes tiraram vantagem da surpresa do ataque – no dia mais sagrado do judaísmo –, saldou-se por uma derrota dos países árabes graças, em parte, àquilo que eles consideraram ser o apoio político (e não só) dos países ocidentais a Israel.

[74] Enquanto que o preço médio do petróleo (Dubai) foi de 1,9 e 2,83 USD//barril em 1972 e 1973, em 1974 foi de 10,41 USD/barril. Vd *BP Statistical Review of World Energy June 2007* in http://www.bp.com/statisticalreview

Capítulo 3. O desenvolvimento, o ambiente e os recursos naturais | 217

vam ser a quase inevitabilidade do fim de vários produtos minerais num horizonte temporal não muito distante. O petróleo, por exemplo e a continuar a ser utilizado com a mesma intensidade com que vinha sendo, estaria esgotado no nosso planeta antes mesmo do fim do século XX.

É fácil de calcular o choque que provocou a publicação de tais estimativas; elas terão estado na base de um movimento que foi engrossando ao longo do tempo e que hoje em dia é conhecido genericamente por "ambientalismo", que defende um desenvolvimento "sustentável", no sentido de que ele deve ser de tal forma que deve assegurar às próximas gerações a disponibilidade de tantos recursos naturais como os que a actual herdou dos seus pais.

Daí a ênfase nas chamadas "energias renováveis" (solar, eólica, das marés, hídrica), em contraposição com as não-renováveis e que têm origem, principalmente, no petróleo bruto.

Ora, argumentando exactamente com o facto de estarem a gastar rapidamente o seu stock de riqueza em petróleo e com a perda de poder de compra de cada barril ao longo do período após a Segunda Guerra Mundial (-40% como já referido acima) mas com a evidente intenção de "castigarem" os apoiantes de Israel na Guerra do Yom Kippur, os países árabes não só aumentaram o preço de venda do barril como também reduziram drasticamente a sua produção, forçando assim a um aumento ainda maior do preço do barril no mercado.

Durante o período de 1974 a 1978 o preço mundial do petróleo manteve-se relativamente estável e a um nível apenas ligeiramente inferior ao máximo que atingira. Este comportamento não estaria nas previsões de muitos observadores e de muitos governos ocidentais que, uma vez ultrapassa a fase mais "quente" da guerra entre Israel e os Árabes, esperavam que (quase) tudo voltasse à "normalidade" anterior: preços relativamente baixos do petróleo, talvez apenas ligeiramente superiores aos 3 USD/barril de antes desta guerra.

A verdade é que a descida significativa dos preços não se verificou e entre 1974 e 1978 eles situaram-se entre os 12,2 e os 13,6

USD/barril em termos nominais, correspondentes a cerca de 38 – 30 USD/barril a preços de 2004.

No final dos anos 70 apareceram novos motivos de instabilidade dos preços que levaram à sua subida: a revolução no Irão que levou à queda do regime monárquico e a subida ao poder da hierarquia da igreja muçulmana local ("ayatollahs"), primeiro (1978-79), e a guerra entre o Irão o e o Iraque (1980), depois. A conjugação destes dois acontecimentos fez com que a produção dos dois países descesse significativamente, levando à queda de 10% na produção total mundial (1980 relativamente a 1979).

Naturalmente, a reacção dos preços não se fez esperar e resultou numa mais que duplicação do preço do "crude", que passou dos 14 USD/barril em 1979 para os 35 USD/barril em 1981. É esta segunda subida abrupta dos preços que é conhecida por "segundo choque petrolífero", sendo o primeiro o de 1973-74.

Os dois choques petrolíferos tiveram, entre outros efeitos a médio-prazo, dois que importa salientar aqui: o primeiro foi o aumento da produção em países não pertencentes à OPEC, incluindo em alguns países ocidentais (Grã-Bretanha, Noruega, etc.). Esta produção, em alguns casos, não era rentável com preços muito baixos do "crude" mas o aumento destes tornou rentável a exploração de muitos campos petrolíferos até aí não explorados por ela ser dispendiosa.

O segundo efeito foi a introdução de um conjunto de inovações tecnológicas que visaram explicitamente a poupança de energia. Foi o caso, por exemplo, das alterações introduzidas na produção de automóveis – os grandes consumidores de petróleo sob a forma de gasolina e de gasóleo – que visaram a redução do seu peso médio e do seu consumo, que, pelo menos em alguns casos, terá baixado dos cerca de 10-11l/100kms para pouco mais de metade.

O resultado de toda esta evolução foi uma crescente diminuição da capacidade da OPEC determinar os preços mundiais e que é uma das causas da posterior descida de preços que se verificou: eles oscilaram em torno dos cerca de 20 USD/ barril ao longo dos quinze anos do período entre 1985 e 2000, muito abaixo dos cerca de 60 USD (2004)/ barril que atingiram no pico da crise de 1979-80.

Como justificar, então, a relativa instabilidade dos preços que se tem verificado nos últimos anos e, principalmente, a sua subida até aos actuais (Novembro 2007) cerca de 90 USD/barril?

A resposta é complexa por incluir vários elementos que não são sempre os mesmos ao longo do tempo.

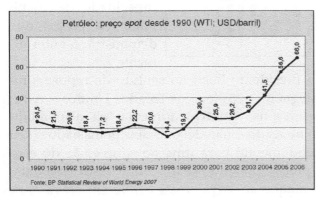

Note-se, em primeiro lugar, que em 1999 o preço chegou a situar-se nos cerca de 10 USD/ /barril durante o primeiro trimestre de 1999 (9,3 USD/ /barril em 12/Fev/ /99). Esta baixa cotação deve-se a uma evolução negativa que vinha desde antes da primeira guerra do Golfo, em 1990, e que teve novo agravamento com a crise económica e financeira asiática de 1997-98.

Nesta ocasião verificou-se, em resposta a esta crise, uma queda da produção quer dos países da OPEC quer dos que não tinham aderido a ela.

Foi quando se tornou mais nítida a recuperação das economias em 1999-2000 e na sequência dos cortes de produção anteriores – que visaram não só responder a uma procura menor mas também a provocar uma certa "rarefacção" do mercado que empurrasse os preços para cima – que o preço do "crude" voltou a subir. Foi o que aconteceu a partir do início de 1999 e em cerca de um ano e meio (até Outubro de 2000) o preço do petróleo tinha subido até aos cerca de 25 USD/barril, valor nunca alcançado nos dez anos anteriores. Depois de algumas oscilações, os preços voltaram a subir até valores semelhantes aos que tinham sido atingidos em 1983, no rescaldo do 2º choque petrolífero.

Entretanto, o aparecimento da Rússia como grande exportador para o mercado mundial exerceu pressões sobre a OPEC, que deixou de ter a capacidade de manipular os preços que demonstrara anteriormente.

Uma decisão do Presidente Bush no sentido de repor os níveis da reserva estratégia de petróleo dos Estados Unidos – reduzida nos anos anteriores na tentativa aumentar as disponibilidades de petróleo no mercado e não deixar subir demasiado o seu preço – veio a ser fundamental para uma nova inversão do sentido de variação dos preços, podendo-se dizer que desde essa data, surgida logo após o ataque ao *World Trade Centre* em Nova York (9/11/2001), os preços têm, ainda que com ligeiras oscilações, estado sempre a subir.

Para tal têm contribuído vários factores, uns mais permanentes que outros, e que se associam a um sentimento generalizado de insegurança que se vive no mundo depois dos atentados de Nova York, Bali, Madrid e, mais recentemente, Londres. Este sentimento tem contribuído para que haja alguma especulação nos valores que o petróleo atingiu mas não é, de forma alguma, a explicação fundamental.

Dos referidos factores refiram-se, entre outros,
 a) a "2ª Guerra do Golfo" – i.e., a invasão do Iraque e suas sequelas até ao presente;
 b) os efeitos sobre a produção no Golfo do México da passagem de vários furacões;
 c) o abandono pela OPEC da banda dos 22-28 USD/barril como determinante das suas decisões de reduzir ou aumentar a produção; e, por fim mas não por último,

Capítulo 3. O desenvolvimento, o ambiente e os recursos naturais | 221

Razões da subida dos preços do petróleo

As razões para o actual nível, muito alto, do preço do petróleo – que em termos nominais é muito maior que os preços após as crises de 1973 e 1979 – são várias, sendo diferentes segundo os autores. Alguns especialistas consideram que o factor principal é a iminente redução das reservas mundiais de petróleo (tese do "peak oil"). Outros consideram que a causa é uma combinação de vários factores.

Entre eles contam-se os seguintes:

- Aumento, depois de alguns anos de estagnação, da procura mundial causada pelo crescimento das economias e por uma forte procura de petróleo que lhe está associada principalmente nos Estados Unidos, na China e na Índia;
- Rupturas da oferta causadas por greves em países que são grandes fornecedores mundiais de petróleo (Venezuela, Nigéria, Noruega) e ataques terroristas no Iraque, bem como por desastres naturais (ex: furacões no Golfo do México);
- Instabilidade política no Médio Oriente e o incidente com a Yukos [na Rússia de Vladimir Putin], bem como o medo de novos ataques terroristas;
- Falta de capacidade adicional de produção em muitos dos países produtores;
- Fraqueza do dólar dos EUA;
- Especulação no mercado de petróleo devido a baixas taxas de juro no mercado de capitais.

In World Energy Council, 2007 *Survey of Energy Resources*, 2007

---

d) o aumento do consumo de petróleo, nomeadamente mas não só nas economias mais dinâmicas da Ásia, em particular a China mas também a Índia,

e) principalmente nos últimos tempos, a contínua depreciação do USD, moeda em que é determinada a cotação do petróleo bruto e em que é efectuada a maioria dos pagamentos internacionais do petróleo bruto. A referida depreciação do USD face ao euro, por exemplo, tem levado a uma subida rápida do seu preço naquela moeda mas a uma subida menos acentuada quando preço é medido em euros – o que significa que o consumo de petróleo para os países da zona euro é menos caro do que para a maioria dos restantes.

Note-se que esta evolução das taxas de câmbio e, principalmente, a forte depreciação que o USD tem conhecido face ao euro – ele perdeu cerca de 1/3 do seu poder face ao euro em cerca de 4-5 anos – levou a que vários países produtores e exportadores de petróleo ponderassem a possibilidade de alterarem a forma de fixação do preço do produto, encarando a hipótese de passarem a fixá-lo de acordo com a evolução de um cabaz de moedas e não apenas do USD. Esta medida e a possibilidade de vários países começarem a diversificar mais a estrutura das suas reservas cambiais em termos das várias moedas com uma redução do peso do USD tenderão a contribuir, se nada for feito para contrariar esta evolução, para uma continuação da desvalorização do dólar americano e valorização do euro – o que tenderá a dificultar a competitividade externa das exportações europeias (particularmente de Portugal).

Assim, por exemplo, em 2004 o crescimento do consumo de petróleo foi o maior desde 1976, situando-se a um nível superior ao dobro da média dos últimos dez anos, para o que contribuiu o forte crescimento económico registado na maior parte das economias (EUA: 4,4%; China: 9,5%). A China, só por si, aumentou o seu consumo em 16%.

Este aumento mais ou menos generalizado da procura de petróleo exerceu pressão

---

Procura de energia

Não há dúvida de que a procura de energia aumentou astronomicamente nos últimos anos – com a procura de energia primária a aumentar mais de 50% desde 1980. Estima-se que este crescimento vai continuar a dar-se a uma taxa média anual de 1,6% entre 2004 e 2030. Mais de 70% deste crescimento virá dos países em desenvolvimento, onde as populações e as economias estão a crescer a um ritmo significativamente mais rápido que o dos países da OCDE. A China, só por si, será responsável por cerca de 30% do aumento da procura.

Os combustíveis fósseis continuarão a fornecer mais de 80% da energia procurada no futuro e, de acordo com a Agência Internacional de Energia, o carvão conhecerá o maior aumento da procura em termos absolutos de 2772 mtoe em 2004 para 4 441 mtoe em 2030.

In World Energy Council, *2007 Survey of Energy Resources*, 2007

Capítulo 3. O desenvolvimento, o ambiente e os recursos naturais | 223

sobre os preços internacionais numa época em que a margem de excedente de capacidade produtiva na maior parte dos principais produtores mundiais, particularmente da OPEC, é a mais baixa desde sempre em resultado, nomeadamente, da não realização de investimentos que preparassem os poços para um aumento do ritmo de extracção.

A própria capacidade de refinação também é agora muito limitada pela mesma razão (contribuindo, também ela, para pressionar os preços dos combustíveis refinados no sentido do seu aumento): falta de investimentos no passado recente para aumento da produção em época de necessidade e de maior procura. Reconheça-se que os preços relativamente baixos do crude atingidos há alguns anos atrás não foram o melhor incentivo para a realização de tais investimentos.

São todos este factores que recentemente têm contribuído para que o preço do petróleo bruto tenha atingido já os mais de 90 USD/barril.

Desde a elaboração do essencial deste livro sobre a economia do crescimento, provavelmente o elemento desta que sofreu maiores alterações foi o comportamento do mercado energético, particularmente o do petróleo bruto.

O gráfico seguinte ilustra as transformações verificadas e que se caracterizam por uma instabilidade muito significativa.

Como se pode verificar pelo gráfico os cerca de 90 USD/barril que eram, à época do "fecho" do livro, o máximo (em valor nominal) atingido até então nas três décadas anteriores, foram ultrapassados e em meados de 2008 atingiu-se o máximo de cerca de 133 USD/barril de petróleo bruto (WTI), um aumento de cerca de 50% em relação ao valor anteriormente referido. A causa imediata desta subida tão grande foi a ocorrência da chamada "Guerra do Iraque", resultante da invasão daquele país por forças americanas aliadas com forças militares de outros países.

Tão grande e rápida subida acabou por gerar uma instabilidade da economia mundial que se veio a reflectir numa inversão da tendência de subida do "crude" e sua descida rápida até ao início de 2009 (entre Julho/08 e Fev/09 o preço médio do barril desceu de 133,93 para 39,15 USD/barril).

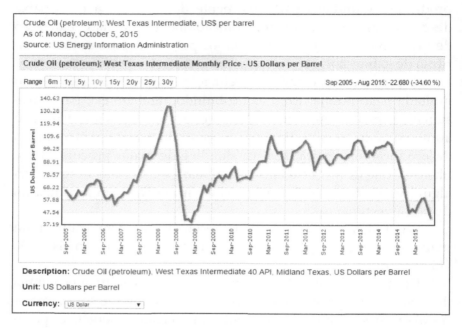

O "crude" voltou, umas vezes mais e outras vezes menos rapidamente, a aumentar de preço e, depois de alguma instabilidade, em Jun/14 atingiu uma média de 105 USD/barril. Problemas relacionados com excesso de oferta em relação à procura tiveram como resultado a descida dos preços do petróleo bruto a partir de meados de 2014. A tal queda não é estranha a crise de produção que tem atingido os principais países industrializados, de alguma "guerra de preços" da Arábia Saudita em relação aos Estados Unidos para defenderem a sua quota de mercado e para dificultarem o mais possível a produção do petróleo a partir do xisto (com custos de produção mais elevados que as formas mais tradicionais de produção).

U.S. Petroleum and Other Liquids				
	2013	2014	2015	2016
Crude Oil prices	(dollars per barrel)			
WTI Spot Average	97.98	93.17	49.53	53.57
Brent Spot Average	108.56	98.89	53.96	58.57

Neste momento (Out/15) o preço do crude ronda os cerca de 50 USD/barril e as estimativas das autoridades americanas vão no sentido de o preço médio em 2015 ser de 49,53 USD/barril e em 2016 de 53,57 USD/barril para o WTI.

3.5.2.3 Um futuro sem petróleo?

A grande intensidade da exploração de petróleo desde que ele começou a ser explorado comercialmente de uma forma mais intensa – i.e., desde as primeiras décadas do séc. XX e principalmente na segunda metade deste – não poderia deixar de, tratando-se de um recurso não renovável, trazer consequências sobre a possível duração desta fonte de energia como base do mundo moderno.

Produção (passada e estimada para o futuro) de hidrocarbonetos

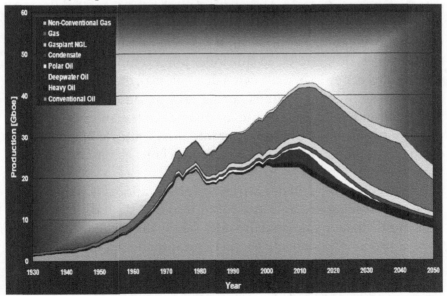

Fonte: ALEKLETT, Kjell *The Peak and declain of world production of oil and gas*, Uppsalla Uniniversity (apresentação PowerPoint)

226 | Economia do Crescimento

O primeiro verdadeiro sinal de alerta foi, como já referido, dado em 1972 pelo "Relatório Meadows" ao prever que, a manterem-se as taxas de descobertas de novas jazidas de petróleo e da exploração do "ouro negro", este estaria esgotado antes do final do século XX.

Sabe-se hoje que esta previsão pessimista não se concretizou mas quase todos os observadores concordam que a "sentença" não foi "comutada"; viu apenas adiada a sua execução.

Isto significa que mais cedo ou mais tarde o esgotamento do petróleo (e de outros recursos energéticos não renováveis) é inevitável. As estimativas sobre a sua duração são muito variáveis pois dependem das hipóteses que se estabelecerem quanto ao comportamento (muito incerto e dependente dos pressupostos que se estabelecerem) de várias variáveis como, por exemplo, a taxa de descoberta de novos poços de petróleo, a taxa de evolução do consumo e da utilização de fontes alternativas de energia (que, por sua vez, estará dependente quer das novas descobertas tecnológicas quer da própria evolução dos preços do petróleo já que eles ajudarão, ou não, a rentabilizar outras fontes de energia e a exploração de novos poços de petróleo localizados, por exemplo, em altas profundidades e, por isso, mais caros de explorar), etc..

Note-se que nos últimos anos a taxa de descoberta de novos poços abrandou relativamente às duas décadas anteriores, reforçando a sensação de estarmos perante uma fonte de energia "com os dias contados" e, devido à sua crescente escassez, cada vez mais cara[75].

Seja como for, a maior parte dos observadores acredita que a meio do presente século a produção mundial de hidrocarbonetos será muito menor que actualmente, sendo insuficiente para fazer parte à procura (potencial). O gás natural tenderá a durar cerca de

---

[75] Foi noticiada recentemente (Novembro 2007) a descoberta de um enorme campo petrolífero ao largo do Rio de Janeiro, responsável, só por si, por um aumento em 40% das reservas que o Brasil detém. Este campo situa-se a mais de 3 mil metros de profundidade e dificilmente entrará em produção antes de decorridos cerca de três anos.

Capítulo 3. O desenvolvimento, o ambiente e os recursos naturais | 227

60 anos e o carvão, muito mais abundante e "democraticamente distribuído" pelos países, cerca de 200-220 anos.

Os defensores da ideia de que o petróleo existente no globo actualmente é limitado e tem os dias contados acreditam também que se está a passar neste momento – início do século XXI – pelo que designam como o "Peak" – o "pico" de produção de petróleo (vd gráfico anterior sobre a produção mundial – passada e estimada para o futuro – de hidrocarbonetos).

Estes autores tendem a defender também uma concepção sobre a origem do petróleo que remete para a sua criação a partir de depósitos sedimentares onde se acumularam microorganismos que, depois de sofrerem a pressão do terreno durante milhões de anos se converteram em petróleo bruto.

Outros autores, porém, acreditam que o petróleo tem origem num outro processo, chamado abiogénico – para o distinguir do anterior, biogénico – em que os hidrocarbonetos são essencialmente "fruto da geologia e transformados pela biologia", exactamente o inverso do que pretendem os defensores da teoria biogénica. Esta (nova) teoria (abiogénica) defende que os hidrocarbonetos foram formados durante a própria constituição do planeta Terra.

De notar que estas diferentes ideias sobre a origem do "ouro negro" tem consequências sobre as existências do mesmo na Terra. Assim, os defensores da teoria biogénica acreditam que já se descobriram a maioria dos reservatórios existentes no Mundo – estando actualmente a atingir-se o "peak" dessas descobertas – enquanto que a maioria do defensores da teoria abiogénica defende que as reservas existentes são, na realidade, muito maiores do que o que conhecemos hoje. Porém, por estarem a grande profundidade, não é fácil identificá-las e, mais ainda, explorá-las de uma forma económica – a não ser que o *crude* atinja preços ainda mais elevados do que os actuais.

O progressivo esgotamento do petróleo não será igual em todas as partes do globo onde hoje é produzido. Algumas zonas já entraram, umas há mais tempo do que outras, na curva descendente da sua produção porque as suas reservas já atingiram o máximo.

228 | Economia do Crescimento

O gráfico abaixo ilustra a situação. Como se poderá verificar, os recursos em petróleo e em gás natural existentes na Europa e nos Estados Unidos acabarão, muito provavelmente, na década '30 deste século – daqui a cerca de 20-25 anos! Outras estimativas calculam que as reservas nos países "ocidentais" terminarão cerca de meados do presente século.

Nessa ocasião a "civilização do petróleo" que caracteriza os países hoje mais desenvolvidos estará fundamentalmente dependente de fornecimentos de zonas do globo, como o Médio Oriente e a Rússia, que têm alguns problemas de estabilidade político-social. Este é, já hoje e como se sabe, um problema geo-estratégico importante que poderá vir a agravar-se ainda mais e levar a uma subida importante dos preços do petróleo (e do gás natural).

Seria, em boa parte, a repetição do que sucedeu aquando dos dois choques petrolíferos dos anos 70 um no início e outro no final da década) e que levaram a subidas significativas dos preços do crude (veja-se acima).

3.5.3 Gás natural

Como referido no início, o gás natural é responsável por cerca de 20% da energia hoje consumida, aumentando o seu consumo a um ritmo maior do que o do petróleo. O facto de ser mais barato e menos poluente são parte da explicação do sucesso desta fonte de energia nos anos mais recentes.

Reservas mundiais de gás natural (2014)

País	Reservas (Triliões de metros cúbicos)	% do total mundial
Mundo	187	100,0
Rússia	33	17,4
Irão	34	18,2
Qatar	25	13,1
Arábia Saudita	8	4,4
Emiratos Árabes Unidos	6	3,3
Estados Unidos	10	5,2

Capítulo 3. O desenvolvimento, o ambiente e os recursos naturais | 229

Devido à sua própria natureza, o gás natural é encaminhado desde os produtores aos consumidores sob uma de duas formas:
1) como gás, através de gasodutos — como os que ligam as zonas produtoras na Rússia a várias regiões da Europa ou a Argélia à Espanha e a Portugal;
2) ou na forma líquida, depois de, em fábricas próprias, ser arrefecido e, nesse processo, ser liquefeito (LNG – Liquified Natural Gas), o que facilita o seu transporte marítimo em navios apropriados. É sob esta forma que o Japão é abastecido a partir do Sudeste Asiático e do Médio Oriente.

O comércio internacional de gás é cada vez mais importante e tem como principais pólos produtores a Rússia, o Médio Oriente, a Argélia, a Austrália, o Canadá e a Indonésia. Timor Leste juntou-se recentemente (2004) ao clube dos produtores e exportadores (para o Japão) de gás natural.

Rede pan-europeia de gasodutos

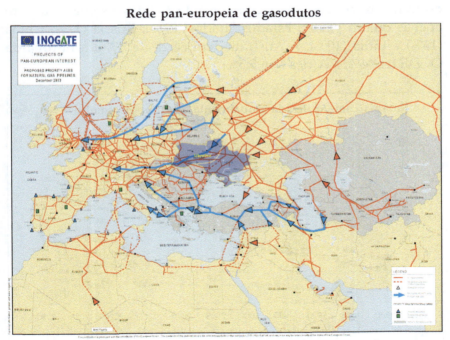

Fonte: Projecto INOGATE (http://www.inogate.org/en/images/maps/gas_map_big.gif)

Os consumidores são principalmente a Europa Ocidental (particularmente a Alemanha mas também muitos outros países, incluindo Portugal), o Japão e os Estados Unidos.

Os preços do gás natural têm evoluído de uma forma que acompanha grosseiramente a evolução dos preços do petróleo. De notar o facto de o preço do petróleo ser mais elevado que o do gás por milhão Btu-British termal unit (16,8 USD contra 9,1 USD em 2014), o que o torna uma fonte de energia mais barata que o "ouro negro".

3.5.4 O carvão

O carvão é o combustível fóssil mais abundante no mundo (as reservas actualmente conhecidas darão para suportar o consumo por mais 210-220 anos) embora a sua existência esteja bastante concentrada em poucos países pois cerca de 2/3 das reservas estão em apenas quatro países: Estados Unidos (27%), Rússia (17%) China (13%) e Índia (10%). A Austrália tem cerca de 9% e a Europa da OCDE tem 4%; a África tem 5,5%.

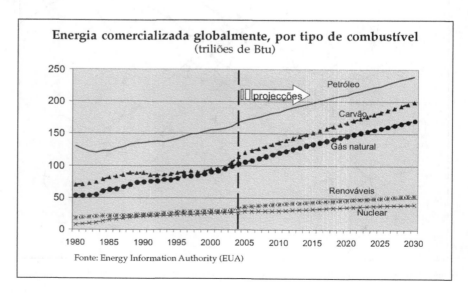

Capítulo 3. O desenvolvimento, o ambiente e os recursos naturais | 231

O principal consumidor é actualmente a China. A reduzida qualidade das tecnologias utilizadas na produção fazem do país, devido à intensa utilização do carvão, um dos principais poluidores a nível mundial.

No entanto, porque a China goza do estatuto de país em vias de desenvolvimento, não está obrigada a obedecer às regras de protecção ambiental definidas no Protocolo de Quioto (que subscreveu). Isto outro grande poluidor como são os Estados Unidos a não assinar o referido protocolo enquanto a China não for obrigada a cumprir (ou o fizer de livre vontade) as normas estabelecidas; o argumento americano é o de que, para cumprir as referidas regras, as empresas americanas terão de fazer elevados investimentos que farão com que a sua competitividade externa seja diminuída – enquanto que as empresas chinesas não têm esta condicionante à sua competitividade externa, colocando-as em melhores condições para concorrenciar as produções de muitos países desenvolvidos.

Utilizado desde os tempos mais remotos (o Homem das Cavernas já o utilizava), ele foi a base da Revolução Industrial no séc. XIX e, durante muitos anos, dos transportes, quer marítimos quer ferroviários.

3.5.5 *Energias renováveis*

As energias renováveis têm, hoje em dia e quer na produção quer no consumo de energia, uma reduzida importância quando comparadas com as não-renováveis.

As perspectivas em relação ao futuro vão no sentido de um crescimento da sua utilização mas não numa dimensão tal que as coloque como verdadeiras alternativas – pelo menos nas próximas 2-3 dezenas de anos – ao uso do petróleo e do gás, qualquer deles com "morte anunciada" para dentro de algumas décadas.

O mesmo se poderá dizer em relação à energia nuclear.

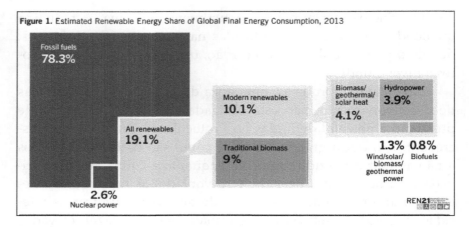

As fontes renováveis de energia são as seguintes:
- Biofuels
- Biomassa
- Eólica
- Geotérmica
- Hídrica
- Marés
- Ondas
- Solar

Não vamos aqui discutir cada uma delas, antes nos limitando a apresentar algumas informações sobre as três que nos parecem com maior futuro – pelo menos a curto-médio prazo: a eólica, a hídrica e a solar.

3.5.5.1 *Energia eólica*

O aproveitamento do vento como fonte de energia é antigo. Era então utilizado fundamentalmente para duas aplicações: trazer a água de poços mais profundos para a superfície e moer cereais, nomeadamente o trigo e o milho a utilizar no fabrico de pão.

A utilização do vento como fonte para a produção de energia eléctrica é relativamente recente e esteve dependente do desenvol-

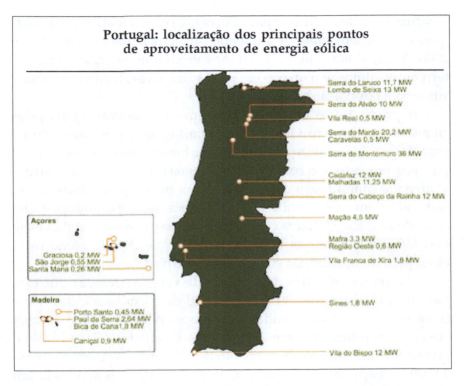

vimento de tecnologia apropriada e de custos acessíveis quer na produção dos equipamentos quer na de energia.

As turbinas utilizadas na produção são hoje muito mais baratas do que as iniciais, dos anos '80 do século passado. Considerando que os custos de funcionamento (manutenção, energia, etc.) destas turbinas é muito baixo (podendo mesmo o custo marginal ser considerado como nulo), os maiores custos a suportar para a produção deste tipo de energia são os de natureza fixa: custo dos equipamentos e da sua instalação. Como estes se reduziram significativamente nas últimas duas décadas, algumas estimativas consideram que o custo de produção de energia eólica é hoje cerca de 20% do que custava há duas décadas e mais baixo do que o da energia gerada por centrais térmicas.

Não admira, por isso, que este tipo de energia seja talvez o que, neste momento, conhece um maior ritmo de crescimento. Isto

234 | Economia do Crescimento

é particularmente verdade para Portugal, onde a instalação de parques eólicos tem vindo a aumentar substancialmente. No fim de 2006 Portugal era o nono produtor mundial de energia eólica em termos absolutos, e o quarto em termos relativos, tendo em conta a sua área e população[76].

A produção de energia eólica tem duas desvantagens principais: o seu impacto visual sobre a paisagem, principalmente no caso de parques eólicos com muitas turbinas e respectivas torres e pás, por um lado, e o ruído que as turbinas provocam. Este inconveniente é minimizado com o facto de a maior parte delas serem instaladas em zonas com reduzida densidade populacional no cimo de montes. Nalguns casos chegam mesmo a ser instaladas no mar (*off-shore*), como na Dinamarca, país que definiu como meta obter pelo menos 50% da sua energia a partir da energia eólica.

Há muitos milhares de turbinas de vento instaladas por esse mundo fora, com uma capacidade total de 59 mil MW, das quais cerca de 70% estão instaladas na Europa. A World Wind Energy Association estima que em 2010 estarão instalados 120 mil MW, o que supõe uma taxa de crescimento de 15%/ano. A Alemanha com 20 mil e a Espanha e os Estados Unidos com 11,6 mil MW cada um são os principais produtores mundiais deste tipo de energia.

Instalou-se recentemente (fim de 2007) em Portugal (região de Viana do Castelo) uma importante unidade fabril de material para aproveitamento da energia eólica.

A maioria das formas de produção de energia, particularmente através de recursos não-renováveis, implica um conjunto de custos (externalidades que não são, normalmente, tomadas em consideração na análise dos custos a suportar pelas empresas pro-

---

[76] Notícia dos jornais de 27/Março/07:

"Investimento de 2,1 mil milhões de euros / EDP compra empresa de energia eólica: A aquisição irá permitir à EDP tornar-se no quarto maior operador do Mundo no sector eólico. António Mexia, da EDP, afirmou que "é a maior transação feita por uma empresa portuguesa fora de Portugal", o que irá trazer grandes transformações na companhia".

dutoras. É o caso, por exemplo, da poluição, que tem custos para a comunidade – ex. efeito de estufa – que não são suportados pelas empresas produtoras. Outros acrescentarão a estes custos os que derivam, por exemplo, de uma política de segurança externa que assegure o acesso às fontes das matérias primas.

Os defensores da energia eólica defendem que se forem tomados em consideração todos estes custos, a energia eólica tem um custo que compara bem com os das demais formas de produção de energia. Os críticos tendem a afirmar que estes custos são sobreavaliados pelos defensores de outras formas de energia e que a intermitência da disponibilidade do vento pode ser um forte factor de limitação da eficácia desta forma de produção de energia já que obriga, nomeadamente, à existência de formas de recurso que possam substituir (temporariamente) a energia produzida pelo vento.

3.5.5.2 *Energia hídrica*

A energia hídrica é a originada pela deslocação das águas retidas numa barragem e que, através da sua passagem por uma conduta, fazem accionar uma turbina que produz energia eléctrica.

Usualmente produzida em barragens de grandes dimensões – a maior do mundo é a de Itaipu, no Brasil, com uma capacidade de produção instalada de 14 mil MW –, a energia eléctrica de origem hídrica também pode ser produzida nas cada vez mais correntes "mini-hídricas, instaladas em rios de menores caudais.

A principal vantagem da utilização deste tipo de energia é o facto de ela não consumir combustíveis fósseis e, por isso, não ser poluente, não contribuindo para a criação do efeito de estufa. Outra vantagem é o facto de, apesar dos seus (normalmente) grandes custos de investimento inicial, terem custos de manutenção relativamente reduzidos até porque utiliza muitos equipamentos automáticos de controlo. Outra vantagem – mas que se pode tornar numa desvantagem – é o facto de a quantidade de energia a produzir ser facilmente controlável, podendo distribuir-se ao

236 | Economia do Crescimento

longo do ano graças à acumulação de água no reservatório da barragem. Em anos de pouca chuva, porém, isto pode tornar-se uma desvantagem.

Vantagens são, ainda, o facto de a criação de um lago (artificial) poder gerar o aparecimentos de actividades relacionadas com o turismo e o facto de a barragem poder ser utilizada para regularizar o curso dos rios a seu juzante, reduzindo assim os riscos de cheias que afectem as populações e a produção, principalmente agrícola.

Uma das principais desvantagens desta forma de produção de energia é a possibilidade de alterar o ecosistema local e, mesmo e principalmente na fase da construção da barragem, do ambiente sócio-económico local. Veja-se o caso recente da construção, na China, da chamada "Barragem das Três Gargantas", a terceira maior do mundo em termos de potência instalada (tornar-se-á a maior do mundo, com 19 mil MW, em 2009), que obrigou à deslocação para outras áreas de cerca de 1,2 milhões de habitantes que viviam nas zonas alagadas pelo enchimento da sua albufeira.

Embora a produção de energia eléctrica de origem hídrica não seja, em si mesma, poluidora e produtora de gases de estufa, os lagos das barragens podem, nomeadamente nas zonas tropicais e por decomposição de matéria vegetal que neles existe, à criação de metano e de dióxido de carbono, dois dos mais importantes daqueles gases.

Esta forma de energia representa, em Portugal, quase metade da energia eléctrica disponível para consumo final (o que faz do nosso país o principal utilizador europeu deste tipo de energia) e cerca de 6% do consumo de energia primária.

3.5.5.3 *Energia solar*

A energia do sol pode ser aproveitada quer para aquecimento (sistemas térmicos) quer para a produção de energia eléctrica através de células fotovoltaicas, de silício.

A principal vantagem desta forma de produção de energia é a sua quase total ausência de criação de poluição e dos consequentes gases de estufa.

As principais desvantagens são o custo, ainda elevado, dos materiais utilizados na produção e a relativamente reduzida capacidade de produção das centrais produtoras, normalmente utilizadas para abastecer comunidades populacionais ou de produção de dimensão pequena a média.

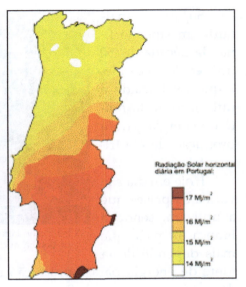

Devido à sua localização geográfica e ao seu clima, Portugal é dos países europeus com maior apetência para a produção de energia solar já que as horas de exposição solar variam, entre nós, entre as 2200 e as 3000 horas/ano, enquanto que na Alemanha, por exemplo, essa média é de apenas 1200-1700 horas/ano. Apesar disso, no entanto, em 2002 a Alemanha dispunha de cerca de 1 milhão de m2 de painéis instalados enquanto que em Portugal eles não ultrapassariam os cerca de 8 mil m2.

No início de 2007 foi inaugurada em Serpa a maior central de produção de energia solar no mundo. Com 11 MW e 52 mil painéis, será suplantada em breve por uma outra, a instalar em Moura, com uma capacidade de 62 MW de potência.

3.5.5.4 *Energia nuclear*

A energia nuclear foi utilizada, em primeiro lugar, nas bombas atómicas que foram largadas sobre Hiroshima (6/8/45) e Nagasaki (três dias depois), no Japão, e que estiveram na base da decisão japonesa de se render e, assim, terminar a Segunda Guerra Mundial (1939-45).

Só muito mais tarde, mesmo no final da década de '50 do século passado, é que foi iniciada a utilização desta fonte de energia para a produção de electricidade.

Hoje em dia são vários os países que a utilizam, sendo a França o país que mais depende desta fonte de energia para a produção de electricidade (cerca de 80% da produzida no país). Seguem-se-lhe países como a Lituânia, a Eslováquia e a Bélgica bem como a Suécia e a Ucrânia; todos estes países dependem em cerca de 50% ou mais da electricidade com origem nuclear. A nível mundial cerca de 15% da electricidade consumida é produzida em centrais nucleares.

A cidade de Hiroshima a seguir ao seu bombardeamento por bomba nuclear no fim da Segunda Grande Guerra

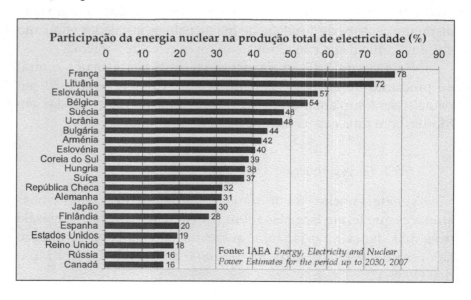

Fonte: IAEA *Energy, Electricity and Nuclear Power Estimates for the period up to 2030*, 2007

A principal vantagem da energia nuclear é, para além do seu custo ser concorrencial com a produzida por outras fontes[77], o facto de, por não utilizar combustíveis fósseis, não contribuir para o lançamento para a atmosfera dos gases

Consumo de energia nuclear		
Em milhões de toneladas de equivalente petróleo		
EUA	187,5	30%
França	102,1	16%
Japão	68,6	11%
Alemanha	37,9	6%
Rússia	35,4	6%
Coreia do Sul	33,7	5%
Canadá	22,3	4%
Ucrânia	20,4	3%
Mundo	635,5	100%

tóxicos que estão na origem do chamado "efeito de estufa", responsável pelo aquecimento do planeta com todas as consequências que daí advirão. Os defensores desta fonte de energia consideram-na mesmo a mais "limpa" das fontes de produção de energia em grande escala – provavelmente a par da energia hídrica.

As principais desvantagens são o facto de os resíduos (radioactivos) da sua operação terem uma vida muito prolongada (necessitando, por isso, de condições de armazenamento especiais de modo a garantir a não contaminação do ambiente em que se encontram guardados) e o facto de haver a possibilidade de, como no passado, se darem acidentes na exploração das centrais que poderão libertar para atmosfera partículas radioactivas que afectarão a vida das populações.

Alguns observadores consideram que a utilização em grande escala da energia nuclear não é algo que esteja completamente dependente da escolha humana. De facto, as crescentes limitações à utilização dos combustíveis que hoje servem de base à produção de energia (e principalmente de electricidade para uso industrial e urbano) – limitações essas relacionadas com a sua crescente escas-

---

[77] Alguns autores dirão que esta rentabilidade só é possível por não se atribuírem às centrais nucleares os custos externos – por exemplo os derivados de acidentes resultantes da sua exploração, como no caso de Chernobyl (vd caixa de texto adiante).

240 | Economia do Crescimento

sez e com as alterações ambientais que estão a provocar – tornarão quase inevitável o uso da energia nuclear num futuro que não é possível datar com exactidão – 50 anos? 100 anos? Mais?

O fantasma de Chernobyl

Chernobyl é o nome de uma região na Ucrânia onde estava instalada uma das muitas centrais nucleares de produção de electricidade da antiga União Soviética.

Um acidente – o mais grave da história do uso desta energia – ocorreu na referida central em 26 de Abril de 1986, levando à morte de 56 pessoas, à contaminação de muitas outras e do ambiente (que podem vir a estar na origem de mais cerca de 4000 mortes) e à deslocação, para fora da zona afectada, de cerca de 200 mil pessoas. Note-se que a contaminação do ambiente e do solo (por deposição de partículas radioactivas) atingiu regiões muito distantes do local do acidente, tornando-o um assunto de segurança (nuclear e ambiental) à escala mundial.

Este "fantasma de Chernobyl" é constantemente agitado pelos que se opõem à utilização desta fonte de energia devido aos elevados riscos que, argumentam, a sua utilização implica para as gerações actuais e futuras.

Os seus defensores, porém, argumentam não só com o facto de, face às centenas de centrais existentes no mundo (435 em 2006, a que há que acrescentar 29 em construção), o número de acidentes com alguma gravidade é reduzidíssimo (o que abona a favor das centrais já existentes) com também com o de que as centrais nucleares mais modernas são muito mais seguras, tornando o risco de um acidente como o de Chernobyl praticamente nulo.

Entretanto, espera-se, a inovação tecnológica conseguirá reduzir ainda mais os riscos de funcionamento das centrais nucleares e, quiçá, encontrar meios ainda mais seguros que os actuais para limitar os eventuais danos resultantes da permanência, por centenas e centenas de anos, dos resíduos nucleares.

3.5.6 A energia em Portugal

Quando se fala em energia num determinado país um dos principais aspectos a estudar é o da sua capacidade de se bastar a si próprio. Ela é medida pela "autonomia energética" definida como sendo o rácio entre a produção doméstica (nacional) de energia primária e o consumo total desta. No gráfico ao lado[78] representam-se as taxas de autonomia energética de vários países da União Europeia, sendo de salentar que Portugal tem uma taxa inferior à média da "UE-15" (em Portugal apenas cerca de 15% da energia consumida são produzidos com recursos nacionais, a maior parte de natureza hídrica. A média da UE-15 é quase tripla da nossa.

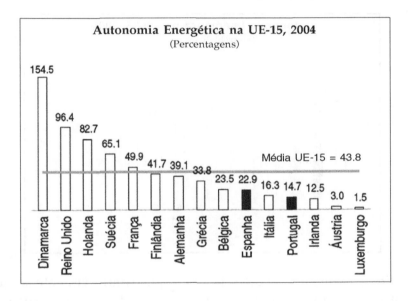

Outro indicador fundamental é o que mede a eficiência com que a energia é utilizada. Ele mede a quantidade de energia necessária para gerar cada unidade de produto nacional e chama-se "eficiência energética". Como se pode verificar pelo gráfico ao

---

[78] Os gráficos reproduzidos neste ponto são todos de Banco Espírito Santo--Research *Energias renováveis em Portugal e Espanha*, 2007 (ver em http://www.bes.pt/sitebes/cms.aspx?plg=a7cabc8d-88bf-4a16-9afc-fd7258bf73b6; visto em 3/Jan/2008). Agradece-se ao BES-Research a autorização para utilização aqui destes gráficos. Aliás, este ponto segue de perto muitas das informações contidas neste documento.

lado Portugal é dos países que consome mais energia para produzir cada unidade do seu produto. Note-se que este indicador é influenciado não apenas pela eficiência dos processos produtivos de cada país – o que, em princípio, se pretende fundamentalmente medir – mas também pela estrutura da produção nacional. Por exemplo, um país com maior percentagem de produção industrial tenderá a consumir mais por unidade de produto que um em que seja preponderante a produção do sector dos serviços.

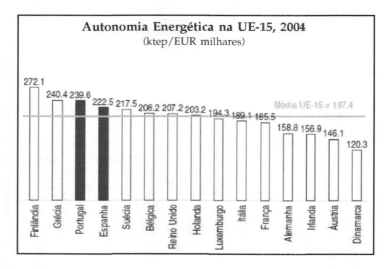

Preocupante é também o facto de que, contrariamente ao que acontece com quase todos os demais países da UE-15, o país tem conhecido um aumento do consumo por unidade de produto em vez de uma sua redução.

Começámos por referir que Portugal tinha uma pequena autonomia energética. Isto significa que está muito dependente de energia importada. A maior fonte desta é o petróleo, de que Portugal se encontra muito dependente – embora nos últimos anos se tenha assistido a um aumento do consumo do gás natural.

O grau de dependência em relação ao petróleo é um indicador importante devido ao facto de este, por diversas razões referidas noutro local, ter conhecido, particularmente nos últimos anos, uma subida significativa do seu preço no mercado internacional e porque, como também vimos anteriormente, muitos consideram que o "ouro negro" tenderá a esgotar-se algures na segunda metade deste século, sendo necessário ir preparando desde já "a vida para depois do petróleo".

Os gráficos seguintes ilustram dois aspectos da dependência de Portugal face ao petróleo: a percentagem do consumo do petróleo e derivados em rela-

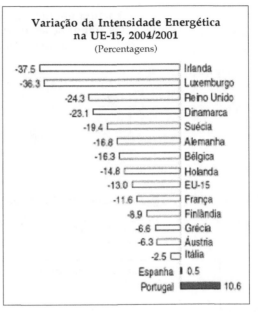

ção ao consumo total de energia primária (cerca de 60% em 2004 depois de ter sido de cerca de 70% em 1990; em 2012 já era apenas (?) de cerca de 37%) e o peso das importações de energia – nomeadamente de petróleo e seus refinados – no total do PIB nacional. A factura energética representava em 2006 5% do PIB.

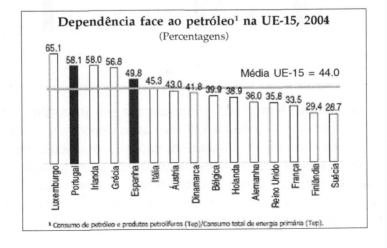

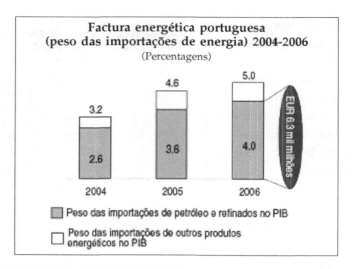

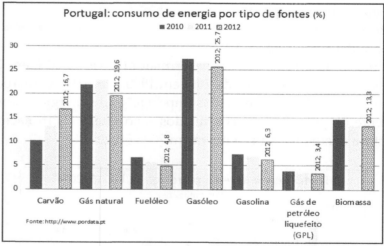

O gás natural tem vindo a aumentar a sua importância relativa – de 5% em 1994 passou a 12% dez anos depois e a quase 20% em 2012 – por razões que se prendem não só com o seu mais baixo custo mas também com opções de natureza geoestratégica: pretende-se diversificar a nossa dependência já que se o petróleo tem origem, em boa parte, no sempre instável Médio Oriente, o gás natural é proveniente da muito mais estável Argélia.

Esta grande dependência das importações de petróleo é, como referimos, tanto mais condicionadora da economia nacional quanto é certo que, num contexto de alguma ineficiência energética – já salientada acima – e de forte subida dos preços do petróleo, condiciona a competitividade externa do país.

Face a esta situação e não sendo conhecidas em Portugal reservas significativas de fontes de energia não renovável (carvão, petróleo, gás natural), uma diminuição da dependência do país em relação a este tipo de energias (particularmente o petróleo) só poderá vir do desenvolvimento do potencial de fontes renováveis, alternativas (aos combustíveis fósseis), de que dispomos e que são essencialmente as energias eólica, hídrica, solar, das marés, das ondas, da biomassa e geotérmica.

É, pois, essencial transformar com alguma urgência o panorama da produção e do consumo de energia em Portugal, nomeadamente através do aumento da capacidade de produção hídrica – barragens de grande dimensão e mini-hídricas – e do desenvolvimento de energias de fontes renováveis e o aumento da eficiência energética com reduções que deverão ir até aos 10% do consumo de energia até 2015.

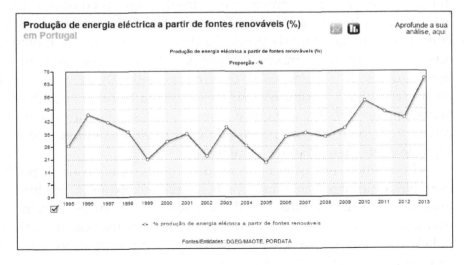

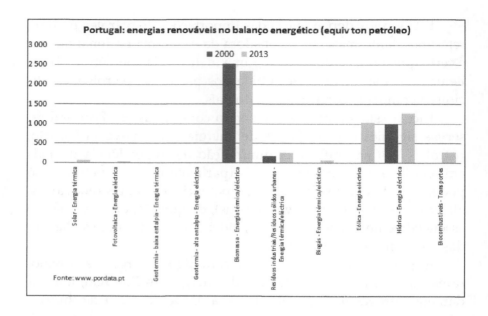

O desenvolvimento deste tipo de energias (renováveis) permitirá também assegurar que o nosso país cumprirá orientações comunitárias no sentido de a União Europeia reduzir a sua dependência em relação ao petróleo e que implica que o consumo de energia renovável para a produção de electricidade aumente 39% entre nós. Este aumento da produção de enegia a partir de fontes renováveis permitirá também, porque elas são muito menos poluidoras que as de origem fóssil, dimunir a produção de gases de efeito de estufa e, assim, reduzir os efeitos ambientais negativos (aquecimento global, p.ex.) que o aumento (quase) desenfreado do consumo de petróleo tem provocado (sobre este assunto veja-se o capítulo deste manual sobre o ambiente).

Na medida em que algumas das fontes renováveis – por exemplo a biomassa, incluindo os biocombustíveis – são produto (nalguns casos sub-produto...) da actividade económica, a maior utilização destas fontes pode contribuir para a dinamização da actividade económicas, particularmente da agricultura (produtora dos biocombustíveis como o etanol, p.ex.).

Capítulo 3. O desenvolvimento, o ambiente e os recursos naturais | 247

No gráfico abaixo vemos a informação actualizada sobre a evolução da potência instalada no nosso país por tipo de fonte de energia renovável desde 2000 e até 2006.

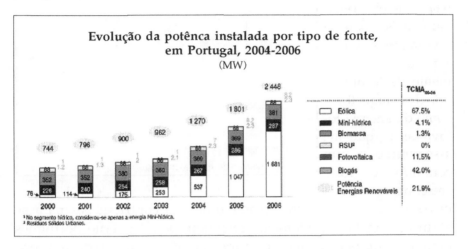

Evolução da potênca instalada por tipo de fonte, em Portugal, 2004-2006 (MW)

Das diversas fontes de energia renovável disponíveis a eólica é actualmente a mais importante graças a uma taxa de crescimento médio anual no período de 2000 a 2006 de quase 70% que permitiu que a taxa de crescimento da produção de energia eléctrica com origem nestas fontes tenha aumentado em cerca de 22% ao ano no mesmo período. Graças a este dinamismo Portugal é hoje o sexto produtor europeu deste tipo de energia (1681 GWh), ainda que muito abaixo da verdadeira "campeã" europeia que é a Alemanha (20200 GWh) e da "vice" que é a nossa vizinha Espanha (11600 GWh).

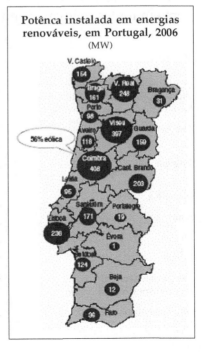

Potênca instalada em energias renováveis, em Portugal, 2006 (MW)

São conhecidas da imprensa as declarações de responsáveis governamentais sobre a aposta que se irá fazer no desenvolvimento deste último tipo de energia (bem como da energia fotovoltaica), que lhe assegurarão um contínuo e forte crescimento nos próximos anos.

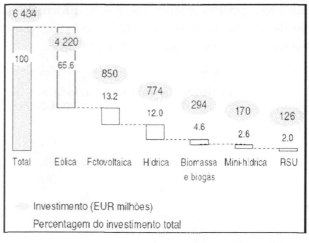

Esta será apenas uma das contribuições para se alcançar a meta, recentemente reforçada pelo Governo português para 45%, de percentagem de produção de electricidade com origem em fontes renováveis no ano de 2010.

Referência	Metas anteriores	Novas metas para 2007-2010
Produção de electricidade com base em energias renováveis	39% do consumo bruto	45% do consumo bruto
Energia hídrica	46% do potencial 5000 MW em 2010	75% do potencial em 2020 5575 MW em 2010
Energia eólica		5100 MW + 600 MW (por *upgrade* do equipamento)
Biomassa		100 MW
Solar		150 MW
Ondas		250 MW em zona piloto
Biogás		100 MW
Biocombustíveis utilizados nos transportes rodoviários		10%
Micro-geração		50 mil sistemas

Fonte: *Programa Nacional de Barragens com Elevado Potencial Hidroeléctrico*

Capítulo 3. O desenvolvimento, o ambiente e os recursos naturais | 249

Quanto ao consumo de energia[79] em Portugal, em 2004 a indústria absorveu 38% da energia, seguindo-se com 35% o sector dos transportes. Em terceiro lugar estava o sector residencial (15%) e os restantes 12% foram consumidos por uma variedade de sectores, incluindo o comércio.

Note-se que em termos de dinâmica da evolução, em 2004 foi o sector dos transportes o que conheceu um mais rápido crescimento (12%/ano), tendo o sector industrial conhecido uma baixa do consumo de cerca de 5% e o residencial aumentado 14%. A variação total do consumo foi de +2,3%.

3.6 Desenvolvimento sustentável

De quanto fica dito nos pontos anteriores, particularmente quanto às mudanças climáticas e às alterações na disponibilidade de recursos naturais (energéticos e outros), é evidente a necessidade de o crescimento/desenvolvimento económico ter de ser, *hoje*, pensado em termos da capacidade de poder continuar no *futuro* sem colocar em causa a possibilidade próximas gerações – de todo o Mundo – poderem vir a conhecer um nível e tipo de bem estar que, não tendo de ser necessariamente igual ao dos actuais países desenvolvidos – caracterizados por níveis elevados de consumismo e de desperdício – lhes permita, ainda assim, ter uma vida digna e mantendo abertas as capacidades de escolha da maioria dos habitantes de todos os países.

É neste contexto que surge o conceito de "desenvolvimento sustentável", definido no "Relatório Brundtland" (1987) – nome de uma antiga primeira ministra da Noruega (Gro Brundtland) –,

---

[79] Vd International Energy Agency *2006 Standard Review of Portugal* in (http://www.iea.org/textbase/nppdf/free/2006/SR_Portugal.pdf)

da Comissão Mundial sobre o Ambiente e o Desenvolvimento[80], como sendo

> *"o desenvolvimento que satisfaz as necessidades do presente sem comprometer a possibilidade das gerações futuras satisfazerem as suas próprias necessidades".*

Como salienta MARTINS (1998) no seu texto já citado,

> "o conceito de desenvolvimento sustentável está intimamente ligado ao objectivo da equidade intra-geracional e inter-geracional: cada geração deve preocupar-se com a solidariedade entre os seus membros e também com as futuras gerações, deixando a estas em herança um património, ambiental e social, equivalente ao que recebeu das gerações precedentes"[81].

O princípio da sustentabilidade tem sido reforçado em várias conferências internacionais, nomeadamente na chamada "Cimeira da Terra", realizada no Rio de Janeiro em 1992, e, dez anos depois e como que para fazer um balanço desta, na Cimeira Mundial sobre Desenvolvimento Sustentável (Cimeira de Johanesburg), na África do Sul, em 2002.

---

[80] A referência do relatório é Comissão Mundial do Ambiente e do Desenvolvimento *O nosso futuro comum*, Lisboa, Meribérica/Liber, 1987 (434 pgs).

[81] Vd pg 4.

O conceito de sustentabilidade

A sustentabilidade assenta nos seguintes princípios ou regras de gestão de recursos: [82]

- A exploração dos recursos renováveis não deve exceder o ritmo da sua regeneração;
- As emissões de resíduos poluentes devem ser reduzidas ao mínimo e não devem exceder a capacidade de absorção e de regeneração dos ecossistemas;
- Os recursos não renováveis devem ser explorados de um modo quase sustentável limitando o seu ritmo de esgotamento ao ritmo de criação de substitutos renováveis. Sempre que possível deverá ser feita a reutilização e a reciclagem dos resíduos resultantes da utilização de recursos não renováveis. Os resíduos de algumas actividades económicas podem em muitos casos servir como matérias-primas de outras actividades.

A actividade económica, o meio ambiente e o bem-estar global da sociedade formam o tripé básico no qual se apoia a ideia de desen-

Figura 1.1 – Utilização dos recursos naturais

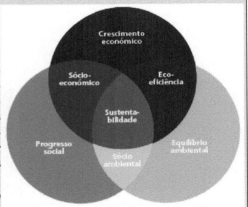

Figura 1.2 – Dimensão ambiental, económica e social do desenvolvomento sustentável

---

[82] Fonte de toda esta página: BCSD Portugal – Conselho Empresarial para o Desenvolvimento Sustentável *Manual de boas práticas de eficiência energética*, Novembro 2005, pg 3.
(vd em http://www.bcsdportugal.org/uploader/index.php?action=download& field=http://www.bcsdportugal.org/files/496.pdf&fileDesc=Manual Eficiência Energética).

volvimento sustentável. O desenvolvimento sustentável só pode ser alcançado se estes três eixos evoluírem de forma harmoniosa.

Assim, o conceito de desenvolvimento sustentável pode ser representado pela fig. 1.2 em que os três círculos representam as dimensões ambiental, económica e social associadas, sendo de salientar os seguintes aspectos:

• Os processos económicos, sociais e ambientais estão fortemente interligados;

• O desenvolvimento sustentável vai para além da conservação ambiental;

• As actividades desenvolvidas no presente e no médio prazo devem garantir a satisfação global das necessidades das gerações futuras;

• O desenvolvimento sustentável apela a mudanças estruturais a longo prazo na economia e no sistema social, com o objectivo de reduzir o consumo dos recursos naturais mantendo o potencial económico e a coesão social.

Capítulo 3. O desenvolvimento, o ambiente e os recursos naturais | 253

Anexo

Impactos da mudança climática

Ao longo do texto deixámos várias referências aos possíveis custos a suportar pelo Homem em consequência das mudanças climáticas que estão a ocorrer e que são, em grande parte, fruto da sua própria acção. Porém, todos concordam ser tarefa quase impossível uma estimativa correcta quer dos custos de "não fazer nada" e deixar que a situação evolua "naturalmente", quer dos custos de eventuais medidas de correcção ou mitigação dos desequilíbrios existentes e a existir:

"Muitos economistas acreditam que os custos serão mais baixos porque quem polui encontrará novas tecnologias e formas mais baratas de ultrapassar os problemas em cumprir as metas: a regulação pode "forçar" a inovação. Mas outros economistas acreditam que existem muitos custos invisíveis associados à regulação, por isso esses custos efectivos podem revelar-se mais elevados do que os estimados. Por todas essas razões e ainda outras, podemos esperar grandes variações nas estimativas dos custos de controlo"[83].

O quadro seguinte identifica os principais impactos da mudança climática em vários domínios da actividade humana e de acordo com a subida de temperatura que se venha a verificar. Como é natural, quanto maior for essa subida maiores serão os impactos a suportar nos vários domínios da actividade do Homem.

---

[83] *in* HOUSE OF LORDS Select Committee on Economic Affairs 2nd Report of Session 2005-06 *The Economics of Climate Change*, Volume I: Report; London, 6 July 2005.

254 | Economia do Crescimento

Possíveis impactos ambientais segundo o aumento de temperatura

Subida de temperatura (ºC)	Água	Alimentação	Saúde	Terra	Ambiente	Impactos abruptos e de grande escala
1ºC	Os pequenos glaciares dos Andes desaparecem completamente, ameaçando o abastecimento de água a 50 milhões de pessoas	Aumento modesto das colheitas de cereais na regiões temperadas	Pelo menos 300 mil pessoas por ano morrerão de doenças relacionadas com o clima (predominantemente diarreia, malária e malnutrição) Diminuição das mortes durante o inverno nas zonas de maiores latitudes (Norte da Europa, EUA)	Degelo danifica consistência daterra e provoca danos em edifícios e estradas em partes do Canadá e da Rússia	Pelo menos 10% das espécies terrestres enfrentarão a ameaça de extinção Morte de 80% dos recifes de coral, incluindo da Grande Barreira de coral, na Austrália	A circulação termosalina no Atlântico começa a diminuir de intensidade (circulação termosalina: a circulação de grandes massas de água dos oceanos provocadas por diferenças de temperatura e de salinidade entre regiões dos mesmos)
2ºC	Redução potencial da disponibilidade de água em algumas regiões vulneráveis como, p.ex., África Austral e Mediterrâneo	Significativa redução das colheitas nas regiões tropicais (5-10% na África)	Em África mais 40 – 60 milhões de pessoas ficarão expostas ao risco de contraírem malária	Todos os anos serão afectadas elas cheias costeiras um total de até 10 milhões de pessoas	15 – 40% das espécies correm risco de extinção Elevado risco de extinção de espécies do Ártico incluindo o urso polar e o caribu	Potencial para a camada de gelo da Gronelândia começar a derreter irreversivelmente, acelerando a subida do nível do mar e pondo
3ºC	Na Europa do Sul, sérios riscos de seca uma vez em cada dez anos. 1-4 mil milhões de pessoas irão sofrer de falta de água enquanto 1-5 mil milhões poderão obter mais água mas com o custo de aumento das cheias	Mais 150 – 550 milões de pessoas correrão risco de fome É provável que as colheitas nas latitues mais levadas atinjam o seu pico máximo	Mais 1 – 3 milhões de pessoas morrerão de malnutrição	1 – 170 milhões de pessoas serão anualmente afectadas pela invasão das zonas costeiras pelo mar	20-50% das espécies correm risco de extinção incluindo 25-60% dos mamíferos, 30-40% dos pássaros e 15-70% das borboletas na África do Sul Caminho para o colapso da floresta amazónica (alguns modelos apenas)	o mundo em risco de assistir a uma subida de 7 m no nível do mar Riscos acrescidos de alterações na circulação atmosférica como, p.ex., as monções Riscos crescents de colapso
4ºC	Diminuição potencial de 30-50% da disponibilidade de água na África Austral e no Mediterrâneo	Diminuição potencial das colheitas em 15-35% na África e regiões inteiras retiradas da produção devido à seca (como na Austrália)	Aumento de até mais 80 milhões de pessoas em África expostas ao risco de contraírem malária	Mais 7 – 300 milhões de pessoas afectadas anualmente pela invasão das zonas costeiras pelo mar	Perda de cerca de metade da tundra ártica Cerca de metade de todas as reserves naturais do Mundo não conseguirão cumprir os seus objectivos	da placa de gelo da zona ocidental da Antártida

Fonte: The economics of climate change – The Stern Review (in http://www.hm-treasury.gov.uk/independent_reviews/stern_review_economics_climate_change/stern_review_report.cfm)
Transcreveu-se aqui apenas uma parte do quadro da pg 57; a parte truncada refere-se aos efeitos de subidas superiores a 4ºC e mais (ver o original)

Capítulo 4

A distribuição do rendimento: teoria e realidade

4.1 A teoria: igualdade, desigualdade e crescimento

Na introdução ao seu texto sobre "Distribuição de rendimento e desenvolvimento"[84], Francês Stewart diz:

> "a distribuição de rendimento numa sociedade é de enorme importância. Influencia a coesão da sociedade e, para qualquer nível de PIB, determina o nível de pobreza nela existente.
>
> Algumas economias com rendimento relativamente elevado têm uma distribuição de rendimento muito desigual, resultando em grandes clivagens na sociedade e em níveis elevados de pobreza, como no caso do Brasil. Outros países com distribuição de rendimento mais igual têm menos pobreza e há um sentido de equilíbrio dentro da sociedade que contribui para a estabilidade política, como na Costa Rica.
>
> A sensibilidade da pobreza ao crescimento depende da distribuição de rendimento num país; por exemplo, uma taxa de crescimento de 1 por cento do PIB conduz a uma redução de 0,21% na pobreza na Zâmbia se a distribuição se mantiver inalterada, comparados com uma redução de 3,4% na Malásia (Sensor, 1995).

---

[84] Stewart, Frances *Income distribution and development*, QEH [Queen Elisabeth House] Working Paper Series – QEHWPS37, Oxford, 2000 (vd http://www3.qeh.ox.ac.uk/RePEc/qeh/qehwps/qehwps37.pdf).

Há também uma evidência considerável de que a distribuição de rendimento tem uma influência significativa na taxa de crescimento, com as sociedades mais igualitárias crescendo mais rapidamente que as menos igualitárias. (...)

Uma distribuição de rendimento mais igualitária, bem como a prossecução de objectivos sociais são, consequentemente, aspectos essenciais do desenvolvimento, para além do crescimento económico."

O texto aborda, provavelmente, as mais importantes questões que se colocam quanto à distribuição do rendimento e desenvolvimento (entendido no sentido amplo que inclui aspectos sociais e não apenas económicos). É exactamente neste contexto do *desenvolvimento* que, aliás, faz mais sentido abordar a questão, mais que no sentido, bem mais restrito, do *crescimento* da produção – embora ela também possa ser analisada apenas sob este prisma, como veremos.

O tema é especialmente actual uma vez que se tem registado nos últimos anos um aumento das desigualdades, em particular decorrente da cada vez maior concentração da riqueza nos grupos mais ricos. Conforme refere Thomas Piketty (2014, pág. 78) o crescimento das maiores fortunas de 1987 a 2013 foi três mais rápido que o crescimento da média dos patrimónios.

4.1.1 *Distribuição do quê, entre quem e no seio de que unidades?*

A autora que citámos começa por identificar três questões-chave que se colocam quando se fala de distribuição/redistribuição. São elas a (re)distribuição de *o quê, entre quem* e *no seio de que unidades.*

a) distribuição de *o quê?*

Usualmente – e nós próprios não fugiremos à regra em muito do que se diz neste texto – o tema central da distribuição tende a ser a do (fluxo) rendimento (quase sempre pré-impostos), nomeadamente entre indivíduos (a chamada distribuição pessoal do rendimento). Isto significa, nomeadamente, que a questão da distribuição da riqueza (um *stock* que permite gerar *fluxos* de rendimento) não surge, em geral, como uma das preocupações centrais quando se abordam estas questões. Porém, na medida em que ela condiciona quer o rendimento passado quer, principalmente, o rendimento futuro, a questão da distribuição da riqueza (e sua eventual redistribuição) não pode deixar de ser colocada – pelo menos por quem defende melhores níveis de distribuição do rendimento como forma de contribuir para sociedades mais igualitárias e, no mínimo, com menores níveis de injustiça social.

As aproximações teóricas que tendem a enfatizar mais o bem estar social como conceito multidimensional e não restrito ao económico tenderão a adoptar, ao estudar esta problemática, uma concepção mais alargada do que deve ser a (re)distribuição que incluirá, naturalmente, a do rendimento individual mas também a do rendimento "social" (nomeadamente dos bens e serviços prestados pelo Estado) e das capacidades (designadamente mas não só as possibilitadas pela saúde e pela educação formal ou profissional).

Na referência a *"o que"* distribuir deve figurar também, ao lado da distribuição *pessoal*[85] do rendimento, a distribuição *funcional* do mesmo. Esta inclui a (re)distribuição do rendimento entre os diversos tipos de rendimento associados às várias funções dos agentes económicos no quadro da produção. Referimo-nos à distribuição do rendimento global entre os detentores dos meios de produção e da capacidade empresarial (os *lucros* e os *dividendos*), os que possuem apenas a sua força de trabalho e que a vendem (contra o recebimento de um *salário*) aos primeiros, os detentores de terra e de edifícios/infraestruturas físicas utilizados economica-

---

[85] Nesta poderá ser incluída quanto se refere à necessidade de redistribuir os rendimentos entre gerações (dos mais novos e que ainda participam das actividades produtivas para os que já as abandonaram e se encontram reformados). É tema que abordamos mais adiante.

258 | Economia do Crescimento

mente (as *rendas*) e os detentores de capitais financeiros que os emprestam para serem usados por outros na produção (*juros*).

A desigualdade está associada a factores produtivos que determinam o rendimento e a riqueza		
Factores (1)	*Aspectos relevantes (2)*	*Distribuição de rendimentos (1x2)*
Salários	Propriedade	Rendimento do trabalho +
Lucros	Distribuição do capital humano	rendimento do investimento
Rendas	Distribuição de activos fixos	
Juros	Distribuição de activos financeiros	
Dividendos		

Fonte: BARROS, Carlos in http://pascal.iseg.utl.pt/~cbarros/files/Aula%2028.pdf

A segunda questão que se coloca é a de saber *"entre quem"* se faz a (re)distribuição dos rendimentos (ou da riqueza). Uma das respostas é a que enfatiza o papel da distribuição entre *indivíduos* (distribuição pessoal do rendimento) a outra centra a sua atenção nos grupos familiares (distribuição dentro das *famílias*, entre os membros da família nuclear – distribuição intra-familiar do rendimento).

Estas respostas não esgotam, no entanto, o universo possível de análise já que este pode também ser constituído por *grupos* cujos critérios de agregação podem ser variados: étnicos, regiões, etc..

Por fim, refira-se que o tipo que questões que abordamos neste ponto também se pode colocar sob o ponto de vista das unidades de referência no seio das quais elas se colocam. Embora usualmente o quadro de análise seja o país, ele pode ser também o Mundo. Nesta caso o que há a analisar é a (re)distribuição (do rendimento e da riqueza) entre países ou grupos de países – por exemplo, a distribuição do rendimento mundial entre os países mais desenvolvidos e os países menos desenvolvidos ou "em vias de desenvolvimento".

Em quanto se segue não deixaremos de fazer referência a qualquer destes tipos de (re)distribuição mas permita-se-nos regressar, por momentos, à introdução do texto de Frances Stewart que citámos acima.

Capítulo 4. A distribuição do rendimento: teoria e realidade | 259

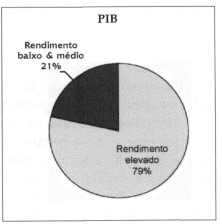

Uma distribuição equitativa do rendimento é de enorme importância porque cimenta a coesão social numa sociedade, nomeadamente através da redução dos níveis de pobreza[86] – a abordar mais adiante – que nela se verificam. Note-se, porém, que este conceito de "coesão social" deriva mais do facto de a economia ser uma ciência social e de valorarmos primordialmente o bem estar da sociedade no seu conjunto do que, em princípio, da relevância para a produção. Se, porém, esta "coesão social" tiver reflexos no crescimento da produção, tanto melhor...

Basta pensarmos na perda de recursos que significa a realização, nomeadamente por períodos prolongados, de greves gerais, e na destruição de bens que pode resultar da instabilidade social traduzida em agitação violenta nas ruas – como sucede um pouco por toda a parte por esse mundo fora e de que tivemos um exemplo na agitação que percorreu a França há poucos anos atrás[87] ou mais recentemente no Quénia (2008) ou, mesmo, em Timor Leste (2006)

---

[86] Veremos noutro local definições para esta pobreza, nomeadamente os conceitos de pobreza e de indigência.

[87] Referimo-nos nomeadamente à violência urbana que assolou a França no final de Outubro e início de Novembro de 2005, onde centenas de automóveis e outros bens foram destruídos em cada noite: "Paris, 7NOV2005 – Na décima primeira noite de violência urbana em Paris e outras cidades da França, o saldo foi

260 | Economia do Crescimento

– para vermos que essa coesão social é um bem em si mesmo com reflexos na produção.

Esta instabilidade social provocada, entre outras razões, pela desigualdade da distribuição do rendimento e da riqueza entre os agentes económicos não é favorável ao investimento, quer nacional quer estrangeiro, comprometendo assim o crescimento.

Além disso, os economicamente mais favorecidos têm tendência a ter uma relação privilegiada com o poder politico, levando-o, por exemplo, a adoptar medidas restritivas à entrada de novos investidores em alguns sectores de produção, restringindo a concorrência e a pressão que ela exerce para uma maior eficiência económica. Esta é uma situação bem conhecida de países (ex: Portugal nos anos 50 e 60) onde, através de formas de "condicionamento industrial", grupos económicos exerceram pressão para o poder político impedir a instalação de outros produtores em determinados mercados.

Mais, parece evidente que a coesão social proporcionada por uma distribuição relativamente equitativa – mas não necessariamente igualitária – da riqueza e do rendimento são uma vantagem na "mobilização" da população para a produção no sentido em que esta sabe, porque sente, que vai ser beneficiada por essa produção e produtividade acrescidas. É isto, por exemplo, um dos factores que segundo alguns autores ajuda a explicar o sucesso das políticas de crescimento e desenvolvimento nos países em que se registou o "milagre asiático" (Coreia do Sul e Taiwan, nomeadamente).

Pelo contrário, quando há fortes desigualdades sociais e de distribuição de riqueza e do rendimento resultantes da apropriação da maior parte de uma e de outro por grupos sociais restritos – como sucede em países como a Indonésia e o Brasil, p.ex., – o incentivo ao aumento da produção e da produtividade individual dos trabalhadores é muito menor já que estes sentem que a sua

---

de 34 polícias com ferimentos leves, 528 veículos queimados e 95 prisões (...) A violência urbana deixou 316 veículos queimados nas províncias e 212 em Paris".

Capítulo 4. A distribuição do rendimento: teoria e realidade | 261

situação não melhorará significativamente, indo os acréscimos de produtividade beneficiar principalmente os detentores dos meios de produção.

Quanto à reivindicação da autora da citação acima de que existe "considerável evidência de que a distribuição de rendimento tem uma influência significativa sobre a taxa de crescimento, com as sociedades mais igualitárias a crescerem mais depressa que as outras", as nossas certezas são muito menores porque o sentido da relação de causalidade por ela referido não parece ser o mais forte; tendemos a ver essa relação de causalidade mais no sentido inverso ou, pelo menos, como um círculo vicioso "virtuoso" (por se auto-reforçar) entre crescimento/desenvolvimento e melhoria da distribuição (mais do rendimento/fluxo do que da riqueza/ /stock mas não excluindo completamente esta).

Ela própria, aliás, recorda, ao referir o quadro abaixo, que existem exemplos diferenciados de tipos de relações (ou correlações?) entre crescimento e igualdade/desigualdade da distribuição do rendimento.

Crescimento e distribuição do rendimento em diferentes economias		
	Com crescimento rápido	Com crescimento lento
Distribuição a piorar	Brasil (dos anos 60 ao início dos anos 90) Paquistão (1970-1985) China (anos 80) Tailândia (anos 70 e 80) Botswana (anos 70)	Rússia pós-União Soviética e a maior parte dos Estados da Europa Oriental (anos 80) México (anos 80) Quénia (anos 80) Etiópia (anos 80) Guatemala (anos 70 e 80)
Melhoria da distribuição	Indonésia (1973 até 1993) Malásia (1970-1985) Taiwan (1950-1980) Coreia do Sul (1950-1980) Maurícias (anos 80 e 90)	Sri Lanka (1960-1970) Cuba Colômbia (anos 80) Marrocos (1970-1984) Trindade e Tobago (anos 70 e 80)

Fonte: STEWART, Frances *Income Distribution And Development QEH Working Paper Series - QEHWPS37*, pg 7 (http://www3.qeh.ox.ac.uk/RePEc/qeh/qehwps/qehwps37.pdf)

262 | Economia do Crescimento

Na verdade, se temos algumas provas de que a redistribuição da riqueza – e, com ela, do rendimento que ela permite gerar – desempenhou um papel importante no início de alguns processos de crescimento[88], a verdade é que no verdadeiro "problema da galinha e do ovo" que é a relação de causalidade entre melhor distribuição de rendimento e maior crescimento, os exemplos daqueles países e de outros da região parecem apontar para o início do processo estar muito mais do lado do crescimento – que permite melhorar a distribuição do rendimento, nomeadamente através de um efectivo efeito de *trickle down* – do que do rendimento.

No entanto, num reconhecimento do referido "círculo vicioso virtuoso", há que admitir que o aumento do rendimento por redistribuição de parte dele (e da riqueza que o ajuda a gerar) reforce as possibilidades de um crescimento mais acelerado nos momentos seguintes por, nomeadamente, permitir quer um aumento da procura (consumo das famílias) quer uma melhoria do ambiente social importante – mas não necessariamente determinante – para as melhorias de produtividade, de produção e do investimento.

Aspectos determinantes da distribuição de rendimento e de riqueza		
• **Riqueza (stock)** • **Rendimento (fluxo)**	Aspecto estático • Poder de compra • Acumulação	Aspecto dinâmico • Os ricos poupam mais, o que gera maior rendimento no futuro • Os pobres não poupam • Os mais ricos tendem a obter maiores taxas de rendimento devido a economias de escala e melhores contactos para obter informações e melhores investimentos • Pessoas mais educadas tendem a investir mais na educação dos filhos (capital humano)

Fonte: BARROS, Carlos in http://pascal.iseg.utl.pt/~cbarros/files/Aula%2028.pdf

---

[88] nomeadamente na Coreia do Sul e em Taiwan, em que foram realizadas reformas agrárias, e na própria China, em que o fim das chamadas "comunas" em que predominava a produção colectiva, foi u ma forma específica de reforma agrária.

Alguns dos mecanismos de natureza mais económica que podem justificar uma influência positiva de uma melhor distribuição de rendimento (e da riqueza) no crescimento. Vejamos alguns desses mecanismos:

a) uma melhor (re)distribuição da terra, com a entrega desta a quem a trabalha – em detrimento, nomeadamente, de latifundiários absentistas –, pode melhorar a produção agrícola ao aumentar o *input* de mão de obra. Uma melhor distribuição da terra pode contribuir para aumentar o rendimento dos que a trabalham, dando-lhes maior oportunidade de se inserirem na economia de mercado como produtores e como consumidores, o que reforçará o crescimento global da economia;

b) mais igualdade reduz a pobreza e permite melhorar a situação dos beneficiários em termos de rendimento, da satisfação de necessidades de saúde e de educação, as quais acabarão por se reflectir em maior produtividade, produção e rendimento, reforçando-se assim a espiral desenvolvimento-redistribuição.

Estas conclusões divergem do que se pensava nos anos 50 do século passado sobre as relações entre distribuição de rendimento e crescimento económico. Nessa época acreditava-se – pelo menos alguns autores acreditavam – que um certo nível de desigualdade social era benéfico para o crescimento já que os criadores de poupança eram os agentes económicos mais ricos e não os pobres.

Ora, a poupança era essencial para o investimento, na linha do modelo de Harrod-Domar tão em voga na época em termos de modelos explicativos do crescimento económico (ver capítulo 2).

A distribuição desigual dos rendimentos seria então e segundo Kuznets, representada por uma curva em "U" invertido: agravar-se-ia nos primeiros estádios de crescimento e tenderia a reduzir-se, tornando a sociedade mais igualitária, depois de esta ter entrado numa fase mais adiantada de crescimento económico.

264 | Economia do Crescimento

É este raciocínio que ainda hoje está presente em afirmações do tipo "crescer primeiro e distribuir depois" ou "não se pode distribuir sem antes produzir" que se ouvem em vários quadrantes, normalmente dos politicamente mais conservadores.

O que os defensores da *"redistribution with growth"* [89] – isto é, de uma redistribuição do rendimento que acompanhe (ou, mesmo, antecipe) o crescimento – defendem é quase exactamente o contrário: o crescimento, quando acompanhado de redistribuição do rendimento (e da riqueza), é mais rápido, de tal forma que uma aceleração deste pressupõe, em parte, um certo nível de redistribuição prévia ou, pelo menos, simultânea de forma a assegurar aquela aceleração.

Note-se que se aquela primeira posição – mais liberal-conservadora – parece apontar para uma não intervenção externa (do Estado...) no processo "natural" de evolução da distribuição de rendimento [90], esta outra aponta para a conveniência, senão mesmo a necessidade, de intervir no processo de distribuição quer como um fim em si mesmo – em nome da coesão social e do bem estar da generalidade da população – quer como um instrumento para acelerar o processo de crescimento económico (ou de desenvolvimento).

---

[89] Esta concepção ficou a dever-se, em primeiro lugar, ao Banco Mundial, que em 1974 publica o livro CHENERY, Hollis, Montek Ahluwalia et al. *Redistribution with Growth*. New York: Oxford University Press for the World Bank, 1974.

[90] O que, não nos iludamos, é uma forma, ainda que pela negativa, de intervir no processo de distribuição da riqueza e do rendimento.

Alguns exemplos destas políticas são referidas no quadro abaixo:

Rendimento mínimo	Redistribuição da riqueza e do rendimento através de:	Redistribuição do rendimento
Quotas para minorias (ex: étnicas; de rendimento) Legislação anti-discriminatória (ex: igualdade de oportunidades para as mulheres)	• Impostos sucessórios • Educação para todos	• Impostos e transferências ("impostos negativos") • Fornecimento de bens de mérito

Fonte: BARROS, Carlos in http://pascal.iseg.utl.pt/~cbarros/files/Aula%2028.pdf

4.1.2 *Igualdade/desigualdade entre países; a questão da convergência*

Verificando as disparidades de rendimentos *per capita* e de ritmos de crescimento entre países (ou entre regiões) desde há cerca de cinquenta anos que os economistas se têm interrogado sobre a chamada questão da convergência O tema da convergência corresponde às respostas para a seguinte questão: há ou não evidência empírica que demonstre que os países de mais baixo nível de vida têm tendência para se aproximar dos mais ricos, reduzindo-se o diferencial de rendimento (*per capita*) entre eles. Claro que essa convergência só será possívelse os países de mais baixo rendimento *per capita* tenderem a ter taxas de crescimento maiores que os países que têm rendimentos mais elevados.

O assunto tem sido investigado com mais intensidade desde os finais dos anos oitenta e levou à acumulação de muitos estudos empíricos sobre a matéria tanto mais que se intensificou o debate sobre se a globalização tendeu ou não a aumentar as desigualdades dos rendimentos e da riqueza entre países.

Uma aproximação à ideia de convergência é ilustrada pelo gráfico abaixo, em que se fixou como "norma" o rendimento médio per capita dos países de alto rendimento em cada ano e depois se definiu a percentagem do rendimento per capita de vários grupos de países em relação aos de alto rendimento da OCDE. Como se pode verificar, o único grupo de países onde é visível a existência de convergência em relação aos da OCDE é a Ásia Oriental. A América Latina tem conhecido uma nítida "divergência", a qual é também visível no caso da África Subsariana.

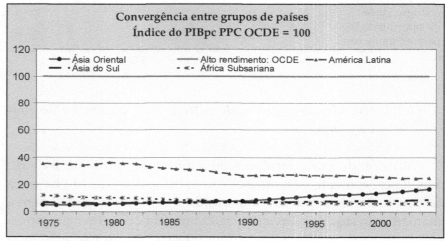

Fonte: World Development Indicators 2006

Notem-se no quadro ao lado os valores do índice calculado para os anos de 1975 e 2004. Por ele se pode verificar que apesar da evolução acima referida, o diferencial de rendimento médio per capita entre os vários grupos de países é (continua a ser) muito elevado: um latino--americano tem um ren-

	1975	2004
Ásia Oriental	14,3	16,7
Alto rendimento da OCDE	100,0	100,0
América Latina	25,3	24,9
Ásia do Sul	8,2	9,0
África Subsariana	6,1	6,1
Mundo	27,0	27,8

Capítulo 4. A distribuição do rendimento: teoria e realidade | 267

dimento médio per capita que é um quarto do dos habitantes dos países de mais alto rendimento (essencialmente a Europa Ocidental, os Estados Unidos, Canadá, Austrália e Japão). O rendimento per capita médio de um africano continua ser hoje pouco mais que a vigésima parte do dos habitantes dos países da OCDE e os habitantes da Ásia Oriental – incluindo da China –, apesar dos grandes progressos quanto à convergência alcançada a partir de meados dos anos 80 continuam a ter um rendimento per capita que é apenas cerca de 1/6 do dos cidadãos da OCDE.

Graças às contribuições do economista espanhol Sala-i-Martin distinguem-se habitualmente dois tipos de convergência: a *convergência-β* e a convergência-σ.

A convergência-β existe quando um país mais pobre (em termos de rendimento *per capita* da sua população e não do seu PIB global) cresce mais depressa (mais uma vez o que está em causa é o crescimento do rendimento *per capita*) que um país mais rico e se aproxima, portanto, dos seus níveis de rendimento *per capita*; a designação deste tipo de convergência pela letra β remete para a designação dada ao parâmetro que serve para medir a referida taxa de convergência: quanto maior for β maior será a velocidade de convergência entre as economias dos países.

Além deste tipo de convergência, mais interessante, há ainda a *convergência-σ*. verifica-se quando, para um dado conjunto de países, a dispersão dos níveis de vida medido pelo rendimento *per capita* tende a atenuar-se, diminuindo de dispersão dos pontos representativos dos vários países num gráfico em que, por exemplo, se representem as taxas de crescimento durante um determinado período (eixo Y) e o logaritmo do PIB per capita numa determinada data (eixo X).

A *convergência-β* tende a produzir a *convergência-σ*, porém não é uma condição suficiente, pois a existência de choques exógenos pode levar a que não se verifique essa consequência.

Uma forma simples de avaliar o grau de convergência passa pelo coeficiente de correlação ordinal. Para o cálculo desse coeficiente, começamos por ordenar os países por ordem crescente de

268 | Economia do Crescimento

rendimento *per capita* no início do período e atribuamos a cada país o número de ordem respectivo (1, 2,...). De seguida, ordenamos os países que estamos a analisar por ordem decrescente de taxa média de crescimento no período e atribuamos também o respectivo número de ordem a cada país.

Por exemplo, sejam três países, A, B e C em que o maior rendimento *per capita* é o de B e o menor o de C. A taxa de crescimento de A é maior de todas e a menor é a de B.

Então, as duas séries resultantes da atribuição de números de ordem serão

Países	A	B	C
Rendimento *per capita*	2	3	1
Taxa de crescimento	1	3	2

Consideremos agora as diferenças entre as duas séries calculadas.

Os valores (que designaremos por d_1, d_2 e d_3) são:

d_1	d_2	d_3
1	0	-1

Se houvesse total convergência, todas as diferenças seriam nulas. Então, o valor absoluto ou o quadrado das diferenças (quer um quer outro evitam que se anulem diferenças de sinal contrário) dão-nos informação para termos uma medida sobre a convergência.

Essa medida pode ser o coeficiente de *correlação ordinal* ρ assim definido:

$$\rho = 1 - 6(\Sigma_i \, d_i^2)/(n^3 - n) \text{ em que } n \text{ é o número de países.}$$

O coeficiente ρ pode variar entre -1 e +1. No caso de ser igual a -1 haverá total divergência e no caso de ser igual a +1 haverá total convergência.

Capítulo 4. A distribuição do rendimento: teoria e realidade | 269

No exemplo anterior[91]

$$
\begin{array}{ccc}
d_1 & d_2 & d_3 \\
1 & 0 & -1
\end{array}
$$

o valor de ρ é +0,5 pois teremos

$$
\rho = 1 - 6\,\frac{\Sigma\, d_i^2}{n^3 - n} = 1 - 6\,\frac{2}{3^3 - 3} = 0,5
$$

É fácil de ver que se a série das taxas de crescimento fosse 2, 3, 1 (i.e., se fosse igual à dos rendimentos *per capita*) haveria total convergência [$\rho = 1 - 6 * 0 \Rightarrow \rho = 1$] e se fosse 2, 1, 3 haveria total divergência [$\rho = 1 - 6\,\dfrac{\Sigma\, d_i^2}{n^3 - n} = 1 - 6\,\dfrac{8}{3^3 - 3} = -1$].

4.2 Distribuição funcional do rendimento

A produção gera rendimentos e os rendimentos são sempre originados na produção. Esta afirmação resulta da igualdade entre Produto Interno Bruto e Rendimento Interno, e leva-nos, neste manual, a usar indiferentemente o conceito de PIB ou de Rendimento interno.

Os rendimentos gerados são distribuidos entre os agentes intervenientes no processo produtivo, quer aqueles que contribuem com o seu trabalho (trabalhadores e gestores) e que recebem um salário, quer aqueles que são proprietários de capital (que recebem lucros, dividendos ou juros) quer ainda os proprietários da terra ou de imóveis (que recebem rendas).

Os lucros distribuidos anda são, em parte, redistribuídos para pessoas que não contribuem para o processo produtivo (eventualmente já terão contribuído para esse processo em anos anteriores).

---

[91] Note-se, no entanto, que a utilização do coeficiente só deve ser feita para um número elevado de pares. O exemplo é apenas ilustrativo e não tem significância estatística.

O caso mais importante de redistribuição é o realizado pelo Estado, através das pensões que paga aos reformados naqueles países que têm um sistema de segurança social público.

A distribuição de rendimento entre os intervenientes no processo produtivo é, como referimos, a distribuição que se chama distribuição *funcional* do rendimento (uma vez que tem a ver com as funções dos agentes na economia).

O que é que explica uma dada distribuição funcional do rendimento? Ou seja, por que razão é que num dado país por exemplo, os salários representam 40% do PIB e não 60% ou 70%?

A resposta a esta questão é motivo de grande controvérsia entre os economistas.

Muitas economistas consideram que a distribuição funcional do rendimento tem a ver predominantemente com questões sócio-culturais e menos com factores estritamente económicos, sendo em grande parte consequência do maior ou menor poder negocial dos grupos e classes em presença no processo produtivo.

No entanto, a escola de pensamento económico chamada neoclássica considera, pelo contrário, que a distribuição funcional depende de factores económicos e que resulta, em concorrência perfeita, da maximização de eficiência no funcionamento da economia.

Vejamos como considerando para simplificar que os rendimentos são apenas salários ou lucros.

No máximo de eficiência, o PIB realizado na economia corresponde à utilização da capacidade máxima existente.

Então, dada a função de produção, supondo como factores apenas o capital físico e a força de trabalho (ou, o que dá o mesmo resultado, o capital humano com o capital humano per capita constante) tem-se

$$Y = F(K, L)$$

Em que Y é o PIB efectivamente realizado suposto igual á capacidade máxima existente na economia.

Por outro lado, o PIB é igual aos rendimentos salariais mais os lucros (lembremos que, para simplificar, só considerámos estes dois tipos de rendimento)

Ou seja

$$Y = W+P$$

em que W é o valor dos salários pagos nessa economia no ano em causa e P o valor dos lucros gerados, que consideraremos ser a soma de lucros normais mais lucros excedentários.

Sendo w o salário médio e p a taxa de lucro normal em relação ao stock de capital fisco podemos escrever

$$Y = wL + pP + Q$$

em que Q é lucro excedentário em relação ao lucro normal da economia.

Em condições de eficiência e em concorrência perfeita os empresários utilizarão equipamento e empregarão pessoas de tal forma que o lucro excedentário seja o maior possível.

Ou seja, K e L serão tais que

$$Q = Y- (wL+pK) \text{ é máximo}$$

ou, substituindo Y pelo seu valor como função de produção

$$Q = F(K,L) -wL-pK \text{ é máximo}$$

Vamos calcular esse valores de K e L que tornam máximo o valor de Q.

Matematicamente esses valores corresponderão ás condições de 1ª ordem (prova-se que as condições de 2ª ordem garantem ser um máximo):

$$\partial F/\partial L -w = 0$$
$$\partial F/\partial K -p =0$$

272 | Economia do Crescimento

Então, conhecendo w e p os valor de L e K que correspondem à eficiência máxima serão dados pela resolução deste sistema. Sejam L* e K* os valores dessa solução.

Então o valor dos salários pagos correspondentes à situação de eficiência máxima em concorrência perfeita serão wL* e os lucros gerados serão pK*.

Verifica-se também que, dada a homogeneidade de F o valor de Q assim obtido é nulo, ou seja, o lucro excedentário máximo é nulo.

Esta teoria neoclássica tem fraquezas evidentes, uma vez que considera apenas situações de concorrência perfeita (que na realidade não existem) e de eficiência máxima, que também não se verificam. Por isso, tem uma alta dose de irrelevância e, embora seja utilizada em muitos trabalhos de teoria económica, a sua utilidade prática é reduzida.

Independentemente da concepção que se tenha dos factores que explicam a distribuição funcional do rendimento de uma dada economia, existe uma relação importante relativa à evolução salarial que se verifica sempre e que utilizaremos mais adiante, pelo que convém descrevê-la.

Seja W a massa salarial, isto é o valor dos salários pagos num dado ano, a preços correntes desse ano. Se w for o salário médio temos

$$W = wL$$

em que L é força de trabalho que recebe rendimentos salariais.

Seja $p_r Y$ o PIB a preços correntes, sendo Y o PIB do ano em causa a preços constantes de um dado ano anterior e p_r o índice de preços do ano em causa com base nesse mesmo ano anterior.

A relação $D = wL/p_r Y$ dá-nos o peso dos salários no PIB.

Como é que evolui esta relação ao longo do tempo?

Passando a taxas de crescimento tem-se aproximadamente

$$\Delta D/D = (\Delta w/w - \Delta p_r/p_r) - \Delta(Y/L)/(Y/L)$$

Capítulo 4. A distribuição do rendimento: teoria e realidade | 273

$\Delta w / w - \Delta p_r / p_r$ é a evolução do salário médio real (isto é, a evolução do salário médio descontando a evolução dos preços). Designamos o salário real por w^*. Por outro lado, Y/L é a produtividade média do trabalho, que designamos habitualmente por π

Então podemos escrever

$$\Delta D(D = \Delta w^*/w^* - \Delta \pi / \pi$$

Donde podemos concluir o seguinte

a) Se o salário médio real crescer mais (menos) que a produtividade o peso dos salários no PIB aumenta (diminui)

b) O peso dos salários no PIB mantém-se constante se e só se o salário médio real crescer ao mesmo ritmo da produtividade.

Esta última conclusão é a razão pela qual, em muitas negociações salariais entre trabalhadores e empregadores se toma como referência a evolução prevista da produtividade para negociar a evolução salarial.

4.3 A distribuição pessoal do rendimento

4.3.1 *A medição da distribuição do rendimento*

Questão essencial quer sob o ponto de vista teórico quer sob o da intervenção na realidade para fazer o diagnóstico da situação e, eventualmente, a modificar é a da *medição* do fenómeno da distribuição de rendimentos entre indivíduos, grupos ou países.

Três dos instrumentos mais utilizados de determinação da desigualdade/igualdade na distribuição de rendimentos (mas utilizável também na da riqueza) são a curva de Lorenz, o Índice de Gini e a determinação do rendimento por quintis ou decis (referiremos aqui apenas os primeiros, diferentes dos segundos apenas na dimensão da sua população).

Curva de Lorenz

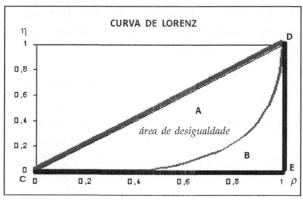

A curva de Lorenz é uma representação gráfica da distribuição do rendimento em que no eixo das ordenadas (eixo vertical) estão representadas as percentagens acumuladas dos rendimentos e no das abcissas as percentagens acumuladas da população.

O ponto (0,2; 0,8), por exemplo, significa que 80% da população aufere apenas 20% do rendimento nacional. No gráfico ao lado a curva a obter com as várias combinações de (rendimento; população) é a curva representada a vermelho (traço fino).

A linha de 45º, assinalada com um traço vermelho grosso, é o lugar geométrico dos pontos do plano tal como definido acima em que as percentagens são iguais: p.ex., 40% da população recebe 40% do rendimento. Isto é, é a curva de distribuição igualitária do rendimento.

Limitada por ela e pela curva de Lorenz fica a "área de desigualdade". Quanto maior ela for – i.e., quanto mais a curva de Lorenz se afastar da linha de distribuição igualitária do rendimento – mais desigual é a distribuição do rendimento no país. O que será considerado (socialmente) bom será, portanto, uma curva de Lorenz que esteja o mais perto possível da linha de igual distribuição, a recta de 45º do gráfico.

Veja-se no gráfico ao lado as curvas de Lorenz de quatro países: o Brasil, que pela sua posição relativa se percebe ser o que tem uma distribuição mais desigual dos quatro, os Estados Unidos, a Grã-Bretanha e a Suécia, o país, dos representados, com distribuição mais igualitária.

Não se pense, contudo, que a curva de Lorenz só se aplica ao estudo da igualdade/desigualdade do rendimento. Ela pode também ser utilizada no estudo da concentração da riqueza, por exemplo, a concentração da terra em várias regiões de um país ou de vários países – na abcissa seria representado o número de explorações e na ordenada a percentagem que ocupam.

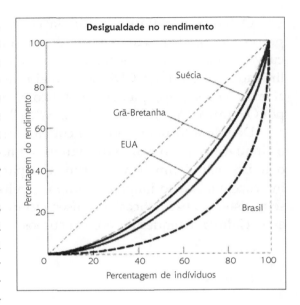

Coeficiente (Índice) de Gini

O coeficiente de Gini é um número entre 0 (zero) e 1 (um)[92] (normalmente arredondados às centésimas ou, no máximo, às milésimas) em que o "0" corresponde à completa igualdade de distribuição do rendimento – todos têm o mesmo rendimento – e o "1" corresponde à máxima desigualdade – no limite, uma só pessoa detém todo o rendimento e o resto da população não tem rendimentos. Assim sendo, quanto *menor* for o Índice *melhor* é a situação de um país relativamente à distribuição de rendimento pois mais igualitária é a sociedade. Os vários países tendem a apresentar valores do coeficiente que se situam entre 0,2 e 0,65.

---

[92] Estes valores aparecem por vezes convertidos em índice de base 100 multiplicando o coeficiente por este valor.

276 | Economia do Crescimento

O Índice é obtido a partir da curva de Lorenz e reflecte a proporção da área entre a curva de igual distribuição e a referida curva – i.e., a área de desigualdade – e a área total do triângulo limitado pelos pontos CDE no primeiro dos gráficos apresentados acima. Temos, pois, que, nesse gráfico, o Índice de Gini será dado por G = (área "A") / (área "A" + área "B").

Devido à forma como é calculado – utilizando, muitas vezes, os inquéritos ao consumo das famílias e não ao seu rendimento –, o Índice não é um bom instrumento para realizar comparações internacionais e ao longo do tempo. Devido às características dos seus sistemas estatísticos os países em desenvolvimento utilizam essencialmente inquéritos aos consumos.

Quintis[93]

Tal como o nome indica, os quintis dividem a população em 5 grupos de 20% e indica a percentagem de rendimento que cabe a cada um deles. Carlos Barros[94] dá o seguinte exemplo nas suas lições sobre o assunto:

Quintis	1º (0-20%)	2º (20-40%)	3º (40-60%)	4º (60-80%)	5º (80-100%)
Rendimento observado em 1990	6	10,3	16,7	24,7	42,3
Idem, 2000	5,8	9,8	14,8	23,3	46,3

Fonte: BARROS, Carlos Lições de Economia Pública vd http://pascal.iseg.utl.pt/~cbarros/epublica.htm

---

[93] O que aqui se diz dos quintis aplica-se também aos decis; no caso destes últimos os grupos de população correspondem a 10% desta, num total de 10 grupos, enquanto no caso dos quintis eles são, naturalmente, apenas cinco.

[94] Docente do ISEG; nas suas lições de Economia Pública aborda a questão da distribuição do rendimento. Veja em http://pascal.iseg.utl.pt/~cbarros/epublica.htm.

Capítulo 4. A distribuição do rendimento: teoria e realidade | 277

E como ele próprio salienta:

"Os quintis explicam-se por si mesmos. Verifica-se que o número de pobres diminui de 1990 para 1995, mas volta a aumentar de 1995 para 2000. A *lower middle class* – quintil 40% – diminui no período observado. A *middle class* – quintil 60% – diminui também no período observado. A *upper middle class* – quintil 80% – também diminui no período. Os ricos – quintil acima de 80% – aumentaram no período mais do que os pobres.

Estas estimativas baseiam-se nos inquéritos às despesas familiares, realizados no intervalo de 5 anos pelos serviços de estatística da União Europeia."[95]

4.3.2 *Pobres e medidas de pobreza*

Existem várias formas de medição da pobreza, umas de uso essencialmente ao nível nacional e outras que são utilizadas particularmente para as comparações internacionais.

A nível nacional a mais conhecida será a "linha nacional de pobreza". Esta toma como base de cálculo, na maioria dos países em desenvolvimento, informação de natureza alimentar já que tal linha nacional de pobreza é definida pelo rendimento abaixo do qual os indivíduos não conseguem assegurar o que é considerado pela FAO-*Food and Agriculture Organization* do sistema das Nações Unidas como o mínimo de alimentos necessários para assegurar uma vida saudável.

Esta não é, no entanto, a única definição de pobreza possível. Uma definição para a "taxa de pobreza" é a que, como referido em texto do DPP-Departamento de Prospectiva e Planeamento sobre a distribuição do rendimento em Portugal[96], é "avaliada pela

---

[95] Vd http://pascal.iseg.utl.pt/~cbarros/files/Aula%2028.pdf

[96] DPP – Distribuição do Rendimento e Pobreza em Portugal e suas Regiões, DPP, Lisboa, 2000.

http://www.dpp.pt/gestao/ficheiros/rendimento.pdf

percentagem de agregados familiares com receita média anual, por adulto-equivalente[97], inferior a 50% da média nacional".

Outro autor, Carlos Farinha Rodrigues, adopta nos seus estudos sobre a pobreza em Portugal uma definição ligeiramente diferente de pobreza. Para ele "um indivíduo é considerado pobre se vive numa família cujo rendimento por adulto equivalente é inferior a 60% do valor mediano por adulto equivalente calculado para toda a população"[98].

Estas diferenças são relativamente vulgares, o que dificulta, por vezes, a "leitura" de realidades concretas. No Brasil, por exemplo, considera-se, na determinação da taxa de pobreza, "a percentagem da população residente com rendimento familiar mensal per capita de até meio salário mínimo".

É a existência destas diferenças de definição de pobreza, linha de pobreza e taxa de pobreza que levaram à criação de dois conceitos que são hoje em dia os mais utilizados nas comparações internacionais: a de "pobreza absoluta", que corresponde ao um rendimento médio per capita de menos de 2 USD, e a de "indigência", correspondente a um rendimento inferior a 1 USD/dia.

---

[97] O conceito de "adulto equivalente" pretende realçar o facto de as pessoas terem necessidades de consumo diferentes consoante a idade, não fazendo por isso sentido que, por exemplo, as crianças fossem consideradas como equivalentes a adultos neste domínio.

[98] Vd http://www.agencia.ecclesia.pt/noticia_all.asp?noticiaid=47320&secc aoid=3&tipoid=85

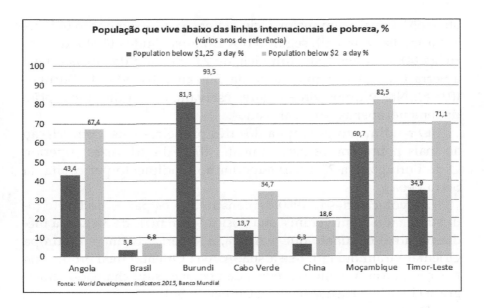

4.3.3 A distribuição nos países e no mundo

Em 1992 o Programa das Nações Unidas para o Desenvolvimento (PNUD)[99] publicou o seu relatório anual global sobre o desenvolvimento humano subordinado ao tema "Dimensões globais do desenvolvimento humano". Nele abordam-se vários aspectos e, designadamente, a distribuição do rendimento mundial entre a população mundial segundo os quintis do mesmo. A situação mundial na época, que não será muito diferente da actual, era a de que os 20% mais pobres tinham apenas 1,4% do rendimento mundial enquanto que os 20% mais ricos tinham quase 83% do mesmo. Os 60% mais pobres detinham, no conjunto, 5,6% do rendimento.

A situação ao nível dos países utilizando como instrumento de análise o rácio do rendimento per capita de cada país (em PPC) relativamente à média mundial obtém-se, para o ano 2000, o mapa

---

[99] Vd http://www.undp.org/

280 | Economia do Crescimento

abaixo[100]. O país com maior rácio era então o Luxemburgo (6,5 vezes a média mundial), seguido dos Estados Unidos (4,5) e da Noruega (4). Portugal tinha um rácio de 2,3 e no fim da tabela estava a Serra Leoa (0,065) antecedida da Tanzânia (0,069) e do Burundi (0,078). Nos últimos vinte lugares estavam, com a única excepção do Iemene, apenas países africanos.

O rendimento per capita dos três primeiros países em relação ao mais pobre era, respectivamente, 102, 70 e 61 vezes superior. O de Portugal era 35 vezes superior ao rendimento per capita da Serra Leoa.

A evolução desde 1980 demonstra que os países do Norte industrializado mantiveram a sua posição com mais de 3 vezes a média mundial enquanto que a África, a América Latina e a Europa Oriental viram degradar-se a sua. A Ásia Oriental melhorou a sua posição graças à melhoria registada nos países do chamado "milagre asiático", particularmente a Coreia do Sul.

De notar que a grande diferença de rendimento per capita entre países tem aumentado historicamente. Cerca do ano 1500 a proporção entre os rendimentos per capita do país mais rico (então a Inglaterra) e o mais pobre (a África em geral) era de 1,8:1. Esta proporção aumentou para 3,1:1 cerca de 1700 e para 9,4:1 em 1913 e 20:1 em 1998[101]. Nestas duas últimas datas o país mais rico já eram os Estados Unidos. A África manteve-se sempre como o grupo mais pobre de países.

O quadro seguinte dá, por sua vez, indicações sobre a distribuição do rendimento em vários países: os dez com maior Índice de Desenvolvimento Humano (IDH)[102], Portugal e os países com menor IDH.

---

[100] Vd *The UC Atlas of Global Inequality* (*http://ucatlas.ucsc.edu/income/rtioppp.html*)

[101] Dados de Angus Madison (2001) citados por BASU, Kaushik *Globalization, Poverty and Inequality: What is the Relationship? What can be done?*, WIDER in http://www.wider.unu.edu/publications/working-papers/research-papers/2005/en_GB/rp2005-32/_files/78091757109314963/default/rp2005-32.pdf

[102] Ver noutro local deste manual indicações sobre este índice e o conceito de desenvolvimento humano que pretende medir.

		ODM				Medidas de desigualdade		
		Parcela do rendimento ou consumo (%)				10% mais ricos para 10% mais pobres [a]	20% mais ricos para 20% mais pobres [a]	
Ordem do IDH	Ano do inquérito	10% mais pobres	20% mais pobres	20% mais ricos	10% mais ricos			Índice de Gini [b]
DESENVOLVIMENTO HUMANO ELEVADO								
1 Noruega	2000	3,9	9,6	37,2	23,4	6,1	3,9	25,8
2 Islândia	..	..	..	..	..	..	..	..
3 Austrália	1994	2,0	5,9	41,3	25,4	12,5	7,0	35,2
4 Irlanda	2000	2,9	7,4	42,0	27,2	9,4	5,6	34,3
5 Suécia	2000	3,6	9,1	36,6	22,2	6,2	4,0	25,0
6 Canadá	2000	2,6	7,2	39,9	24,8	9,4	5,5	32,6
7 Japão	1993	4,8	10,6	35,7	21,7	4,5	3,4	24,9
8 Estados Unidos	2000	1,9	5,4	45,8	29,9	15,9	8,4	40,8
9 Suíça	2000	2,9	7,6	41,3	25,9	9,0	5,5	33,7
10 Países Baixos	1999	2,5	7,6	38,7	22,9	9,2	5,1	30,9
28 Portugal	1997	2,0	5,8	45,9	29,8	15,0	8,0	38,5
168 Moçambique	1996-97	2,5	6,5	46,5	31,7	12,5	7,2	39,6
169 Burundi	1998	1,7	5,1	48,0	32,8	19,3	9,5	42,4
170 Etiópia	1999-00	3,9	9,1	39,4	25,5	6,6	4,3	30,0
171 Chade	..	..	..	..	..	..	..	..
172 República Centro-Africana	1993	0,7	2,0	65,0	47,7	69,2	32,7	61,3
173 Guiné-Bissau	1993	2,1	5,2	53,4	39,3	19,0	10,3	47,0
174 Burquina Faso	2003	2,8	6,9	47,2	32,2	11,6	6,9	39,5
175 Mali	1994	1,8	4,6	56,2	40,4	23,1	12,2	50,5
176 Serra Leoa	1989	0,5	1,1	63,4	43,6	87,2	57,6	62,9
177 Níger	1995	0,8	2,6	53,3	35,4	46,0	20,7	50,5

Refiram-se alguns padrões que parece resultarem dos dados do quadro:

a) nos países de menor IDH a parcela dos 10% mais pobres o total do consumo ou do rendimento tende a ser menor que nos de maior IDH; o inverso acontece no decil dos mais ricos, dando uma imagem da grande desigualdade de rendimentos/consumo que existe nos países de menor rendimento – e também, portanto, mais desiguais;

b) reforçando a ideia anterior, o Índice de Gini – que, recordamos, corresponde ao produto do coeficiente de Gini por 100 – nos países mais pobres (de facto, de menor IDH) é maior;

c) além disso e também confirmando que as sociedades mais pobres tende ser também mais desiguais, o rácio entre os rendimentos/consumos dos mais ricos face aos mais pobres é também mais alto;

d) Com 38,5, Portugal é o país da União Europeia (alargada) com maior índice de Gini – i.e, com maior desigualdade –, a que se segue a Letónia com 31,7 e a Lituânia e o Reino Unido, ambos com 36.

282 | Economia do Crescimento

A acrescentar a esta realidade estática há esta outra, relativa à dinâmica da evolução da desigualdade em vários grupos de países:

> "Com base na evolução dos coeficientes de Gini, a desigualdade aumentou nas duas últimas décadas aumentou em quase todos os países com excepção dos países de baixo rendimento. Enquanto a desigualdade aumentou na Ásia em desenvolvimento, nas economias emergentes da Europa, na América Latina, nas chamadas "Novas Economias Industrializadas" [da Ásia Oriental][103] e nas economias mais avançadas, ela diminuiu na África Subsariana e na Comunidade de Estados Independentes"[104]

O aumento da desigualdade é explicado, em boa parte, pelo aumento da parte do rendimento dos que fazem parte do quintil mais rico (80%-100%) à custa dos quintis intermédios, enquanto no primeiro quintil (0-20%) as alterações terão reduzidas[105].

4.4 A distribuição do rendimento e o envelhecimento da população: a questão da segurança social

Uma questão que se cruza com a da distribuição pessoal do rendimento e com a da pobreza é a que tem a ver com o envelhecimento da população – a taxa de pobreza nos grupos de idade mais latas tende a ser mais elevada que na população em geral – e a da repartição (intergeracional) de rendimentos realizada através dos sistemas de segurança social.

---

[103] No período de 1965 a 1989 que caracterizou o essencial do "milagre asiático" nesta região há indicações de que a distribuição do rendimento melhorou ou, pelo menos, não se agravou. Para tal terão contribuído muitos factores, nomeadamente várias medidas de redistribuição do stock de riqueza (ex: a realização de reformas agrárias), investimento público em habitação para grupos sociais menos favorecidos ou de médio rendimento, investimentos na saúde e na educação e numa industrialização mão-de-obra intensiva e virada para a exportação.

[104] Fonte: IMF *World Development Outlook*, Outubro 2007.

[105] Fonte: IMF *World Development Outlook*, Outubro 2007.

O envelhecimento da população, principalmente visível nas sociedades mais desenvolvidas, é causado por dois processos diferentes mas convergentes nos resultados: a *redução da natalidade* e o *aumento da população idosa.*

A queda da natalidade encontra parte da sua explicação no urbanismo – ou seja o aumento da população residente das cidades – e o consequente despovoamento do mundo rural e também com o aumento da instrução da população feminina, em particular no que respeita ao acesso desta ao ensino secundário.

O aumento do número de idosos deriva fundamentalmente da melhoria dos cuidados de saúde resultantes do progresso da Medicina e da generalização do acesso aos serviços que a prestam.

O principal problema – mas não o único[106] – que o envelhecimento da população causa às sociedades actuais é um problema de distribuição, ou seja o que resulta da necessidade de transferir rendimentos dos que trabalham para aqueles que já não trabalham porque entretanto se reformaram.

Umas contas simples permitem verificar o que está em causa.

Consideremos em primeiro um sistema de segurança social com características de *sistema de repartição*, ou seja em que as pensões de reforma são pagas com receitas obtidas por impostos (neste exemplo, impostos sobre os rendimentos salariais – contribuições para a "Previdência Social" quer dos empregados quer dos empregadores, para a Caixa Geral de Aposentações – , como é caso português).

Tem-se, assim, em cada ano,

$P = mW$, em que P é o valor total das reformas pagas anualmente, m o valor da taxa da contribuição (que é, na prática, um imposto) para a segurança social e W a massa salarial total do país.

---

[106] A questão do envelhecimento da população no seus impactes sobre a actividade económica não está suficientemente estudada. Não se trata apenas de questões de segurança social como também de envelhecimento activo versus desemprego e produtividade, apoio físico aos idosos versus capacidade dos serviços de solidariedade social, etc..

Sendo R o número de reformados e L a população activa, podemos escrever que

$pR = mwL$ em que p é a pensão média por reformado e w o salário médio por trabalhador. Ou ainda, dividindo por L ambos os membros da igualdade,

$$p\frac{R}{L} = mw$$

Supondo constante a taxa da contribuição m, temos, em termos de taxas de crescimento,

$$\frac{\Delta p}{p} + \frac{\Delta \frac{R}{L}}{\frac{R}{L}} = \frac{\Delta w}{w},$$ i.e., a taxa de crescimento do salário médio

$\left(\frac{\Delta w}{w}\right)$ é igual à soma das taxas de crescimento da pensão média

$\left(\frac{\Delta p}{p}\right)$ e da proporção de reformados relativamente à população

activa (a qual paga os impostos que permitem pagar as reformas) $\left(\frac{\Delta \frac{R}{L}}{\frac{R}{L}}\right)$

Considerando a existência do fenómeno do envelhecimento da população e se não aumentar a idade de reforma tem-se que o tempo de vida em que um trabalhador estará reformado e recebendo uma pensão é agora, em média, bem maior do que há alguns anos atrás, quando a vida média era mais baixa do que a actual (cerca de 65-70 anos contra os actuais cerca de 75-80, o que significa uma "sobre-vida" após a reforma de cerca de mais 10 anos que anteriormente).

Nestas condições, a taxa de crescimento de R/L será positiva, i.e., o número de reformados/pensionistas cresce mais rapidamente que a população activa, que desconta impostos para pagar as pensões. Ou, o que é o mesmo, o número de pessoas que não trabalham e recebem pensões cresce mais rapidamente que o número de trabalhadores que contribuem para pagar essas pensões.

Então, necessariamente, tem-se que $\dfrac{\Delta p}{p} < \dfrac{\Delta w}{w}$.

Ou seja, num sistema de repartição em que a idade da reforma não aumente – de modo a aumentar o número contribuintes (L) / anos de contribuições e reduzir o número de pensionistas (R) – e se mantenha constante a taxa de contribuição para a segurança social (*m*), o crescimento da pensão média *terá de ser inferior ao do salário médio*.

Como a longo prazo os salários tendem a crescer com a produtividade média (a produtividade média é o quociente Y/L, em que Y representa o PIB), este resultado significa que a *taxa de crescimento da pensão média* terá de ser *inferior à taxa de crescimento da produtividade* $\left(\dfrac{\Delta \frac{Y}{L}}{\frac{Y}{L}} \right)$.

I.e, como temos, tendencialmente, $\dfrac{\Delta w}{w} \cong \dfrac{\Delta \frac{Y}{L}}{\frac{Y}{L}}$, então teremos também $\dfrac{\Delta p}{p} < \dfrac{\Delta \frac{Y}{L}}{\frac{Y}{L}}$.

Por isso, *obter um crescimento rápido da produtividade é uma condição essencial para assegurar os rendimentos aos reformados quando o envelhecimento da população é rápido*[107]. Repare-se, nomeada-

---

[107] Em estudos genéricos, o indicador de envelhecimento de um país mais utilizado é o quociente entre a população de 65 e mais anos sobre o total da

mente, que se a produtividade média crescer menos que o envelhecimento teremos um empobrecimento dos idosos. Com efeito,

$$\text{se } \frac{\Delta \frac{R}{L}}{\frac{R}{L}} > \frac{\Delta \frac{Y}{L}}{\frac{Y}{L}}, \text{ como } \frac{\Delta w}{w} \cong \frac{\Delta \frac{Y}{L}}{\frac{Y}{L}} \text{ tem-se } \frac{\Delta p}{p} < 0, \text{ ou seja, um}$$

decréscimo da pensão média, o que a suceder significaria um empobrecimento continuado dos reformados.

Por isso é que, confrontados com um envelhecimento rápido da população e um crescimento baixo da produtividade, muitos governos têm decidido um aumento da idade da reforma e/ou um aumento da contribuição para a segurança social. Qualquer destas soluções tem, porém, aspectos negativos para o crescimento: a primeira pode levar a atrasar o ritmo de inovação e reduzir a produtividade, enquanto a segunda (o aumento de impostos para a segurança social) torna o factor trabalho mais caro e, portanto menos competitivo relativamente a economias com população mais jovem como são, em geral, os países em desenvolvimento.

Note-se que, se em vez de um *sistema de repartição* como o anterior tivermos um *sistema de capitalização* (em que as pensões são pagas com os rendimentos do capital investido como é comum nos países asiáticos; ex: Singapura) o problema macroeconómico do envelhecimento da população não se torna mais fácil de resolver.

Com efeito, neste caso temos

$$pR = q(tK)$$

em que K é o capital da economia, t a taxa de lucro e q a percentagem dos lucros destinados a pagar as reformas.

---

população desse país. Quando estamos a tratar de questões que têm a ver com a população activa, um bom indicador de envelhecimento é este que utilizamos: número de reformados sobre população activa.

Dividindo por L temos

$$p\frac{R}{L} = qt\frac{K}{Y}\frac{Y}{L}$$

em que no 2º membro dividimos e multiplicámos pela variável Y que representa o PIB.

O quociente K/Y, ou seja o valor do stock de capital por unidade de PIB, é o nosso conhecido *coeficiente capital produto* e tem-se verificado ser um valor relativamente constante ao longo do tempo, pelo que consideraremos que a sua taxa de crescimento é nula. Com a contribuição q constante e com taxa de lucro t também constante, temos, em termos de taxas de crescimento,

$$\frac{\Delta p}{p} + \frac{\Delta\frac{R}{L}}{\frac{R}{L}} = \frac{\Delta\frac{Y}{L}}{\frac{Y}{L}}$$

e poderíamos tirar as mesmas conclusões que no sistema de repartição.

Toda esta análise, contudo, foi feita admitindo dois tipos de hipóteses: no caso do *sistema de repartição*, foi a hipótese que o salário médio cresce à mesma taxa da produtividade média; no caso do *sistema de capitalização*, que a taxa de lucro e o coeficiente capital produto se mantêm constantes.

Como já sabemos: *dizer que o salário médio cresce com a produtividade média é o mesmo que dizer que o peso dos rendimentos salariais no total dos rendimentos gerados na economia (ou seja, no PIB) se mantém constante.* Isto é o mesmo que dizer que a repartição funcional dos rendimentos (i.e., a repartição entre os rendimentos do trabalho e os outros rendimentos, nomeadamente do capital) se mantém inalterada. A maior ou menor justiça social que esta "regra" representa depende da situação de partida dessa repartição.

A evolução a longo prazo das sociedades modernas tem mostrado uma relativa constância do peso da massa salarial no PIB, embora com flutuações de curto ou mesmo de médio prazo. Por isso, admitir que o crescimento do salário médio é idêntico ao da produtividade média corresponde razoavelmente aos factos.

E quanto à constância de t e de K/Y?

Quanto ao coeficiente capital/produto K/Y, os dados empíricos apontam também para uma constância ao longo do tempo, embora seja de lembrar que, como se verá mais adiante no curso, a obtenção do valor do stock de capital K levanta algumas dificuldades estatísticas, pelo que as conclusões empíricas devem ser encarada com cautela.

Ora, é fácil de ver que, com o coeficiente capital/produto constante, considerar a taxa de lucro t constante é o mesmo que considerar constante o peso da massa salarial no PIB. Com efeito, tem-se por definição de PIB:

$Y = W + tK$ (ou seja, o PIB é igual aos rendimentos salariais mais os rendimentos do capital). Dividindo ambos os membros por Y temos,

$$1 = W/Y + t(K/Y).$$

Logo, se o coeficiente capital/produto, K/Y, for constante, t será constante se e só se W/Y for constante: como vimos há pouco, os dados empíricos apontam para uma certa constância de W/Y, o que nos permite concluir pela constância de t.

Em resumo: os dados empíricos relativos às sociedades modernas apontam para uma relativa constância, ao longo do tempo, do peso dos rendimentos salariais no PIB e do coeficiente capital/produto. Estes dois factos permitem-nos concluir que é aceitável admitir que o salário médio cresça à mesma taxa da produtividade média e que a taxa de lucro sobre o capital se mantenha constante ao longo do tempo.

Estará a nossa análise concluída? Ainda não. Temos ainda um ponto para esclarecer e que tem a ver com o conceito de capital. O conceito de K que utilizámos é o conceito *económico* ou *físico*, ou seja K define-se como o stock de bens de equipamento existentes na economia num dado momento temporal (ver mais adiante capítulo para esclarecimentos adicionais sobre este conceito).

Mas quando se trata de lucros ou do regime de capitalização da segurança social, o capital que está em causa é o capital *financeiro*, ou seja títulos financeiros como acções ou obrigações existentes na economia e que representam ou uma parcela de propriedade de uma empresa, com direito a uma parcela dos lucros distribuídos (caso das acções ou das quotas) ou o direito a uma remuneração de dinheiro que se emprestou (caso das obrigações).

O rendimento para quem detém uma acção de uma empresa é a soma algébrica da parcela que recebeu nesse ano dos lucros dessa empresa pelo facto de deter essa acção mais a valorização dessa acção no mercado (valorização que pode ser negativa, ou seja uma desvalorização) entre o início e o fim do ano. O rendimento de uma obrigação é a soma algébrica do juro (que pode ser obtido com uma taxa de juro fixa ou variável) que essa obrigação vence mais a valorização da obrigação.

Num *sistema de capitalização*, os fundos de pensões recebem as poupanças dos indivíduos ainda em idade activa, aplicam essas poupanças em títulos financeiros e transferem os rendimentos desses títulos para os reformados que, no passado, contribuíram para o fundo. O valor da transferência, ou seja da pensão paga pelo fundo a um dado indivíduo reformado, tem correspondência, como é evidente, com o valor da poupança que esse indivíduo transferiu para o fundo quando ainda trabalhava.

Sendo, portanto, o capital financeiro que aqui está em causa será que é possível ligá-lo à análise anterior? Vejamos.

São válidas as duas igualdades seguintes:

$$Y = W + tK$$
$$Y = W + dC$$

em que, para além dos símbolos já utilizados, C representa o capital financeiro, d a taxa de rendimento do capital financeiro (vamos ignorar, para simplificar a análise, o capital em sentido económico que não é titulado por títulos financeiros – por exemplo, casas de habitação – uma vez que, se o considerássemos, as conclusões não seriam substancialmente diferentes).

É fácil de ver que ambas as igualdades se verificam. A primeira, por definição de PIB, e a segunda porque os rendimentos do capital financeiro não se misturam com os rendimentos salariais e portanto os rendimentos salariais serão os mesmos qualquer que seja a forma de encararmos os rendimentos não-salariais, seja em termos de capital no sentido económico, seja em termos de capital financeiro.

Podemos então escrever $tK = dC$.

Dividindo ambos os membros por Y tem-se $tK/Y = dC/Y$

Admitindo a hipótese há pouco justificada da constância do peso dos rendimentos do capital no PIB, tem-se tK/Y constante, pelo que temos também dC/Y constante, ou seja com as hipóteses anteriores, se aumentar o capital financeiro em relação ao PIB (isto é, se aumentar C/Y), então desce, na mesma proporção, a taxa de rendimento d.

Por outro lado, admitindo, como fizemos acima e pelas razões que então adiantámos, que t é constante, podemos concluir da relação $tK = dC$, ou seja, $t = d(C/K)$ que, se C/K aumentar, haverá um decréscimo, na mesma proporção, da taxa de rendimento d do capital financeiro.

Por exemplo: um processo especulativo ascendente na Bolsa faz aumentar a relação C/K. Nesse caso, *d* diminui ou, então, aumenta a taxa de lucro *t* do capital em sentido económico/físico. A longo prazo, como se viu, a taxa de lucro *t* tende a ser constante, pelo que, a prazo longo, as variações de cotações do capital financeiro tendem a ser compensadas em sentido inverso por variações da respectiva taxa de rendimento. É por isso que um sistema de capitalização, mesmo com cotações ascendentes dos títulos, pode não resolver a questão da segurança social melhor que um sistema de repartição. Ambos estão dependentes de factores económicos mais profundos, nomeadamente da relação da taxa de crescimento da produtividade com a taxa de aumento do envelhecimento da população.

Anexo

A distribuição de rendimentos em Portugal

O estudo mais recente sobre o tema da distribuição individual do rendimento em Portugal é o de Farinha Rodrigues[108] sobre a distribuição em Portugal nos anos 90. Em trabalhos posteriores à elaboração deste o autor abordou a mesma temática para meados da presente década, dando-lhe até um cunho de comparação internacional que aqui nos interessa também apresentar.

Distribuição do rendimento em Portugal (e comparação com EU-25)		
	Portugal	EU25
Taxa de pobreza	20%	16%
Taxa de pobreza dos idosos	28%	19%
Desigualdade (S80/S20)	8,2	4,9
Desigualdade (Índice de Gini)	41	31

Fonte: RODRIGUES, Carlos F. *Distribuição do rendimento e pobreza em Portugal*; apresentação em conferência; http://www.presidencia.pt/archive/doc/CCCI_Interv_CarlosFarinhaRodrigues.pdf

O quadro acima refere dois dos indicadores mais utilizados para descrever a situação de um país em relação à distribuição de rendimento e ao tema, que lhe é adjacente, da pobreza. O primeiro, sobre a desigualdade, é o Índice de Gini, cujo valor nos coloca numa situação bem mais desconfortável que a média europeia. Recorde-se que quanto maior é o valor do índice maior é a desigualdade na distribuição do rendimento.

O segundo indicador é a taxa de pobreza, que no caso português está quatro pontos percentuais acima da média europeia – que, recorde--se, aumentou com a entrada dos últimos membros da União Europeia, da Europa de Leste.

---

[108] FARINHA RODRIGUES, Carlos *Distribuição do rendimento, desigualdade e pobreza: Portugal nos anos 90* (Colecção Económicas, II Série nº 5), Almedina, Coimbra, 2007.

De realçar ainda outro indicador de desigualdade apresentado no quadro (S80/S20): o rácio dos rendimentos entre os quintis extremos, significativamente maior no caso de Portugal que no da média europeia.

Rendimento disponível por adulto-equivalente por decil (euros)		
decil	1998	2004
1	1488	1809
2	2591	3532
3	3307	4453
4	3946	5379
5	4688	6351
6	5394	7335
7	6179	8610
8	7358	10323
9	9816	13663
10	17788	24800
TOTAL	*6259*	*8622*

Rendimento disponível por adulto-equivalente por decil (euros)		
decil	1998	2004
1	12,0	13,7
2	6,9	7,0
3	5,4	5,6
4	4,5	4,6
5	3,8	3,9
6	3,3	3,4
7	2,9	2,9
8	2,4	2,4
9	1,8	1,8
TOTAL	1,0	1,0

Fonte: RODRIGUES, Carlos F. *Distribuição do rendimento e pobreza em Portugal*; apresentação em conferência; http://www.presidencia.pt/archive/doc/CCCI_Interv_CarlosFarinhaRodrigues.pdf

Percentagem do rendimento de cada decil em relação à média nacional		
decil	1998	2004
1	24	21
2	41	41
3	53	52
4	63	62
5	75	74
6	86	85
7	99	100
8	118	120
9	157	159
10	284	288

Esta última informação pode ser complementada com o número de vezes a que corresponde o rendimento médio do 10º decil (o de rendimentos mais altos) relativamente aos restantes decis. Note-se que em 2004 o rendimento médio do decil de mais elevado rendimento correspondia a 13,7 vezes o de menor rendimento, um agravamento em relação às 12 vezes de apenas 6 anos antes. Ele era também quase o triplo da média nacional, enquanto que o de mais baixo rendimento era apenas 1/5 desta.

Um outro indicador (visual) da distribuição individual do rendimento é, como vimos acima, a chamada "curva de Lorenz". As curvas para os anos 1989, 1995 e 2000 estão representadas abaixo[109]. Como diz o seu autor, "a imagem que resulta das curvas de Lorenz é muito nítida. Entre [1989] e 1995 assistiu-se a um agravamento da desigualdade, mantendo-se a assimetria da distribuição praticamente inalterada na segunda metade dos anos 90." E mais adiante complementa: "o cunho distintivo do padrão de aumento da desigualdade económica em Portugal [deve-se] essencialmente ao acréscimo da desigualdade ocorrido na parte superior da distribuição do rendimento".

**Distribuição individual do Rendimento por adulto Equivalente
Curvas de Lorenz**

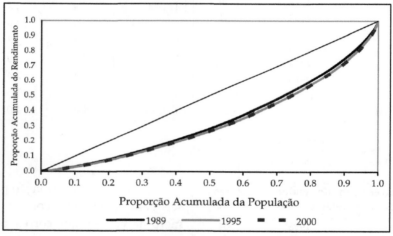

Um outro aspecto importante da distribuição de rendimentos é a que se verifica entre as várias regiões do país.

O Departamento de Prospectiva e Planeamento publicou há alguns anos um documento[110] em que o tema é abordado e a análise que se segue baseia-se na informação aí disponibilizada.

---

[109] Vd FARINHA RODRIGUES, Carlos *Distribuição do rendimento, desigualdade e pobreza: Portugal nos anos 90* (Colecção Económicas, II Série nº 5), Almedina, Coimbra, 2007, pg 156.

[110] DPP *Distribuição do Rendimento e Pobreza em Portugal e suas Regiões*, Lisboa, 2000, http://www.dpp.pt/pages/files/rendimento.pdf .

O quadro abaixo mostra-nos o panorama existente em 1990 e 1995, os anos abordados no estudo a que nos referimos. Por ele se pode verificar que a zona de Lisboa e vale do Tejo é, como seria de esperar, a que tem uma maior receita média anual dos agregados familiares.

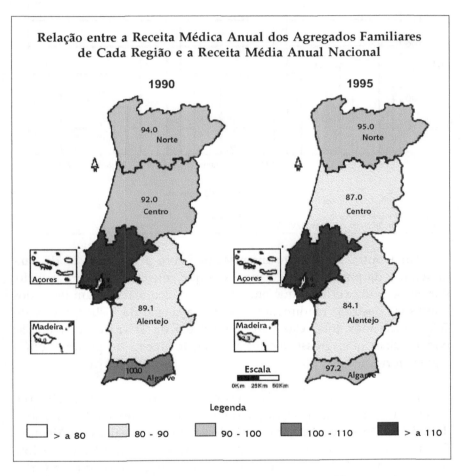

De realçar é o facto de entre 1990 e 1995 ter havido, genericamente, um aumento da distância entre a região mais rica e as restantes regiões. Excepção evidente a esta regra é o caso da Madeira, que viu a sua percentagem aumentar significativamente em apenas 5 anos: de 69% da média nacional para 82,3%.

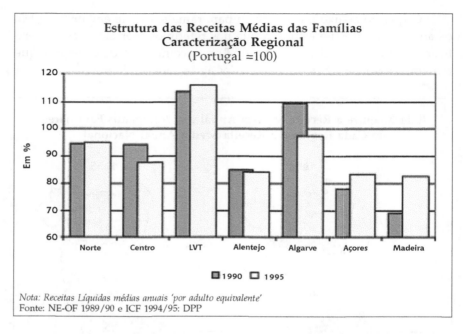

Nota: Receitas Líquidas médias anuais 'por adulto equivalente'
Fonte: NE-OF 1989/90 e ICF 1994/95: DPP

Uma outra informação interessante sobre a distribuição do rendimento e da pobreza em Portugal é a que consta do quadro ao lado. Por ele se pode verificar que em 1995 um pouco mais de um terço dos pobres (1º decil do rendimento) residia na região de Lisboa e Vale do Tejo. Cinco anos antes esta percentagem era de 21%. De notar que se poderá dizer que, grosso modo, esta região trocou de posição com a região Norte.

Quanto à "incidência da pobreza" – proporção dos agregados pobres (os do 1º decil da distribuição do rendimento) no total de agregados de cada região – é de realçar o facto de em 1995 a s regiões do Alentejo, Centro e Madeira serem as que apresentam maior valor (cerca de 15% dos agregados). De realçar ainda a evolução muito rápida que se verificou nas duas regiões autónomas do nosso país, certamente um crédito dessa autonomia.

Incidência da Pobreza[1]		
Caracterização Regional		
	Agregados (%)	
	1990	1995
Norte	9,5	6,8
Centro	11,6	14,8
Lisboa e Vale do Tejo	6,0	9,6
Alentejo	16,0	15,0
Algarve	9,7	8,8
R. A. Açores	25,0	8,4
R. A. Madeira	36,7	13,8
Portugal	10,0	10,0

[1] *Porporção dos agregados pobres (agregados que pertencem ao 1º decil da distribuição de rendimentos) face ao total de agregados de região*
Fonte: INE-IOF; DPP.

Distribuição Regional do N.º de Agregados em Situação de Pobreza		
		(%)
(1ª decil nacional = 100)		
	1990	1995
Norte	31,3	21,9
Centro	20,8	26,9
Lisboa e Vale do Tejo	21,0	34,1
Alentejo	10,2	8,9
Algarve	3,8	3,4
R. A. Açores	5,1	1,8
R. A. Madeira	7,9	3,0
Portugal	100	100

Fonte: INE-IOF; DPP.

Finalmente e ainda em relação a Portugal, há que mencionar a repartição funcional do rendimento. Para o período de 1977 a 2004 ela está ilustrada no gráfico reproduzido acima quando introduzimos o conceito teórico de repartição funcional de rendimento.

Ele deve ser lido tendo como pano de fundo o facto de em 1960 a repartição do rendimento era de 54% para os rendimentos da propriedade e os restantes 46% para os rendimentos do trabalho.

Temos, pois, que em meados da década de 70 do século passado houve, comparativamente ao passado, uma significativa redistribuição do rendimento a favor dos salários (de 44% em 1960 para 64% em 1977). Esta redistribuição esteve intimamente relacionada com as alterações sociais e políticas verificadas na sequência do fim do período de ditadura em Portugal com o "25 de Abril".

Posteriormente deu-se uma nova redistribuição do rendimento a favor dos rendimentos não-salariais, os quais atingiram o seu valor mais baixos nas últimas décadas em 1988, com 46% – o mesmo valor de 1960. Desde então para cá verificou-se uma ligeira melhoria na distribuição do rendimento a favor do factor trabalho mas está-se ainda muito longe da situação de meados dos anos 70 – e abaixo dos valores de vários dos países mais desenvolvidos da União Europeia.

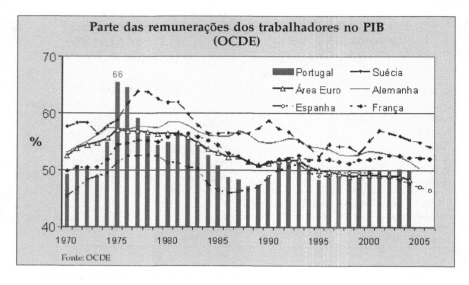

De realçar no quadro acima que a tendência registada em Portugal para a diminuição da parte dos rendimentos dos empregados no produto interno bruto replica igual tendência que se tem vindo a verificar (pelo menos) na Europa desde meados da década de 70 do século passado, quando a instabilidade política e social iniciada em muitos deles em 1968 foi propícia à concretização de ganhos, por vezes significativos, dos rendimentos dos assalariados face aos demais agentes de produção.

Esses ganhos foram, aparentemente, "absorvidos" desde então, estando-se hoje, em geral, numa posição não muito diferente da que se tinha verificado até ao final dos anos 70.

A crise económica que se desencadeou a nível mundial a partir de 2008 teve, como se sabe, repercussões em Portugal. Estas levaram, nomeadamente, à alteração das políticas económicas até então implementadas na sequência da chegada ao poder da coligação PSD-CDS em 2011.

O texto seguinte é (com cortes tornados necessários para o tornar utilizável no contexto deste livro/manual) da autoria do Prof. Carlos Farinha Rodrigues, do ISEG/UL (a quem se agradece a autorização para o seu uso aqui), e sintetiza algumas das consequências das políticas de austeridade adoptadas sobre os níveis de pobreza no país.

"Entre meados da década de 90 e 2009 Portugal conseguiu resultados muito significativos na redução das várias dimensões da pobreza monetária. A taxa de pobreza registou uma diminuição de 4,7 pontos percentuais passando de 22,5% da população em 1993 para 17,9% em 2009. A intensidade da pobreza, uma medida de quanto pobre são os pobres, reduziu-se igualmente de forma significativa.

Particularmente significativa é a evolução da taxa de pobreza dos idosos em Portugal, que, num período de 15 anos, se reduziu de cerca de 40% em 1993 para próximo de 21% em 2009. Infelizmente, redução semelhante não ocorreu com a pobreza infantil, que permaneceu bastante elevada.

Apesar da melhoria verificada nos principais indicadores de pobreza Portugal continuou, porém, a apresentar valores de pobreza superiores ao do conjunto dos países da UE.

A profunda crise socioeconómica que afectou as economias desenvolvidas a partir de 2008, com reflexos profundos em Portugal após 2010, traduziu-se numa clara inversão deste ciclo de diminuição da pobreza.

As políticas de austeridade implementadas a partir desse ano, e em particular após a assinatura do acordo com a Troika assinado em 2011, traduziram-se num inequívoco agravamento das condições de vida da população e num processo de empobrecimento que afectou largos sectores da população.

Entre 2009 (último ano pré crise e pré medidas de austeridade) e 2013 (último ano de que dispomos dados do INE) a taxa de pobreza aumentou de 17,9% para 19,5%. Este valor reconduz-nos aos níveis de pobreza registados no início do século. De facto, é necessário recuar a 2003 para encontrar um nível de pobreza superior ao verificado em 2013. A intensidade da pobreza alcançou em 2013 o valor de 30,3%. Este valor constitui não somente um pesado agravamento face aos valores ocorridos nos anos anteriores mas constituí mesmo o valor mais elevado desde o início da actual série em 2004. Comportamento similar registaram, como veremos, os indicadores de privação material, traduzindo uma forte degradação das condições de vida das famílias.

Uma das consequências mais dramáticas da crise económica e das políticas seguidas nos anos recentes foi o forte agravamento do número de crianças e jovens em situação de pobreza: a taxa de pobreza das crianças e dos jovens aumentou, entre 2009 e 2013, mais de três pontos percentuais passando de 22.4% para 25.6%.

O forte agravamento do desemprego, os cortes efectuados nos rendimentos do trabalho e nas pensões, o retrocesso generalizado das transferências sociais e o acentuar da tributação dos rendimentos salariais e pensões traduziram-se inequivocamente num acentuar das situações de pobreza pré-existentes, mas igualmente na criação de novas bolsas de pobreza constituídas por sectores da população até então relativamente imunes ao fenómeno da pobreza.

O padrão do processo de empobrecimento seguido em Portugal nos anos mais recentes pode ser observado utilizando os dados dos inquéritos às famílias realizados anualmente pelo INE. Se dividirmos a população portuguesa em decis de rendimento, isto é se construirmos dez escalões de rendimento começando com os 10% mais pobres e terminando nos 10% mais ricos podemos analisar como evoluíram os respectivos rendimentos.

O gráfico seguinte apresenta a evolução dos rendimentos familiares entre 2009 e 2013 ao longo da escala de rendimentos:

Figura nº 1: Variação do Rendimento Disponível por Adulto Equivalente 2009-2013 por decis (%)

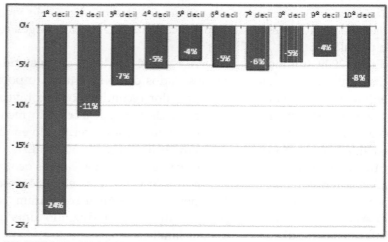

Fonte: INE, ICOR 2010 e ICOR 2014

Todos os decis registam um decréscimo do seu rendimento disponível como consequência da profunda crise económica e das políticas seguidas. O rendimento dos 10% mais ricos regista um decréscimo de cerca de 8%. Os rendimentos dos decis 3 a 7 descem menos de 7%. O rendimento dos 10% mais pobres diminui 24%!

Capítulo 4. A distribuição do rendimento: teoria e realidade | 301

As alterações introduzidas nas transferências sociais, em particular no RSI, no CSI e no Abono de Família foram determinantes no aumento da pobreza e, simultaneamente, no agravamento das condições de vida das famílias mais pobres. O recuo das políticas sociais, no auge da crise económica quando elas mais se revelavam necessárias, constituiu inequivocamente um factor de empobrecimento e de fragilização da coesão social.

Mas esta crise colocou também em evidência a fragilidade das metodologias e dos indicadores económicos mais utilizados para medir a pobreza monetária. O cálculo do limiar de pobreza oficial é definido pelo Eurostat e pelo INE como o equivalente a 60% do rendimento mediano por adulto equivalente. A linha de pobreza em cada ano é, assim, definida de forma relativa, estando dependente do nível e da distribuição do rendimento verificada nesse ano e, em particular, do valor do seu rendimento mediano. Em períodos de recessão económica, a queda dos rendimentos familiares pode conduzir à descida do valor do rendimento mediano e, consequentemente, à diminuição do valor da linha de pobreza. Esta "armadilha do rendimento mediano" é particularmente sensível a situações como a portuguesa em que a diminuição dos rendimentos de trabalho e das pensões afectou profundamente a zona da distribuição do rendimento onde se situa o rendimento mediano.

Uma consequência imediata da desigual descida dos rendimentos familiares atrás apresentada é a quebra no valor "oficial" da linha de pobreza. O limiar de pobreza mensal para um indivíduo que viva só reduziu-se, ao longo destes anos de crise, de 434 euros em 2009 para 411 euros em 2013. Se, alternativamente, considerarmos um casal com dois filhos menores o limiar de pobreza correspondente a esta família desceu de 911 euros para 864 euros no decorrer do mesmo período.

Uma consequência desta queda da linha de pobreza é que muitos indivíduos e famílias que anteriormente eram considerados pobres "abandonaram" a situação de pobreza artificialmente porque a linha de pobreza baixou apesar de os seus recursos não terem aumentado ou terem mesmo diminuído.

Neste contexto, os indicadores de pobreza oficiais somente de uma forma muito mitigada, traduzem a real deterioração das condições de vida da população e tendem a subestimar o efectivo agravamento das situações de pobreza. De acordo com os dados oficiais a taxa de pobreza em Portugal passou de 17.9% em 2009 para 19.5% em 2013. Este aumento da incidência da pobreza é claramente insuficiente para explicar o agravamento da pobreza percepcionado pelas organizações que no terreno se confrontam com a realidade da pobreza e da precariedade social.

No entanto, na bateria de indicadores sobre pobreza e exclusão social do Eurostat existe uma alternativa que permite atenuar ou mesmo anular esta "armadilha". A utilização da "linha de pobreza ancorada num determinado ano" permite estimar a linha de pobreza num dado ano inicial de forma relativa e utilizar o valor real (actualizado pelo IPC), dessa linha, como limiar de pobreza nos anos subsequentes. É uma forma de aproximar, ainda que parcialmente, a linha de pobreza relativa de uma linha de pobreza absoluta, não condicionada pelas oscilações do rendimento mediano(2).

Utilizando esta linha de pobreza alternativa o INE estimou que entre 2009 e 2013 a incidência da pobreza registou um agravamento de 6,8 pontos percentuais, subindo de 17.9% para 25.9% Este valor traduz de forma mais realista a alteração efectiva das condições de vida das famílias mais carenciadas em Portugal no decorrer da presente crise. Ele significa igualmente que cerca de 2.7 milhões de portuguesas e de portugueses se encontravam em 2013 em situação de pobreza.

Rodrigues e Andrade (2014), num estudo em que analisaram a evolução da pobreza dos idosos até 2010, identificaram uma crescente heterogeneidade no seio da população idosa tendo concluído que a redução dos valores globais da incidência da pobreza deste grupo era acompanhada pela prevalência de bolsas de pobreza extrema, principalmente entre os idosos mais velhos e que vivem isolados. Destacaram igualmente a importância das políticas sociais dirigidas especificamente a este grupo social (Pensões sociais, CSI, etc.) na diminuição passada da incidência da pobreza dos idosos.

A forte redução destas prestações sociais como consequência do processo de ajustamento não poderia deixar de se reflectir no atenuar do seu efeito equalizador na pobreza dos idosos.

Por outro lado, a direcção oposta na evolução da pobreza dos idosos registada pela taxa de pobreza oficial e pela taxa de pobreza ancorada em 2009 parece sugerir que uma proporção significativa dos mesmos se situa em níveis de rendimentos próximos dos valores da linha de pobreza, sendo a sua taxa de pobreza fortemente influenciada pelo limiar de pobreza selecionado (3).

A análise da evolução global da pobreza não é só por si suficiente para uma verdadeira compreensão do fenómeno da pobreza e para a

Capítulo 4. A distribuição do rendimento: teoria e realidade | 303

definição de políticas que possibilitem a sua redução de forma sustentada. Torna-se necessário identificar quais os sectores da população mais vulneráveis à incidência e à intensidade da pobreza, isto é, identificar quem são os pobres em Portugal e qual o seu nível de défice de recursos.

O quadro nº 1, que possibilita avaliar a incidência e a intensidade da pobreza segundo a composição por agregado familiar em 2013, evidência claramente a grande precariedade duma parte significativa das crianças no nosso país. Utilizando os valores da taxa de pobreza oficial, que como vimos subestima a taxa efectiva, é possível identificar os dois grupos mais vulneráveis da população: as famílias monoparentais e as famílias alargadas com 3 e mais crianças, ambas com uma taxa de pobreza de 38.4%. São igualmente as famílias com 3 e mais crianças aquelas que apresentam uma maior intensidade de pobreza. O conjunto de famílias com crianças dependentes apresenta uma taxa de pobreza (23.0%) que é 7.2 pontos percentuais superior à das famílias sem crianças (15.8%). A observação da distribuição da população pobre pelos diferentes grupos permite verificar que 60.4% da população pobre corresponde a famílias com crianças.

Quadro nº 1 – Indicadores de Pobreza por Tipo de Família – 2013 (%)

	Taxa de Pobreza	Intensidade da Pobreza	Distribuição da População Pobre
1 Adulto	23,1	27,1	9,9
Dois adultos com idade <65	17,4	35,2	9,6
Dois adultos pelo menos um com >65	13,1	22,9	8,4
Outros agregados, sem crianças	13,1	23,8	11,7
Agregados sem crianças dependentes	**15,8**	**26,9**	**39,6**
Família monoparental	38,4	26,9	8,1
Dois adultos com uma criança	15,4	30,3	12,2
Dois adultos com duas crianças	18,0	33,4	13,9
Dois Adultos com três ou mais crianças	38,4	38,6	7,0
Outros agregados com crianças	28,8	32,7	19,3
Agregados com crianças dependentes	**23,0**	**32,7**	**60,4**

Fonte: INE, ICOR 2014

As famílias unipessoais, composto predominantemente por idosos vivendo sós, apresenta igualmente níveis de pobreza superiores ao do

304 | Economia do Crescimento

conjunto da população (23,1%) o que parece confirmar o que atrás foi dito quanto à heterogeneidade da população idosa.

A análise da incidência da pobreza de acordo a condição perante o trabalho permite evidenciar dois outros traços característicos da pobreza actual em Portugal: em primeiro lugar a elevada taxa de incidência da pobreza entre a população desempregada (40.5%) traduz claramente as consequências sociais do forte agravamento do desemprego e da progressiva desregulamentação do mercado de trabalho. 28% da população pobre em idade adulta está desempregada. A intensidade da pobreza dos indivíduos desempregados revela-se igualmente bastante elevada. Em segundo lugar, a constatação de que a inserção no mercado de trabalho não é só por si suficiente para evitar as situações de pobreza: cerca de 10,7% dos empregados são pobres, correspondente a 27.9% dos adultos em situação de pobreza.

Por último, o quadro nº 3, confirma muito do que já foi apresentado quanto à situação de precariedade das crianças e dos idosos em Portugal. As crianças e os jovens apresentam não só a taxa de pobreza mais elevada dos 3 grupos etários considerados (25.6%) mas igualmente a maior intensidade de pobreza. 23.5% da população pobre em Portugal é constituída por crianças e jovens dependentes. Situação inversa ocorre com o conjunto da população idosa que com uma taxa de pobreza de 15.1% representa 15.4% do total da população pobre.

Quadro nº 3 – Indicadores de Pobreza por Grupo Etário – 2013 (%)

	Taxa de Pobreza	Intensidade da Pobreza	Distribuição da População Pobre
0-17 anos	25,6	32,7	23,5
18-64 anos	19,1	32,7	61,1
65 e mais anos	15,1	20,6	15,4

Fonte: INE, ICOR 2014

A dificuldade de leitura dos indicadores de pobreza monetária no actual contexto sugere que se procure identificar outros indicadores para analisar as condições de vida da população e a sua evolução recente. Os indicadores de privação material estimados pelo INE cumprem esse objectivo para além de introduzirem uma vertente multidimensional no estudo das condições de vida das famílias e dos indivíduos.

Capítulo 4. A distribuição do rendimento: teoria e realidade | 305

Também neste âmbito os dados disponibilizados pelo INE são elucidativos. A taxa de privação material alcançou em 2013 o valor de 25,5% e a proporção de famílias em situação de privação material severa foi de 10,9%. Estes são os valores mais elevados de toda a série publicada pelo INE desde 2004.

A leitura cruzada dos indicadores de pobreza monetária e de privação material converge para uma avaliação de como mudou o país e as condições de vida da população: praticamente todos os indicadores apontam consistentemente para um aumento da pobreza e da exclusão social, quer essa análise tenha como base os seus recursos monetários ou a sua capacidade de aceder aos bens materiais e de enfrentar de forma satisfatória os desafios quotidianos.

(1) Este texto sintetiza diversas tomadas de posição expressas pelo autor no blog "Areia dos Dias", bem assim de parte dos contributos do autor para a elaboração de uma "Estratégia para a Erradicação da Pobreza" promovida pela EAPN--Portugal. O texto agora apresentado beneficiou, assim, de contributos múltiplos dos participantes na elaboração dessa estratégia e da possibilidade que pertencer a um espaço de discussão tão rico e plural viabiliza. Um agradecimento particular ao INE pela disponibilização da informação suplementar referente ao ICOR 2014.

(2) Note-se que esta linha de pobreza ancorada no tempo continua a ter o seu valor original calculado de forma relativa, tendo como referencial uma dada proporção do rendimento mediano. No entanto, nos anos subsequentes esse valor deixa de estar dependente das variações de rendimento que possam ocorrer.

(3) Note-se que esta hipótese e consistente que a baixa intensidade de pobreza da população idosa registada em vários estudos.

Capítulo 5

O Crescimento Económico Português desde 1950

Na segunda metade do século XX, a economia portuguesa viveu um período de rápido crescimento e sem paralelo na sua história. Acompanhando os ventos de mudança que sopravam na Europa do segundo pós-guerra, e a despeito de continuar a viver no quadro autoritário do Estado Novo, o país encetou um conjunto de opções de política económica que, favorecidas pelo ambiente económico internacional, se traduziram numa aceleração do processo de desenvolvimento económico – um verdadeiro *take off* na abordagem de Rostow – sobretudo durante a década de 1960. A economia cresceu sustentadamente ao longo das décadas de 1950 e 1960, mas foi sujeita a dois tipos de choques em meados da década de 1970, primeiro o choque petrolífero de 1973 e, logo de seguida, a revolução de 1974.

Ultrapassada a crise de 1973-75, o país iniciou uma nova fase de desenvolvimento económico, igualmente influenciada pelo ambiente internacional, agora muito mais instável do que nos 30 anos de estabilidade do pós-guerra. O crescimento da economia portuguesa seguiu, então, um percurso marcado pela sucessão de progressos e declínios e com um ritmo médio de crescimento mais baixo do que na fase anterior. Contudo, o país voltou a viver um período de crescimento rápido na sequência da entrada para a Comunidade Económica Europeia, em 1985, alcançando em 1985-94 um ritmo médio de crescimento idêntico ao do período 1950-73. É esta estória do crescimento económico português que vamos contar neste capítulo.

5.1 A dinâmica de crescimento da economia portuguesa

Se considerarmos todo o século XX, podemos verificar um contraste significativo entre os ritmos de crescimento observados na primeira e na segunda metade do século. Enquanto o Produto Interno Bruto (PIB) cresceu à taxa média anual de 2,2% entre 1910 e 1950, o seu crescimento quase duplicou em 1950-2004, com uma média anual de 4,1%. Desta forma, a produção interna passou de cerca de mil milhões de Euros, em 1950, para quase dez mil milhões em 2004, ou seja, decuplicou em cerca de meio século. E como a população cresceu muito lentamente, a 0,4% ao ano, o produto por habitante praticamente acompanhou o crescimento do PIB, com uma taxa média anual de 3,7%. Os Gráficos 5.1 e 5.2 ilustram este desempenho da economia portuguesa na segunda metade do século XX e permitem realçar algumas diferenças de ritmo ao longo do período.

Gráfico 5.1
Evolução do Produto Interno Bruto, 1950-2004

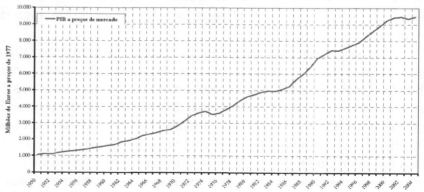

Fontes: (2006), Valério (2001) e World Bank (2007).

Capítulo 5. O Crescimento Económico Português desde 1950 | 309

Gráfico 5.2

Evolução comparada do PIB e da população, 1951-2005

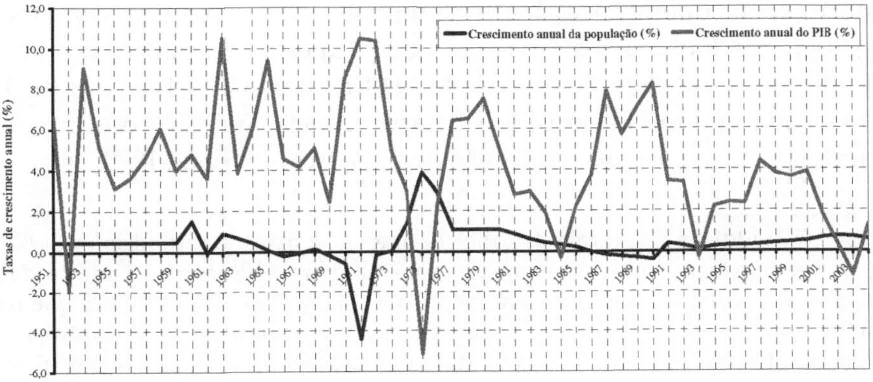

Fontes: Mateus (2006), Valério (2001) e World Bank (2007).

O Gráfico 5.2 permite identificar duas grandes fases no processo de crescimento económico. Na primeira fase, entre 1950 e 1973, o crescimento do PIB foi mais rápido, normalmente bem acima do crescimento populacional e com relativa estabilidade. O PIB cresceu à taxa média anual de 5,4%, enquanto a população apenas cresceu 0,1%, o que se traduziu num ritmo de crescimento do produto por habitante de 5,3%. Na segunda fase, a partir de 1973, o crescimento do produto foi mais lento e muito mais instável. Em 1973-2004, o PIB cresceu à taxa média anual de 3,1% e a população a 0,6%, donde um crescimento do produto per capita de apenas 2,5%. Cada uma destas fases apresenta um conjunto de características particulares que resultaram, quer de mudanças políticas e sociais internas, quer da influência dos contextos internacionais específicos de cada momento.

5.1.1 *A fase de 1950-1973: época de crescimento estável*

A primeira fase do crescimento português do pós-guerra acompanhou o percurso dos "anos dourados" do crescimento económico

310 | Economia do Crescimento

mundial[111]. A política de abertura económica ensaiada nos anos 50 e desenvolvida nos anos 60, permitiu ao país tirar partido da dinâmica de recuperação e desenvolvimento que marcou o segundo pós-guerra. São marcos dessa política de abertura, a participação de Portugal na OECE/OCDE[112] desde 1948, a adesão à EFTA[113] em 1960, a entrada no GATT[114] em 1961 e a aproximação à CEE[115] durante os anos 60, que conduziu ao Acordo de Comércio Livre de 1972.

---

[111] Maddison (1991) fala de "anos dourados" e marca o seu início em 1950, ano que considera como um bom compromisso entre 1948 (estabelecimento das regras da cooperação internacional pelo Plano Marshall) e 1953 (ano em que os últimos países desenvolvidos entraram, de facto, numa fase de recuperação pós-guerra). Outros autores falam em "trinta gloriosos" para se referirem aos trinta anos de crescimento da economia mundial que vão de 1945 a 1975. Esta expressão foi utilizada inicialmente por Jean Fourastié para designar o período de prosperidade que a França viveu no segundo pós-guerra.

[112] A OECE (Organização Europeia de Cooperação Económica) foi criada em 1948 no quadro do Plano Marshall, para promover um programa conjunto de recuperação económica e supervisionar a distribuição da ajuda. Em 1961, foi substituída pela OCDE (Organização de Cooperação e Desenvolvimento Económico), então com o objectivo de apoiar os governos na realização de um crescimento sustentado da economia e do emprego e da favorecer o progresso do nível de vida nos países membros, mantendo a estabilidade financeira e contribuindo para o desenvolvimento da economia mundial.

[113] A EFTA (Associação Europeia de Livre Comércio) foi fundada em 1960, integrando a Áustria, Dinamarca, Noruega, Portugal, Reino Unido, Suécia e Suíça, países que não tinham aderido à Comunidade Económica Europeia. O principal objectivo da convenção que estabeleceu a EFTA era a promoção de um quadro de liberalização comercial entre os seus membros, cujo funcionamento se baseou na isenção de taxas aduaneiras aos produtos provenientes dos países membros. Actualmente a Associação integra a Islândia, Liechtenstein, Noruega e Suíça.

[114] O GATT (Acordo Geral sobre Tarifas e Comércio) foi criado em 1947 com o objectivo de harmonizar as políticas aduaneiras dos Estados signatários. Em 1999, o GATT deu origem à actual Organização Mundial do Comércio (OMC).

[115] A CEE (Comunidade Económica Europeia) foi instituída pelo Tratado de Roma em 1957, integrando um conjunto de seis países fundadores: Alemanha, Bélgica, França, Itália, Luxemburgo e Países Baixos. O primeiro alargamento aconteceu em 1973, com a entrada da Dinamarca, Irlanda e Reino Unido. Portugal passou a integrar a CEE em 1986, num alargamento que também incluiu a Espanha. A CEE passou a União Europeia com o Tratado de Maastricht, em Fevereiro de 1992.

Capítulo 5. O Crescimento Económico Português desde 1950 | 311

A abertura teve repercussões a vários níveis: a participação na OECE obrigou o país a liberalizar o comércio e os pagamentos externos com a Europa Ocidental e os Estados Unidos e a reduzir as barreiras aos movimentos de capitais; a adesão à EFTA levou ao progressivo desmantelamento das barreiras alfandegárias e influenciou a orientação da política económica no sentido do aproveitamento das vantagens comparativas; e a entrada no GATT teve efeitos sobre as barreiras alfandegárias relativas a países exteriores à EFTA. A aproximação à CEE e o subsequente acordo de 1972 deram continuidade à orientação iniciada com a participação na EFTA, quer em termos de viragem na política económica para um modelo mais orientado para o exterior, quer em termos da prioridade da opção europeia em relação à opção ultramarina (Lopes 1996: 19-20).

A crescente participação em organizações económicas internacionais traduziu-se numa integração rápida da economia portuguesa a partir da década de 1950. Tomando como medida o peso do comércio externo no PIB[116], verifica-se que o grau de abertura passou de 33,2% em 1950 para 37,2% em 1960 e 47,1% em 1973. Isto quer dizer que o ritmo de abertura da economia andou a par com a dinâmica de crescimento económico: mais lento na década de 1950, em que a abertura aumentou cerca de 1% ao ano e o PIB cresceu à taxa média anual de 4,4%; e mais rápido após a adesão à EFTA, com a economia a abrir a uma taxa média de 2% ao ano, em 1960-73, período em que o crescimento do PIB atingiu a taxa média anual de 6,2%. A liberalização do acesso dos produtos portugueses aos mercados dos países da EFTA aumentou a procura externa da produção nacional e impulsionou a transformação e modernização do sistema produtivo, com uma forte orientação para a indústria de exportação. Daí o acentuado crescimento das exportações

---

[116] O grau de abertura da economia pode ser medido como a percentagem do comércio externo (soma das exportações [X] e importações [M]) no produto interno bruto, ou seja, (X+M)/PIB×100. Os valores aqui considerados são baseados nas séries de Mateus (2006) e foram calculados a preços correntes.

312 | Economia do Crescimento

em 1960-73, com uma taxa média anual de 9,2%, um ritmo mais rápido do que em 1950-60, período em que cresceram à média de 6,0% ao ano.

O investimento directo estrangeiro

Com a abertura da economia e a adesão à EFTA observou-se um rápido crescimento do investimento directo estrangeiro (IDE) em Portugal. Este é um factor importante, na medida em que contribui para o crescimento dos fluxos de financiamento da economia, permite a transferência de novas tecnologias, gera efeitos competitivos no mercado interno e contribui para o alargamento dos mercados externos. Mas o nível do IDE apenas se tornou relevante no início da década de 1960, quando o nacionalismo económico do Estado Novo começou a ser superado pelo processo de liberalização económica. Os investimentos estrangeiros dispararam em termos relativos, muito embora continuassem a sentir algumas restrições legais.

Segundo dados coligidos em Matos (1973), o valor médio da entrada de capitais durante a década de 1960 foi cerca de 20 vezes maior do que a média dos valores entrados na década de 1950. Dados do Banco de Portugal (Pinheiro 1999) mostram que o IDE atingiu, em 1973, um valor 3,5 vezes superior ao de 1965. Ainda que tenha crescido depressa, o IDE representava uma percentagem baixa do PIB e da formação bruta de capital fixo (FBCF): em 1973, não ia além de 0,8% do PIB e 2,5% da FBCF. No entanto, se considerarmos apenas o conjunto da indústria transformadora, Matos (1973) estimou que a percentagem do capital estrangeiro na FBCF passou de 19,1% em 1962 para 30,8% em 1971, tendo mesmo ultrapassado os 52% em 1968, o que reflectia a importância do IDE no financiamento da industrialização portuguesa.

O peso do capital estrangeiro na indústria transformadora marcava uma mudança importante na orientação do IDE, observada na década de 1960. Durante bastante tempo, os investimentos estrangeiros em Portugal tinham-se concentrado na exploração de

Capítulo 5. O Crescimento Económico Português desde 1950 | 313

serviços públicos (telefones, gás e electricidade, transportes públicos urbanos, etc.), na indústria mineira e em filiais que comercializavam produtos importados das empresas de origem no estrangeiro. Mas com a liberalização comercial no interior da EFTA, os novos fluxos de IDE orientaram-se para a indústria transformadora, procurando tirar partido dos baixos custos salariais em Portugal e da possibilidade de beneficiar de condições preferenciais no acesso aos mercados da EFTA. Este é um aspecto fundamental e que nos mostra a importância que o IDE assumiu a partir de meados da década de 1960. Não só foi uma fonte de financiamento de novas actividades industriais, como vimos acima, mas também teve um grande impacte sobre o comércio externo português, assumindo um papel estratégico na orientação da industrialização para o exterior: estima-se que, em média, tenha contribuído com cerca de 42,5% para as exportações do período 1965-74 (Mateus 2006).

O IDE também favoreceu o processo de transferência de tecnologia que se desenvolveu com a abertura da economia portuguesa. No seu estudo sobre transferência de tecnologia, Rolo (1977) mostra que o fenómeno ganhou relevo em Portugal a partir do início da década de 1960 e que foi dominado pela indústria transformadora: a esmagadora maioria dos contratos de transferência de tecnologia analisados respeitava aos sectores da indústria transformadora (82%), nomeadamente, indústria química, farmacêutica e metalomecânica, as novas actividades que marcaram a modernização da indústria portuguesa. Por outro lado, o estudo mostra que a maior parte da tecnologia importada era proveniente dos países da CEE (63%) e da EFTA (21%) e que cerca de um terço do total estava associada ao IDE. É, de facto, um padrão compatível com um modelo de industrialização orientado para o exterior e bastante apoiado em capitais externos e tecnologia importada.

A emigração

A emigração foi um dos fenómenos marcantes deste período, cuja consideração é indispensável para uma melhor compreen-

314 | Economia do Crescimento

são do processo de crescimento económico. A partir da década de 1950, a emigração portuguesa cresceu rapidamente e começou a orientar-se para os países industrializados da Europa Ocidental. Segundo os dados coligidos em Valério (2001)[117], emigraram 21.892 indivíduos em 1950, dos quais 98,2% foram para as Américas e 1,8% para Europa. A emigração cresceu rapidamente em 1951 e 1952, mas manteve-se relativamente estável até 1962, ano a partir do qual as saídas dispararam. Em 1963, a emigração total foi de 55.218 indivíduos, mas então com uma orientação diferente, sendo 59,4% para a Europa e 40,6% para as Américas. O crescimento foi muito rápido, atingindo o pico de 183.205 emigrantes em 1970, com 87,6% das saídas orientadas para a Europa e apenas 12,4% para as Américas. Em termos globais, entre 1950 e 1973 saíram do país mais de 1,7 milhões de indivíduos, o que marca um momento particular na emigração e na sociedade portuguesas do século XX.

O elevado ritmo da emigração teve um forte impacte sobre a evolução da população activa e do emprego. Considerando os dados coligidos em Valério (2001)[118], observa-se que a população activa flutuou à volta de 3,2 milhões em 1950-73, valor sensivelmente idêntico aos de 1953 (3,197 milhões) e de 1973 (3,233 milhões), mas com um declínio sustentado entre 1962 e 1970, período em que caiu à taxa média anual de 1,0%. Dado que o emprego se manteve relativamente estável ao longo do período, a emigração permitiu conter a taxa de desemprego, ao mesmo tempo que reduziu drasticamente o subemprego rural, donde provinha a maior parte dos fluxos de emigração. Num quadro de crescimento económico, a redução da oferta de trabalho contribuiu para o crescimento da produtividade do trabalho, ao mesmo tempo que aumentou o poder negocial dos trabalhadores, o que contribuiu para uma rápida subida dos salários, em particular a partir de meados da década de 1960.

---

[117] Cf. "Capítulo 2 – População", da autoria de Maria Joannis Baganha e José Carlos Marques, pp. 33-126.

[118] Cf. "Capítulo 4 – Actividade económica da população", da autoria de Ana Bela Nunes, pp. 149-195.

Com o ritmo da emigração cresceram rapidamente os fluxos de remessas dos emigrantes. Em 1973, o valor corrente das remessas transferidas para o país era quase 20 vezes mais do que o valor de 1953. Expressas em percentagem do PIB, as remessas passaram de 2,8% em 1950 para 3,5% em 1960, 4,8% em 1967 e 7,9% em 1973. O fluxo crescente de transferências correntes contribuiu para o financiamento do défice da balança de bens e serviços, que crescia com a rápida expansão das importações permitida pela liberalização comercial no seio da EFTA e pelo crescimento do rendimento. Mas como o valor das remessas crescia mais depressa que o das importações, tornou-se possível a progressiva cobertura do défice (69,6% em média, entre 1950 e 1965) e, a partir de 1966, a sua cobertura integral, com as remessas a representarem 138,3% do défice em 1973. As transferências dos emigrantes também contribuíram fortemente para o crescimento da procura interna e, deste modo, para a expansão da actividade produtiva interna: por um lado, aumentaram o nível de rendimento e o consumo das famílias dos emigrantes e, por outro, aumentaram as disponibilidades de financiamento do sistema bancário através do crescimento da capacidade creditícia gerada pelo volume crescente dos seus depósitos bancários.

As políticas de fomento da industrialização

Todos estes efeitos gerados pela abertura económica do país são fundamentais para explicar a dinâmica de crescimento económico dos anos de 1950-1973. Mas não podemos esquecer os factores de ordem interna, em particular, as políticas de fomento da industrialização executadas a partir de 1953. O interesse pela industrialização do país começou a afirmar-se no final da II Guerra, com a discussão e promulgação das leis de Ferreira Dias sobre electrificação e fomento industrial[119]. A corrente "industrialista", que então crescia, ganhou espaço durante os anos de 1950 e acabou

---

[119] Ver, por exemplo, Rosas (1994), pp. 342-43 e 434.

por conduzir ao "complexo político-industrial que viria a dominar em proporção crescente desde então" (Moura 1969: 19-20).

Esta convergência entre políticos da área económica, empresários e tecnocratas teve grande impacte e influenciou o desenvolvimento de políticas de promoção da industrialização, tais como a construção de infra-estruturas, desenvolvimento da indústria transformadora, políticas de protecção contra a concorrência externa (indústrias nascentes, licenciamento de importações) e contra a concorrência interna (condicionamento industrial), ou políticas de apoio, como a concessão de créditos com taxas de juro baixas, isenções fiscais, benefícios aduaneiros, controlo dos preços, etc..

Um instrumento importante das políticas de promoção da industrialização foi a utilização de planos indicativos, então designados por planos de fomento. A prática da planificação plurianual dos investimentos públicos vinha de trás, nomeadamente com a Lei de Reconstituição Económica, que vigorou entre 1935 e 1950. Tal como esta, os primeiros planos de fomento não passavam de um conjunto de programas sectoriais de investimento público em infra-estruturas e indústrias de base, sem uma perspectiva de programação global das acções, nem uma suficiente coordenação entre programas (Moura 1969, Silva 1984, Lopes 1996), sobretudo pensados como instrumentos para recuperar o atraso do país e criar condições para o fomento das indústrias. Os últimos planos revelavam já uma natureza mais global em termos de programação económica e uma certa consistência entre as projecções macroeconómicas e os programas sectoriais, bem como alguns elementos que evidenciavam preocupações de natureza estratégica.

Entre 1950 e 1973, foram realizados três planos de fomento e um intercalar, além de um quarto plano que deveria ter início em 1974, mas que não chegou a ser aplicado. O I Plano de Fomento (1953-58) reduzia-se praticamente a um simples conjunto de investimentos sectoriais, cuja preocupação principal era a superação dos bloqueamentos mais notórios em infra-estruturas (Silva 1984: 18). A sua execução traduziu-se numa subida da taxa de investimento de 17,5% do PIB em 1952 para 23,9% em 1958.

Capítulo 5. O Crescimento Económico Português desde 1950 | 317

O II Plano de Fomento (1959-64) prosseguiu a política iniciada em 1953 com o esforço de investimento em infra-estruturas e manteve a mesma natureza de programa de investimentos sectoriais, sem grande coordenação entre si. Contudo, o plano introduziu a ideia de que a industrialização deveria constituir um meio para o desenvolvimento, sendo o processo mais eficaz para acelerar o crescimento económico e a melhoria do nível de vida das populações. Daí uma atenção particular ao fomento de novas indústrias, em particular aquelas que fossem capazes de assegurar maior nível de emprego, de aumentar a substituição de importações e as exportações, e de criar uma maior interligação com as actividades existentes. A taxa de investimento média durante o II Plano foi de 24,8% do PIB, alcançando os 26,1% em 1964.

O Plano Intercalar de Fomento (1965-67) foi preparado num momento de incertezas, quer em relação à situação da guerra colonial, quer em relação ao processo de integração europeia. Embora um plano de transição, o Intercalar marcou uma evolução metodológica muito significativa em relação aos anteriores, em particular porque se baseou em projecções macroeconómicas consistentes, constituindo, assim, o primeiro exercício de planeamento global para a economia portuguesa. Durante os três anos de execução do plano, a taxa de investimento média atingiu os 27,5%.

O III Plano de Fomento (1967-73), para além de consolidar os avanços metodológicos do Plano Intercalar, alargou o âmbito do planeamento, tratando explicitamente de aspectos globais e sectoriais, de aspectos do crescimento económico e da política social e de rendimentos, bem como de aspectos relacionados com os desequilíbrios regionais. A taxa de investimento deu um grande salto durante a execução deste plano, chegando aos 36,8% em 1972.

Os primeiros planos consubstanciavam uma perspectiva de desenvolvimento que tinha a industrialização como motor, mas um processo de industrialização orientado para dentro e apoiado na protecção (interna e externa) dos mercados, bem como em políticas de apoio que mostravam um activismo característico da subs-

318 | Economia do Crescimento

tituição de importações. Pereira de Moura resumiu o modelo da seguinte forma:

"A iniciativa privada realizaria a industrialização, quer por substituição de importações quer para exportação; o Estado ajudaria com empreendimentos de infra-estrutura e com enquadramentos legais, tanto para garantir os mercados (protecção pautal e condicionamento industrial), como os baixos custos (contenção de salários pelos 'sindicatos' corporativos, preços de exploração para matérias-primas dos sectores primários e das colónias, e ainda benefícios financeiros de vária ordem)" (Moura 1969: 22-23).

À medida que a economia crescia, aumentavam as pressões no sentido da abertura económica e do fomento das exportações, pressões impulsionadas pelos resultados da adesão à EFTA e pelas negociações com a CEE. A contradição permanente entre os projectos de integração europeia e de criação do "espaço económico português"[120] começou a dar lugar à assunção da prioridade europeia e, consequentemente, a uma opção de maior abertura e de integração internacional da economia portuguesa.

Com a chegada ao poder de Marcelo Caetano, os novos governantes da área económica procuraram definir uma política industrial mais orientada para a promoção das exportações e pela competitividade da produção nacional. Rogério Martins, Secretário de Estado da Indústria, era o principal arauto da nova estratégia, que defendia a partir de uma visão muito crítica sobre a política industrial que tinha vigorado até então. Em sua opinião, o regime industrial que existia no país desde o pós-guerra não tinha permitido, nem uma aproximação ao conjunto de países europeus economica-

---

[120] Entre 1961 e 1963, foram publicados vários diplomas que procuravam dar corpo à ideia da integração económica nacional e construção do "espaço económico português". O Decreto-Lei 44016, de 1961, procurava dar o "passo decisivo" para se alcançar "um objectivo político-económico de alcance extraordinário: a integração económica de todos os territórios portugueses ou, o que é o mesmo, a formação de uma economia verdadeiramente nacional" (*Diário do Governo*, 1ª Série, nº 259, 8 de Novembro de 1961, p. 1371).

Capítulo 5. O Crescimento Económico Português desde 1950 | 319

mente mais avançados, nem uma melhoria da posição em relação a outros (Martins 1970: 88). Era urgente, portanto, "uma nova política industrial que, rejeitando a autarcia," procurasse "estimular o equilíbrio da balança comercial na base do desenvolvimento da exportação de produtos" que o país pudesse "produzir em condições de custo internacionalmente concorrenciais" e que, ao mesmo tempo, favorecessem "o rápido crescimento do valor acrescentado pelos factores produtivos nacionais" (*ibidem*: 94). Estas ideias influenciaram a formulação da nova Lei de Fomento Industrial publicada em 1972 (Lei 3/72), mas a queda do Estado Novo já não deu tempo para a sua execução.

Embora se reconheça a importância dos planos de fomento no processo de industrialização portuguesa das décadas de 1950 e 1960, no entanto, muitos consideram que é difícil avaliar os seus efeitos reais no crescimento económico. Segundo Lopes (1996), os planos foram muito importantes na orientação dos investimentos públicos, embora com uma eficácia reduzida pelos desvios que se verificavam entre o programado e o realizado. Em sua opinião, a dinâmica de crescimento económico da década de 1960 dependeu principalmente "dos condicionalismos criados pela conjuntura internacional, pela integração europeia, pela emigração, pelo desenvolvimento da procura interna e, como não podia deixar de ser, pelas políticas governamentais" (Lopes 1996: 288).

Quadro 5.1
Taxas médias de crescimento anual do PIB,
população e PIB per capita, 1950-2004

Períodos	PIB (%)	População	PIB per capita (%)
1950-2004	**4,1**	**0,4**	**3,7**
1950-1973	**5,4**	**0,1**	**5,3**
1950-1960	4,4	0,6	3,8
1960-1973	6,2	-0,3	6,5
1973-2004	**3,1**	**0,6**	**2,5**
1973-1985	2,8	1,2	1,6
1985-1994	4,5	-0,01	4,5
1994-2004	2,2	0,5	1,7
1910-1950	2,2	0,9	1,3

Fontes: Mateus (2006), Valério (2001) e World Bank (2007).

320 | Economia do Crescimento

5.1.2 A fase de 1974-2004: época de crescimento instável e cíclico

Tal como a primeira fase do crescimento económico português acompanhou o percurso dos "anos dourados" do crescimento económico mundial, a fase que começou em 1974 também acompanhou as crises e instabilidades da economia mundial do final do século XX. A evolução da economia portuguesa neste período foi muito mais instável do que em 1950-1973, com uma sucessão de progressos e declínios e com um ritmo médio de crescimento muito mais baixo. O Gráfico 4.2 permite-nos destacar os anos de crise de 1974 e 1975, seguidos de três ciclos completos: 1976-1985, de recuperação e declínio pós-revolução; 1985-1994, de expansão e declínio pós-adesão europeia; e 1994-2004, com a recuperação da segunda metade da década de 1990 e a queda verificada a partir de 2001.

A crise de 1974-75

Após ter alcançado um valor de 10,4% em 1972, a taxa média de crescimento da economia portuguesa caiu bruscamente para 4,9% em 1973 e 2,9% em 1974, tornando-se negativa em 1975 (-5,1%). Esta queda brusca e profunda do ritmo de crescimento económico resultou de uma combinação cumulativa de factores externos e internos, num espaço de tempo muito curto, acabando por transformar os anos de 1974 e 1975 num período de ruptura com o percurso económico das décadas anteriores e de conclusão de um ciclo do desenvolvimento económico português.

As causas primeiras da crise de 1974-75 foram de ordem externa e estão ligadas ao fim dos "anos dourados" do crescimento económico mundial, que aconteceu na sequência do colapso do sistema de câmbios fixos de Bretton Woods, em 1971, das pressões inflacionistas subsequentes, da alta dos preços das matérias-primas e do choque que resultou da quadruplicação do preço do petróleo em 1973-74. Este conjunto de acontecimentos criou grande

Capítulo 5. O Crescimento Económico Português desde 1950 | 321

instabilidade na economia mundial e uma forte desaceleração do crescimento económico, com consequências bastante negativas para a economia portuguesa: as importações tornaram-se mais caras e, em consequência, os termos de troca caíram, agravando a situação da balança de pagamentos; as pressões inflacionistas acentuaram--se, acompanhando a situação internacional; e a crise económica, sobretudo europeia, teve impactes negativos, quer sobre a procura das exportações nacionais, quer sobre os fluxos de emigração.

Foi em plena conjuntura económica de crise que aconteceu a queda do Estado Novo, em 25 de Abril de 1974. A revolução então iniciada conduziu a uma sucessão de transformações políticas, sociais e económicas que marcaram uma ruptura total com o regime anterior, mas que, inicialmente, contribuíram para agravar a crise económica em Portugal: porque o fim do império colonial se traduziu, imediatamente, em perda de mercados de exportação e em retorno de população nacional; e porque as convulsões revolucionárias geraram desarticulações económicas e produtivas, que muito contribuíram para o aprofundamento dos desequilíbrios macroeconómicos.

Com o fim do império colonial, a economia portuguesa ficou definitivamente reduzida ao espaço continental europeu e ilhas atlânticas. Os efeitos desta mudança sobre a conjuntura económica de crise foram significativos, em particular, devido ao desaparecimento dos mercados coloniais, à desmobilização de militares regressados das frentes de guerra e ao elevado retorno de nacionais durante os anos de 1975 e 1976. Muito embora o comércio com as colónias estivesse em declínio desde a década de 1960, sobretudo devido aos progressos de integração da economia portuguesa na Europa, no entanto, os mercados coloniais ainda eram relativamente importantes. Em 1973, as exportações de produtos manufacturados para as colónias representavam cerca de 15% do total. E, mais importante ainda, tratava-se de mercados protegidos, que garantiam o escoamento de muitos produtos sem poder competitivo nos mercados internacionais, pelo que a perda desses mercados teve um efeito bastante negativo sobre as exportações portuguesas.

322 | Economia do Crescimento

O retorno de nacionais teve um enorme impacte demográfico, contribuindo para uma taxa de crescimento populacional de 1,4% em 1974, de 3,9% em 1975 e 2,9% em 1976. Esse crescimento correspondeu a um adicional de mais 340.000 pessoas em 1975 e 260.000 em 1976, quando a população tinha diminuído sempre entre 1966 e 1973. A expansão demográfica contribuiu, de forma significativa, para acelerar a queda do rendimento por habitante (1,5% em 1974, -8,4% em 1975 e -0,2% em 1976) e para aumentar o desemprego (2,1% em 1974, 4,0% em 1975 e 5,7% em 1976), ao mesmo tempo que as medidas de apoio aos retornados se traduziam numa forte pressão sobre as despesas públicas.

Com a queda do Estado Novo, os sentimentos de mudança numa população que acabava de sair da ditadura e da guerra colonial geraram expectativas de melhorias nas condições de vida e de maior participação das pessoas no desenvolvimento do país. Contudo, o processo revolucionário criou fortes convulsões em 1974-75, que agravaram ainda mais a situação de crise económica. As rupturas no tecido produtivo, a instabilidade organizacional e as alterações nos direitos de propriedade reflectiram-se numa queda brusca da taxa de crescimento do produto, como vimos acima. Os principais factores dessa queda foram, do lado da procura, a diminuição do investimento e das exportações. O investimento bruto, que tinha registado um crescimento de 23,2% em 1972 e uma forte contracção para 4,1% em 1973, diminuiu sucessivamente em 1974 e 1975, com variações de -3,1% e -18,8% respectivamente, revelando uma situação de desconfiança dos empresários, de conflitos organizacionais e de crise do sector exportador.

O declínio deste sector era não só uma consequência da recessão internacional, mas também da redução das compras dos clientes externos e do desaparecimento dos mercados coloniais, que se traduziram em sucessivas quedas das exportações, quer em 1974 (-5,0%) e 1975 (-14,4%), como ainda em 1976 (-0,2%). Do lado da oferta, a subida dos custos de produção causada pelo choque petrolífero foi agravada pelo crescimento rápido dos salários durante o período revolucionário (31,3% em 1974 e 29,9% em 1975), pela

Capítulo 5. O Crescimento Económico Português desde 1950 | 323

prática crescente dos controlos administrativos de preços de venda e, ainda, pelas consequências da aplicação de novas leis sobre despedimentos. O agravamento dos custos de produção traduziu-se, por isso, num forte desincentivo ao investimento e queda rápida da produção.

O aprofundamento da crise criou uma situação de grande instabilidade macroeconómica, bem visível na proporção atingida pelos défices público e externo e na dinâmica inflacionista. O saldo orçamental tornou-se deficitário a partir de 1974, sob o impulso das despesas públicas, que tinham crescido com o aumento das remunerações e do nível de emprego na função pública e, ainda, com as despesas de apoio aos retornados das antigas colónias. De um valor positivo em 1973 (1,7% do PIB), o saldo orçamental caiu para -1,0% do PIB em 1974, para -3,8% em 1975 e -5,3% em 1976, pressionando cada vez mais a inflação e o desequilíbrio dos pagamentos externos.

A inflação, que crescia desde 1965, deu um grande salto em 1973, na sequência dos efeitos externos sentidos a partir 1971 e que culminaram com o choque petrolífero de 1973-74. Estes efeitos foram ampliados, a partir de meados de 1974, pela subida dos salários e do consumo privado, pelo crescimento do défice público e, ainda, pela pressão crescente dos custos de produção. Com esta combinação de efeitos, a taxa de inflação saltou de 10,4% em 1973 para 28,0% em 1974, mantendo-se na casa dos 20% até 1985.

A balança de pagamentos apresentava uma posição permanentemente favorável desde 1964. Essa situação resultava, principalmente, do fluxo elevado de remessas de emigrantes (7,9% do PIB e 138,3% do défice de bens e serviços em 1973) e do peso crescente das receitas líquidas do turismo (3,1% do PIB em 1973), que permitiam excedentes confortáveis da balança corrente. Em 1973, esta balança apresentava, ainda, um excedente igual a 1,9% do PIB, mas caiu para -6,0% em 1974 e -5,3% em 1975. Este desequilíbrio era, em primeiro lugar, uma consequência da queda dos termos de troca (cerca de 15% entre 1973 e 1975) desencadeada pelo choque petrolífero de 1973, mas foi agravado pela diminuição das expor-

324 | Economia do Crescimento

tações e receitas do turismo, pela redução dos fluxos de remessas e pela fuga de capitais.

A estabilização das convulsões revolucionárias em Novembro de 1975 permitiu uma orientação da política para a gestão da transição democrática e para o lançamento de medidas de combate à crise e de recuperação da economia. Era necessário consolidar a democracia, reconstruir os quadros institucionais, estimular a produção, restabelecer a confiança dos empresários e integrar os retornados de África. Com o fim da ditadura e do império, era então possível pensar a integração da economia portuguesa na Europa sem as contradições do passado. E em Março de 1977, o Governo do Partido Socialista (PS) liderado por Mário Soares apresentou formalmente o pedido de adesão de Portugal à Comunidade Económica Europeia. Começava, assim, uma nova fase de crescimento da economia portuguesa, mais instável e mais lento, mas que produziu transformações profundas no seu modelo de funcionamento.

O ciclo de 1976-85

Durante os anos de 1976 e 1977 foram tomadas várias medidas de política económica para estimular a produção e reanimar a economia, nomeadamente, políticas orçamentais expansionistas, políticas de crédito para impulsionar o investimento, liberalização e subida de alguns preços controlados, desvalorização do escudo e algumas medidas proteccionistas, delimitação dos sectores de actuação pública e privada, devolução aos proprietários de algumas empresas intervencionadas pelo Estado e legislação sobre a reforma agrária. Estas medidas tiveram efeito rápido e a economia entrou numa fase de recuperação, com um crescimento do produto de 2,3% em 1976, um salto para a ordem dos 6,5% em 1977 e 1978, e uma taxa de 7,1% em 1979.

O impulso do crescimento veio tanto da procura interna como da externa: o consumo privado cresceu sustentadamente entre 1976 e 1979, com uma taxa média de 4,3%; o consumo público cresceu 6,9% no mesmo período, mas com uma taxa de 10,3% em 1977;

Capítulo 5. O Crescimento Económico Português desde 1950 | 325

o investimento deu um grande salto em 1976 e 1977, com 9,7% e 27,3%, respectivamente, mas caiu em 1978 e 1979; por outro lado, as exportações cresceram rapidamente a partir de 1977 (5,2%) e aceleraram em 1978 (10,1%) e em 1979 (27,8%).

Mas, em contrapartida, cresceu a instabilidade macroeconómica: a inflação subiu para valores acima dos 20%, alcançando 27,1% em 1977, e o défice da balança corrente chegou a 7,8% do PIB em 1976 e 8,4% em 1977, empurrado por um aumento das importações bem acima das exportações. E como o país tinha esgotado as suas reservas de divisas durante a crise de 1974-75, houve que recorrer a sucessivos empréstimos para financiar os défices da balança, empréstimos obtidos com a garantia das reservas de ouro. O agravamento do problema e a redução das reservas de ouro acabaram por impor o recurso a medidas drásticas de estabilização, que incluiu a aplicação de um programa acordado com o Fundo Monetário Internacional em Maio de 1978.

As medidas aplicadas ajudaram a estabilizar a situação macroeconómica e permitiram um ligeiro crescimento em 1978. Contudo, a economia portuguesa foi sujeita a um novo choque externo, na sequência da crise petrolífera de 1979. As medidas restritivas aplicadas na generalidade dos países desenvolvidos conduziram a uma nova recessão, com a produção praticamente estagnada entre 1980 e 1982. A economia portuguesa foi, assim, confrontada com uma subida rápida do preço do petróleo e uma queda brusca da procura internacional das suas exportações, situação agravada ainda pela apreciação do dólar. Em consequência, o país entrou na fase descendente do ciclo iniciado em 1976 e que se prolongou até 1985.

O crescimento do produto, que ainda tinha sido de 7,1% em 1979, caiu para 2,0% em 1982 e manteve-se estagnada entre 1983 e 1985. A situação macroeconómica agravou-se de novo: a inflação, que tinha caído para 16,6% em 1980, regressou aos valores acima de 20%; o défice público subiu para 12,5% do PIB em 1981; e a balança corrente, que estava praticamente equilibrada em 1978, deteriorou-se rapidamente, atingindo níveis de défice sem precedentes, de 10,8% do PIB em 1981 e 12,9% em 1982. Com o agravamento

326 | Economia do Crescimento

dos desequilíbrios macroeconómicos, o país voltou a recorrer ao endividamento externo que, em apenas três anos, atingiu valores insustentáveis[121]. Em consequência, voltou-se a recorrer à venda de ouro, mas a gravidade da crise levou à queda do Governo da Aliança Democrática[122].

Após as eleições, o novo Governo[123] liderado por Mário Soares teve de recorrer a um segundo acordo com o Fundo Monetário Internacional, assinado em Setembro de 1983 e que vigorou entre Outubro de 1983 e Fevereiro de 1985. Este segundo programa de estabilização teve consequências económicas e sociais mais violentas que o anterior e acabou, mesmo, por levar à queda do Governo. Essas consequências resultaram da natureza fortemente restritiva do programa, que privilegiava a contenção da procura interna. De facto, a procura caiu em cerca de 4%, tanto em 1983 como em 1984, puxada pela quebra no consumo privado (-0,3% em 1983) e no investimento (-15,3% em 1983 e -16,7% em 1984).

As medidas aplicadas tiveram resultados bastante positivos em relação à situação financeira: o défice da balança corrente caiu progressivamente e praticamente se anulou em 1985 (0,5% do PIB); as exportações cresceram rapidamente (10,7%, em média, entre 1983 e 1985) e muito mais depressa que as importações (1,2% em

---

[121] No começo da década de 1980 vivia-se uma situação crítica para os países endividados, comprimidos que estavam entre a recessão da economia mundial e as altas taxas de juro praticadas. Em Agosto de 1982, o México declarou a sua impossibilidade de fazer face aos compromissos da dívida, dando início à chamada crise da dívida externa. Dado o ambiente internacional que se vivia, o nível atingido pela dívida externa portuguesa fez pairar um certo espectro de crise.

[122] A Aliança Democrática (AD) foi uma coligação de direita formada, em 1979, pelo Partido Social Democrata (PSD), Centro Democrático Social (CDS) e Partido Popular Monárquico (PPM). Concorreu e ganhou as eleições legislativas de 1979 (intercalar) e de 1980.

[123] Nas eleições legislativas de 1983, a AD já tinha sido dissolvida e os seus partidos fundadores concorreram isoladamente. As eleições foram ganhas pelo PS e o seu líder foi eleito Primeiro-Ministro. Mas tendo ficado muito longe da maioria absoluta e dado o contexto de crise que se vivia, o PS formou uma coligação de governo com o PSD, que ficou conhecida por Bloco Central.

Capítulo 5. O Crescimento Económico Português desde 1950 | 327

média); as saídas de capitais diminuíram e deram lugar a entradas líquidas, com o investimento directo estrangeiro a triplicar entre 1982 e 1985.

O ciclo de 1985-94

Em 1985 começou um novo ciclo económico, marcado pelo fim do segundo programa de estabilização do Fundo Monetário Internacional e por novas eleições legislativas, na sequência da queda do Governo do Bloco Central. Das eleições legislativas resultou a constituição de um governo do PSD, liderado por Cavaco Silva, que iniciou um período de estabilidade governativa, apoiada em maiorias parlamentares a partir de 1987 e que duraria até 1995. Mas o começo deste ciclo também é marcado pela adesão formal de Portugal à Comunidade Económica Europeia, em 1986. A entrada na Comunidade criou novas perspectivas de desenvolvimento económico e acelerou a transformação do modelo de funcionamento da economia portuguesa.

Apesar disso, o crescimento da produção seguiu um ciclo económico semelhante ao anterior, embora com uma fase de expansão ligeiramente mais longa e com uma taxa média de crescimento anual também mais elevada. O período entre 1985 e 1990 foi uma fase de expansão rápida da economia, com uma taxa média de crescimento anual de 6,3% e taxas ainda mais elevadas em 1989 (7,1%) e 1990 (8,2%). Esta evolução ficou a dever-se, em particular, à conjuntura internacional muito mais favorável do que na primeira metade da década, aos efeitos económicos da entrada na CEE e a um conjunto de modificações estruturais que ajudaram a transformar o modo de funcionamento da economia. O crescimento económico traduziu-se numa progressão rápida do rendimento por habitante, a um ritmo de 7,5% ao ano entre 1987 e 1990, progressão muito ajudada pela diminuição da população, no mesmo período, a uma taxa de 0,3% ao ano.

Vários factores, externos e internos, ajudam a compreender a dinâmica económica deste período. Do ponto de vista dos factores

328 | Economia do Crescimento

externos, a nova conjuntura internacional e a integração formal na CEE foram decisivos. A economia mundial tinha ultrapassado a recessão determinada pelo segundo choque petrolífero e vivia uma nova fase de expansão, muito ajudada pela queda do preço do petróleo. Por outro lado, a segunda metade dos anos de 1980 revelou uma nova pujança do fenómeno da mundialização do capitalismo (ou globalização), de que se destacam três dinâmicas inter-relacionadas: a expansão do comércio internacional, o crescimento dos movimentos de capitais e a grande expansão dos fluxos de investimento directo estrangeiro.

Com um maior grau abertura (62,0 em 1983 e 70,7 em 1989), a economia portuguesa pôde beneficiar dessas dinâmicas, como nos mostram alguns números referentes ao período 1985-90: as exportações cresceram a um ritmo médio anual de 11,0%, mas com taxas de 18,7% e 12% em 1989 e 1990, respectivamente; o investimento directo estrangeiro em Portugal decuplicou entre 1985 e 1990 (taxa média anual de crescimento de 44,6%), correspondendo em 1990 a 4,9% do PIB e 15,7% do investimento bruto; o investimento de carteira teve uma evolução da mesma natureza, sendo as entradas em 1990 cerca de nove vezes superior ao verificado em 1985. O IDE também contribuiu para um fluxo importante de transferência de tecnologia, com forte impacte na transformação produtiva e no crescimento económico.

Do ponto de vista interno, sobressaem as reformas constitucionais e institucionais, cujo conjunto de medidas não só procurava aprofundar a liberalização da economia, como aliás estava a acontecer na generalidade dos países, mas também configurar as instituições de acordo com as normas prevalecentes nos países da Comunidade. A política económica expansionista, privilegiando o crescimento da produção e secundarizando o combate à inflação, traduziu-se num rápido crescimento da procura interna, de cerca de 7,4% ao ano entre 1985 e 1990. Contudo, o ritmo de crescimento económico, o crescimento das exportações, os ganhos significativos nos termos de troca e a elevada dimensão dos fluxos de capitais tiveram um impacte extremamente favorável sobre os equilíbrios

Capítulo 5. O Crescimento Económico Português desde 1950 | 329

macroeconómicos: o défice público caiu de 10,3% do PIB em 1985 para 5,0% em 1990; a inflação, que tinha estado acima dos 20% na primeira metade da década, desceu rapidamente de 28,9% em 1984 para 13,4% em 1990; e a balança corrente manteve-se praticamente equilibrada durante a segunda metade da década de 1980.

Em 1990, a economia entrou em declínio, com uma queda brusca da taxa de crescimento do produto para 3,4%, em 1991, menos de metade da taxa de 8,2% alcançada em 1990. Esta fase decrescente do ciclo acompanhou um novo período de recessão mundial e europeia, na sequência da Guerra do Golfo[124] e do processo da reunificação da Alemanha, em Outubro de 1991. A recessão teve um forte impacte em Portugal, onde as exportações passaram de um crescimento de 13,0% em 1990 para 0,5% em 1991, só regressando a valores próximos de 1990 no triénio 1994-96. Entretanto, a política económica tinha sido radicalmente alterada, voltando o combate à inflação a tornar-se prioritária, de acordo com os objectivos da convergência nominal estabelecidos para a construção do espaço único europeu e da moeda única.

Com o Tratado de Maastricht[125], ficou consagrada a opção europeia pela moeda única. O caminho para a unificação monetária levou à introdução de um conjunto de critérios de convergência nominal que os países deveriam respeitar para poderem integrar

---

[124] A Guerra do Golfo foi o conflito militar que se seguiu à invasão do Koweit pelo Iraque em Agosto de 1990. O fracasso das iniciativas diplomáticas levou a que uma coligação de forças ocidentais e do Médio Oriente lançasse um massivo ataque aéreo sobre o Iraque em Janeiro de 1991. O cessar-fogo aconteceu em Fevereiro do mesmo ano, com a restauração da independência do Koweit e um severo embargo económico ao Iraque.

[125] O Tratado da União Europeia foi assinado na cidade de Maastricht a 7 de Fevereiro de 1992 e entrou em vigor a 1 de Novembro de 1993. Este tratado transformou a Comunidade Económica Europeia em União Europeia e, entre outras decisões históricas, criou a União Económica e Monetária (UEM). Com a UEM, a política económica passou a incluir três componentes fundamentais: os Estados-membros devem coordenar as suas políticas económicas, estabelecer mecanismos de vigilância multilateral dessa coordenação e ficar sujeitos a regras de disciplina financeira e orçamental.

330 | Economia do Crescimento

a União Monetária, o que teve implicações decisivas em termos de política monetária, cujo objectivo prioritário passou a ser o de instituir a moeda única e assegurar a sua estabilidade. Para alcançar esse objectivo, Portugal estabeleceu como prioridade um percurso de desinflação, o que correspondia a passar de uma taxa de inflação da ordem dos 13% em 1989-90 para o nível da média europeia, que se situava em cerca de 5%. Esta opção de política teve custos elevados, penalizando fortemente a procura interna, cujo crescimento desacelerou em 1991-92 e estagnou em 1993. Contrariamente, os resultados em termos de equilíbrios macroeconómicos foram bastante positivos, em particular, a taxa de inflação, que caiu sustentadamente de 13,4% em 1990 para 5,2% em 1994.

O ciclo 1994-2004

Após o ano recessivo de 1993, a economia portuguesa iniciou uma nova fase de expansão que a levou a percorrer um terceiro ciclo completo entre 1994 e 2004. Este ciclo diferencia-se dos dois anteriores por se apresentar mais alisado e com um pico de crescimento muito mais baixo, de 4,4% em 1997, cerca de metade dos valores máximos alcançados nos ciclos anteriores. Na fase ascendente do ciclo (1994-2000), o PIB português cresceu mais depressa do que a média registada na União Europeia (2,8%), alcançando um aumento médio anual de 3,5%, mas com taxas ainda mais elevadas entre 1996 e 1999. A partir de 2001, a economia portuguesa entrou em declínio, reflectindo a conjuntura económica internacional de crise e o abrandamento observado na generalidade dos países da União Europeia. O crescimento do PIB abrandou rapidamente e caiu mais depressa do que a média da União, voltando a registar um crescimento negativo em 2003, de -1,2%. Nesta fase descendente do ciclo, a economia portuguesa teve um crescimento médio anual de 0,7%, bem mais devagar do que a média de 1,6% registada na União.

Na fase ascendente do ciclo (1994-2000), o crescimento económico foi conduzido principalmente pela dinâmica do investimento

Capítulo 5. O Crescimento Económico Português desde 1950 | 331

e das exportações. O investimento foi o elemento mais dinâmico da procura interna, com um crescimento médio de 6,3% durante o período e com variações anuais de 11,8% em 1997 e 10,3% em 1998, tendo sido impulsionado tanto pelo investimento directo estrangeiro, como pelo investimento público. Depois do declínio observado entre 1992 e 1994, o IDE cresceu significativamente em 1995 (88,4%) e ainda mais depressa nos últimos anos da década, com fluxos de entrada equivalentes a 10,7% do PIB em 1998 e 21,6% em 2000. Este rápido crescimento dos fluxos fez aumentar o peso do IDE na formação bruta de capital fixo, que passou de 16,5% em 1995 para 41,8% em 1999 e 79,8% em 2000. O investimento público também teve uma contribuição importante para a dinâmica do investimento neste período, com um crescimento significativo nos anos de 1998 a 2001, em que o seu peso atingiu um valor médio equivalente a 18% da formação bruta de capital fixa e 8% do PIB, com claro destaque para o investimento em infra-estruturas de transportes.

A procura externa foi o segundo factor dinâmico do crescimento económico na fase ascendente do ciclo, com as exportações crescendo a um ritmo médio anual de 9,3% e de forma relativamente equilibrada ao longo do período. Mas o peso crescente do investimento e das exportações foi contrabalançado pela redução do peso da poupança interna e pelo crescimento das importações. Com uma poupança interna em declínio e com um investimento fortemente apoiado no IDE (investimento privado) e em transferências da União Europeia (investimento público), a economia portuguesa registou um alargamento significativo do hiato da poupança. Por outro lado, o crescimento mais rápido das importações levou a um aumento também significativo do défice comercial. As consequências desta situação sobre a balança corrente foram evidentes: o saldo corrente cresceu rapidamente, passando de um défice equivalente a 2,3% do PIB em 1994, para um défice de 9,1% em 1999 e de 11,1% em 2000.

Em 2001, a economia portuguesa entrou em desaceleração, com uma queda rápida da taxa de crescimento e um registo negativo de -1,2% em 2003. A conjuntura de abrandamento da economia mundial e europeia reflectiu-se em Portugal com bastante intensidade, sobretudo através da diminuição dos fluxos de IDE, que caíram cerca de 16% entre 2000 e 2002. Com a redução desses fluxos, o investimento registou uma quebra de 3,1% ao ano durante o período, criando um efeito contraccionista sobre a procura interna e o nível de actividade. Contrariamente, o consumo público cresceu mais depressa que o PIB, invertendo a processo de redução do défice público que se observava desde 1995 e que tinha diminuído o seu valor para 2,7% do PIB em 1999. O défice aumentou sempre a partir de 2000, alcançando 4,3% em 2001 e 5,4% em 2004[126]. Como são níveis superiores aos valores de referência estabelecidos pelo Pacto de Estabilidade e Crescimento da União Europeia, o país foi sujeito a programas de reforma estrutural das administrações públicas e a políticas orçamentais restritivas, o que acabou por ampliar os constrangimentos sobre a procura interna.

Esta fase de contracção económica foi acompanhada pelo ressurgimento da instabilidade política em Portugal, após os 12 anos de governos de legislatura que aconteceram entre 1987 e 1999[127]. Contra as expectativas do próprio Primeiro-Ministro, o PS não alcançou a maioria absoluta nas eleições legislativas de 1999, o que acabou por criar um certo impasse na acção governativa. Na sequência dos resultados das eleições autárquicas de Dezembro de 2001, que deram uma maioria eleitoral ao PSD, o Primeiro-Ministro António Guterres optou pelo pedido de demissão.

Com a queda do Governo, foram realizadas novas eleições legislativas em Março de 2002, então ganhas pelo PSD, que condu-

---

[126] Estes valores excluem as medidas temporárias de contenção do défice público tomadas anualmente. As medidas permitiam aumentar as receitas públicas e, desse modo, alcançar défices mais baixos: por exemplo, 2,9% em vez de 3,2% em 2000, 2,9% em vez de 4,2% em 2002, ou 3,3% em vez de 5,4% em 2004, de acordo com os valores publicados pelos relatórios anuais do Banco de Portugal.

[127] Entre 1987 e 1999, o país teve três governos de legislatura completa, sendo dois do PSD liderados por Cavaco Silva, em 1987-1995, e um governo do PS liderado por António Guterres, em 1995-1999.

ziram a um governo liderado por Durão Barroso e baseado numa coligação deste partido com o CDS. Mas o Governo só funcionou até 2004, quando o seu líder optou pela Presidência da Comissão Europeia e passou as suas funções para o novo Primeiro-Ministro Santana Lopes, também do PSD. A instabilidade política aumentou e o Governo acabou por ser demitido ainda em 2004, com convocação de novas eleições legislativas para Fevereiro de 2005. A vitória coube então ao PS liderado por José Sócrates, que alcançou a maioria absoluta pela primeira vez. O país tinha regressado aos governos de legislatura.

5.2 Crescimento e convergência. Os factores do crescimento económico

Na secção anterior, descrevemos o processo de crescimento da economia portuguesa, as suas fases e ciclos, os contextos internacionais e as políticas económicas internas. Vamos agora analisar o crescimento económico, em dois sentidos: primeiro, e numa óptica comparativa, analisar se a economia portuguesa se aproximou, ou não, das economias mais desenvolvidas da Europa Ocidental, ou seja, se houve uma convergência com essas economias, na longa duração; por outro lado, vamos ver de que forma os diferentes factores produtivos contribuíram para o processo de crescimento e de que modo nos ajudam a explicar a convergência da economia portuguesa.

5.2.1 *A convergência da economia portuguesa: 1950-2004*

Na leitura do percurso da economia portuguesa que fizemos na secção anterior, observámos que o seu crescimento foi relativamente rápido, quer em termos do PIB (4,1% ao ano), quer em termos do produto por habitante (3,7%). Mas também observámos que esse percurso pode ser subdividido em cinco períodos, que permitem uma melhor descrição dos ritmos de crescimento e das modificações cíclicas por que passou o crescimento da economia portuguesa.

Podemos, agora, completar essa leitura com uma análise do significado relativo do percurso português. Tomando como referência um grupo de países desenvolvidos da Europa Ocidental[128], podemos comparar o desempenho do crescimento económico português com o do grupo, para observar se o produto por habitante de Portugal se aproximou do valor médio do PIB per capita desses países. Por outras palavras, pretendemos ver se a economia portuguesa convergiu com o grupo europeu durante o seu percurso de crescimento da segunda metade do século XX.

Gráfico 5.3
Crescimento do PIB real per capita de Portugal e da média dos países europeus seleccionados

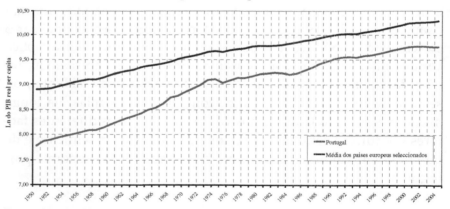

Fontes: Heston, Summers, Aten 2006.

---

[128] O grupo de países é constituído pela Alemanha, Áustria, Bélgica, Dinamarca, França, Holanda, Irlanda, Itália, Luxemburgo, Noruega, Reino Unido, Suécia e Suíça. Trata-se de uma combinação de países do grupo fundador da EFTA (excepto Portugal) e da CEE-9 (antes da adesão dos países do Sul), com os quais Portugal tem mantido uma relação permanente, seja através da EFTA, seja através dos acordos estabelecidos com a CEE nos anos de 1970. Além disso, trata-se do conjunto dos países mais desenvolvidos e que revelam convergência real das suas economias.

O Gráfico 5.3 compara a evolução do PIB real per capita de Portugal com a média do grupo. É visível uma tendência longa de aproximação, mas com diferenças de ritmo também evidentes: há uma aproximação sustentada entre 1950 e 1973, mais lenta até cerca de 1960 e mais rápida a partir de então; no período entre 1973 e 2004, podemos observar dois momentos de divergência (1973-85 e 1994-04) e um momento intermédio em que a economia portuguesa convergiu com o grupo (1985-94). Os valores do Quadro 4.2 ajudam-nos a ler essa evolução comparada. A diferença entre as taxas de crescimento mostra que o PIB per capita de Portugal cresceu mais depressa do que a média do grupo durante todo o período 1950-73 (+2,4%), em particular, entre 1960 e 1973, altura em que a taxa de crescimento do PIB por habitante português (6,8%) foi quase o dobro da média do grupo. Os elementos apresentados na secção anterior ajudam a explicar este percurso. Em primeiro lugar, Portugal partiu de uma posição muito mais recuada, com um PIB per capita em 1950 correspondente a 32,8% da média do grupo de países europeus. Em 1960, já se verificava uma ligeira melhoria (37,3%), mas foi a partir de então que a convergência se tornou mais rápida, passando o PIB per capita de Portugal a representar 56,6% da média em 1973. Esta aproximação da economia portuguesa, como vimos anteriormente, foi produto de um conjunto de políticas públicas que tiveram um papel importante na dinâmica de crescimento, tais como as políticas de promoção da industrialização e de participação nos movimentos de integração económica europeia, independentemente das contradições que as condições da época impunham.

Quadro 5.2
Taxas de crescimento do PIB real per capita, 1950-2004

	1950-73	1950-60	1960-73	1973-04	1973-85	1985-94	1994-04
Portugal	5,7	4,3	6,8	2,2	1,1	3,9	1,9
Média do grupo europeu	3,3	3,0	3,6	2,0	1,6	2,2	2,3
Diferença	+2,4	+1,3	+3,2	+0,2	-0,5	+1,7	-0,4

Notas: a) O grupo europeu é constituído pela Alemanha, Áustria, Bélgica, Dinamarca, França, Holanda, Irlanda, Itália, Luxemburgo, Noruega, Reino Unido, Suécia e Suiça.
b) Os valores do PIB real per capita estão em dólares internacionais a preços constantes de 2000.
Fontes: Heston, Summers, Aten 2006.

A combinação destes factores foi decisiva e dela resultou uma elevada acumulação de capital físico, bem como a importação de novas tecnologias, indispensáveis para fazer face aos desafios que a integração na EFTA tinha colocado à economia portuguesa. Durante o período 1973-2004, as taxas de crescimento do PIB per capita foram sensivelmente iguais, sendo de 2,2% no caso de Portugal e de 2,0% para a média do grupo europeu. Nesta fase, o PIB per capita português apenas cresceu mais depressa em 1985-1994, com uma diferença média de +1,7%. Isto permitiu recuperar o percurso de divergência que tinha acontecido em 1973-85, em que o PIB per capita médio do grupo cresceu com uma diferença de +0,5%, sensivelmente a mesma diferença que se observou no novo período de divergência de 1994-2004.

Este movimento flutuante de divergência-convergência reflecte a maior instabilidade económica internacional (choques petrolíferos, guerra do golfo, etc.), que afectou mais intensamente a economia portuguesa quando os efeitos dos choques externos foram ampliados por factores de ordem interna, tais como a revolução de 1974 e as convulsões que se lhe seguiram, as consequências da descolonização, a instabilidade política interna, a instabilidade macroeconómica, as políticas anti-inflacionistas do começo da década e 1990, etc..

Em resumo, podemos dizer que a economia portuguesa revelou, ao longo da segunda metade do século XX, um movimento de convergência com as economias europeias mais desenvolvidas. Contudo, este movimento não só teve fases de convergência com diferentes velocidades, como se observaram movimentos cíclicos de convergência e de divergência com a Europa, a partir de 1974. A aproximação vista através da evolução do PIB per capita dá-nos uma imagem real do percurso. Partindo de uma posição muito baixa (32,8% da média em 1950), Portugal mostrava em 2004 uma situação mais avançada, com 59,3% da média do grupo europeu, depois de ter alcançado o valor de 62,7% em 1992, 1998 e 1999. Mas em termos relativos, o país não alterou significativamente a sua posição, continuando bastante abaixo da média do grupo.

5.2.2 *O crescimento económico visto do lado da oferta*

Nesta secção, vamos analisar as determinantes do crescimento económico do ponto de vista da oferta, tal como acontece em grande parte dos trabalhos publicados sobre o assunto. É comum o recurso à função de produção neoclássica para, através da relação que ela estabelece entre a produção e os factores produtivos, decompor a contribuição de cada um desses factores para o crescimento do produto. É a chamada contabilidade do crescimento, que tratámos teoricamente no Capítulo 2. De um ponto de vista conceptual, essa contabilidade é um instrumento de decomposição muito claro e que lida com determinantes que parecem ter um grande valor interpretativo, daí o seu sucesso entre os economistas que estudam as questões do crescimento económico. Contudo, convém relativizar a interpretação dos resultados, porque a contabilidade do crescimento tem muitas limitações e é muito condicionada pela qualidade da informação estatística disponível.

Por um lado, como afirmámos no Capítulo 2, tentar explicar toda a complexidade da actividade produtiva de uma forma tão simples é uma abstracção excessiva, que torna as conclusões muito aproximadas e sem o rigor que os cálculos matemáticos parecem indicar. Por outro lado, como realça Maddison (1991: 133), a contabilidade do crescimento não consegue captar a totalidade das relações de causalidade, porque ela lida apenas com causas próximas e fica pelo registo dos factos acerca das componentes do crescimento, sem explicar os elementos de política ou as circunstâncias, nacionais e internacionais, que estão subjacentes àqueles factos, portanto, sem capacidade de explicar as causas últimas do crescimento económico. Ainda que fortemente influenciada pela disponibilidade e qualidade da informação estatística, bem como pelo elemento de subjectividade que também se verifica na construção de algumas das componentes[129], a contabilidade do crescimento tem a vantagem da clareza das suas operações e das possibilidades que abre para a orientação dos estudos quando queremos compreender melhor as causas que afectam o desempenho produtivo.

Desde meados da década de 1990, foram publicados vários trabalhos sobre o crescimento económico português com recurso à metodologia da contabilidade do crescimento[130]. Alguns consensos parecem evidentes: a ideia de que o crescimento económico em Portugal tem sido apoiado principalmente na acumulação de capital físico; que a contribuição da acumulação de trabalho é pouco relevante; que a contribuição do capital humano tornou-se importante a partir de meados da década de 1970; e que a contribuição da produtividade total dos factores (PTF) tem variado muito de período para período. Comparando com o processo de crescimento económico dos países mais desenvolvidos, alguns desses autores concluíram que a acumulação de capital físico teve um papel muito mais

---

[129] No estudo que fez sobre crescimento e convergência da economia portuguesa, Vale (2005) elaborou um conjunto de exercícios de contabilidade de crescimento com séries alternativas do stock de capital humano, propostas em diferentes estudos recentes, e verificou que os resultados se alteram significativamente, sobretudo no que se refere à determinação do contributo do capital humano em cada uma das décadas do estudo. A questão central tem a ver com as séries escolhidas para representar o capital humano.

[130] Grande parte desses trabalhos encontra-se na nossa bibliografia final. Ver, por exemplo, Amadeu e Coimbra (2007), Duarte e Simões (2001), Lains (2003), Pessoa (1998), ou Vale (2005).

relevante em Portugal do que na generalidade daqueles países, em contraste com a fraqueza do desempenho da produtividade total, que só teve um crescimento significativo na década de 1960 e na segunda metade da década de 1980.

Quadro 5.3
Factores do crescimento económico português, 1955-2000

	Taxas de crescimento				Percentagem da contribuição factorial			
	K	L	H	PTF	PIB	K	L	H	PTF
1955-60	3,5	0,2	1,0	-0,4	4,4	80,1	5,7	24,0	-9,9
1960-65	2,8	0,4	-0,1	3,3	6,4	44,3	5,8	-2,2	52,0
1965-70	2,6	0,2	1,0	1,9	5,7	46,2	2,7	17,3	33,8
1970-75	3,1	-0,6	1,8	1,1	5,3	57,3	-11,3	32,8	21,1
1975-80	2,0	0,0	1,6	0,1	3,8	52,6	0,6	43,1	3,7
1980-85	1,6	-0,2	1,2	-0,2	2,4	66,5	-6,4	47,7	-7,9
1985-90	1,5	0,2	1,4	2,7	5,8	25,4	3,6	24,5	46,5
1990-95	1,5	0,0	1,9	-0,2	3,2	46,0	-0,3	59,6	-5,3
1995-00	1,4	0,3	0,8	0,7	3,3	43,3	10,2	24,5	22,0
1955-00	2,2	0,1	1,2	1,0	4,5	49,6	1,4	26,3	22,7

Nota: K – capital, **L** – trabalho, **H** – capital humano, **PTF** – produtividade total dos factores, **PIB** – produto interno bruto.
Fontes: Construído a partir da base de dados de Mateus (2006).

O Quadro 5.3 apresenta um exemplo de contabilidade do crescimento económico português, construído a partir da base de dados de Mateus (2006)[131]. O cálculo das taxas de crescimento dos factores é feito com base numa função de produção com capital humano, semelhante às funções apresentadas no Capítulo 2. A primeira parte do quadro contém as taxas de crescimento dos factores e a segunda parte apresenta a contribuição percentual de cada

---

[131] Como foi dito acima, existem neste momento vários exercícios de contabilidade do crescimento económico português. A nossa opção por Mateus (2006), tem a ver principalmente com o facto de disponibilizar séries mais longas. A publicação inclui uma base de dados em CD-ROM, com séries longas para a economia portuguesa, trabalhadas e actualizadas a partir de séries do Banco de Portugal, do Instituto Nacional de Estatística e do Eurostat.

340 | Economia do Crescimento

um dos factores para o crescimento do PIB. Numa primeira leitura, podemos destacar alguns dos resultados obtidos: a acumulação de capital físico tem sido preponderante no crescimento económico, enquanto a acumulação de trabalho mostra um papel bastante limitado; a produtividade total dos factores ganhou importância na determinação do crescimento, mas essa importância decaiu a partir dos anos de 1970, altura em que o capital humano passou a ser um factor determinante do crescimento económico português.

Olhando para a primeira parte do quadro, verificamos que a contribuição do capital físico cresceu mais depressa até à década de 1970, com taxas da ordem dos 3% e com contribuição percentual acima dos 50%. Na primeira secção deste capítulo, vimos as razões desse crescimento, nomeadamente, as políticas de promoção da industrialização e os efeitos da integração na EFTA. A dinâmica dos investimentos permitiu, com o apoio da incorporação de novas tecnologias provenientes dos países mais desenvolvidos, que a acumulação de capital se traduzisse num crescimento significativo da produtividade da economia, sobretudo na década de 1960 (3,3% em 1960-65), donde as percentagens de contribuição para o crescimento do PIB (de 52,0% em 1960-65 e 33,8% em 1965-70). O crescimento do progresso técnico resultou de uma combinação entre investimentos significativos na indústria transformadora e orientação para o exterior, a par com o declínio da agricultura que aconteceu rapidamente a partir do início da década de 1960. A fraqueza da contribuição do capital humano traduz o baixo nível estrutural de escolaridade da população portuguesa, que só começou a sofrer modificações profundas no final da década de 1960.

A partir da década de 1970, a influência do capital humano modificou-se significativamente. Os resultados do crescimento económico e a melhoria dos níveis de vida da população alcançados durante a década anterior permitiram aumentar e melhorar os investimentos em capital humano, com os resultados que os dados do quadro mostram. O crescimento do capital humano teve um grande aumento nas décadas de 1970 e 1980, com uma taxa média anual da ordem dos 2%, e passou a acompanhar o crescimento

Capítulo 5. O Crescimento Económico Português desde 1950 | 341

do capital a partir de então. Na primeira metade da década de 1990, o capital humano cresceu mais depressa que o capital, o que se traduziu numa contribuição de cerca de 60% para o crescimento do PIB. De algum modo, e de um ponto de vista "contabilístico", podemos dizer que o crescimento da contribuição do capital humano compensou o declínio verificado na contribuição da produtividade total dos factores a partir da década de 1970.

Este declínio é, a par com a importância da acumulação de capital físico, uma das marcas relevantes do crescimento económico português. Ainda que a queda na produtividade seja uma realidade global depois de 1973[132], ela teve uma grande expressão em Portugal, levando a sua contribuição para o crescimento a afundar-se em níveis decepcionantes (Lopes 1986: 55). Para esse "afundamento", foi determinante a sucessão de choques externos que, tal como nas outras economias, criaram uma grande instabilidade no processo de crescimento económico e tiveram efeitos negativos sobre o comportamento dos agentes económicos. Na primeira secção, demos atenção a esses choques e considerámos vários factores internos que ajudam a explicar o declínio da produtividade a partir da dedada de 1970.

Na segunda parte do Quadro 5.3, a última linha faz a decomposição da contribuição factorial para o conjunto do período 1950-2000. Os resultados obtidos fazem uma síntese da explicação factorial do crescimento e permitem realçar as características essenciais do período: a acumulação do capital físico (49,6%) aparece como a determinante principal do crescimento, desde 1950; a contribuição do capital humano (26,3%) tem um papel bastante relevante; e o factor trabalho (1,4%) tem uma importância menor

---

[132] Angus Maddison afirmou que a desaceleração do crescimento da produtividade observada nos Estados Unidos da América depois de 1973 é "o verdadeiro mistério" do abrandamento económico pós-1973. Entre outras causas, considera como importantes a sucessão de choques sofridos na década de 1970, a aceleração na subida geral de preços, as mudanças na condução da política económica e financeira, bem como as mudanças nas expectativas e no comportamento dos empresários e dos sindicatos (Maddison 1991: 131-32).

342 | Economia do Crescimento

no processo. No seu conjunto, a acumulação de capital (físico e humano) e trabalho (77,3%) relativizam o papel da produtividade total no crescimento económico português da segunda metade do século XX.

5.2.3 *O crescimento económico visto do lado da procura*

Na secção anterior, analisámos o crescimento da economia portuguesa através das suas determinantes factoriais, ou seja, do ponto de vista da oferta. Vejamos agora como é que esse crescimento se relaciona com a evolução da procura de bens e serviços ao longo do período em análise. Os instrumentos de análise são, agora, as componentes da despesa nacional (ou procura), que podemos separar em procura interna (consumo privado, consumo público e investimento), procura externa (exportações) e importações. Estas últimas são consideradas a dois níveis: por um lado, como acréscimo à oferta interna de bens e serviços e, por outro, como procura de bens produzidos no exterior.

O segundo nível é relevante, porque permite deduzir à procura interna a parcela que é importada e porque permite analisar os efeitos da variação das importações sobre a oferta (e procura) interna. Na medida em que a industrialização conduz a um processo de substituição de alguns bens importados por bens de produção interna, a diminuição das importações constitui uma fonte importante de crescimento económico quando ela corresponde, de facto, a um processo de substituição de importações. Temos, então, as três fontes do crescimento económico que os estudos empíricos habitualmente consideram: procura interna, exportações e substituição de importações.

Com um exercício muito simples, podemos decompor a contribuição relativa de cada uma dessas fontes para o crescimento da economia portuguesa entre 1950 e 2004[133]. Com esta decomposição,

---

[133] Este exercício segue os trabalhos empíricos baseados na decomposição do crescimento económico segundo as fontes que contribuem para o crescimento

Capítulo 5. O Crescimento Económico Português desde 1950 | 343

faz-se uma separação entre as contribuições para o crescimento que resultam da dinâmica interna da economia, da variação da capacidade exportadora, ou das opções de alargamento do mercado interno através da substituição de importações. Em particular, essa separação permite compreender os efeitos sobre o crescimento económico que resultam de políticas produtivas mais orientadas para o mercado interno (*inward looking*), ou mais orientadas para as exportações (*outward looking*).

Comecemos por exprimir o equilíbrio macroeconómico através da igualdade entre a totalidade dos recursos disponíveis (oferta) num dado ano e a sua utilização final (procura), sabendo que a oferta total Q é igual à soma do produto interno bruto PIB com a importação M e que a procura total compreende a procura interna DI (consumo total mais investimento) e a procura externa X (exportações). Podemos, então, escrever:

[1] $Q = PIB + M$
[2] $PIB + M = DI + X$

A equação de equilíbrio macroeconómico (2) pode ser transformada, de forma a considerar variações temporais (Δ). Assim,

[3] $\Delta PIB + \Delta M = \Delta DI + \Delta X$

Como a importação constitui uma parte da oferta total de recursos, podemos definir o coeficiente de importação como a proporção da oferta total que é importada, ou seja, $m = M/Q$. Este coeficiente varia em cada período, seguindo as variações da importação e da oferta total. Podemos, por isso, decompor a variação da importação M em duas partes:

---

da procura global de uma economia. O trabalho seminal é de Chenery (1960). Entre outros, podem ser consultados os trabalhos de Chenery (1979), Guillaumont (1985), Rocha (1981), ou Zglinicki (1988).

344 | Economia do Crescimento

a) Uma parcela induzida pela variação da oferta, com m constante: $m_0 \Delta Q$.
b) E uma parcela induzida pela variação de m, com a oferta constante: $\Delta m \, Q_1$

A variação total da importação é igual à soma das variações parcelares, onde os índices 0 e 1 correspondem, respectivamente, aos anos inicial e final:

$$[4] \qquad \Delta M = m_0 \Delta Q + \Delta m \, Q_1$$

Substituindo a equação [4] na equação [3], resulta

$$\Delta PIB + m_0 \Delta Q + \Delta m \, Q_1 = \Delta DI + \Delta X$$

Podemos, agora, obter o valor da variação do PIB resolvendo a equação em ordem a ΔPIB e fazendo $\Delta Q = \Delta DI + \Delta X$. O resultado final fica como:

$$[5] \qquad \Delta PIB = (1 - m_0) \, \Delta DI + (1 - m_0) \, \Delta X - \Delta m \, Q_1$$

O segundo membro desta equação permite distinguir três elementos que contribuem para o crescimento do produto interno[134], sendo:

c) $(1 - m_0) \, \Delta DI$: contribuição devida ao crescimento da procura interna;
d) $(1 - m_0) \, \Delta X$: contribuição devida ao crescimento das exportações;
e) $- \Delta m \, Q_1$: contribuição devida à diminuição do coeficiente de importação.

---

[134] Trata-se, aqui, de contribuições nominais. O exercício pode ser alterado, deflacionando os valores correntes, de forma que as contribuições sejam calculadas em termos reais. Neste caso, também é possível decompor as contribuições, separando os efeitos devidos a variações dos preços relativos dos efeitos devidos a variações da quantidade importada (substituição de importações pura). Para ver as modificações nos processos de cálculo, consultar Zglinicki (1988).

Capítulo 5. O Crescimento Económico Português desde 1950 | 345

Os dois primeiros elementos permitem-nos separar as contribuições devidas à variação da procura interna e das exportações, deduzidos os efeitos da oferta importada através do coeficiente (1 − m_0). O terceiro elemento permite-nos calcular a contribuição que resulta de uma diminuição do coeficiente de importação, ou seja, da proporção da oferta importada. Assumindo que esta diminuição corresponde a uma substituição de importação por produção interna[135], podemos considerar o terceiro elemento como representando a substituição de importações.

Quadro 5.4
Decomposição da contribuição da procura para o crescimento económico português, por períodos, entre 1950-2004

	1950-60	1960-73	1973-85	1985-94	1994-04
Contribuição da procura interna	71,1	93,2	84,2	78,7	69,3
Contribuição das exportações	26,2	18,3	18,2	18,4	22,9
Contribuição da substituição de importações	2,7	-11,6	-2,4	2,9	3,4
Total	100,0	100,0	100,0	100,0	95,6

Fontes: Cálculos realizados com base nas séries de Mateus (2006).

O quadro 5.4 apresenta a decomposição da contribuição da procura para o crescimento económico português em diferentes subperíodos de 1950-2004. Os valores obtidos mostram que a expansão da procura interna foi, de forma muito clara, a principal fonte do crescimento económico, quando este é analisado na óptica da procura. Contrariamente, a substituição de importações foi sempre um factor secundário, em particular, ao longo das décadas de 1960 e 1970, em que teve uma contribuição negativa. As exportações foram sempre um factor relevante ao longo do período e o

---

[135] Podemos fazer esta assunção se, por simplificação, não distinguirmos os efeitos resultantes de variações das quantidades dos efeitos devidos a variações dos preços relativos. Ver nota anterior.

346 | Economia do Crescimento

seu peso tem vindo a subir desde meados da década de 1990, com uma contribuição da ordem dos 30% desde 2004.

A substituição de importações teve uma contribuição positiva na década de 1950, em consequência dos projectos de investimento orientados para o mercado interno. Nessa altura, as exportações também começaram a crescer e mantiveram-se a um nível muito próximo das importações até ao início da década de 1960. Esta expansão da actividade produtiva, num quadro de fraco crescimento populacional, permitiu uma subida rápida do PIB per capita (3,8% ao ano) e, por isso, um crescimento significativo do mercado interno.

No período de 1960-73, esta expansão do mercado interno prosseguiu rapidamente, sustentada por um crescimento do PIB per capita ainda mais forte do que no período anterior (6,5% ao ano), o que teve outras implicações, para além da elevada contribuição da procura interna para o crescimento económico (93,2%): por um lado, a expansão da procura interna, porque mais rápida, comprimiu a contribuição relativa das exportações; e, por outro lado, ela conduziu a um aumento também rápido das importações (o coeficiente de importação passou de 0,16 para um valor médio de 0,20 em 1960-73). Por isso, em termos médios do período, a contribuição da procura interna passou para 93,2%, enquanto a contribuição da substituição de importações caiu para -11,6% e se observou uma redução significativa da contribuição das exportações (18,3%).

O período 1973-85 marca uma transição entre a década de 1970 e o período que se inicia em 1985. Analisando a evolução durante esses anos, a primeira diferença que se observa é a queda da contribuição da procura interna (84,2%) e o aumento da contribuição da substituição de importações, ainda que esta mantenha um valor negativo (-2,4%). Dois elementos são cruciais para explicar esta evolução: a desaceleração significativa verificada no crescimento do PIB per capita, que caiu de 6,5% em 1960-73 para 1,6%, e o crescimento rápido das importações, que se traduziu no aumento do coeficiente de importação para um valor médio de 0,25 em 1974-85 e cerca de 0,3 nos últimos anos do período. Em relação à procura interna, a queda da sua contribuição pode ser explicada, em primeiro lugar, pela desaceleração do PIB per capita, que conteve o crescimento do consumo privado em 0,3% durante o período. Em segundo lugar, o crescimento do coeficiente de importação reduziu a contribuição relativa da procura interna, na medida em que aumentou a sua parcela importada. O crescimento do coeficiente de importação também diminuiu a contribuição relativa das exportações e da substituição de importações, reduzindo o impacte do crescimento das exportações (9,3% ao ano) e o efeito do crescimento das actividades substitutivas de importações.

Os dois períodos seguintes parecem estabilizar a evolução das fontes de crescimento verificada em 1973-85. As contribuições relativas das três fontes progrediram para níveis semelhantes aos de 1950-60, reflectindo um menor peso da contribuição da procura interna, um crescimento importante do peso das exportações (cerca de 23% em 1994-2004) e uma contribuição positiva da substituição de importações, a um nível superior ao da década de 1950.

A evolução verificada nos dois últimos períodos reflecte um conjunto de modificações na estrutura produtiva portuguesa, sobretudo desde meados da década de 1990, cujas tendências principais se traduziram no crescimento do peso dos sectores *não transaccionáveis* e *não mercantis* e num recuo da importância dos sectores *transaccionáveis* (DPP 2006: 25)[136]. De acordo com este estudo, os sectores *não transaccionáveis* representavam 57,9% do VAB em 2003, com um crescimento médio anual de 3,0% em 1995-2003, enquanto

---

[136] Este trabalho utiliza uma nomenclatura cuja desagregação sectorial resultou de uma metodologia desenvolvida no Departamento de Prospectiva e Planeamento. De acordo com a desagregação estabelecida, os sectores não transaccionáveis da economia portuguesa incluem: produção e distribuição de electricidade, gás e água; construção; comércio, reparação de veículos e de bens de uso doméstico; alojamento e restauração; transportes e comunicações; actividades financeiras; actividades imobiliárias e serviços às empresas. Os sectores não mercantis incluem: administração pública, defesa e segurança social; educação; saúde e protecção social (DPP 2006: 55).

os sectores *não mercantis* representavam 22,4% e com um crescimento médio de 2,3% no mesmo período.

Por outro lado, se considerarmos a evolução do investimento directo estrangeiro desde 1995, podemos observar não só o seu elevado crescimento[137], mas também a forte tendência para a tercerização dos seus fluxos. Durante o período, o IDE concentrou-se principalmente nos serviços (57% do total), com destaque para as actividades de comércio e reparação (veículos e bens domésticos), imobiliário, serviços às empresas e actividades financeiras, ou seja, concentrou-se maioritariamente em sectores *não transaccionáveis*. O IDE destinado à indústria correspondeu a 41% do total e com uma elevada concentração nos sectores de equipamentos, aparelhos e automóveis. Tudo isto quer dizer que tem havido um esforço de investimento em actividades orientadas para o mercado interno, que justificam a importância crescente da substituição de importações mesmo num quadro de tercerização da economia portuguesa.

5.3 Crescimento e mudanças estruturais na economia portuguesa

A aceleração do crescimento económico a partir da década de 1950 foi acompanhada por profundas mudanças estruturais na economia e sociedade portuguesas, cujo padrão de longo prazo é semelhante ao que aconteceu na generalidade dos países mais desenvolvidos. O objectivo desta secção é descrever as principais transformações observadas em Portugal e analisá-las de acordo com o padrão de desenvolvimento que vários trabalhos empíricos ajudaram a estabelecer.

Uma das vertentes da tradição dos estudos empíricos sobre o crescimento económico orientou-se para a inter-relação entre

---

[137] Esta evolução foi analisada na secção 4.1.2, no parágrafo sobre o ciclo 1994-2004.

Capítulo 5. O Crescimento Económico Português desde 1950 | 349

crescimento e transformação estrutural, considerando que esta não é apenas um resultado, mas também uma fonte do crescimento económico. Numa perspectiva de longa duração e, em particular, na transição para estádios de desenvolvimento mais avançados, aquela inter-relação é analisada em duas direcções: por um lado, através do conjunto de mudanças nas estruturas que permitem sustentar um crescimento contínuo do rendimento (taxas de investimento crescentes, reafectação sectorial dos recursos, etc.); e, por outro lado, através dos efeitos que o crescimento do rendimento tem sobre as estruturas da economia (modificações na composição da procura interna, do comércio externo, etc.).

Este duplo sentido de análise tem, em relação à teoria neoclássica do crescimento, a vantagem de combinar a perspectiva da oferta (mudanças factoriais que sustentam o crescimento) com a perspectiva da procura (efeitos do crescimento sobre as estruturas), procurando uma explicação do crescimento económico baseada na inter-relação entre os dois lados da economia. O conceito de transformação estrutural tem, assim, um significado amplo, englobando as mudanças nas estruturas da economia (que determinam e são determinadas pelo crescimento do produto), bem como as causas próximas dessas mudanças (Chenery, Robinson e Syrquin 1986: 38).

Os estudos empíricos sobre transformação estrutural permitiram definir um conjunto de mudanças na capacidade produtiva, utilização dos recursos e processos socioeconómicos[138], que ajudaram a estabelecer padrões de transformação relativamente uniformes na longa duração. Essa uniformidade relaciona-se com um conjunto de factores que actuam nesse sentido, à medida que os

---

[138] Estes estudos têm uma longa tradição, que vem desde os primeiros trabalhos empíricos de Colin Clark (em particular, *The Conditions of Economic Progress*, Macmillan, 1940) e de Simon Kuznets, mas sofreram um forte impulso com os programas de investigação que Hollis Chenery e vários colaboradores desenvolveram no quadro do Banco Mundial, a partir do final da década de 1960. Estes programas deram origem a várias publicações, algumas das quais estão referidas na bibliografia final.

350 | Economia do Crescimento

países se desenvolvem: mudanças semelhantes na procura de bens de consumo que acompanham o crescimento do rendimento, acumulação de capital físico e humano, recurso às mesmas tecnologias e produção para o comércio internacional[139]. Contudo, existem outros factores que tendem a diferenciar os padrões de mudança, tais como as diferenças nos objectivos sociais e opções de política, ou as desigualdades entre países quanto ao tamanho, dotação de recursos e acesso aos capitais externos. Isto quer dizer que as tendências para a uniformidade dos processos de mudança no tempo são, em cada situação concreta, influenciados por factores de diversidade, cuja análise é indispensável para compreender as diferenças de percurso nos processos de desenvolvimento.

5.3.1 *Transformações no processo de acumulação*

Como dissemos acima, são esperados vários tipos de mudança estrutural à medida que a economia cresce. Algumas dessas mudanças podem ser observadas ao nível do processo de acumulação, entendido como a utilização de recursos para aumentar a capacidade produtiva da economia. Esta utilização de recursos inclui o investimento em capital físico e humano e a acumulação de conhecimento, cujas fontes de financiamento são a poupança privada e as receitas públicas. Segundo o padrão esperado de mudança na longa duração, os pesos relativos do investimento, poupança e receitas públicas deverão aumentar à medida que cresce o rendimento per capita, assim como a acumulação de capital humano.

Uma leitura do Gráfico 5.4 mostra-nos que o investimento e a poupança seguiram o padrão esperado até cerca de 1973, mas que depois o seu percurso se tornou atípico em relação aos padrões das

---

[139] Os trabalhos publicados a partir dos programas conduzidos por Hollis Chenery constituem uma referência central sobre o assunto. Ver, por exemplo, Chenery (1979) e Chenery, Robinson, Syrquin (1986), que também referem a extensa bibliografia produzida pelos autores desses programas.

economias desenvolvidas. Os estudos empíricos mostram que o nível do investimento é superior ao da poupança interna (hiato da poupança[140]) nas fases iniciais do processo de industrialização, reflectindo o esforço de investimento numa situação em que a capacidade de poupança é limitada pelo baixo nível do rendimento por habitante. Por isso, como aconteceu em Portugal até cerca de 1965, verifica-se uma situação normal de insuficiência de poupança.

À medida que a economia se desenvolve e que é possível gerar uma dinâmica virtuosa de crescimento, a poupança tende a crescer mais depressa que o investimento, levando a um fechamento progressivo do hiato da poupança e, por isso, a uma capacidade crescente de financiamento interno do crescimento económico. A poupança cresce mais depressa devido à conjugação de dois efeitos: por um lado, porque o simples crescimento do rendimento determina um aumento da poupança, de acordo com a propensão a poupar da economia; e, por outro lado, porque o crescimento do rendimento é ampliado pelo efeito multiplicador, o que aumenta o crescimento da poupança. A partir de 1965, a poupança interna da economia portuguesa superou o nível do investimento realizado, mantendo-se o excedente de poupança até 1973, num percurso semelhante ao observado na maior parte dos estudos empíricos.

---

[140] O hiato da poupança é característico dos países com baixo nível de desenvolvimento, ou dos países que iniciam o processo de industrialização. Embora importante nas análises dos economistas do desenvolvimento da década de 1950, contudo, foi com os trabalhos de Chenery e co-autores que o hiato da poupança (*saving-gap*) foi associado ao hiato do comércio, ou divisas (*exchange-gap*), enquanto constrangimentos importantes do processo de crescimento económico. Dão corpo ao chamado modelo de dois hiatos (two-gap model) desenvolvido por aqueles autores. Ver, por exemplo, Chenery (1966).

Gráfico 5.4

Investimento, poupança e receitas totais do Estado, 1953-2004

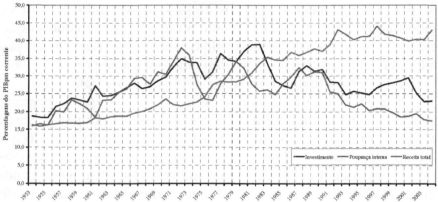

Fontes: Banco de Portugal (Séries longas), Mateus (2006), INE (informação estatística on-line).

O padrão que esses estudos revelam mostra que, após alcançar o nível do investimento, a poupança pode manter-se num nível normalmente superior, ou o percurso de ambos pode ser muito próximo, com alguns momentos conjunturais de divergência[141]. Depois de 1973, a evolução do investimento e da poupança em Portugal seguiu uma tendência de queda observável na generalidade dos países desenvolvidos. Mas, enquanto a tendência é suave nestes últimos (queda de 0,9% entre 1973 e 2004), ela é muito flutuante em Portugal e com um nível de decréscimo maior: -1,2% para o investimento e -2,3% para a poupança. Por outro lado, se

---

[141] Considerando séries de 1960 a 2004 (World Bank 2007), podemos ver três exemplos interessantes dessa evolução: a Coreia do Sul mostra um percurso conforme com o padrão (hiato da poupança até 1984 e excedente a partir de 1985, com dois momentos conjunturais de hiato, 1990-92 e 1994-97); o Japão mostra uma situação permanente de excesso de poupança, com hiatos em 1961-63, 1974 e 1979-80; o conjunto dos países da OCDE mostra valores de poupança e investimento muito próximos, com alternância de situações de insuficiência e de excesso de poupança. Estes dois últimos exemplos correspondem a situações em que o hiato estrutural da poupança é anterior a 1960.

Capítulo 5. O Crescimento Económico Português desde 1950 | 353

exceptuarmos o curto período de 1985-87, a poupança é sempre insuficiente, com um desvio em relação ao investimento que aumenta significativamente, sobretudo a partir de 1997. Isso quer dizer que se criou uma situação de insuficiência de financiamento quase estrutural, com um desvio médio equivalente a 7% do PIB, entre 1997 e 2004.

No período 1953-2004, as receitas totais do Estado seguiram o padrão de crescimento esperado. Contudo, podemos distinguir uma fase de crescimento relativamente moderado até 1973 e outra de crescimento rápido desde então. A primeira fase reflecte não só o percurso mais lento do rendimento per capita até ao início da década de 1970, mas também a natureza "conservadora" da política orçamental durante o Estado Novo (Lopes 1996: 236), em que as receitas e despesas cresciam lentamente em proporção do PIB. A partir de 1974, verificou-se um crescimento rápido das receitas públicas, passando de 22,7% em 1974 para 37,1% em 1990 e, desde então, para valores normalmente acima dos 40%. Esta evolução resultou de modificações qualitativas no sistema tributário, que permitiram não só uma maior contribuição dos impostos directos para a receita total, como uma eficácia crescente do sistema.

5.3.2 *Transformações na utilização dos recursos*

Um segundo conjunto de transformações estruturais que caracterizam o padrão de desenvolvimento económico relaciona-se com a oferta e utilização de recursos. Os estudos empíricos analisam essas transformações tanto ao nível dos bens, com ao nível dos factores. E elas articulam-se entre si, na medida em que as modificações na procura interna e no comércio externo se traduzem em transformações na estrutura da produção e na afectação do emprego aos sectores produtivos, do mesmo modo que as modificações nos processos de acumulação (geradoras de alterações factoriais) se reflectem em mudanças nas estruturas da produção e da

354 | Economia do Crescimento

procura interna e externa de bens. As modificações nos sectores produtivos da economia aparecem, assim, como características essenciais da transformação estrutural na longa duração.

Procura interna

Uma modificação importante na estrutura da procura interna é a queda do peso relativo do consumo privado, que acompanha o aumento do peso do investimento e do consumo público. A relação ente a queda relativa do consumo privado e o aumento do peso do investimento é importante para o crescimento, porque significa que a economia está a substituir consumo presente por investimento, condição indispensável para a sustentação no tempo do crescimento económico. Por outro lado, o aumento do peso relativo do investimento traduz dois tipos fundamentais de mudanças no comportamento dos consumidores, que acontecem à medida que cresce o rendimento por habitante: a queda acentuada do peso dos bens alimentares na estrutura de consumo das famílias[142], libertando poder de compra para a procura de outros bens; e o aumento da capacidade de poupança, libertando rendimentos que o sistema económico pode transformar em meios de financiamento do investimento através dos mecanismos de intermediação financeira.

---

[142] Trata-se da conhecida lei de Engel do declínio da parcela de consumo alimentar, destacada desde Colin Clark nas análises da mudança estrutural. Esta modificação é uma consequência da baixa elasticidade-rendimento da procura de bens alimentares, fundamental para garantir a expansão da procura dos outros bens (não alimentares).

Capítulo 5. O Crescimento Económico Português desde 1950 | 355

Gráfico 5.5
Transformação da estrutura da procura, 1953-2004

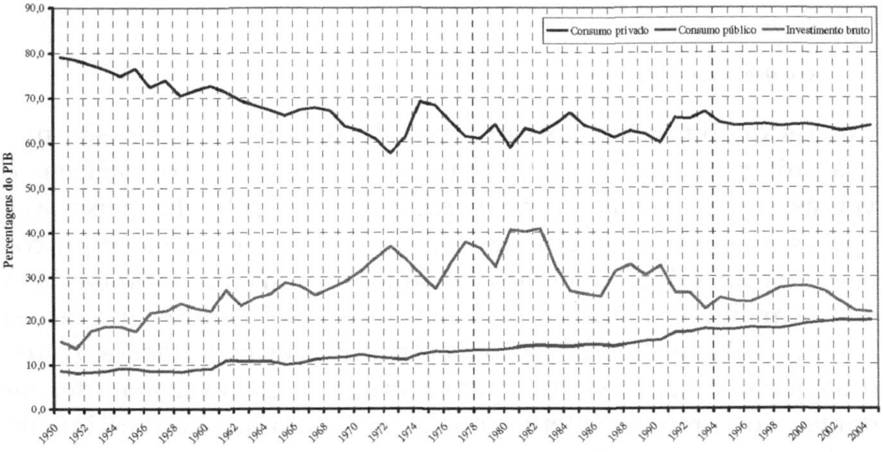

Fontes: Banco de Portugal (Séries longas), World Bank (2007).

O Gráfico 5.5 mostra a evolução da estrutura da procura interna em Portugal, ao longo do período 1950-2004. Como se pode observar, o consumo privado caiu significativamente desde a década de 1950 até 1972, evolução que não só acompanha o padrão observado nos estudos empíricos, mas que também corresponde à redução do peso do consumo privado para níveis equivalentes aos dos países desenvolvidos (peso médio de 60,3% entre 1960 e 2004 nos países de rendimento elevado da OCDE). Este padrão típico de evolução foi acompanhado pelo crescimento do peso do investimento no mesmo período, que aumentou de 15,2% em 1950 para 36,8% em 1972, num percurso de clara substituição de consumo por investimento. No que se refere ao consumo público, a sua evolução também é muito semelhante ao padrão de mudança observado nos estudos empíricos, tendo alcançado, entre 1991 e 2004, um valor médio (18,5% do PIB) muito próximo da média verificada desde 1975 nos países de rendimento elevado da OCDE (17,5%).

Depois de 1972, a evolução da estrutura da procura interna tornou-se muito flutuante, sobretudo no que respeita ao investimento, mas com uma tendência de estabilização do peso relativo do consumo privado próximo dos 64% do PIB, ligeiramente acima da média dos países da OCDE.

Comércio externo

As modificações nas estruturas do comércio externo são menos uniformes que as da procura interna, porque são mais sensíveis às diferenças na dotação de recursos e tamanho dos países e às opções de política governamental. Contudo, os estudos empíricos dão atenção a duas modificações fundamentais que acompanham o crescimento económico: a mudança na relação entre exportações e importações e a modificação da estrutura das exportações. À medida que se desenvolvem, os países tornam-se cada vez mais dependentes do comércio internacional, que se traduz no crescimento rápido das importações e exportações e no aumento do seu peso relativo no produto interno. Inicialmente, as importações crescem mais depressa que as exportações, o que cria um hiato de recursos necessários para assegurar as importações (hiato das divisas, ou do comércio). Mas, de acordo com o padrão de transformação estrutural, a dinâmica produtiva da economia tende a expandir as exportações, levando-as a crescer mais depressa que as importações e, desse modo, a uma redução progressiva do hiato.

Em Portugal, a evolução do comércio externo entre 1950 e 2004 não acompanhou totalmente o padrão observado nos estudos empíricos. De facto, as exportações e importações cresceram ao longo do período, mas com tendência evidente de alargamento do hiato na longa duração: em 1950-2004, as importações cresceram a uma taxa média anual de 1,4%, ligeiramente acima do crescimento médio de 1,3% das exportações; em 1950-74, as importações cresceram 2,6% ao ano, mais depressa que a taxa de 1,5% das exportações; em 1974-04, as taxas de crescimento aproximaram-se, contudo, o hiato manteve-se a um nível bem mais elevado do que no período anterior, com um valor médio equivalente a 8,9% do PIB.

Gráfico 5.6
Estrutura do comércio externo, 1953-2004

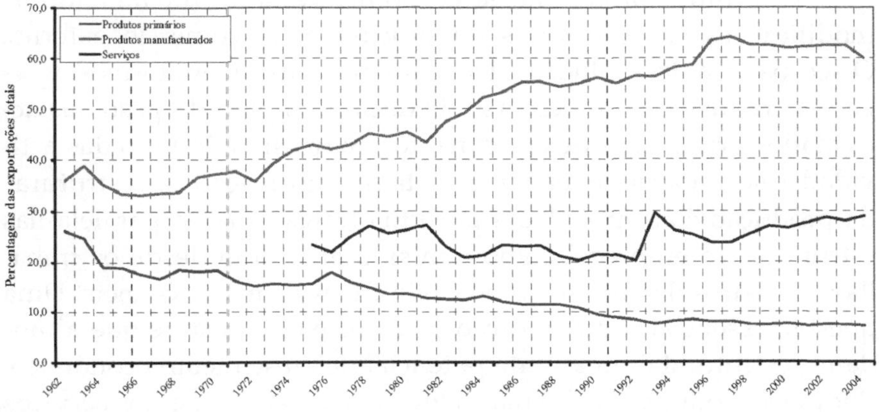

Fontes: World Bank (2007).

A expansão das exportações reflecte mudanças importantes na sua própria estrutura. As exportações de produtos primários são progressivamente substituídas por exportações de bens manufacturados e de serviços, o que corresponde a uma profunda alteração do padrão de comércio internacional. O Gráfico 5.6 mostra que a evolução da estrutura das exportações portuguesas seguiu o padrão de transformação observado nos estudos empíricos. As exportações de produtos primários caíram sustentadamente ao longo do período, descendo de 26,2% do total das exportações (4,1% do PIB) em 1962 para 7,0% em 2004 (2,0% do PIB). Contrariamente, as exportações de produtos manufacturados, que já representavam 35,9% do total em 1962 (5,6% do PIB), subiram para 59,9% do total em 2004 e 17,1% do PIB. Os serviços representavam 21,9% das exportações em 1976, um peso ligeiramente superior ao dos produtos primários (18,0%), mas em 2004 o seu peso relativo tinha subido para 28,9% (8,2% do PIB), bastante acima dos 7,0% das exportações primárias. A transformação estrutural da economia portuguesa conduziu, portanto, a um padrão de comércio bastante diferente do que acontecia na fase inicial da sua industrialização.

Produção e emprego

A estrutura produtiva da economia varia acompanhando as modificações nas estruturas da procura e do comércio externo. O seu padrão de evolução é bastante uniforme e, em termos agregados, traduz-se num percurso de declínio rápido do peso das actividades primárias e de crescimento progressivo do peso das actividades secundárias e terciárias. Esta transformação nas estruturas da produção é acompanhada por uma transformação paralela nas estruturas do emprego, como tem sido analisado desde os trabalhos pioneiros de autores como Colin Clark e Simon Kuznets. Uma questão essencial nesta tradição de análise é a ideia de que a mudança estrutural é uma fonte potencial de crescimento económico. Porque a produtividade é mais elevada na indústria e nos serviços do que na agricultura, então a transferência de trabalho para as actividades de maior produtividade constitui uma fonte importante de crescimento. Por isso, o crescimento económico moderno está intimamente relacionado com este percurso de transição do primário para o secundário e terciário.

Como se pode ver pelo Gráfico 5.7, a estrutura da produção em Portugal no começo da década de 1950 mostrava um sector primário ainda com um peso importante (28,3% do PIB) e muito próximo do secundário (32,5%), enquanto o terciário representava 39,2% da produção. O processo de industrialização e a dinâmica de crescimento sustentado da economia portuguesa até à crise de 1973-74 aumentaram substancialmente o peso do secundário (41,8% em 1974) e do terciário (46,7%), com as actividades primárias a serem comprimidas para 11,5% do PIB. A partir de 1974, o secundário começou a perder peso na economia portuguesa, lentamente até 1988 (38,3% do PIB) e de forma mais rápida e sustentada desde então, caindo para 25,0% em 2004. Este último período, sobretudo a partir de 1992, mostra uma clara tendência de tercerização da economia, com os serviços a representar cerca de 72% da produção interna.

Gráfico 5.7
Transformação da estrutura da produção, 1953-2004

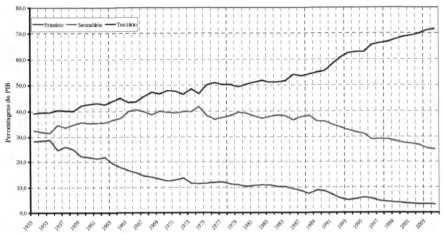

Fontes: Banco de Portugal (Séries longas), World Bank (2007).

Gráfico 5.8
Transformação da estrutura do emprego, 1953-2004

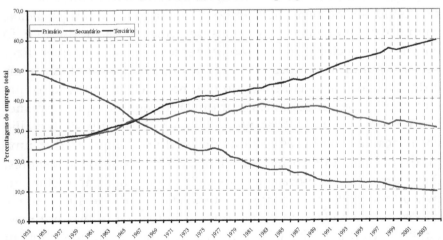

Fontes: Mateus (2006).

360 | Economia do Crescimento

O Gráfico 5.8 mostra que a estrutura do emprego na economia portuguesa se transformou profundamente com a dinâmica de crescimento da segunda metade do século XX. Em 1953, quase metade do emprego estava no sector primário (48,8% do total), sendo a parcela do emprego secundário (23,9%) a mais baixa nessa altura. Em meados da década de 1960, a distribuição sectorial estava relativamente equilibrada, o que significa uma quebra do emprego primário na ordem dos 32% (-2,9% ao ano), enquanto o emprego secundário tinha crescido cerca de 41% (2,6% ao ano) e o terciário 21% (1,5% ao ano). A partir dessa altura, a queda da parcela do emprego primário foi ainda maior, com uma diminuição de 71,2% (-3,3% ao ano), enquanto a parcela do terciário crescia rapidamente, com uma taxa média anual de 1,6% e um crescimento total de 80,5%. O peso do emprego secundário subiu até 1982 (38,6% do total), a partir do qual começou a declinar suavemente, representando em 2004 cerca de 30% do emprego total, contra 60,5% do terciário e apenas 9,4% do primário.

Comparando os dois gráficos, fica evidente o percurso relativamente paralelo das transformações estruturais na produção e no emprego, bem como a sua uniformidade com os resultados dos vários estudos empíricos. Mas embora os percursos sejam paralelos, contudo, os momentos e os ritmos de evolução da produção e do emprego no sector primário são diferentes entre si. Isto quer dizer que a diminuição do peso da produção primária aconteceu mais cedo e de forma mais rápida do que no caso do emprego, o que tem implicações importantes. Por um lado, significa que permaneceu no sector, durante bastante tempo, um excedente de trabalho em relação às condições técnicas de produção, o que traduz uma produtividade do trabalho mais baixa do que nos outros sectores. Por outro lado, significa que a redução do trabalho no sector primário, que acelerou a partir do início da década de 1960, esteve não só relacionada com o crescimento industrial (e urbano) mas, também, com a evolução dos fluxos de emigração, que também aceleraram nessa década.

5.3.3 Transformações socioeconómicas

Como vimos acima, o crescimento económico conduz a modificações nas estruturas produtivas, que se traduzem num percurso de declínio das actividades primárias e de crescimento progressivo das actividades secundárias e terciárias. O momento chave é a transição conduzida pela industrialização. Como a constituição das unidades de produção industrial implica a criação de uma oferta local de trabalho, a transição para o secundário acelera a concentração das populações junto dos centros urbanos onde se desenvolvem as novas actividades. Este crescimento urbano permite o desenvolvimento de novas actividades, em particular, actividades de comércio e serviços, que ampliam o movimento migratório das zonas rurais para os centros urbanos. O crescimento económico conduz, portanto, a uma profunda redistribuição espacial da população.

Em Portugal, o fomento da industrialização na década de 1950 teve grande impacte sobre os movimentos populacionais, passando a população urbana de cerca de 25% em 1950 para 35% em 1960. Entre 1960 e 1973, período de grande crescimento económico, como vimos, o crescimento da população urbana não foi tão rápido como seria de esperar, devido ao surto emigratório para os países mais desenvolvidos da Europa. A população urbana cresceu 10,3% no período, alcançando 40,0% em 1973, ou seja, cresceu à taxa média anual de 0,8% num período em que a população total decrescia a uma média de 0,3% ao ano. Podemos dizer que o impulso de urbanização criado pela industrialização foi atenuado pelo crescimento da emigração, isto é, a migração rural-urbano foi repartida entre um fluxo para o interior e outro para o exterior.

Um período de aceleração da urbanização foi o de 1973-85, em que a população urbana cresceu 31,3%, passando para 45,3% do total em 1985. Mas o crescimento urbano esteve mais associado à dinâmica urbana propriamente dita, do que à dinâmica industrial, pois aconteceu num período de instabilidade económica, em que o emprego industrial cresceu pouco e foi ultrapassado pelo emprego terciário. Por outro lado, o crescimento urbano esteve profundamente ligado ao fluxo de retornados das antigas colónias de África, ao regresso de emigrantes e ao início da imigração, ainda assente numa vaga de emigração de cidadãos das antigas colónias.

Após um curto período de estagnação, a população urbana voltou a crescer rapidamente a partir de 1991, ultrapassando os 50% do total em 1994, para alcançar 57,0% em 2004. Neste período, a população urbana cresceu 26,2%, enquanto a população rural teve uma queda de 12,3%. O crescimento urbano voltou a reflectir os efeitos do crescimento económico sobre a mobilidade populacional, mas também sofreu um forte impulso com as novas vagas de imigração, agora com proveniência diversificada.

O crescimento económico não influencia apenas a mobilidade espacial da população, também modifica as características da estrutura demográfica, bem como o comportamento demográfico da população. O aumento do rendimento per capita proporcionado pelo crescimento económico e a melhoria das condições de vida nos centros urbanos (acesso a cuidados de saúde, água potável, saneamento básico, etc.) traduzem-se rapidamente em progressos nos indicadores de bem-estar social. A esperança de vida à nascença sintetiza muito bem essa evolução das condições de vida. Em 1960, a esperança de vida à nascença era de 63,4 anos, crescendo para 68,0 anos em 1972, para 73,4 em 1985 e 77,8 anos em 2004, numa progressão que corresponde a um acréscimo médio de 14,4 anos de vida durante o período. Mas a este crescimento da esperança de vida contrapõe-se uma significativa queda na taxa de crescimento demográfico, com consequências evidentes sobre a estrutura da população.

Como vimos no Quadro 5.1, a população portuguesa cresceu a um ritmo muito lento entre 1950 e 2004, incluindo alguns períodos de decréscimo populacional, como 1960-73, em que a população caiu 3,5% e 1985-94, em que a queda foi de 0,1%. Como consequência do aumento da esperança de vida e do

Capítulo 5. O Crescimento Económico Português desde 1950 | 363

fraco crescimento populacional, a estrutura da população portuguesa mudou profundamente, sobretudo entre 1960 e 2004: a população jovem (0-14 anos) caiu de 29,2% em 1960 para 15,9% em 2004, enquanto a população idosa (65 anos e mais) aumentou de 8,0% para 16,9% nos mesmos anos. Deste modo, o índice de dependência de jovens diminuiu de 46,4 (por 100 pessoas com 15-64 anos) para 23,7 e o índice de dependência de idosos subiu de 12,7 para 26,2. Esta alteração na estrutura populacional, que traduz um progressivo envelhecimento da população, coloca um problema central às sociedades desenvolvidas: com cada vez menos jovens, como garantir a reposição da população activa futura necessária para assegurar a redistribuição de rendimentos para uma população idosa crescente?

Este problema demográfico resulta de duas consequências do crescimento e desenvolvimento económico: por um lado, da melhoria das condições de vida da população, que se traduziu numa rápida queda da mortalidade; e, por outro lado, da modificação no comportamento demográfico das famílias das sociedades mais avançadas, que se traduziu numa diminuição da natalidade. O conceito de transição demográfica ajuda a clarificar a natureza destas mudanças na estrutura demográfica das sociedades desenvolvidas. É um conceito elaborado a partir da análise da evolução dessas sociedades, que descreve a passagem de uma situação demográfica com taxas de natalidade e mortalidade estáveis e elevadas (estádio pré-industrial) para uma nova situação em que as duas taxas são estáveis, mas baixas e muito próximas (estádio pós--industrial). Entre estes dois estádios, a população passa por uma fase de quebra acentuada da mortalidade, mas com níveis ainda elevados de natalidade (estádio industrial e de urbanização) e, depois, por uma fase em que a natalidade também cai, começando a reduzir a taxa de crescimento populacional (estádio industrial maduro).

364 | Economia do Crescimento

Gráfico 5.9
A transição demográfica entre 1950 e 2004

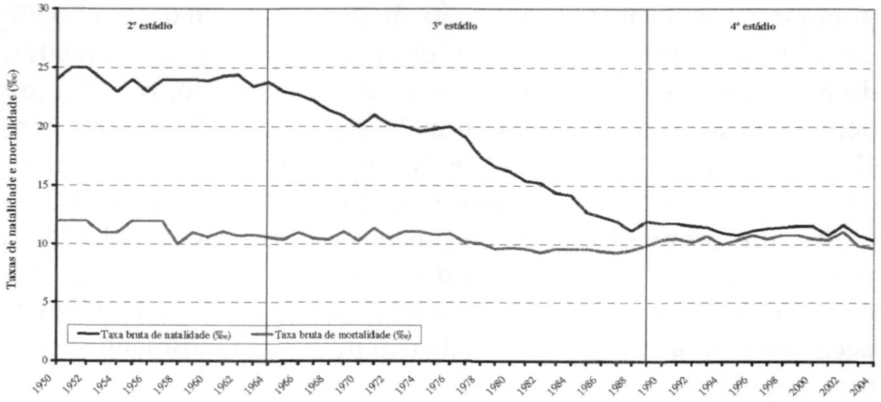

Fontes: Valério (2001), World Bank (2007).

O Gráfico 5.9 mostra como foi a transição demográfica portuguesa entre 1950 e 2004. Até meados da década de 1960, os saldos fisiológicos ainda eram elevados, devido à queda que a mortalidade sofria desde a década de 1920, até se estabilizar à volta de 10,3‰. Portugal completava, então, o 2º estádio da transição demográfica. A partir de meados da década de 1960, o comportamento demográfico da população começou a mudar, devido, em grande parte, à elevação do nível de vida e ao processo de urbanização. Com a queda da natalidade, que então começou e que se prologou até ao início da década de 1990, Portugal passou pelo 3º estádio da transição demográfica, caracterizada por uma queda acentuada dos saldos fisiológicos e baixo crescimento populacional. A taxa de fecundidade, que era de 3,2 nascimentos por mulher em 1964, caiu progressivamente até se estabilizar à volta de 1,4 a partir de 1990. Nessa altura, as taxas de natalidade e mortalidade tinham-se aproximado, mantendo-se, desde então, próximos e a um nível baixo, situação característica do 4º estádio da transição demográfica. Tal como acontece nas sociedades mais desenvolvidas, Portugal confronta-se hoje com o conjunto de problemas que o processo da transição demográfica coloca.

5.4 Crescimento económico em tempos de crise (2004-2014)

Como vimos atrás, a economia portuguesa desacelerou a partir de 2001, com uma quebra brusca nas taxas de crescimento do PIB e do PIB *per capita*. O abrandamento da economia mundial e europeia reflectiu-se em Portugal com bastante intensidade, nomeadamente, com a redução da taxa de investimento e, em consequência, com a contracção do nível de actividade económica e da procura interna. Após um crescimento médio do PIB de quase 4% entre 1997 e 2000, a economia portuguesa cresceu 1,9% em 2001 e decresceu -0,9% em 2003, observando um crescimento médio de apenas 0,6% entre 2001 e 2004[143]. Este foi um período de divergência em relação ao grupo de países europeus considerados atrás[144], cuja média de crescimento do PIB foi mais elevado, de cerca de 1,5% ao ano.

A partir de 2004, a economia portuguesa iniciou um novo ciclo, com uma fase ascendente entre 2004 e 2008 e uma fase descendente a partir de 2008, esta muito marcada pelos efeitos da crise financeira internacional desencadeada no mesmo ano (Gráfico 5.10). Durante este ciclo, Portugal cresceu a uma taxa média anual de 1,2% na sua fase ascendente, mas decresceu mais depressa na fase descendente, caindo em média -1,7% ao ano entre 2008 e 2013, o que se traduziu numa queda da produção para níveis semelhantes aos do final da década de 1990. Considerando o período de 2004 a 2013, o PIB português decresceu a uma taxa média anual de -0,4%, enquanto a média europeia cresceu a 0,9% ao ano, um diferencial de 1,3% que nos revela a dimensão do percurso português de divergência. Em termos do PIB real *per capita*, corrigido

---

[143] Os dados estatísticos utilizados nesta secção foram recolhidos na colecção de indicadores de desenvolvimento do Banco Mundial (*World Development Indicators*), disponível no conjunto das suas bases de dados reunido *on-line* em *World DataBank*.

[144] Grupo de 13 países considerados na secção 5.2.1: Alemanha, Áustria, Bélgica, Dinamarca, França, Holanda, Irlanda, Itália, Luxemburgo, Noruega, Reino Unido, Suécia e Suíça.

pelas paridades de poder de compra[145], a média do grupo europeu cresceu no mesmo período a 0,4% ao ano, enquanto em Portugal se verificou um decrescimento à taxa média anual de -0,4%, ou seja, verificou-se um alargamento do hiato ao ritmo de 0,8% ao ano. De uma proporção de 60,0% da média do grupo europeu em 2000, o PIB *per capita* português caiu para 57,9% em 2004 e para 54,0% em 2013, num claro percurso de divergência.

Gráfico 5.10
Evolução do Produto Interno Bruto, 2002-2014

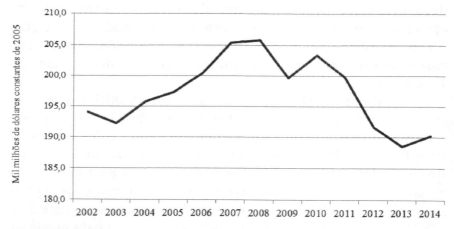

Fonte: World Bank (2015).

Na fase ascendente do ciclo, a economia portuguesa cresceu a uma taxa média anual de 1,4% entre 2004 e 2008, com variações superiores à média em 2006 (1,6%) e em 2007 (2,5%). Este crescimento foi sustentado principalmente pelos serviços, cuja participação no PIB subiu de 71,1% em 2003 para 74,3% em 2008. Por outro lado, tanto a indústria como a agricultura revelaram uma tendência sustentada de declínio do seu peso relativo: a indústria caiu de 25,9% do PIB em 2003 para 23,4% em 2008, enquanto a agricultura caiu de 3,0% para 2,2%, o que corresponde a variações médias anuais

---

[145] Valores em dólares internacionais constantes de 2011.

de -2% no primeiro caso e de -6,0% no segundo caso. Do ponto de vista da procura interna, o consumo privado cresceu de 63,1% do PIB em 2003 para 66,2% em 2008, constituindo-se como o principal factor da recuperação económica. O investimento bruto caiu de 28,1% do PIB em 2001 para 23,6% em 2003 e manteve-se estável até 2008 em torno de 23,5%, enquanto o peso do consumo público se manteve próximo 20% ao longo do mesmo período. As exportações também revelaram um comportamento positivo, ainda que superado pelo crescimento das importações, o que se traduziu num agravamento do défice corrente de -9,9% do PIB em 2004 para -12,2% em 2008.

A recuperação verificada nesta fase do ciclo não impediu que o país mantivesse o percurso de divergência em relação à média europeia. No período entre 2004 e 2008, o crescimento da economia portuguesa ficou aquém da média do grupo europeu, com uma variação média anual de 1,4%, em comparação com a variação de 2,0% alcançada por aquele grupo. Se considerarmos o PIB real *per capita*, corrigido pelas paridades de poder de compra, podemos observar que entre 2004 e 2007 o seu crescimento em Portugal foi de 1,5% ao ano, enquanto a média europeia cresceu a 2,5%, portanto, com um diferencial de 1% ao ano. Nessa altura, o PIB real *per capita* português em proporção da média europeia caiu de 57,9% em 2004 para 56,1% em 2007.

O percurso da economia portuguesa na década de 2000 foi fortemente condicionado por um conjunto de choques externos, tais como a integração de países da Europa do Leste na União Europeia, a adesão da China à Organização Mundial do Comércio, ou a adesão de Portugal ao euro[146]. Esses choques tiveram um impacte constrangedor sobre o modelo de desenvolvimento português, em particular sobre o sector exportador, cuja perda de competitividade determinou uma redução do peso do investimento estran-

---

[146] Ver, por exemplo, a abordagem que José Félix Ribeiro desenvolveu sobre o assunto: Ribeiro, José Manuel Félix (2015). *Portugal, a Economia de uma Nação Rebelde*, Lisboa, Guerra e Paz Editores.

geiro, mas também a diminuição do investimento interno em actividades produtivas de bens transacionáveis. Com este constrangimento, o modelo de desenvolvimento foi-se transformando e dando lugar a um conjunto de opções que orientaram a economia cada vez mais para dentro, nomeadamente, para a modernização e expansão urbana, onde se destacaram os investimentos no imobiliário, infra-estruturas e, sobretudo, na modernização das redes de distribuição, em particular, com a expansão das grandes superfícies e centros comerciais. A orientação para dentro foi impulsionada pela integração na zona euro, que permitiu ao país beneficiar da redução das taxas de juro e de acesso mais facilitado ao endividamento externo, quer pela banca comercial, como pelo Estado e pelas empresas não financeiras. Daqui resultou a consolidação de um sector financeiro fortemente dominado pela banca, cujas acções foram direccionadas para o financiamento do consumo e do imobiliário, da construção, obras públicas e infra-estruturas, bem como para o financiamento das autarquias e empresas públicas.

O percurso de recuperação económica que vinha desde 2004 inflectiu-se a partir de 2008, devido a uma combinação de dificuldades económicas e financeiras que aprofundaram o desenvolvimento de três tipos de crise: de competitividade, do sistema bancário e da dívida pública[147]. Todas essas crises foram consequências do modelo de construção europeia e, em particular, da zona euro, em cujo quadro se desenvolveram relações de tipo *centro-periferia* entre países com excedentes correntes (Alemanha, principalmente) e países com défices correntes (Europa do Sul). Estes últimos transformaram-se em importadores de produtos industriais do *centro*, de maior valor, e exportadores de produtos de mais baixo valor, muitos dos quais com forte concorrência das exportações chinesas e de outros países. A crise de competitividade conduziu à degradação da balança corrente, que atingiu -12,2% do PIB em 2008 e com valores à volta de 10% entre 2005 e 2010. Como vimos acima, a capacidade de financiamento do défice era permiti-

---

[147] *Idem.*

da pela facilidade de acesso ao endividamento bancário no espaço da zona euro, mas essa capacidade colapsou quando a crise financeira internacional gerou uma perda de confiança na solidez desse mecanismo, o que gerou uma situação de crise bancária. E a crescente dificuldade do sistema em se endividar no exterior determinou acções de apoio do Estado aos bancos, o que, por sua vez, levou a uma crise da dívida pública. Por outras palavras, podemos dizer que a crise de pagamentos correntes deu lugar a uma crise bancária e, por seu intermédio, à crise da dívida soberana.

Com os efeitos da crise financeira, verificou-se uma forte queda da actividade produtiva. O PIB cresceu apenas 0,2% em 2008, mas a partir de então a variação anual tornou-se negativa, caindo a produção interna bruta de 165,5 mil milhões de euros em 2008 (preços constantes de 2005) para 151,7 mil milhões em 2013. Se entre 2007 e 2009 a economia portuguesa decresceu -2,8%, bem menos que a média europeia, que caiu -4,1%, nos anos a seguir à eclosão da crise, entre 2009 e 2013, a economia portuguesa decresceu à taxa média anual de -1,4%, enquanto a média europeia cresceu a 1,2% ao ano. O PIB *per capita* evoluiu influenciado, tanto pelo comportamento da produção interna, como pela variação da população total do país. Até 2008, o PIB cresceu normalmente acima da população que, por seu lado, se manteve estável, com um crescimento anual na ordem de 0,2%. Assim, o PIB *per capita* cresceu acompanhando a evolução do PIB. A partir de 2009, o PIB entrou em declínio e a população total estagnou, para começar a decrescer a partir de 2010. O declínio populacional permitiu atenuar a queda do PIB *per capita*, mas não impediu o percurso de divergência em relação à média europeia, porque a queda do PIB foi maior do que o decréscimo populacional. Entre 2011 e 2013, o PIB caiu a -2,5% ao ano, enquanto a população decresceu a uma taxa média de -0,4%, donde um declínio do PIB *per capita* a -2,1% ao ano. Portugal passou, então, de 57,7% da média do grupo europeu, em 2010, para 54,0% em 2013.

De um ponto de vista estrutural, o comportamento da oferta manteve as tendências do período anterior, com os serviços a

370 | Economia do Crescimento

aumentarem o seu peso para 76,5% em 2014, enquanto a posição da indústria caiu para 21,2% no mesmo ano e a agricultura se manteve praticamente estável em torno de 2,3% do PIB. Em relação à procura, destaca-se a queda significativa do peso do investimento bruto que, entre 2008 e 2014, caiu -7,7% ao ano, passando a representar 14,9% do PIB em 2014, ou seja, menos 8,7% do que o valor de 2008. O consumo privado manteve-se praticamente estável, com um decréscimo de -0,1% ao ano entre 2008 e 2014, enquanto o consumo público desceu -1,1% no mesmo período. O saldo público, que era de -3,7% em 2008, subiu rapidamente para -9,8% em 2009 e -11,9% em 2010, após o que seguiu um percurso de decréscimo sustentado, variando de -7,7% em 2011 para -4,2% em 2014.

No que refere ao comércio externo, as exportações tiveram um comportamento muito positivo, crescendo entre 2008 e 2014 à taxa média anual de 4,1%, que lhe permitiu passar de 31,1% para 39,9% do PIB. O comércio externo observou uma quebra significativa em 2009, com uma variação de -13,0% das exportações e -16,7% das importações, mas começou a recuperar em 2010 e com comportamentos diferentes: enquanto as exportações cresceram significativamente entre 2010 e 2014, a uma taxa média anual de 7,2%, as importações cresceram mais lentamente, a 1,3% ao ano. Esta diferença de comportamento permitiu que as exportações passassem a representar 39,9% do PIB em 2014, contra 31,1% em 2008, e que as importações caíssem ligeiramente, de 40,8% em 2010 para 39,4% em 2014. Em consequência, a balança corrente caiu sustentadamente entre 2008 e 2012, passando de -12,2% para -2,1% nesses quatro anos, e alcançou valores positivos de 1,4% do PIB em 2013 e 0,6% em 2014.

Com o desenvolvimento da crise financeira de 2008 e da crise económica que sobreveio a partir de 2009, Portugal começou a defrontar enormes dificuldades de financiamento externo, o que acabou por conduzir ao pedido de assistência financeira internacional e à assinatura, em 2011, do memorando de entendimento com a Comissão Europeia, o Banco Central Europeu e o Fundo Monetário Internacional – a chamada *Troika*. Os anos a partir de

Capítulo 5. O Crescimento Económico Português desde 1950 | 371

então foram, assim, vividos sob o signo de um ajustamento imposto do exterior, o que ajuda a explicar a evolução económica descrita acima. A finalidade do programa de ajustamento era a redução do endividamento do país, através da redução do endividamento do Estado e do endividamento externo. Em relação à primeira, a aplicação do programa procurou, por um lado, diminuir a despesa pública com a redução dos salários e pensões e com a diminuição das despesas do conjunto da Administração e, por outro lado, aumentar as receitas fiscais com uma subida significativa dos impostos. Em relação ao objectivo da redução do endividamento externo, o programa impôs uma contracção rápida da procura interna, procurando que a redução do investimento e do consumo privado conduzissem à queda das importações e, por essa via, à compressão drástica do endividamento externo e à redução do défice da balança corrente. De facto, como vimos acima, o défice corrente caiu rapidamente em 2011 e sustentadamente desde então. Contudo, a queda dos rendimentos, o crescimento da tributação e a redução do investimento levaram a uma forte contracção da procura interna, gerando uma recessão económica grave e, em consequência, como vimos, o decrescimento sustentado do PIB desde o início do programa de ajustamento, mas também o crescimento rápido do desemprego – de 7,5% do total da população activa em 2008, para 12,7% em 2011 e 16,2% em 2013. E este crescimento teve um forte impacte sobre as receitas fiscais e as contribuições sociais, ao mesmo tempo que fez subir as despesas de apoio aos desempregados. Deste modo, contrariamente à evolução do défice corrente, o objectivo da redução do défice público acabou por não ser totalmente alcançado com a aplicação do programa de ajustamento.

Capítulo 6

Políticas de Crescimento

Ao longo dos capítulos anteriores fizemos várias referências sobre diferentes aspectos da política económica de crescimento. Vamos, agora, olhar com mais atenção para o assunto. A nossa abordagem desenvolve-se em três níveis. Na primeira secção, analisaremos o modo como a relação Estado-mercado no processo de desenvolvimento tem sido colocado ao longo da história do pensamento económico, desde o segundo pós-guerra. Como veremos, as posições divergentes em relação ao tema condicionam o modo como as diferentes correntes de pensamento encaram a possibilidade da política económica melhorar as condições do crescimento. Na segunda secção, olharemos, então, para as políticas de crescimento do ponto de vista da sua natureza mais intervencionista, ou mais orientada para os problemas da eficiência dos mercados, procurando distinguir entre políticas intervencionistas e políticas estruturais de mercado. Na terceira secção, faremos uma leitura diferente das políticas de crescimento. Considerando as fontes do crescimento, tal como têm sido colocadas pela evolução da teoria, faremos uma breve incursão pelas políticas orientadas para objectivos da acumulação do capital e da mudança tecnológica, procurando, ao mesmo tempo, distinguir o modo como as principais teorias analisam esses tópicos.

6.1 Estado e mercado e instituições

A relação entre Estado e mercado tem sido objecto de forte divergência na evolução do pensamento económico. No segundo pós-guerra, os economistas olharam para o crescimento e o desenvolvimento económico a partir de uma visão crítica em relação aos mecanismos do mercado, que consideravam imperfeitos e, por isso, incapazes de assegurar com eficiência a afectação dos recursos necessários para promover o objectivo do crescimento económico. A partir da década de 1970, num quadro de crise económica e de desencanto em relação aos percursos do desenvolvimento, os economistas iniciaram uma recuperação da matriz teórica neoclássica para demonstrar que as causas principais da crise e do fracasso do desenvolvimento económico radicavam no excesso de presença do Estado na economia e no esquecimento da importância que o sistema de preços tem na afectação eficiente dos recursos. Em meados da década de 1980, começaram a desenvolver-se vários movimentos de crítica ao pensamento económico neoclássico, então dominante, que retomaram a discussão sobre a acção do Estado e o funcionamento do mercado, mas que contribuíram para uma importante renovação do debate ao reintroduzirem a importância das instituições no funcionamento da economia.

6.1.1 *O Estado e a promoção do crescimento*

Desde Adam Smith, os economistas acreditaram que o funcionamento livre e descentralizado do mercado permitiria que as decisões individuais de empresas maximizadoras conduzissem a resultados eficientes, produzindo os bens necessários para satisfazer as necessidades dos indivíduos. Mas, a partir da década de 1930, vários economistas colocaram em causa essa visão do funcionamento da economia. Ainda que reconhecendo o papel central do mercado, contudo, consideravam que os seus mecanismos eram

Capítulo 6. Políticas de Crescimento | 375

imperfeitos e que não garantiam a afectação adequada do nível e da composição do investimento necessário para sustentar o crescimento da economia.

Essa mudança de perspectiva assentou em três aspectos fundamentais: *i*) a consideração da acumulação do capital como o motor do crescimento económico; *ii*) a observação de que existem muitas situações em que os mecanismos de mercado não produzem resultados eficientes; *iii*) a ideia de que o Estado pode influenciar o nível de actividade e do emprego através da política económica. A combinação destes três aspectos ajudam-nos a explicar a importância do activismo do Estado na promoção e regulação do processo de crescimento e desenvolvimento económico.

O primeiro aspecto está directamente relacionado com um dos resultados do modelo de Harrod-Domar que analisámos no Capítulo 2: a ideia de que a taxa de crescimento da produção é tanto maior quanto mais elevada for a proporção do produto dedicada ao investimento. Esta ideia, desenvolvida de uma forma muito simples, acabou por ter um enorme impacte no pensamento económico da época. W. W. Rostow, por exemplo, considerava que a descolagem económica (*take-off*) só acontecia quando uma sociedade se tornava capaz de alcançar uma elevada taxa de investimento produtivo, acima de 10% do rendimento nacional (Rostow 1960: 8). Arthur Lewis defendia que a acumulação rápida do capital constituía o "facto central" do desenvolvimento económico e que o problema principal da teoria era compreender o modo como crescia o peso da poupança no rendimento nacional (Lewis 1954: 155). O novo pensamento económico afastou-se, assim, da tradição neoclássica que colocava o problema da eficiência no centro da teoria económica e restabeleceu a proeminência do tema da acumulação do capital, uma herança do pensamento clássico inglês.

O segundo aspecto relaciona-se com o problema da eficiência na afectação dos recursos. O funcionamento eficiente dos mercados descentralizados, referido acima, foi traduzido no primeiro teorema fundamental da Economia de Bem-Estar, que estabelece

376 | Economia do Crescimento

as condições em que a afectação dos recursos é óptima[148]. Quando essas condições não se verificam, diz-se que existe um fracasso de mercado (*market failure*), no sentido em que o mercado não produz resultados eficientes. As situações de fracasso foram analisadas como uma consequência da divergência entre custos e benefícios sociais e privados, destacando-se os casos dos bens públicos e das externalidades (positivas ou negativas). Uma outra categoria importante inclui os fracassos que resultam da ausência de concorrência, ou do subdesenvolvimento dos mercados, como foi amplamente discutido pelos economistas do desenvolvimento durante as décadas de 1940 e 1950[149]. Nas situações em que os mercados fracassam na produção de resultados eficientes, a intervenção do Estado é fundamental para a correcção do fracasso de mercado e pode assumir diferentes formas, consoante os objectivos da intervenção. Encontramos aqui a fundamentação teórica para a defesa do activismo do Estado, que foi dominante até à década de 1970.

O terceiro aspecto coloca-nos no centro da *revolução keynesiana* e dos seus efeitos sobre o modo de encarar a política económica e a acção do Estado. Keynes transformou profundamente a Economia com um conjunto importante de inovações. No centro dessas inovações encontrava-se a ideia de que o nível de rendimento de equilíbrio (que iguala o investimento e a poupança) não é ne-

---

[148] Este teorema é considerado por muitos como a demonstração analítica da tese da "mão invisível" de Adam Smith, no sentido em que o equilíbrio perfeitamente concorrencial (de longo prazo) conduz a uma afectação óptima dos recursos. Este é um tema que pode ser consultado em qualquer bom manual de teoria microeconómica. Para uma apresentação, enquadramento do tema e orientações de leitura, ver Blaug (1990), Capítulo 13, pp. 345-397.

[149] Nessa época, o subdesenvolvimento dos mercados nos países *atrasados* foi um tema central na discussão sobre políticas de desenvolvimento. Os economistas consideravam que as situações de fracasso de mercado eram generalizadas nesses países, devido à excessiva fragilidade dos mecanismos de mercado. Nestes casos, os preços não existiam, não reflectiam os verdadeiros valores, ou eram irrelevantes, pelo que os mercados não podiam afectar adequadamente os recursos. Por isso mesmo, o activismo do Estado era indispensável para a promoção do desenvolvimento económico.

Capítulo 6. Políticas de Crescimento | 377

cessariamente o nível de rendimento que gera o pleno emprego. Esta ideia abalou a convicção profundamente assumida de que os mecanismos concorrenciais do mercado livre reconduziriam a economia para um estado de pleno emprego sempre que ela caísse num situação de subutilização da capacidade produtiva. Tal como afrima Mark Blaug, o que é "completamente novo em Keynes" é essa rejeição da "fé depositada" na capacidade de reajustamento da economia através dos mecanismos automáticos do mercado[150].

Não sendo o pleno emprego a situação normal, e rejeitando a ideia da tendência automática dos mecanismos de mercado para reajustar a economia e gerar o pleno emprego, o ponto de vista keynesiano surge através da ideia de que os Governos podem, através da política económica e da gestão da procura agregada, ajudar a economia a aumentar os níveis de produção e a reduzir o desemprego. Foi o nascimento de uma perspectiva de activismo do Estado e, simultaneamente, o abandono da doutrina do *laisser-faire*. E esta tese keynesiana do activismo foi reforçada com os resultados dos trabalhos sobre o crescimento económico expressos no modelo de Harrod-Domar (Capítulo 2), em particular, a conclusão de que o crescimento é altamente instável. E por ser instável, torna-se necessário o recurso a políticas macroeconómicas de curto prazo para manter o crescimento da economia num equilíbrio próximo da taxa garantida.

Em conclusão, podemos dizer que a nova postura teórica emergente com a *revolução keynesiana* concebia um activismo do Estado assente em três dimensões fundamentais: (*i*) a necessidade de superar as situações de fracasso de mercado; (*ii*) de conduzir uma política económica orientada para a gestão da procura agregada, fundamentalmente preocupada com a promoção do crescimento económico; (*iii*) e a necessidade de agir em contraciclo com

---

[150] Mark Blaug é ainda mais incisivo com a seguinte afirmação: "Após lermos Keynes, podemos negar separadamente cada elemento do seu raciocínio e mesmo a consistência lógica de todo o sistema keynesiano, mas não é possível continuar a acreditar na tendência automática da economia de mercado livre para gerar pleno emprego" (Blaug 1990: 2º volume, p. 448).

378 | Economia do Crescimento

a instabilidade do crescimento implícita no modelo de Harrod-
-Domar e, por isso, preocupada com a regulação do processo de
crescimento económico.

Esta dupla perspectiva do activismo foi claramente enunciada
por Albert Hirschman, quando definiu as duas funções principais
que o Estado deve desempenhar no processo de desenvolvimento
(Hirschman 1958: 202-205). Como afirmou, para que a sua acção
seja efectiva, o Estado deve começar por promover o crescimento
através de acções que sejam capazes de criar incentivos e pressões
para o desencadear de novas acções. É uma *função indutora*, no sentido em que o Estado deve favorecer os sectores que tenham maior
poder de arrastamento na economia, atraindo novas actividades
e dinamizando o processo de crescimento económico. É a dimensão da promoção do crescimento económico de que falámos acima.
Depois, continua Hirschman, o Estado deve estar em condições de
poder reagir activamente, balanceando as suas pressões em diferentes áreas, de forma a manter a dinâmica do crescimento. É uma
função induzida, no sentido em que se trata de acções de reacção do
Estado desencadeadas pelo próprio processo e que procuram responder aos bloqueamentos que se vão revelando, ou à necessidade
de incentivos em determinadas áreas, de forma a coordenar e dina-
mizar o processo de crescimento. É a dimensão de regulação do
processo de desenvolvimento.

6.1.2 *O ressurgimento do mercado e do tema da eficiência económica*

A década de 1970 constituiu um momento de viragem, quer
em relação ao crescimento económico mundial, quer no que respeita ao pensamento económico dominante, até então marcado
pelas heranças teóricas keynesianas. A crise da economia mundial
pôs termo aos anos dourados do crescimento económico e fez crescer o desencanto em relação ao desempenho económico da maior
parte do mundo em desenvolvimento. Mas também impulsionou

Capítulo 6. Políticas de Crescimento | 379

os movimentos de crítica ao pensamento económico dominante e abriu caminho para o ressurgimento do pensamento neoclássico. Este ressurgimento afirmou-se plenamente na primeira metade da década de 1980, num quadro de recessão económica mundial e de declínio acentuado na maior parte dos países em desenvolvimento.

Em matéria de teoria e política do desenvolvimento económico, as década de 1970 e 1980 assistiram a duas "vagas de ataque neoclássico" (Shapiro e Taylor 1990; Taylor 1993), que acabaram por empreender uma profunda *contra-revolução* (Toye 1993) na concepção e definição das políticas de desenvolvimento, deslocando o enfoque da acumulação do capital para a afectação eficiente dos recursos. A participação dos novos neoclássicos no debate sobre as questões do desenvolvimento começou, ainda durante a década de 1970, pela crítica à ineficiência das intervenções do Estado, com incidência especial no proteccionismo, na industrialização orientada para o mercado interno e na repressão financeira[151].

Na década de 1980, a segunda vaga de crítica neoclássica acabou por se transformar numa postura teórica verdadeiramente anti-intervencionista e de defesa do Estado mínimo, assumindo que o problema de fundo é o próprio Estado, a sua natureza e o seu activismo excessivo. Um trabalho fundamental nesta evolução foi *The Poverty of Development Economics* de Deepak Lal, publicado em 1983. Neste trabalho, o autor apresentou e caracterizou o conjunto de "crenças" que os economistas tinham sobre o desenvolvimento económico e que sintetizou através da expressão *dogma dirigista*[152]. A questão central em relação à aplicação das ideias que compõem

---

[151] Este conceito será retomado mais à frente.

[152] O *dogma dirigista*, segundo Deepak Lal, é constituído pelos seguintes elementos: a crença de que o mecanismo dos preços pode ser substituído por várias formas de intervenção do Estado, para a promoção do desenvolvimento; que a atenção dada pela teoria neoclássica à afectação dos recursos existentes é de menor importância no desenho das políticas públicas; que a perspectiva clássica da liberdade de comércio não é válida para os países em desenvolvimento; que a redução da pobreza e a melhoria na distribuição dos rendimentos requerem uma intensa e contínua intervenção do Estado (Lal 1983: 5).

380 | Economia do Crescimento

o *dogma dirigista* é que, se algumas formas de dirigismo podem ter efeitos positivos, no entanto, as políticas dirigistas adoptadas conduziram em geral a resultados que, numa perspectiva de *second--best*, foram bem piores do que o *laissez-faire* (Lal 1983: 16).

Ao centrar a análise na natureza do Estado e nas consequências das suas acções, os novos neoclássicos[153] estavam a substituir a hipótese da imperfeição do mercado pela hipótese da imperfeição do Estado. Segundo Krueger (1990), não podemos entender o Estado como uma espécie de "guardião social da benevolência", nem considerar que os indivíduos no sector privado actuam no seu próprio interesse, enquanto os indivíduos no sector público são motivados por objectivos de justiça social. Pelo contrário, é necessário reconhecer que o Estado é constituído por um grande número de actores (políticos, burocratas, tecnocratas, etc.), que se associam em diferentes grupos e com interesses próprios. Dado que não existem indivíduos ou grupos altruístas, é mais realista assumir que os indivíduos agem por interesses próprios, estejam no sector privado ou no público. Isto quer dizer que a dinâmica criada pela intervenção do Estado acaba por ser fortemente condicionada pela pressão dos interesses pessoais e de grupos de interesse conflituantes, pela burocratização e pela corrupção.

Colocada a hipótese da imperfeição do Estado, vejamos como é que o activismo condiciona o crescimento económico. Do ponto de vista da política económica de desenvolvimento, a Economia Política Neoclássica defendia a ideia de que o fraco desempenho económico e o atraso do desenvolvimento tinham resultado, principalmente, das "políticas incorrectas" aplicadas pelos governos.

---

[153] Alguns autores designaram esta corrente por Economia Política Neoclássica, enquanto outros preferiram falar de Nova Economia Política. A primeira designação tem a vantagem de combinar a matriz teórica neoclássica dessa corrente com a vertente de Economia Política consubstanciada na sua teoria do Estado. Ver, por exemplo, Srinivasan (1985). Entre os autores desta corrente que se têm dedicado aos temas do desenvolvimento económico e do comércio internacional, podemos destacar os nomes de T.N. Srinivasan, Anne Krueger, Jagdish Bhagwati, Bela Balassa, Ian Little e Deepak Lal.

Capítulo 6. Políticas de Crescimento | 381

E na base dessas políticas estava a proliferação dos controlos económicos, com consequências que se tornaram profundamente negativas para o crescimento económico: distorção no funcionamento dos mercados, crescimento da burocracia, criação de condições geradoras de rendas de monopólio e desenvolvimento do comportamento de *procura de renda*.

A distorção no funcionamento dos mercados é uma consequência da excessiva intervenção administrativa do Estado, principalmente através das práticas generalizadas de fixação de preços (bens, salários, taxas de juro e taxas de câmbio). Como não reflectem correctamente a raridade relativa dos factores, os preços fixados administrativamente transmitem sinais "incorrectos" aos agentes, de que resultam opções de afectação ineficientes e desperdício de recursos para o crescimento económico. Mas também as situações de monopólio determinam preços "incorrectos" e, por isso, são igualmente geradoras de ineficiência e desperdícios de recursos.

Além disso, a interacção entre a lógica de acção monopolista e a burocracia crescente, num quadro de intervenções constrangedoras dos mecanismos de mercado, levaram, num grande número de países, ao desenvolvimento de relações informais entre agentes económicos e burocratas que se traduziram numa prática muito comum de corrupção económica. Se os agentes tendem a utilizar a corrupção para conseguirem vantagens monopolistas, os burocratas revelam predisposição para serem corrompidos e, assim, participarem na circulação das rendas de monopólio. Trata-se, aqui, do chamado comportamento de *procura de renda* (*rent-seeking*)[154], considerado pela Economia Política Neoclássica como uma das causas principais da ineficiência e desperdício de recursos para o crescimento económico, particularmente nos países em desenvolvimento.

---

[154] Este é um tema central na abordagem que os economistas da Economia Política Neoclássica fizeram das experiências de desenvolvimento económico. Duas referências fundamentais são: Krueger, Anne O. (1974). "The Political Economy of the Rent-Seeking Society". *The American Economic Review*, vol. LXIV, nº 3: 291-303; Bhagwati, Jagdish (1982) "Directly Unproductive Profit-Seeking (DUP) Activities". *Journal of Political Economy*, vol. 90, nº 5: 988-1002.

382 | Economia do Crescimento

Como acabámos de ver, a Economia Política Neoclássica procurou mostrar que a proliferação dos controlos económicos foi, através das suas consequências, a causa objectiva do fracasso do crescimento e do desenvolvimento económico na maior parte dos países. Mas, de acordo com o seu modelo analítico, a imperfeição do Estado foi a causa subjectiva desse fracasso, daí o novo conceito de *fracasso de Estado* (*government failure*) para sintetizar o conjunto das causas que explicam o insucesso do desenvolvimento económico.

O novo conceito foi uma contribuição importante para a análise do papel do Estado no desenvolvimento económico. No entanto, a tendência para considerar que os *fracassos de Estado* são comuns, enquanto os *fracassos de mercado* são raros e excepcionais, teve dupla consequência: transformou a intervenção do Estado na causa principal da ineficiência e do atraso no desenvolvimento económico; e fez do objectivo dos "preços correctos" o aspecto central das propostas de política de desenvolvimento. Estes dois aspectos são evidentes nos programas de reformas estruturais construídos durante as décadas de 80 e 90, cujos temas centrais foram a redução drástica da dimensão do sector público (e do activismo do Estado), o alargamento do sector privado e a "liberalização" da economia, condições indispensáveis para transformar o mercado no verdadeiro mecanismo de afectação dos recursos e de formação dos preços. Ou seja, com a Economia Política Neoclássica, a acumulação de capital cedeu o lugar à afectação eficiente dos recursos como problema central também do crescimento e do desenvolvimento económico.

6.1.3 *Mercado e instituições*

A partir da segunda metade da década de 1980, desenvolveram-se vários movimentos de crítica ao pensamento neoclássico e de renovação do debate científico. Algumas contribuições teóricas desses movimentos foram importantes para uma perspectiva reno-

Capítulo 6. Políticas de Crescimento | 383

vada da relação entre Estado e mercado e das suas funções no processo de desenvolvimento económico.

Uma contribuição importante resultou da discussão do próprio conceito de mercado, um tema central nas abordagens neo-institucionalistas[155]. Como afirma Hodgson (1988), embora o estudo do comportamento de mercado seja um dos temas principais da Ciência Económica, no entanto, não é fácil encontrar definições de mercado na literatura económica. Mesmo as definições habitualmente referidas são demasiado vagas e remetem quase sempre para a ideia de lugar onde se realizam transacções de bens ou, dito de outro modo, onde vendedores e compradores negoceiam a transacção de bens. Mais recentemente, e no quadro dos movimentos de crítica ao pensamento neoclássico da década de 1980, foi dada uma grande atenção à redefinição do conceito de mercado, com implicações importantes, como veremos de seguida.

Se considerarmos as definições tradicionais de mercado, um primeiro aspecto que podemos ressaltar é que elas obscurecem o facto de uma transacção (ou negociação de um troca) pressupor um conjunto de actividades associadas, tanto a montante, como a jusante, que permitem e facilitam a sua realização, actividades como o estabelecimento e publicação de preços, créditos, seguros, transportes, etc. Tanto a transacção em si, como as actividades associadas, dependem de um conjunto de instituições que suportam e estruturam todo o tipo de relações que os indivíduos estabelecem no mercado. E esta dimensão institucional faz do mercado uma

---

[155] O neo-institucionalismo é uma família de teorias desenvolvidas no último quartel do século XX, que partilham a reivindicação comum de uma certa relação com o "velho institucionalismo" americano (finais do século XIX e primeiros trinta anos do século XX) e a defesa da importância das instituições no funcionamento da economia. As ideias neo-institucionalistas ganharam importância durante a década de 1990 e têm penetrado, em diferentes graus, nas outras correntes de pensamento económico. Um sintoma disso é o largo consenso que hoje existe sobre a importância das instituições, traduzido na expressão "as instituições contam" (*institutions matter*), muito em voga na literatura económica actual.

384 | Economia do Crescimento

realidade bem mais complexa do que as definições tradicionais deixam perceber.

Vejamos o problema de uma forma simples. Se considerarmos um caso concreto, por exemplo, a compra e venda de um automóvel, a dimensão imediatamente visível é a da relação de troca como transacção de um bem. Mas essa relação de troca é muito mais complexa, porque o vendedor e o comprador estabeleceram um acordo contratual, que define as condições de transacção do automóvel e de assistência pós-venda, bem como as implicações que decorrem, por exemplo, de uma quebra unilateral do contrato pelo comprador (não pagamento das prestações de compra, etc.). Isto quer dizer que a troca é mais do que uma simples transacção, é também uma relação contratual, que define o quadro normativo em que se desenvolve a compra e venda do automóvel. E na medida em que se trata de uma operação que transforma o comprador do automóvel no seu novo proprietário, a troca é também uma transacção de direitos de propriedade.

Sendo a troca uma relação contratual que envolve transferência de direitos de propriedade, então, o funcionamento do mercado implica a existência de um quadro institucional indispensável para estruturar, organizar e legitimar as relações de troca: (*i*) um conjunto de leis para regular o estabelecimento de contratos; (*ii*) um sistema legal para estabelecer e proteger os direitos de propriedade; (*iii*) um conjunto de mecanismos para julgar e impor a aplicação das leis contratuais e dos direitos de propriedade. Podemos, então, definir o mercado como um conjunto de trocas organizadas e institucionalizadas ou, de um modo mais completo, como um conjunto de instituições[156] em cujo quadro se realizam trocas organizadas e institucionalizadas, trocas essas que são facilitadas e

---

[156] As instituições são "as regras do jogo de uma sociedade" (North 1990: 3), ou seja, são as regras que estruturam e governam as relações entre indivíduos numa sociedade. São constituídas por *regras formais* (constituições, leis regulamentos, etc.), *regras informais* (convenções, normas de comportamento e códigos de conduta) e *mecanismos de cumprimento* das regras (sistema judicial, polícia, etc.) As instituições introduzem um conjunto de prescrições que os indivíduos conhe-

Capítulo 6. Políticas de Crescimento | 385

estruturadas por aquelas instituições (Hodgson 1988: 174). A questão essencial que precisamos reter é que o mercado é uma construção institucional e que, por isso, coloca o problema da criação de regras legais e de mecanismos de imposição dessas regras, o que introduz uma importante dimensão institucional no funcionamento da economia.

Outra contribuição importante que resulta do movimento de renovação teórica do final do século relaciona-se com a nova discussão sobre os fracassos de mercado, desenvolvida em particular pelas abordagens neo-keynesianas. Tradicionalmente, como referimos acima, a discussão sobre os fracassos de mercado deu atenção aos casos dos bens públicos, externalidades e falta de concorrência. Os desenvolvimentos recentes da teoria têm analisado *novas* formas de fracasso de mercado (Stiglitz 1997), mais amplas que as tradicionais e associadas principalmente à imperfeição da informação (não acesso à informação, ou acesso desigual) e dos mercados (mercados incompletos e ausentes), mas também à inovação e ao desemprego. Embora comuns aos países desenvolvidos e em desenvolvimento, as novas formas têm maior prevalência nestes últimos países, porque os mercados são menos desenvolvidos e mais incompletos e porque o acesso à informação é muito menor.

Os novos keynesianos consideram que o Estado pode resolver os fracassos de tipo tradicional, mas que, no caso das novas formas, a sua intervenção não conduz necessariamente a uma melhoria da eficiência. Isto significa que essas falhas de mercado criam um potencial para a acção do Estado, mas que o sucesso da sua acção depende das condições em que ela é realizada. Vejamos, por exemplo, o problema da tomada de decisão ao nível micro. Existe uma grande quantidade de informação que ocorre de forma descentralizada nos mercados e que, num quadro de informação imperfeita, implica a existência de alguma forma de coordenação. Essa coordenação não é feita pelo sistema de preços, mas o Estado

---

cem e que governam as suas relações de interdependência, o que torna mais previsível e estável o comportamento dos indivíduos.

386 | Economia do Crescimento

também não revela capacidade para a resolver, porque enfrenta os mesmos problemas de informação e de incentivos que o sector privado (Stiglitz 1989: 202). Neste caso, existe um duplo fracasso, do mercado e do Estado.

O que a interpretação neokeynesiana traz de novo é, por um lado, a diferenciação entre as duas formas de fracasso de mercado e, por outro, o reconhecimento de situações em que o Estado também fracassa. Estas situações acontecem por três razões fundamentais: (*i*) porque o Estado não tem informação suficiente para intervir ao nível da coordenação microeconómica (*informação imperfeita*); (*ii*) porque, muitas vezes, tenta resolver situações de fracasso de mercado através da uma intervenção directa, substituindo os mercados em vez de ajudar a completá-los[157] (*mercados incompletos*); e porque a intervenção do Estado tende a conduzir, em muitas situações, ao desenvolvimento de formas de captura do poder e de procura de renda (*rent-seeking*).

Existindo uma situação de duplo fracasso, de mercado e de Estado, como é que ela poderá ser superada? A resposta neokeynesiana mostra uma aproximação ao conceito de mercado desenvolvido pelos neo-institucionalistas. Como vimos atrás, o mercado é uma realidade construída, cujo funcionamento pressupõe a existência de um quadro institucional indispensável para estruturar, organizar e legitimar as relações de troca. E esse quadro é constituído por um conjunto diversificado de regras (instituições) e de arranjos institucionais que estruturam os mecanismos de coordenação do mercado. Para os neokeynesianos, o quadro institucional é indispensável para assegurar a coordenação ao nível micro-

---

[157] Stiglitz (1996) considera que as causas do sucesso dos países da Ásia Oriental relacionam-se com um conjunto de intervenções do Estado que ajudou a promover os mercados e a facilitar o acesso à informação. As intervenções conduziram a arranjos institucionais entre o Estado e o sector privado que se traduziram numa forte dinâmica de crescimento económico. Contrariamente, considera, uma das causas do fracasso do desenvolvimento na União Soviética, países da antiga Europa do Leste e muitos países em desenvolvimento foi a prática estabelecida de substituição dos mercados pela intervenção monopolista do Estado

económico, isto é, para melhorar a eficiência dos mercados. Mas é, também, uma infra-estrutura fundamental para reduzir os riscos de captura de poder e de procura de renda e para evitar a tendência de substituição dos mercados pelo Estado.

Ao reintroduzir e aprofundar a análise das instituições, as contribuições teóricas do fim do século ajudaram a redefinir o tema da relação Estado-mercado no processo de desenvolvimento económico. Por um lado, a oposição entre coordenação macroeconómica do Estado e coordenação microeconómica do mercado deu lugar a uma nova interpretação, em que se procura combinar três níveis de coordenação: do Estado, do mercado e das instituições. Por outro lado, ao mesmo tempo que se reafirma a importância do funcionamento eficiente dos mercados, procura-se redefinir a natureza do papel do Estado e encontrar o modo mais eficiente de combinar a sua relação com o mercado. Como é natural, todo este debate tem implicações evidentes na formulação das políticas de crescimento económico e desenvolvimento.

6.2. Políticas intervencionistas *versus* políticas de mercado

Na secção anterior olhámos para o modo como diferentes correntes do pensamento económico analisaram o Estado e o mercado no processo de desenvolvimento económico, em particular, as consequências positivas e negativas do activismo do Estado, a importância do funcionamento eficiente dos mercados e a consideração mais recente da dimensão institucional do funcionamento da economia. As diferentes posições observadas condicionam o modo como essas correntes de pensamento encaram a possibilidade da política pública melhorar as condições do crescimento económico.

Nesta secção, vamos olhar para as políticas de crescimento do ponto de vista da sua natureza mais intervencionista, ou mais orientada para os problemas da eficiência dos mercados. Falaremos, então, de políticas intervencionistas e de políticas estruturais de mercado. Como veremos, os economistas de formação keyne-

388 | Economia do Crescimento

siana e estruturalista[158] defenderam políticas intervencionistas, geralmente através do planeamento económico. Contrariamente, os economistas de formação neoclássica, numa posição dominante durante as décadas de 1970 e 1980, criticaram as políticas intervencionistas e defenderam a sua substituição por políticas destinadas a melhorar a eficiência dos mercados e garantir a estabilidade macroeconómica. A discussão do final do século reassumiu a importância do activismo, procurou compreender melhor o funcionamento do mercado e orientou a análise da política de crescimento para uma perspectiva de interacção público-privado, dando uma atenção crescente ao papel coordenador da infra-estrutura institucional.

6.2.1 *Intervencionismo e planeamento económico*

A ideia de planeamento económico apareceu desde cedo na literatura sobre desenvolvimento económico e configura uma política pública de intervenção na economia suscitada pela imperfeição dos mercados. Num trabalho pioneiro, de 1955, Jan Tinbergen afirmava que o desenvolvimento económico pode ser promovido através de uma "política de desenvolvimento" baseada em quatro objectivos principais: (*i*) criar as condições gerais favoráveis ao desenvolvimento; (*ii*) dar a conhecer as potencialidades e as vantagens do desenvolvimento; (*iii*) realizar um conjunto de investimen-

---

[158] O termo *estruturalismo* é muito utilizado para integrar as diferentes abordagens estruturais do desenvolvimento económico. Hollis Chenery, por exemplo, afirmou no seu artigo "The Structuralist Approach to Development Policy", publicado em 1975, que "A abordagem estruturalista procura identificar rigidezes, desfasamentos e outras características específicas da estrutura das economias em desenvolvimento que afectam os ajustamentos económicos e a escolha da política de desenvolvimento" e que "o conjunto inicial de hipóteses estruturalistas foi formulado na década de 1950 por escritores como Paul Rosenstein-Rodan, Ragnar Nurkse, W. Arthur Lewis, Raul Prebisch, Hans Singer e Gunnar Myrdal" (Chenery, 1975: 310).

Capítulo 6. Políticas de Crescimento | 389

tos básicos; e (*iv*) adoptar medidas para estimular a actividade e o investimento privados (Tinbergen 1958: 3-4). Esta política permite, segundo o autor, projectar um padrão de desenvolvimento, elaborar um "programa, ou plano" de investimentos públicos e induzir a articulação com acções do sector privado, de acordo com aquele padrão de desenvolvimento.

As considerações de Tinbergen distinguem entre política de desenvolvimento e programação (ou plano), sendo esta uma parte integrante daquela e importante para estabelecer a articulação entre investimentos públicos e privados. De acordo com os primeiros economistas do desenvolvimento, esta necessidade de programação dos investimentos resultava da convicção de que os mecanismos de mercado, só por si, não conduzem à combinação óptima dos investimentos, nem ao seu nível desejado. O problema de fundo é que a complementaridade das indústrias coloca a necessidade da coordenação das decisões individuais de investimento, tarefa que os mecanismos de mercado não conseguem realizar porque as decisões individuais têm como único critério a maximização do lucro. Segundo Rosenstein-Rodan[159], a complementaridade das indústrias fornece o argumento mais importante de defesa do planeamento, porque só a programação de investimentos procura maximizar a sua quantidade e optimizar a sua composição, criando as condições para uma exploração adequada das economias externas e para corrigir os fracassos resultantes da imperfeição dos mercados. Na medida em que traduz uma lógica de complementaridade, o plano permite uma modificação dos critérios do investimento produtivo e uma articulação mais coerente entre investimentos públicos e privados, criando melhores condições para a realização dos objectivos do crescimento económico.

Mais do que um instrumento de programação e afectação de investimentos, o planeamento económico transformou-se numa

---

[159] As ideias de Rosenstein-Rodan sobre industrialização, mercado e planeamento aparecem em trabalhos publicados nas décadas de 1940 e 1950. Uma síntese dessas ideias encontra-se em Rosenstein-Rodan (1984).

390 | Economia do Crescimento

forma intervencionista de conduzir as políticas de crescimento e desenvolvimento[160]. O planeamento ganhou, assim, uma dimensão bastante ampla, que podemos sintetizar através dos seguintes objectivos: (i) ultrapassar os constrangimentos que resultam da imperfeição dos mercados, nomeadamente, a redução da incerteza e do elevado risco das decisões individuais de investimento; (ii) melhorar a afectação dos recursos através de economias externas e de dimensão e contribuir para uma articulação mais eficiente com o sector privado da economia; (iii) orientar o crescimento económico de acordo com objectivos de bem-estar social das populações, redução das desigualdades e erradicação da pobreza; (iv) promover, através da preparação dos planos, um amplo debate social sobre objectivos e políticas de desenvolvimento.

O planeamento económico caracteriza-se por ser um processo que decorre em fases sequenciais[161]. Primeiro, a formulação de objectivos e o diagnóstico da situação, que inclui um exercício de previsão e prospectiva do que poderá ser a situação futura sem intervenção do plano. Depois, a fase de avaliação dos cenários alternativos, normalmente com utilização de modelos econométricos adequados. Uma terceira fase em que se processa a escolha, pelo Governo, do cenário macroeconómico que deverá sustentar as linhas de orientação política. A fase seguinte é a da formulação e avaliação dos planos de acção, os quais resultam de um processo de desagregação do cenário escolhido, normalmente desagregações sectoriais e regionais. Finalmente, a fase de execução dos planos, realizada através da execução de planos anuais e sujeita a mecanismos de controlo da execução.

O planeamento económico entrou em declínio a partir da década de 1970, no seguimento da crise económica que abalou a economia mundial e da mudança radical nos objectivos e atitudes da

---

[160] Sobre o planeamento económico em Portugal, ver o Capítulo 6, que contém algumas referências sobre os planos elaborados e executados a parir de 1953.

[161] Sobre a preparação e elaboração de um plano, bem como outros aspectos do planeamento económico, ver, em Amaral (1996), o capítulo sobre políticas estruturais (Capítulo 4, pp. 103-119).

política económica. Esta mudança radical traduziu-se na ascensão das políticas estruturais de mercado, como veremos a seguir.

6.2.2 *Políticas estruturais de mercado*

Na primeira secção deste capítulo falámos da crítica neoclássica ao intervencionismo do Estado e das suas consequências sobre a determinação dos preços. O problema central, como afirmam os neoclássicos, foi a excessiva preocupação com a acumulação do capital e o esquecimento da importância dos preços relativos e eficiência dos mercados. Do ponto de vista das políticas económicas (conjuntural e estrutural, ou de desenvolvimento), o que se verificou a partir da década de 1970 foi a sua reorientação para o objectivo da eficiência dos mercados e estabilidade dos preços, o elemento central da coordenação económica na perspectiva neoclássica.

Três acontecimentos ajudam a compreender a mudança nos objectivos da política económica e no modo de encarar a política de crescimento. Em primeiro lugar, como referimos no final da secção anterior, a crise profunda do sistema económico do segundo pós-guerra. O colapso do sistema de câmbios de Bretton Woods, a alta dos preços das matérias-primas e os dois choques petrolíferos da década de 1970 tiveram consequências graves sobre a estabilidade macroeconómica (inflação, défice público e défice de pagamentos externos) e sobre o emprego. Tinha sido criado um novo quadro económico e político, que acabou por minar a confiança na política económica de matriz keynesiana e deu lugar à ascensão das teses monetaristas de Milton Friedman e, depois, às posições económicas sustentadas nas teses políticas dos novos liberais.

O segundo aspecto relaciona-se com as críticas que os neoclássicos fizeram às políticas seguidas na maior parte dos países em desenvolvimento, nomeadamente, as críticas ao planeamento, proteccionismo e repressão financeira. O predomínio dessas políticas intervencionistas reflectia-se na ausência de preços "correctos", o que impedia a transmissão de sinais "correctos" para a afectação dos recursos. A fraqueza do desempenho económico e o agravamento dos desequilíbrios macroeconómicos levaram a um defesa progressiva da necessidade da reforma das políticas, ou seja, da adopção de políticas destinadas a remover as distorções de preços, reduzir a presença do Estado, melhorar os mecanismos do mercado e dar prioridade às actividades de exportação.

O terceiro aspecto relaciona-se com o papel que o Banco Mundial e Fundo Monetário Internacional tiveram na mudança de atitude em relação à política económica. Na primeira metade da década de 1980, vários relatórios do Banco procuraram explicar a natureza da crise económica e construir alternativas de política de crescimento. O que sobressai, em termos de interpretação da crise, é que teve causas internas e externas, mas que essas causas foram amplificadas pelas políticas internas "incorrectas". E que foram estas que bloquearam o progresso económico na maior parte dos países. As duas organizações passaram a defender intensamente a necessidade das reformas económicas e transformaram-se nos principais promotores das políticas de estabilização e ajustamento estrutural, a grande marca das políticas de crescimento e desenvolvimento da década de 1980. Esta convergência de pensamento, que John Williamson sintetizou em 10 reformas essenciais e que apelidou de Consenso de Washington (ver caixa), acabou por se transformar na imagem do pensamento neoclássico da década de 1980.

Capítulo 6. Políticas de Crescimento | 393

Uma pequena história do Consenso de Washington

"A história do *Consenso de Washington* inicia-se em 1989, quando a imprensa dos Estados Unidos da América ainda discutia a relutância dos países da América Latina em empreender as reformas que lhes poderiam dar uma hipótese de escapar à crise da dívida. Esta parecia-me ser uma noção errada e que, na realidade, se estava a verificar uma mudança nas atitudes para com a política económica. Para determinar se assim era, o Instituto para a Economia Internacional decidiu organizar uma conferência, em que autores de 10 países da América Latina apresentariam comunicações para explicar o que estava a acontecer nos seus respectivos países. Para assegurar que todos analisariam um grupo comum de questões, escrevi um documento onde enumerei 10 reformas que, em minha opinião, quase todos em Washington acreditavam ser necessárias na América Latina de então. Chamei a essa agenda de reformas o "Consenso de Washington", sem imaginar que estava a criar um termo que se tornaria num grito de guerra em debates ideológicos, durante mais de uma década.

Na verdade, acreditava que as ideias que estava a apresentar eram consensuais e, por isso, dei-lhes esse rótulo. As 10 reformas que constituíam a minha lista são as que se seguem."

W01. Disciplina orçamental
W02. Reordenação das prioridades da despesa pública
W03. Reforma fiscal
W04. Liberalização das taxas de juro
W05. Taxa de câmbio competitiva
W06. Liberalização do comércio internacional
W07. Liberalização da entrada de investimento directo estrangeiro
W08. Privatizações
W09. Desregulamentação
W10. Direitos de propriedade

Fonte: Williamson, John (2003). "From Agenda Reform to Damaged Brand Name. A short history of the Washington Consensus and suggestions for what to do next". *Finance and Development*, vol. 40, nº 3: 10-13

A reorientação da política económica para o objectivo da eficiência dos mercados e estabilidade dos preços tem subjacente a ideia de que a política deve garantir o funcionamento mais livre possível do mercado, condição indispensável para a determinação de "preços correctos". Estes são tão importantes no curto prazo, para promover a eficiência, como no longo prazo, para garantir a

394 | Economia do Crescimento

adequada oferta de factores de produção. Ou seja, uma economia concorrencial é sempre a melhor escolha, quer do ponto de vista da afectação eficiente dos recursos, quer na perspectiva do crescimento económico. Verificou-se, assim, uma reorientação total da política para o lado da oferta, o que transformou a política económica de desenvolvimento em política estrutural de mercado (Amaral 1996).

A política estrutural de mercado tem, por isso, dois grandes propósitos: garantir a estabilidade macroeconómica e promover as reformas necessárias para o funcionamento eficiente dos mercados. As políticas de estabilização procuram corrigir os desequilíbrios macroeconómicos e incidem sobre a inflação[162], o défice público e o desequilíbrio externo. O objectivo principal é a diminuição dos défices fiscais e de pagamentos, a redução da inflação através do controlo da oferta de moeda e a criação de condições para garantir um crescimento económico estável.

O propósito da reforma económica resulta da modificação radical na concepção da política de desenvolvimento. A estabilidade macroeconómica é um objectivo central porque o crescimento económico deve ser conduzido pelo mercado e num quadro de máxima estabilidade. Para isso, é necessário flexibilizar todos os mercados para aumentar a eficiência global dos recursos utilizados, o que coloca a necessidade de reformar estruturas que vinham de sistemas económicos fortemente moldados pela lógica intervencionista. Podemos sistematizar os principais objectivos das políticas estruturais de mercado do seguinte modo:

• Liberalização dos mercados e ajustamento dos preços aos valores de raridade (*"deixar funcionar os mercados"* para *"estabelecer preços correctos"*).

---

[162] É um objectivo de política de estabilização que tende a ser transferido para a responsabilidade do Banco Central, sobretudo nos países onde este goza de independência em relação ao Governo. Na Zona Euro (e, portanto, em Portugal), a manutenção da estabilidade dos preços é apresentada como a missão do Sistema Europeu de Bancos Centrais, de que o Banco de Portugal faz parte.

Capítulo 6. Políticas de Crescimento | 395

- Transferência de recursos para o sector privado (*privatizações*)
- Racionalização das funções do Estado (*reformas para tornar mais eficiente o uso dos recursos do Estado*)
- Reforma das instituições públicas (*reformas para tornar eficiente a relação com os outros agentes*)
- Orientação para o exterior (*expansão das exportações*)

O primeiro objectivo corresponde a uma das formas de reduzir a presença do Estado na economia. Neste caso, através da abolição de todas as intervenções que distorcem os mecanismos de preços e impedem a determinação de preços eficientes, deixando que os mercados funcionem livremente e estabeleçam preços "correctos". Para isso, as medidas principais passam, por exemplo, pela liberalização dos preços e redução das regulamentações que inibem o comportamento de mercado, liberalização e reforma financeira, ajustamento da taxa de câmbio, desregulamentação do mercado de trabalho, redução das restrições ao investimento directo estrangeiro, liberalização e reforma do comércio internacional, etc.

O segundo objectivo corresponde a outra forma de reduzir a presença do Estado, agora através da sua retirada da esfera produtiva da economia, onde não tem "vantagem comparativa" porque "não é uma organização de mercado" (Krueger 1990: 17). A redução faz-se através da privatização[163] de actividades produtivas detidas pelo Estado, o que permite alargar o sector privado e reforçar a sua função produtiva. O terceiro objectivo relaciona-se com a necessidade de promover a utilização eficiente dos recursos que ficam nas mãos do Estado. Muitas vezes, essa racionalização tam-

---

[163] As primeiras experiências de privatização (venda de empresas públicas ao sector privado), como fenómeno sistemático e instrumento de política económica, aconteceram no Chile, após o golpe de Pinochet em 1973, e no Reino Unido, com os governos de Margaret Thatcher na década de 1980. O fenómeno alastrou-se depois aos países em desenvolvimento e em transição (antiga Europa do leste), sobretudo com a aplicação de programas de reforma estrutural.

bém inclui a adopção de políticas de ajustamento do emprego público às condições de funcionamento eficiente.

A reforma das instituições significa, fundamentalmente, a introdução de mudanças no modo de funcionamento das organizações públicas, com o objectivo de tornar mais eficiente a relação entre o Estado e outros agentes, em particular, do sector privado da economia. É um objectivo considerado indispensável para garantir o sucesso de todo o programa de reforma económica. Finalmente, o sexto objectivo relaciona-se com a liberalização do comércio externo e com a melhoria dos incentivos à orientação para actividades de exportações, consideradas como um dos motores principais do crescimento económico.

Perante este conjunto de reformas estruturais, a questão que se coloca é saber que funções restam para o Estado. No quadro das políticas estruturais de mercado, o Estado detém um conjunto de funções relacionadas principalmente com: (*i*) a manutenção da estabilidade macroeconómica; (*ii*) provisão das infra-estruturas físicas, sobretudo no caso dos países menos desenvolvidos, ou quando a grande dimensão dos investimentos cria uma situação de "desvantagem comparativa" para o sector privado (Krueger 1990: 17); (*iii*) correcção dos fracassos de mercado; e (*iv*) provisão da infra-estrutura institucional.

Os fracassos de mercado continuam a ser uma questão importante e polémica. Os economistas neoclássicos reconhecem a sua existência, mas apenas consideram os três tipos tradicionais de fracassos (ausência de concorrência, externalidades e bens públicos). Deste modo, as políticas estruturais de mercado apenas consideram explicitamente medidas de correcção daqueles fracassos[164]. Medidas de defesa da concorrência, procurando criar condições para que os mercados se aproximem o mais possível da concorrência perfeita, como as leis antimonopolistas, a sujeição de autorização prévia das fusões e aquisições, etc.. Medidas de compensação das externalidades negativas (poluição, por exemplo) e positivas

---

[164] Sobre este assunto ver, por exemplo, Amaral (1996), pp. 106-7.

Capítulo 6. Políticas de Crescimento | 397

(actividades de investigação científica, por exemplo), que podem assumir a forma de taxas, regulamentações administrativas, etc. (caso das negativas), ou de subsídios, redução de impostos, etc. (caso das positivas). E medidas para a provisão de bens públicos[165], quer directamente pelo Estado, quer pelo sector privado, com apoio financeiro do Estado.

6.2.3 *Caminhando para uma combinação de políticas*

Como vimos em 7.1.3, o final do século passado assistiu ao desenvolvimento de vários movimentos de crítica à teoria neoclássica e de renovação do debate científico, que ajudaram a repensar o tema da relação Estado-mercado. Importa agora ver em que medida essa renovação influenciou a natureza da política económica de crescimento.

Comecemos pela política de estabilização macroeconómica. Uma primeira constatação é que a estabilidade macroeconómica é, hoje, um princípio aceite pela generalidade dos economistas. Contudo, o consenso desaparece quando se trata de estabelecer uma relação com o crescimento económico.

No seio da corrente dominante, a estabilidade macroeconómica é considerada como uma condição indispensável para o crescimento económico. O argumento principal é que os níveis elevados de inflação e de défice público aumentam a incerteza e reduzem a eficiência do mecanismo de preços, com reflexos negativos sobre o nível de investimento. Em relação à inflação, os seus efeitos sobre o crescimento podem ser estabelecidos do seguinte

---

[165] Um *bem público* é um bem que se caracteriza por ser *não-rival* (o consumo de um bem por um indivíduo não impede outro de o consumir), *não-exclusivo* (não é possível excluir o acesso de qualquer indivíduo ao consumo de um bem) e *não-indivisível* (qualquer indivíduo tem acesso à mesma quantidade de um bem). Estas características fazem com que o sector privado não revele "vantagem comparativa" na sua provisão, pelo que o Estado deve provê-lo, ou apoiar a sua provisão pelo sector privado (ou não lucrativo).

modo: a subida da inflação pode aumentar o custo dos projectos de investimento e reduzir a acumulação de capital, porque funciona como uma espécie de imposto; o aumento da inflação pode criar uma tendência de crescimento em espiral, difícil de controlar, agravando a incerteza; por outro lado, reverter uma inflação elevada acarreta grandes custos, porque implica a criação de situações de recessão. Do ponto de vista do défice público, o argumento principal relaciona-se com as consequências do seu financiamento: o recurso ao financiamento interno aumenta a taxa de juro, com efeitos de *crowding-out* sobre o investimento privado; o financiamento monetário cria pressões inflacionistas na economia; e o recurso ao financiamento externo pode tornar-se insustentável a prazo. A manutenção da estabilidade macroeconómica constitui, portanto, um instrumento indispensável para criar um ambiente mais favorável ao crescimento económico na longa duração.

A defesa da estabilidade macroeconómica como condição do crescimento é assumida, por exemplo, por Nicholas Stern. O autor considera que a manutenção da estabilidade é uma função fundamental do Estado e que ela deve ser vista como um "bem público" que nenhum outro agente pode prover. É indispensável para o funcionamento eficiente do mecanismo dos preços, para a tomada de decisão das empresas e para o investimento e crescimento económico (Stern 1996: 153). Uma posição menos assumptiva é, por exemplo, a de Joseph Ramos e Osvaldo Sunkel, que consideram que a estabilidade macroeconómica é "uma condição necessária mas não suficiente" para o crescimento económico, sobretudo porque os níveis excessivamente elevados da inflação põem em perigo o crescimento (Ramos e Sunkel 1993: 9). Outros autores têm procurado mostrar que apenas níveis elevados de instabilidade podem ser relacionados negativamente com o crescimento económico. Bruno e Easterly (1998: 4) concluíram que só para níveis de inflação superiores a 40% se consegue provar, empiricamente, que a inflação reduz o crescimento. Temple (2000: 419), numa recensão da literatura sobre o assunto, afirmou que a sua leitura das "estórias" que os economistas contam sobre a relação entre inflação e crescimento não permite uma síntese conclusiva. Em sua opinião, os trabalhos recenseados mostram que são muito ambíguas as provas de que uma inflação moderada tem efeitos negativos sobre o crescimento e que se revelou muito difícil a quantificação dos ganhos de produção resultantes da passagem de uma taxa da ordem dos 5% para a estabilidade dos preços.

Consideremos, agora, as políticas estruturais de mercado. Normalmente, têm um forte impacte quando são aplicados, sobretudo pelos seus efeitos imediatos sobre as estruturas dos mercados. Contudo, enquanto políticas de melhoria da concorrência não têm correspondido aos objectivos esperados, fundamentalmente porque essas políticas têm um campo de acção muito restrito, de acordo com os desenvolvimentos teóricos do final do século. As novas teorias de fracassos de mercado mostram esferas de acção do Estado que não podem ser contempladas naquelas políticas e que correspondem a acções claramente intervencionistas. Por outro lado, os desenvolvimentos institucionalistas mostram que o funcionamento eficiente do mercado pressupõe a existência de um quadro normativo adequado e que esse quadro não pode ser assumido como um subproduto do desenvolvimento económico, mas sim como uma condição do próprio processo de crescimento.

As políticas estruturais de mercado são importantes, mas não devem constituir mais do que uma componente da política económica de crescimento. Os desenvolvimentos teóricos referidos acima ajudam a identificar formas de intervenção do Estado que completam as políticas de mercado. Vejamos o caso das novas teorias de fracassos de mercado e o exemplo do sector financeiro, que tem merecido uma atenção muito particular. Essa atenção resulta do facto do sector estar fortemente relacionado com a informação, cuja utilização eficiente depende da qualidade da sua organização: se o sistema funciona muito bem, consegue assegurar com eficiência a afectação produtiva dos recursos que captou; mas se não funciona bem, a afectação dos recursos resulta ineficiente. De acordo com as novas teorias de fracassos de mercado, o sistema de preços não funciona adequadamente quando defronta problemas de

400 | Economia do Crescimento

informação imperfeita e de mercados incompletos (problemas de risco), como acontece no caso do sistema financeiro. Para melhorar o funcionamento do sistema, é preciso criar condições para completar os mercados e enfrentar os problemas de informação, nomeadamente, uma estrutura institucional adequada e mecanismos de regulação e supervisão do sector.

Os desenvolvimentos relacionados com o tema das instituições permitiram mostrar que os mercados não podem funcionar de forma eficiente sem uma adequada estrutura institucional. Até há pouco tempo, a Ciência Económica não dava grande atenção ao problema, assumindo, mesmo implicitamente, a hipótese de que a estrutura institucional adequada era um subproduto do próprio crescimento económico. Como refere Rodrik (2000: 4), três acontecimentos ajudaram a colocar as instituições na agenda das políticas estruturais: o fracasso das privatizações e reforma de preços na Rússia na ausência de uma estrutura de apoio política, legal e de regulação, o desencanto com as reformas de mercado na América latina, em que a aplicação das reformas não deu atenção adequada aos mecanismos de segurança social e de redes de protecção; e a crise financeira asiática, que mostrou as consequências do lançamento de um processo de liberalização financeira na ausência de mecanismos de regulação financeira. Isto mostra quão importante é a intervenção do Estado no estabelecimento de instituições adequadas para o funcionamento dos mercados.

Dizer que as políticas estruturais de mercado devem ser completadas com a acção do Estado é o mesmo que afirmar a necessidade de políticas económicas combinadas. Como afirmam Stern e Stiglitz (1997: 253), "uma economia com bom funcionamento requer um misto de Estado e mercado", não apenas Estado mais mercado, mas uma combinação que identifique áreas de responsabilidade própria e áreas de responsabilidade partilhada, num quadro de parceria público-privada. Áreas de responsabilidade pública podem ser, por exemplo, a política de estabilização macroeconómica, a provisão da infra-estrutura institucional, a política ambiental, mas também a provisão de uma visão nacional de desenvolvimento e a construção de arranjos políticos e institucionais indispensáveis para o desenho dos programas de acção necessários à realização da visão de desenvolvimento. Áreas de responsabilidade partilhada podem ser, por exemplo, o desenvolvimento tecnológico, educação, saúde, etc..

Esta perspectiva de parceria público-privada implica não só uma combinação activa entre mercado e acção do Estado, mas também uma adequada programação das políticas públicas de crescimento. O planeamento pode ser um instrumento importante para isso, embora com uma concepção diferente da que tinha antes da década de 1970: pode ser um plano de acção do Estado para a tomada de decisão sobre os investimentos públicos; pode ter uma função de apoio ao sector privado na tomada de decisão sobre investimentos prioritários e lucrativos; pode ser um programa de acção para áreas com elevadas externalidades potenciais e onde a ausência de intervenção poderia significar subinvestimento. O planeamento pode, portanto, desempenhar as mesmas funções que as instituições na economia de mercado, corrigindo fracassos de mercado e atenuando fracassos de Estado (Malinvaud e Nabli 1997). Em relação ao sector privado, como dissemos atrás, o plano pode prover informação ao sector e melhorar as suas condições de tomada de decisão. No quadro do Estado, o planeamento pode ter três funções: melhorar a eficiência de processos não mercantis de tomada de decisão, garantir a exequibilidade e sustentabilidade de políticas de longo prazo e aumentar a credibilidade das políticas.

6.3. Instrumentos da política de crescimento

Nesta secção, vamos introduzir uma leitura diferente das políticas de crescimento. Considerando as fontes do crescimento, tal como têm sido colocadas pela evolução da teoria, faremos uma breve incursão por algumas políticas de crescimento e alguns dos seus principais instrumentos. Vamos dar atenção a duas áreas importantes: a acumulação do capital e a mudança tecnológica. No pri-

402 | Economia do Crescimento

meiro caso, as questões fundamentais que vamos colocar relacionam-se com o investimento, a poupança e o funcionamento do sistema financeiro. No segundo caso, analisaremos de forma breve a questão das fontes da mudança tecnológica e o problema do funcionamento dos mercados, indispensável para uma discussão sobre as políticas tecnológicas.

6.3.1 *Investimento e poupança. A importância do sistema financeiro*

A acumulação do capital é um tema central no estudo do crescimento económico, como vimos nos modelos estudados no Capítulo 2. Do ponto de vista do crescimento, o modelo de Harrod-Domar dá-nos uma receita relativamente simples: para um país crescer mais depressa, deve investir uma proporção maior do seu PIB. Mas isso também quer dizer que deve reduzir mais o seu consumo presente, ou seja, deve aumentar a sua poupança. Esta questão foi muito importante durante as décadas de 1950 e 1960, até mudar a atitude dos economistas em matéria de política económica.

Esta importância do ritmo da acumulação do capital foi retomada mais recentemente, sobretudo em termos de política de crescimento. Em relação aos países de rendimento elevado da Ásia Oriental, Wade (1990) afirmou que uma das causas próximas do seu crescimento rápido se relaciona com o nível de investimento produtivo: por um lado, níveis muito elevados, que contribuíram para a transferência rápida de novas tecnologias; e, por outro, mais investimento em determinadas indústrias estratégicas do que poderia ocorrer sem intervenção do Estado. Ressurgem aqui questões já discutidas pelos primeiros economistas do desenvolvimento, tais como a nível e a composição do investimento e o papel activo do Estado na criação da dimensão necessária. O tema também foi retomado por Joseph Stiglitz em vários dos seus escritos sobre desenvolvimento económico, realçando a importância que o nível do investimento tem para a criação de emprego, a introdução de novas tecnologias e para suportar o próprio crescimento económico.

Como dissemos atrás, o tema do investimento está intimamente ligado com o da poupança, na medida em que o investimento não pode crescer sem que haja um aumento da poupança. Mas a relação entre estas duas variáveis é colocada de forma diferente na teoria económica, o que se traduz em diferentes perspectivas do ponto de vista da política económica, Os economistas neoclássicos consideram que o investimento e a poupança são ambos explicados pelo nível da taxa de juro e que, por isso, o problema do nível financiamento está directamente relacionado com a eficiência dos mercados. Os sistemas financeiros relacionam-se com o crescimento económico através de três canais (Ahn e Hemmings 2000): efeitos sobre a taxa de poupança, eficiência na transformação da poupança em investimento e eficiência na afectação do capital. Essa relação é tão mais forte quanto maior a eficiência dos mercados. A opção da política de crescimento é claramente para as políticas estruturais de mercado.

Numa óptica keynesiana, o investimento e a poupança são funções de variáveis diferentes, o que modifica o problema da política, já que respondem a estímulos diferentes. A poupança é explicada principalmente pelo nível do rendimento, enquanto o investimento é definido como uma função da taxa de juro. Isto quer dizer que o problema do financiamento do investimento envolve dois momentos distintos. O primeiro é o momento da formação da poupança, em que a decisão assenta numa escolha entre consumo presente e consumo futuro. Assim, quanto maior for a parcela do rendimento destinada ao consumo futuro, maior a fatia do rendimento que se transforma em poupança. O segundo momento é o da transformação da poupança em meios de financiamento, através dos mecanismos de intermediação financeira. Aqui, são a taxa de juro e a eficiência dos mecanismos de intermediação que explicam o nível de transformação da poupança em meios de financiamento do investimento.

Como os dois momentos são distintos, podem acontecer dois tipos diferentes de problemas: uma escassez de poupança, que está directamente relacionada com o nível do rendimento (e do cresci-

404 | Economia do Crescimento

mento económico) e o modo como as famílias encaram o futuro; ou uma escassez de meios de financiamento, que está relacionada com o funcionamento dos mercados e dos mecanismos de inter-mediação financeira. Existe ainda um terceiro problema, este relacionado com a decisão de investir. Esta decisão é condicionada por factores como o ambiente económico (risco, incerteza, custo do capital, etc.), ou a estrutura institucional (normas, mecanismos de regulação, etc.). Em resumo, temos três tipos de condicionantes nesta perspectiva do processo de financiamento do investimento: condicionantes da poupança (crescimento económico, rendimento, incerteza em relação ao futuro), condicionantes do financiamento monetário (informação imperfeita, mercados incompletos ou ausentes) e condicionantes da decisão do investidor (risco, incerteza, estrutura institucional).

As políticas de crescimento têm aqui várias vertentes. Por um lado, políticas estruturais que procuram melhorar a eficiência dos mercados. Por outro lado, políticas direccionadas em função dos três tipos de constrangimentos referidos acima: promoção da poupança, correcção dos fracassos de mercado e políticas de incentivo ao investimento. Um aspecto central na explicação da dinâmica de crescimento económico tem a ver com o modo como o Estado tenta resolver os fracassos de mercado. Em muitas situações, a solução passou pela substituição do mercado pelo Estado, com a criação de bancos públicos, fixação administrativa das taxas de juro e controlo directo do crédito, de que acabou por resultar uma situação de insuficiência estrutural de poupança[166] e dificuldades de financiamento do investimento. Na maior parte dos países em desenvolvimento e nas antigas economias de direcção central, a opção foi desta natureza.

---

[166] A crítica neoclássica analisa esta situação como consequência da intervenção do Estado. A prática de fixação administrativa das taxas de juro a níveis artificialmente baixos, para incentivar o investimento, teve como consequência a queda da remuneração dos depósitos, levando os aforradores a optar por activos reais como forma de colocação das suas poupanças. Houve, então, uma "repressão" da poupança, conhecida por *repressão financeira*.

Uma perspectiva diferente é a intervenção do Estado no sentido de criar ou completar mercados e de construir uma infra-estrutura institucional, de forma a promover um funcionamento mais eficaz dos mercados. Vários exemplos de política podem ser aqui considerados: criar mercados, quando não existem, tais como mercados de acções e de obrigações; completar mercados, como no caso da criação de bancos de investimento para corrigir a pouca disponibilidade de créditos de longo prazo; criar instituições para facilitar o acesso à informação e melhorar a eficiência dos mercados, como as instituições reguladoras e de supervisão do sistema financeiro. Estas políticas são importantes para garantir um sistema adequado de financiamento da economia, indispensável para uma dinâmica de crescimento rápido. Na sua interpretação sobre o sucesso dos países da Ásia Oriental, Stiglitz (1996) afirmou que as suas causas se relacionam com o activismo do Estado na criação de mercados onde não existiam, criação de instituições reguladoras dos mercados financeiros, no apoio à afectação de investimentos e na criação de um ambiente favorável à mobilização investimento.

6.3.2 Mudança tecnológica e capital humano

As sucessivas gerações de modelos de crescimento económico permitiram analisar a importância do progresso técnico como fonte do crescimento, desde a concepção exógena dos primeiros modelos até às propostas teóricas que endogeneizaram o progresso técnico, através de externalidades associadas ao capital físico ou capital humano.

A teoria neoclássica analisa a tecnologia como um bem público. Assume que a sua regulação pelo mercado nem sempre é eficiente e aceita a intervenção do Estado como forma de corrigir o fracasso de mercado. Isto quer dizer que a política tecnológica só se justifica para criar incentivo ao investimento privado quando os mercados falham. Outros economistas contestam esta posição, considerando que ela contém uma visão muito difusa do tipo de fracasso que realmente se verifica. Defendem que os mercados de tecnologia, tanto nos países desenvolvidos, como nos países em desenvolvimento, são propensos a formas mais amplas de fracasso (externalidades, informação e mercados imperfeitos), pelo que a intervenção do Estado não deve ser apenas dirigida ao problema das externalidades. Na verdade, os governos utilizam políticas de tecnologia mais compreensivas, modificando mesmo as condições básicas em que os mercados funcionam: garantem a provisão das instituições, influenciam as estruturas de mercado, criam indústrias, empresas, capacidades, etc..

Podemos, então considerar dois tipos de política de tecnologia: políticas correctivas, no sentido neoclássico da correcção das externalidades; e políticas intervencionistas, em sentido mais amplo e geralmente associadas a estratégias de longo prazo (ver caixa 6.2, sobre o plano tecnológico nacional). Estas políticas também são chamadas de "estáticas" e "estratégicas", respectivamente (UNCTAD 2003). A maior parte das políticas tecnológicas combinam estas duas dimensões, equilibrando-as de acordo com os seus objectivos e a sua própria natureza.

O Plano Tecnológico

"O Plano Tecnológico não é mais um diagnóstico. É um plano de acção para levar à prática um conjunto articulado de políticas que visam estimular a criação, difusão, absorção e uso do conhecimento, como alavanca para transformar Portugal numa economia dinâmica e capaz de se afirmar na economia global.

O Plano Tecnológico parte do pressuposto de que o mercado tem um papel fundamental como mecanismo dinamizador das actividades económicas. A maioria das inovações é fruto de trocas complexas de ideias, de produtos e de experiências, de projectos que dão frutos no tempo, de interacções entre agentes, num ambiente de concorrência que leva cada um a procurar a sua própria superação. A inovação envolve agentes variados, mas importa que chegue ao mercado e favoreça a modernização administrativa.

Contudo, reconhece-se a existência de falhas de mercado, nomeadamente ao nível do investimento em capital humano e nas actividades de Inovação, Investigação e Desenvolvimento (II&D). Essas falhas, motivadas pelo facto de os benefícios associados aos investimentos em educação e às actividades de investigação, desenvolvimento e inovação serem insuficientes ou não serem totalmente apropriados pelos agentes que os executam, conduzem a um subinvestimento nessas áreas que, no entanto, são críticas para o crescimento económico. No nosso país, essas falhas são tão mais importantes quanto se reconhece que entre os maiores entraves ao crescimento económico estão precisamente a qualidade dos recursos humanos, a capacidade tecnológica e a permeabilidade à inovação.

Reconhece-se, também, a existência de falhas no actual sistema nacional de inovação. Com o apoio dos anteriores Quadros Comunitários, construiu-se um vasto conjunto de infra-estruturas científicas, tecnológicas e de apoio à inovação. Falta, no essencial, uma maior articulação de todo esse sistema, interligação e cooperação entre os actores relevantes, nomeadamente, entre os laboratórios públicos de I&D, os estabelecimentos do ensino superior, as empresas e as associações empresariais.

No Plano Tecnológico, reconhece-se a necessidade de qualificar os portugueses e estimular a inovação e a modernização tecnológica, colocando no terreno políticas que acelerem o actual processo de mudança do padrão de especialização da economia portuguesa, no sentido da produção de bens e serviços diferenciados, apoiados em actividades de investigação e desenvolvimento e cada vez mais vocacionados para os mercados externos."

Fonte: Governo (2005). *Plano Tecnológico.* [On-line]. Disponível em: http://www.portugal.gov.pt/Portal/PT/Primeiro_Ministro/Documentos/20051124_PM_Doc_Plano_Tecnologico.htm [Acedido e, 12 de Abril de 2008].

408 | Economia do Crescimento

Podemos, assim, distinguir duas fontes principais de mudança tecnológica: investigação e desenvolvimento (procura de novas ideias, novos produtos, melhores processos de produção, etc.) e aprendizagem tecnológica. A investigação e desenvolvimento é uma fonte de mudança tecnológica relativamente concentrada nos países mais desenvolvidos. A sua dinâmica está, muitas vezes, bastante associada ao próprio ritmo de crescimento económico. Neste caso, as políticas macroeconómicas que mantêm a economia num nível elevado de produção também estimulam a propensão das empresas para a procura de novas ideias e novos produtos, assumindo estas os riscos da investigação e desenvolvimento. É uma situação em que a inovação não resulta de políticas públicas, pelo que a política económica constitui um meio adequado para ajudar o progresso técnico privado e, desse modo, impulsionar o crescimento económico.

Mas há muitas situações em que o mercado não é o meio mais adequado de regulação e em que as políticas públicas se tornam necessárias. A investigação fundamental está, normalmente, neste caso. É um tipo de investigação cujos resultados não são de aplicação imediata e cuja rendibilidade económica é incerta. No entanto, os seus efeitos sobre a investigação aplicada são muito importantes. A investigação fundamental é, portanto, um bem público, que caso não fosse financiado pelo Estado poderia ficar reduzido a uma dimensão demasiado pequena para assegurar externalidades significativas. Outras políticas necessárias para um ambiente dinâmico de progresso são a provisão das estruturas institucionais e de regulação, incentivos fiscais, políticas de patentes, políticas ambientais, etc..

A segunda fonte de mudança é a aprendizagem tecnológica. Refere-se a formas de aprofundamento de conhecimento técnico no seio da própria actividade produtiva, através da repetição de uma mesma tarefa, da subdivisão de tarefas, etc.. A aprendizagem tecnológica também se refere ao processo de absorção local das tecnologias importadas. Aqui, a fábrica constitui o centro de aprendizagem, porque é nela que a tecnologia é operacionalizada

Capítulo 6. Políticas de Crescimento | 409

e, depois, optimizada (Amsden 1989: 5). É uma forma que assumiu uma grande importância nos processos de industrialização do século XX, a chamada *industrialização tardia*.

A *industrialização tardia* caracteriza-se por um processo de mudança tecnológica baseada na *aprendizagem*[167] (Amsden, 1989): os países crescem e transformam as suas economias com base na importação, adaptação e melhoria da tecnologia já desenvolvida pelas grandes empresas das economias mais avançadas. E a *aprendizagem* bem sucedida implica a criação sucessiva de duas formas de capacitação tecnológica: uma "capacidade de aprendizagem tecnológica independente" e uma "capacidade de criação tecnológica independente" (Dore, 1984). Foi este processo que permitiu o rápido crescimento das economias da Ásia Oriental, diferentemente de outros países em desenvolvimento, onde a criação de uma capacitação tecnológica independente não constituiu uma prioridade do modelo de substituição de importações[168]. Ora, como demonstrou (Amsden, 1989), uma das condições que permitiu o sucesso da industrialização baseada na aprendizagem tecnológica foi a acção desenvolvimentista do Estado.

A aprendizagem tecnológica está, portanto, intimamente relacionada com a transferência internacional de tecnologia, a principal fonte de inovação nos países que não estão na fronteira tecnológica. Os principais canais dessa transferência são o investimento directo estrangeiro, o licenciamento, comércio de bens, *joint ventures*, subcontratação, *franchising*, etc.. Mas o investimento directo é a principal fonte de transferência e de aprendizagem e os seus

---

[167] A industrialização tardia baseou-se na *aprendizagem* tecnológica, enquanto a industrialização britânica se apoiou na *invenção* e a industrialização da Alemanha e dos Estados Unidos da América se baseou na *inovação* tecnológica.

[168] Numa reavaliação das estratégias de desenvolvimento económico seguidas entre 1950 e 1990, os economistas da CEPAL (Comissão Económica para a América Latina e Caraíbas) consideraram que uma das causas do insucesso dessas estratégias foi a ausência de progresso na área da inovação, consequência principalmente de "uma estrutura institucional inadequada para a mudança tecnológica" (Sunkel 1993: 15).

410 | Economia do Crescimento

fluxos são dominados pelas grandes empresas transnacionais. Esta forma de captação da mudança tecnológica exige um conjunto de políticas adequadas, em particular, políticas para facilitar as transferências internacionais de tecnologia e para promover a formação do capital humano e o desenvolvimento de universidades e institutos tecnológicos, indispensáveis para criar um quadro eficiente de absorção da tecnologia.

A transferência internacional de tecnologia defronta três problemas principais: informação assimétrica, poder de monopólio e externalidades. As transacções de tecnologia envolvem troca de informações entre vendedores e compradores. Como os primeiros não podem revelar totalmente o seu conhecimento, então, os compradores não têm possibilidade de avaliar adequadamente o valor das informações que pretendem adquirir, dando lugar a uma situação típica de assimetria de informação. Por outro lado, os proprietários das tecnologias têm um poder de mercado que resulta de um conhecimento detido monopolisticamente, da posse de patentes, etc.. Como consequência, o preço da tecnologia ultrapassa o seu custo marginal (custo socialmente óptimo), permitindo que os proprietários aumentem os seus benefícios privados. Finalmente, podem aparecer externalidades se os custos e benefícios das trocas de tecnologia não forem totalmente internalizados pelos participantes.

Estamos, portanto, em presença de situações de fracasso de mercado, que criam um potencial para a intervenção do Estado. Isto quer dizer que as políticas tecnológicas de crescimento devem contemplar medidas de apoio à transferência de tecnologias e de formação de capital humano, bem como medidas que ajudem a superar as situações de fracasso de mercado.

Bibliografia

ABRAMOWITZ, Moses (1992) [1989]. *O Crescimento Económico*. Lisboa, Publicações Europa-América ("Economia e Gestão", 18).

ADELMAN, Irma e ROBINSON, Sherman (1988). "Long-run Income Distribution and Growth." In: Chenery, H. e Srinivasan, T.N. (eds.), *Handbook of Development Economics*. Amsterdam: North Holland, pp. 949-973.

AGHION, Philippe e HOWITT, Peter (1998). *Endogenous Growth Theory*. Cambridge MA, MIT Press.

AHN, Sanghoon e HEMMINGS, Philip (2000). *Policy Influences On Economic Growth In Oecd Countries: An Evaluation Of The Evidence*. Paris, OECD, Economics Department Working Papers nº 246.

AMADOR, João e COIMBRA, Carlos (2007). *Characteristics of the Portuguese Economic Growth: What has been Missing?* Lisboa, Banco de Portu- gal, Estudos e Documentos de Trabalho, 8.

AMARAL, João Ferreira do (1977). "Um modelo simples de CrescimentoEconómico. *Economia* vol I nº 3.

AMARAL, João Ferreira do (1984). *Um Modelo Input-output não Linear*. ISEG, Lisboa.

AMARAL, João Ferreira do (1996). *Política Económica. Metodologia, Concepções e Instrumentos de Actuação*. Lisboa, Edições Cosmos.

AMARAL, João Ferreira do (1999). "Desenvolvimento Económico". *In:* Barreto, António; Mónica, Maria Filomena (coord.), *Dicionário de História de Portugal*. Volume VII, Suplemento A/E, Lisboa, Figueirinhas, pp. 509-18.

AMARAL, João Ferreira do *et al.* (2007). *Introdução à Macroeconomia*. 2ª Edição, Lisboa, Escolar Editora.

412 | Economia do Crescimento

AMARAL, Luciano (1998). "Convergência e Crescimento Económico em Portugal no Pós-Guerra". *Análise Social*, vol. XXXIII, nº 148: 741-776.

AMARAL, João Ferreira do (2013). *Porque Devemos Sair do Euro*. Lisboa, Lua de Papel.

AMSDEN, Alice H. (1989). *Asia's Next Giant. South Korea and Late Industrialization*. New York, Oxford University Press.

AMSDEN, Alice H. e HIKINO, Takashi (1994). "Staying Behind, Stumbling Back, Sneaking Up, Soaring Ahead: Late Industrialization in Historical Perspective". *In:* Baumol, William J.; Nelson, Richard R.; Wolff, Edward N. (eds.), *Convergence of Productivity. Cross-National Studies and Historical Evidence*. New York, Oxford University Press, pp. 285-315.

ARROW, Kenneth J. (1962). "The Economic Implications of Learning by Doing". *The Review of Economic Studies*, vol. 29, nº 3: 155-173.

BAGANHA, Maria Joannis e MARQUES, José Carlos (2001). "População". In: Valério, Nuno (Coord.), *Estatísticas Históricas Portuguesas*. Volume 1, Lisboa, Instituto Nacional de Estatística, pp. 33-126.

BARRETO, António (Org.) (1996). *A Situação Social em Portugal*, 1960-1996. 1º Volume, Lisboa, Instituto de Ciências Sociais da Universidade de Lisboa.

BARRETO, António (Org.) (1999). *A Situação Social em Portugal, 1960-1999*. 2º Volume, Lisboa, Instituto de Ciências Sociais da Universidade de Lisboa.

BARRO, R. J., e SALA-I-MARTIN, X. (2004). *Economic Growth*. 2ª Edição. Cambridge MA, MIT Press.

BARRO, Robert J. (1997). *Determinants of Economic Growth: A Cross-country Empirical Study*. Cambridge MA, MIT Press.

BARROS, Pedro Pita e GAROUPA, Nuno (1996). "Portugal-European Union Convergence: Some Evidence". *European Journal of Political Economy*, vol. 12: 545-553.

BASSANINI, A. e SCARPETTA, S. (2002). *The Driving Forces of Economic Growth: Panel Data Evidence for the OECD Countries*. OECD Economic Studies, 33.

BASU, Kaushik (2005). *Globalization, Poverty and Inequality: What is the Relationship? What can be done?* Research Paper Nº 2005/32, WIDER, United Nations University.

BLAUG, Mark (1990) [1962]. *História do Pensamento Económico*. Lisboa, Círculo de Leitores, 2 volumes.

BRUNO, Michael e EASTERLY, William (1998). "Inflation Crises And Long-Run Growth". *Journal of Monetary Economics*, nº 41: 3-26.

CHENERY, Hollis (1960). "Patterns of Industrial Growth". *American Economic Review*, vol. 50, nº 4: 624-654.

CHENERY, Hollis (1979). *Structural Change and Development Policy*. Oxford, Oxford University Press (A World Bank Research Publication).

CHENERY, Hollis B. (1975). "The Structuralist Approach to Development Policy". *American Economic Review*, vol. LXV, nº 2: 310-316.

CHENERY, Hollis B.; STROUT, Alan M. (1966). "Foreign Assistance and Economic Development". *American Economic Review*, vol. 56, nº 4: 679-733.

CHENERY, Hollis *et al.* (1974). *Redistribution with Growth*. New York, Oxford University Press.

CHENERY, Hollis; ROBINSON, Sherman; Syrquin, Moshe (1986). *Industrialization and Growth. A Comparative Study*. Oxford, Oxford University Press (A World Bank Research Publication).

CRAVINHO, João (1982). "Sources of Output Growth in the Portuguese Economy (1959-1974)". *Estudos de Economia*, vol. II, nº 3: 271-289.

DENISON, Edward F. (1967). *Why Growth Rates Differ*. Washington DC, Brookings Institution.

DOMAR, Evsey D. (1957). *Essays in the Theory of Economic Growth*. New York, Oxford University Press.

DORE, Ronald (1984). "Technological Self-reliance: Sturdy Ideal or Self-serving Rhetoric". *In:* Fransman, Martin e King, Kenneth (eds.), *Technological Capability in the Third World*. Basingstoke, Macmillan, pp. 65-80.

DPP (2000). *Distribuição do Rendimento e Pobreza em Portugal e suas Regiões*. Lisboa, Departamento de Prospectiva e Planeamento, Ministério do Ambiente, do Ordenamento do Território e do Desenvolvimento Regional. Disponível em: http://www.dpp.pt/pages/files/rendimento.pdf.

DPP (2006). *Quadro de Referência Estratégico Nacional 2007-2013. Avaliação Ex-Ante*. Lisboa, Departamento de Prospectiva e Planeamento, Ministério do Ambiente, do Ordenamento do Território e do Desenvolvimento Regional. Disponível em: http://www.dpp.pt/pages/ files/ QREN_Outubro.pdf.

DUARTE, Maria Adelaide Silva e MARTA Cristina Nunes Simões (2001). *Principais Factores de Crescimento da Economia Portuguesa no Espaço*

414 | Economia do Crescimento

Europeu. Estudos do GEMF, nº 7, Faculdade de Economia da Universidade de Coimbra.

EASTERLIN, Richard A. (2000). "The Worldwide Standard of Living Since 1800". *The Journal of Economic Perspectives*, vol. 14, nº 1: 7-26.

ELLIOTT, John E. (1958). "Economic Planning Reconsidered". *The Quarterly Journal of Economics*, vol. 72, nº 1: 55-76.

ESTÊVÃO, João (2004). *Desenvolvimento Económico e Mudança Institucional: o Papel do Estado*. Working Paper WP08/2004/DE/CESA, Lisboa, Instituto Superior de Economia e Gestão.

FERNANDES, A. C. (2007). *Mais Conhecimento e Tecnologia para Desenvolver a Economia Portuguesa*. Lisboa, Fundação Calouste Gulbenkian.

FIGUEIREDO, António Manuel; Pessoa, Angelino; Sousa, Mário Rui (2005). *Crescimento Económico*. Lisboa, Escolar Editora.

GOVERNO (2005). *Plano Tecnológico. Uma Estratégia de Crescimento com Base no Conhecimento, Tecnologia, Inovação. Documento de Apresentação* [On-line]. Disponível em: http://www.portugal.gov.pt/Portal/P T / P r i m e i r o _ M i n i s t r o / D o c u m e n t o s / 20051124_PM_Doc_ Plano_Tecnologico.htm [Acedido em 12 de Abril de 2008].

GRUBER, Jonathan, e WISE, David (2001). "Social Security, Retirement Incentives, and Retirement Behaviour: An International Perspective". *In:* Auerbach, Alan J. e Lee, Ronald D. (eds.) *Demographic Change and Fiscal Policy*. Cambridge UK, Cambridge University Press, pp. 159-190.

GUILLAUMONT, Patrick (1985). "Protectionnisme, Substitution a l'Importation et Développement Tourné vers l'Intérieur: Quelques Équivoques Illustrées par le Cas des Pays Africains de la Zone Franc". *In:* Lassudrie-Duchêne, Bernard e Reiffers, Jean-Louis, *Le Protectionnisme: croissance, limites, voies alternatives*. Paris, Economica, pp. 203-229.

HARROD, Roy (1939). "An Essay in Economic Theory". *The Economic Journal*, vol. 49, nº 193: 14-33.

HARROD, Roy (1948). *Towards a Dynamic Economics*. London, Macmillan.

HELPMAN, Elhanan (2004). *The Mystery of Economic Growth*. Harvard University Press.

HESTON, Alan; SUMMERS, Robert; ATEN, Bettina (2006). *Penn World Table Version 6.2*. Center for International Comparisons of Production, Income and Prices at the University of Pennsylvania, September 2006. On-line: *http://pwt.econ.upenn.edu/php_site/pwt_index.php*.

HIRSCHMAN, Albert O. (1958). *The Strategy of Economic Development*. New Haven, Yale University Press.

Bibliografia | 415

Hodgson, Geoffrey M. (1988). *Economics and Institutions. A Manifesto for a Modern Institutional Economics*. Cambridge, Polity Press.

IMF (2007). *World Development Outlook*. Washington, International Monetary Fund.

Jones, Charles I. (1997) "On the Evolution of the World Income Distribution", *The Journal of Economic Perspectives*, vol. 11, nº 3: 19-36.

Jones, Charles I. (2002). *Introduction to Economic Growth*. New York, W.W. Norton and Co.

Kaldor, Nicholas (1955-56). "Alternative Theories of Distribution". *The Review of Economic Studies*, vol. 23, nº 2: 83-100.

Kaldor, Nicholas (1957). "A Model of Economic Growth". *The Economic Journal*, vol. 67, nº 268: 591-624.

Keynes, John Maynard (1954) [1936]. *General Theory of Employment, Interest and Money*. London, Macmillan.

Krueger, Anne O. (1990). "Government Failures in Development". *The Journal of Economic Perspectives*, Vol. 4, N. 3, pp. 9-23.

Kuznets, Simon (1955). "Economic Growth and Income Inequality". *The American Economic Review*, vol. 45, nº 1: 1-28.

Lains, Pedro (1994). "O Estado e a Industrialização em Portugal, 1945-1990". *Análise Social*, Vol. XXIX, Nº 128: 923-958.

Lains, Pedro (2003). "Catching up to the European Core: Portuguese Economic Growth, 1910-1990". *Explorations in Economic History*, nº 40: 369-386.

Lal, Deepak (1983) – *The Poverty of 'Development Economics'*. Cambridge Mass, Harvard University Press, 1985.

Lewis, W. A. (1954). "Economic Development with Unlimited Supplies of Labour". *The Manchester School*, vol. 22, nº 2: 139-91.

Lopes, José da Silva (1996). *A Economia Portuguesa desde 1960*. Lisboa, Gradiva ("Trajectos Portugueses", 36).

Lopes, José Silva (2004). *A Economia Portuguesa no Século XX*. Lisboa, Instituto de Ciências Sociais da Universidade de Lisboa.

Lucas, Robert E. (1988). "On the Mechanics of Economic Development". *Journal of Monetary Economics*, vol. 22, nº 1: 3-42.

Lucas, Robert E. (1990). "Why Doesn't Capital Flow from Rich to Poor Countries". *The American Economic Review*, vol. 80, nº 2, Papers and Proceedings: 92-96.

Maddison, Angus (1991). *Dynamic Forces in Capitalist Development*. Oxford, Oxford University Press.

416 | Economia do Crescimento

MADDISON, Angus (2001). *The World Economy: A Millennial Perspective*. Paris, OECD.

MADDISON, Angus (2003). *The World Economy: Historical Statistics*. Paris, OECD.

MALINVAUD, Edmond e NABLI, Mustapha K. (1997). "The Future of Planning in Market Economies". *In:* Malinvaud, E. et al., *Development Strategy and Management of the Market Economy*. Volume 1, New York, Oxford University Press, 2000, pp. 111-142.

MALTHUS, Thomas (1999). *Ensaio sobre o Princípio da População*. Lisboa, Europa-América. (Tradução do original inglês intitulado *An Essay on the Principle of Population*, publicado em 1798).

MANKIW, N. G., ROMER, D. e WEIL, D. (1992). "A Contribution to the Empirics of Economic Growth". *The Quarterly Journal of Economics*, vol. 107, nº 2: 407-437.

MANKIW, N. Gregory; PHELPS, Edmund S.; ROMER, Paul M. (1995). "The Growth of Nations". *Brookings Papers on Economic Activity*, vol. 1995, nº 1: 275-326.

MARTINS, Rogério (1970). *Caminho de País Novo*. Lisboa, [s/n].

MATEUS, Abel M. (1995). *O Sucesso dos Tigres Asiáticos. Que Lições para Portugal?* Lisboa, Faculdade de Economia da Universidade Nova, Working Paper nº XX.

MATEUS, Abel M. (2006). *Economia Portuguesa. Crescimento no Contexto Internacional (1910-2006)*. 3ª Edição, Lisboa, Editorial Verbo. (Apêndice Estatístico disponível em CD-ROM).

MATOS, Luís Salgado (1973). *Investimentos Estrangeiros em Portugal*. Lisboa, Seara Nova.

MEADOWS, Donella H. *et al.* (1972). *The Limits to Growth: A Report for the Club of Rome's Project on the Predicament of Manking*. London, Earth Island.

MEIER, G. M. e SEERS, D. (eds.). *Pioneers in Development*. New York, Oxford University Press.

MOURA, Francisco Pereira de (1969). *Por Onde Vai a Economia Portuguesa?* Lisboa, Publicações D. Quixote ("Estudos Portugueses").

NORTH, Douglass (1990). *Institutions, Institutional Change and Economic Performance*. Cambridge, Cambridge University Press.

NUNES, Ana Bela (2001). "Actividade Económica da População". *In:* Valério, Nuno (Coord.), *Estatísticas Históricas Portuguesas*. Volume 1, Lisboa, Instituto Nacional de Estatística, pp. 149-195.

Bibliografia | 417

Nunes, Francisco (2004). *Dinâmica de Pobreza e Eficácia do Sistema de Solidariedade e Segurança Social: Uma Aplicação a Portugal.* Tese de Doutoramento, Instituto Superior de Economia e Gestão, Universidade Técnica de Lisboa.

OECD (2003). *The Sources of Economic Growth in OECD Countries.* Paris, Organisation for Economic Co-Operation and Development.

Onis, Zyia (1991). "The Logic of the Developmental State". *Comparative Politics*, 24, nº 1: 109-26.

Pessoa, Argentino (1998). *"Catch-up" Tecnológico, Investimento e Convergência Real: Um Exercício de Contabilidade do Crescimento Aplicado à Economia Portuguesa.* Investigação – Trabalhos em Curso Nº 83, Faculdade de Economia da Universidade do Porto.

Pinheiro, Maximiano (coord.) (1999). *Séries Longas para a Economia Portuguesa: Pós II Guerra Mundial.* Lisboa, Banco de Portugal. Também disponível on-line em http://www.bportugal.pt.

Pintado, Xavier (2002) [1964]. *Structure and Growth of the Portuguese Economy.* Lisboa, Instituto de Ciências Sociais da Universidade de Lisboa.

PNUD (2008). *Relatório do Desenvolvimento Humano 2007-2008.* Coimbra, Almedina.

Piketty, Thomas (2014). *A Economia das Desigualdades.* Coimbra, Actual.

Ramos, Joseph (1993). "Macroeconomic Equilibria and Development". *In:* Sunkel, Osvaldo (ed.), *Development from Within. Toward a Neostructuralist Approach for Latin America.* Boulder & London, Lynne Rienner Publishers, pp. 83-123.

Ramos, Joseph e Sunkel, Osvaldo (1993). "Toward a Neostructuralist Synthesis". *In:* Sunkel, Osvaldo (ed.), *Development from Within. Toward a Neostructuralist Approach for Latin America.* Boulder & London, Lynne Rienner Publishers, pp. 5-19.

Rebelo, Sérgio (1991). "Long-Run Policy Analysis and Long-Run Growth". *The Journal of Political Economy*, vol. 99, nº 3: 500-521.

Ribeiro, José Manuel Félix (2015). *Portugal, a Economia de uma Nação Rebelde.* Lisboa, Guerra e Paz Editores.

Ricardo, David (1975). *Princípios de Economia Política e de Tributação.* Lisboa, Fundação Calouste Gulbenkian. (Tradução do original inglês intitulado *Principles of Political Economy and Taxation*, publicado em 1817).

Rocha, Edgar (1982). "Colónias e Exportação de Mão-de-Obra como Fonte de Divisas: Considerações sobre a Contribuição dos Emigrantes para

418 | Economia do Crescimento

o Subdesenvolvimento Económico Português". *Análise Social*, Vol. XVIII, Nº 72-73-74: 1053-1075.

ROCHA, Edgar (1984). "Crescimento Económico em Portugal nos Anos de 1960-73: Alteração Estrutural e Ajustamento da Oferta à Pro- cura de Trabalho". Análise Social, Vol. XX, Nº 84: 621-644.

RODRIGUES, Carlos Farinha (2007). *Distribuição do Rendimento e Pobreza em Portugal*. Apresentação em conferência, disponível em: http://www.presidencia.pt/archive/doc/CCCI_Interv_CarlosFarinha Rodrigues.pdf.

RODRIGUES, Carlos Farinha (2008). *Distribuição do Rendimento, Desigualdade Pobreza: Portugal nos anos 90*. Coimbra, Edições Almedina.

RODRIK, Dani (2000). "Institutions for High-Quality Growth: What They Are and How to Acquire Them". *Studies in Comparative International Development*, vol. 35, nº 3: 3-31.

ROLO, José Manuel (1977). *Capitalismo, Tecnologia e Dependência em Portugal*. Lisboa, Editorial Presença.

ROMER, Paul M. (1986). "Increasing Returns and Long-Run Growth". *The Journal of Political Economy*, vol. 94, nº 5: 1002-1037.

ROMER, Paul M. (1990). "Endogenous Technological Change". *The Journal of Political Economy*, vol. 98, nº 5, Part 2: S71 -S102.

ROMER, Paul M. (1994). "The Origins of Endogenous Growth". *The Journal of Economic Perspectives*, vol. 8, nº 1: 3-22.

ROSAS, Fernando (1994). *O Estado Novo (1926-1974). In:* Mattoso, José (dir.), *História de Portugal*. Sétimo Volume, Lisboa, Círculo de Leitores.

ROSENSTEIN-RODAN, Paul N. (1984). "Natura Facit Saltum: Analysis of the Disequilibrium Growth Process". *In:* Meier, G. M. e Seers, D. (eds.), *Pioneers in Development*. New York, Oxford University Press, pp. 205-221.

ROSTOW, W.W. (1960). *The Stages of Economic Growth: A Non-Communist Manifesto*. Cambridge, Cambridge University Press.

SANTOS, Américo Ramos dos (1989). "Abertura e Bloqueamento da Economia Portuguesa". *In.* Reis, António (dir.), *Portugal Contemporâneo*. Volume V, Lisboa, Publicações Alfa, pp. 109-150.

SCHUMPETER, Joseph A. (1951). *The Theory of Economic Development: An Inquiry into Profits, Capital, Credit, Interest and the Business Cycle*. Cambridge, Harvard University. (Tradução do original alemão intitulado *Theorie der wirtschaftlichen Entwicklung*, publicado em 1911).

SEN, Amartya (1992) [1981]. *Poverty and Famines: an Essay on Entitlement and Deprivation*. Oxford, Clarendon Press.

Bibliografia | 419

Sen, Amartya (2001) [1999]. *Development as Freedom*. Oxford, Oxford University Press.

Shapiro, Helen e Taylor, Lance (1990). "The State and Industrial Strategy". *World Development*, vol. 18, n.º 6: 861-878.

Silva, Manuela *et al.* (1981). *Política Económica. Questões Metodológicas*. Lisboa, Associação dos Estudantes do Instituto Superior de Economia, Universidade Técnica de Lisboa.

Silva, Manuela *et al.* (1984). *O Planeamento Económico em Portugal: Lições da Experiência*. Lisboa, Livraria Sá da Costa ("Colecção Nova Universidade").

Smith, Adam (1983). *Inquérito Sobre a Natureza e as Causas da Riqueza das Nações*. Lisboa, Fundação Calouste Gulbenkian. (Tradução da 6ª edição do original inglês intitulado *An Inquiry into the Nature and Causes of the Wealth of Nations*. 1ª edição inglesa de 1776).

Solow, Robert M. (1956). "A Contribution to the Theory of Economic Growth". *The Quarterly Journal of Economics*, vol. 70, n.º 1: 65-94.

Solow, Robert M. (1957). "Technical Change and the Aggregate Production Function". *Review of Economics and Statistics*, vol. 39, n.º 3: 312-320.

Solow, Robert M. (1988). *Growth Theory: An Exposition*. New York e Oxford, Oxford University Press. (Inclui o Nobel Prize Lecture, 1987).

Srinivasan T.N. (1985). "Neoclassical Political Economy, the State and Economic Development". *Asian Development Review*, vol. 3, n.º 2: 38-58.

Stern, Nicholas (1989). "The Economics of Development: A Survey". *The Economic Journal*, vol. 99, n.º 397: 597-685.

Stern, Nicholas (1991). "The Determinants of Growth". *The Economic Journal*, vol. 101, n.º. 404: 122-133.

Stern, Nicholas (1997). "Macroeconomic Policy and the Role of the State in a Changing World". *In:* Malinvaud, E. et al., *Development Strategy and Management of the Market Economy*. Volume 1, New York, Oxford University Press, 2000, pp. 143-174.

Stern, Nicholas e Stiglitz, Joseph E. (1997). "A Framework for a Development Strategy in a Market Economy". *In:* Malinvaud, E. et al., *Development Strategy and Management of the Market Economy*. Volume 1, New York, Oxford University Press, 2000, pp. 253-295.

Stewart, Frances (2000). *Income Distribution and Development*. QEH Working Paper Series n.º 37, Department of International Development (QEH), Oxford University. Disponível em: http:// www3.qeh.ox.ac.uk/RePEc/qeh/qehwps/qehwps37.pdf.

STIGLITZ, Joseph (1986). "The New Development Economics". *World Development*, vol. 14, nº 2: 257-265.

STIGLITZ, Joseph (1989). "Markets, Market Failures, and Development". *The American Economic Review*, vol. 79, nº 2: 197-203.

STIGLITZ, Joseph (1996). "Some Lessons from the East Asian Miracle". *The World Bank Research Observer*, Volume 11, Nº 2, pp. 151-177.

STIGLITZ, Joseph (1997). "The Role of Government in the Economies of Developing Countries". *In:* Malinvaud, E. et al., *Development Strategy and Management of the Market Economy*. Volume 1, New York, Oxford University Press, 2000, pp. 61-109.

STIGLITZ, Joseph (1998). *More Instruments and Broader Goals: Moving Toward the Post-Washinton Consensus*. Helsinki, UNU/WIDER, WIDER Annual Lectures.

STIGLITZ, Joseph (2006). *Making Globalization Work*. W.W.Norton and Company.

SUMMERS, Robert e HESTON, Alan (1991). "The Penn World Table (Mark 5): An Expanded Set of International Comparisons: 1950-1988". *The Quarterly Journal of Economics*, vol. 106, nº 2: 327-368.

TAYLOR, Lance (1993). "Stabilisation, Adjustment and Reform". *In:* Taylor, L. (ed.), *The Rocky Road to Reform*. Cambridge Mass, The MIT Press, pp. 39-94.

TEMPLE, Jonathan (1999). "The New Growth Evidence". *Journal of Economic Literature*, vol. 37, nº 1: 112-156.

TEMPLE, Jonathan (2000). "Inflation and Growth: Stories Short and Tall". *Journal of Economic Surveys*, vol. 14, nº 4: 395-426.

TINBERGEN, Jan (1958). *The Design of the Development*. Baltimore, The Johns Hopkins Press.

TOYE, John (1993), [1987]. *Dilemmas of Development*. Second Edition, Oxford, Blackwell.

UC Atlas of Global Inequality. Disponível em: http://ucatlas.ucsc.edu/income/rtioppp.html

UNCTAD (2003). *Investment and Technologies. Policies for Competitiveness: Review of Successful Country Experiences*. New York e Geneva, United Nations Conference on Trade and Development.

VALE, Sofia de Sousa (2005). *Crescimento e Convergência da Economia Portuguesa, 1950-2000*. Tese de Doutoramento, Instituto Superior de Ciências do Trabalho e da Empresa.

VALÉRIO, Nuno (Coord.) (2001). *Estatísticas Históricas Portuguesas*. Volume 1, Lisboa, Instituto Nacional de Estatística.

WADE, Robert (1990). *Governing the Market. Economic Theory and the Role of Government in East Asian Industrialisation*. Princeton, Princeton University Press.

WILLIAMSON, John (2003). "From Agenda Reform to Damaged Brand Name. A Short History of the Washington Consensus and Suggestions for What to Do Next". *Finance and Development*, vol. 40, nº 3: 10-13.

WORLD BANK (2007). *World Development Indicators 2007 CD-ROM*. Washington, World Bank.

WORLD BANK (2015). *World DataBank*. Disponível em *http://databank.worldbank.org* (acedido em 24-10-2015).

ZGLINICKI, Jean-Pierre (1988). "La Contribution des Échanges Extérieures à la Croissance". *In:* Guillaumont, Patrick e Sylviane (dir.), *Stratégies de Développement Comparées. Zone Franc et Hors Zone Franc*. Paris, Economica, pp. 475-504.